2007年上海市哲学社会科学规划重大项目（2007DTQ001）

上海重点学科建设项目（B406）

美国对华情报解密档案

（1948~1976）

主编：沈志华　杨奎松

第十二编　中国与朝鲜战争

主编：邓　峰

第十三编　中国与印度支那战争

主编：赵学功

中国出版集团　东方出版中心

第十二编　中国与朝鲜战争

目　　录

导　论

邓　峰

　　本编收录的 55 份美国对华情报评估报告,都是与 1950～1953 年朝鲜战争有关的美国档案文件。而美国对中国出兵朝鲜所做的情报评估是所有这些报告中的重中之重,占了 38 份。在这 38 份报告即本编 12-1 至 12-38 文件中,除极少数几份文件外,皆为中央情报局(以下简称为中情局)提交的评估报告。在课题组收集有关朝鲜战争的美国对华情报评估档案时发现,在战争前期,美国情报部门首先且最集中关注的事情就是中国是否介入这场战争。本专题收录的另外 17 份报告即本编 12-39 至 12-55 文件,均拟就于美国明确知晓中国出兵朝鲜之后,其中绝大多数也都来自中情局。不过,此期间中情局经常把中国、苏联和朝鲜人民民主主义共和国作为一个整体评估对象,来讨论共产党方面在朝鲜的军事能力及可能采取的行动措施。值得注意的是,这 17 份与中国有关的报告,评估的范围比较宽泛,除了预测共产党在朝鲜的能力、意图及可能采取的行动措施,还讨论了朝鲜战争对中国内部局势的影响、中国在朝鲜战争初期关于战争的宣传、共产党方面在停战谈判中打算实现的目标,等等。

　　考虑到上述情况,本编导论所介绍和分析的内容主要涉及到美国情报评估目标十分集中的前 38 份报告,即关于中国是否出兵朝鲜的问题。

一、美国对苏联支配下中国出兵可能性的评估

　　朝鲜战争爆发时,美国决策层的第一个反应,就是认为朝鲜发生的事件是以苏联为首的社会主义阵营向"自由世界"的挑战,苏联无疑是在冒发动第三次世界大战的风险,至少是苏联对美国抵御共产党阵营"扩张决心"的一个试探,或是挑起一场全面战争的前奏。① 例如,国务院情报研究室的情报评估小组在战争爆发当天便做出判断:"北朝鲜政府完全受克里姆林官控制,北朝鲜人不可能在未获得莫斯科指示的情况下采取行动,攻击南朝鲜的行动一定要看作是苏联的行动。"②中情局进一步认定,在朝鲜发生的军事行为实际上是苏联针对美国的行动。战争爆发后的第二天,中情局在《每日概要》中表示同意美国驻莫斯科大使馆的看法,即北朝鲜的进攻"显然"是"苏联对美国的一次挑战",并且,"在朝鲜的这种侵略一旦

---

① ［美］迪安·艾奇逊著,上海《国际问题资料》编辑组等译:《艾奇逊回忆录》(上册),上海:上海译文出版社 1978 年版,第 265 页。

② *Foreign Relations of the United States*(以下简称 FRUS),1950,Vol. Ⅶ,"Korea",US Government Printing Office, Washington 1976,p. 148.

成功，就会鼓励苏联在远东其他地方发动类似的冒险行动”。①

鉴于中国和苏联结为盟友的事实，中情局很快就开始考虑在苏联的支配下中国出兵朝鲜的可能性。1950年6月30日，就在美国总统杜鲁门命令美国驻远东地面部队赴朝鲜作战之际，中情局为了“评估苏联的意图和军事进攻的能力”，提交了第301号情报备忘录，指出苏联掌握着中国的许多军队，如果朝鲜战争拖延下去，在必要的时候，苏联可以将他们投放到朝鲜战场，从而尽可能地使美国人的卷入代价高昂且威望受到损害。②随后，在7月8日的第302号情报备忘录中，中情局再一次提出苏联可能动用中国军队援助朝鲜的看法。它认为，作为苏联行动方针的一种重要的选择方案，为了使美国长期地陷入朝鲜，除了对北朝鲜人增加物资援助外，它也许会秘密地或者公开地动用中国军队予以干涉。③

虽然中情局提出苏联支配着中国出兵朝鲜的前景和可能性，但是在7月本编12-3文件中，它并“不清楚是否苏联将迫使中共对朝鲜的作战行动给予公开的军事支持，或者迫使中共在该地区其他地方开始采取新的行动”。据它判断：“北平政权不可能主动在中国以外的地方投入大批军队参加作战，但几乎肯定将遵循苏联的要求采取军事行动。”

到8月中旬，随着朝鲜战局的发展，中情局在本编12-4文件中认为苏联将会尽最大努力阻止美国占领北朝鲜，因为它不愿意在一个战略上十分重要的地区看到自己卫星国的消失。它会视美国侵入北朝鲜的举动是对其远东战略的威胁。因此，中情局预计，在朝鲜战争期间苏联将采取两种方式操纵中国军队，使中国和美国发生冲突，消耗美国的实力，让美国无暇他顾，进而在全球夺取战略上的主动权。第一种方式是苏联在战争的任何阶段直接将中国军队投入到朝鲜战场。当北朝鲜失败时，把他们派遣到三八线以北，一方面希望他们和美国军队发生冲突，另一方面则“寻找新的机会在美国和其盟国之间打入更深的楔子”，引发他们之间的矛盾，致使联合国其他成员国放弃对美国政策的支持。第二种方式是苏联期待中国尽早进攻台湾，在军事上分散美国的兵力。无论中国是否取胜，中情局判断苏联都将希望“美国卷入一场事实上没完没了的战争，同时在战争中美国将在亚洲扮演‘帝国主义侵略者’的角色。这样，苏联将从中获得更多的战略利益”。④

中情局的评估强烈地影响着美国决策层的看法。⑤在他们看来，不管苏联用何种方式动用中国军队，都表明它打算在朝鲜半岛采取激进的冒险措施。9月初杜鲁门政府出台的国家安全委员会81/1号文件便体现了这种看法。文件指出：“苏联不大可能会无动于

① Daily Summary, 26 June 1950, Embassy Moscow's Views on Korean Conflict, in Woodrow J. Kuhns, ed., *Assessing the Soviet Threat: The Early Cold War Years*, Washington D. C.: Center for the Study of Intelligence, 1997, pp. 391-392.

② Intelligence Memorandum 301, 30 June 1950, Estimate of Soviet Intentions and Capabilities for Military Aggression, Woodrow J. Kuhns, ed., *Assessing the Soviet Threat: The Early Cold War Years*, p. 397.

③ Intelligence Memorandum 302, 8 July 1950, Consequences of the Korean Incident, Woodrow J. Kuhns, ed., *Assessing the Soviet Threat: The Early Cold War Years*, p. 410.

④ FRUS, 1950, Vol. Ⅶ, pp. 601-602.

⑤ 根据1947年美国《国家安全法》，中情局必须向国家安全委员会报告和介绍情况并且协调各部门的情报活动。它提供的情报评估成为决策层制定重要政策的一个主要依据。参阅［美］拉塞尔·韦格利著，彭光谦等译：《美国军事战略与政策史》，北京：解放军出版社1986年版，第448页。

衷地接受全部或大部分朝鲜脱离它控制的局面……苏联可能会决定在联合国军队到达三八线之前或在苏联军队保证承担'北朝鲜人民共和国'地区防务之前就冒险重新占领北朝鲜。"在此过程中，"即使苏联把朝鲜视为自己的势力范围，但它还是可能动用中共军队来夺取北朝鲜"。另外，"苏联或中共军队可能在半岛南部的战争中公开调用大批部队……虽然这样会增加全面战争爆发的可能性，苏联仍会努力说服中共参加在朝鲜发生的战争，从而达到避免北朝鲜军队失败且在美国和中共之间制造战争的目的"。不过，文件在设想苏联意欲冒险的同时还考虑到可能存在的一种理想状况：假如苏联或中国不采取任何行动重新占领北朝鲜，或以其他任何方式表明，要在联合国军到达三八线之前就占领北朝鲜，那么，"我们有理由相信，苏联已经决定实施不干涉政策，即便这样做的代价是失去对北朝鲜的控制"。①

令美国决策层感到十分意外的是，在国家安全委员会81/1号文件出台后，苏联人并没有像他们预计的那样，在朝鲜采取冒险措施。恰恰相反，在美国人看来，苏联人在国际上的所作所为似乎表明他们打算在朝鲜实行"不干涉政策"。例如，尽管苏联指控美国11架战斗机于9月初在旅顺港附近海域上空，攻击并击毁了一架"既没带炸弹又无鱼雷装置"的苏联双引擎轰炸机，但是美国人认为苏联的态度温和，他们"最为关注的是，苏联的行动似乎表明它无意利用这次轰炸机被击落的事件在国际上掀起一场轩然大波"。② 10月8日，两架美国F‑80战斗机袭击了朝鲜边境以北60英里、符拉迪沃斯托克以南40英里的一个苏联机场。第二天，苏联政府向美国驻莫斯科大使提出照会予以抗议，在美国大使拒绝接受这一抗议的情况下，苏联人不仅对此事不予追究，而且还呼吁美国和苏联恢复战时合作关系。③

也许更让美国决策层感到兴奋的是，苏联人在10月初居然让挪威驻联合国代表汉斯·恩根(Hans Engen)作为苏联和美国政府之间的调解人，以便促成双方通过谈判来结束朝鲜战争。联合国秘书处的一位苏联人瓦西里·卡萨涅夫(Vassili Kasaniev)在10月4日邀请恩根共进午餐。席间，他告诉恩根，"麦克阿瑟应当同意在三八线止步。然后，北朝鲜人将放下他们的武器，第三，允许联合国委员会进入北朝鲜主持大选"。④ 总之，苏联人的一系列活动最终使中情局在10月12日本编12‑15文件中认为，虽然苏联政府在最近几个月内越来越增强其在远东及其他战略地区的军事能力，但是，"自冲突开始以来，苏联在其官方声明和宣传中力图给人以它和朝鲜局势无关的印象。而且苏联并没有采取直接对朝鲜进行武装干涉的政治或军事行动"。此外，中情局还断定："在权衡干涉的政治收益和风险的过程中，作为一项压倒性的考虑，苏联领导人一定认为，西方世界的联合已发展至一个全新的阶段，而他们的公开干涉将导致苏联与美国军队及其他联合国军发生直接的冲突。苏联领导人不能确保在苏联和美国军队之间的战斗将被美国局限于朝鲜或远东战场。"尤其是在全球战争爆

---

① *FRUS*, 1950, Vol. Ⅶ, pp. 713‑714.
② [美]斯通著，南佐民等译：《朝鲜战争内幕》，杭州：浙江人民出版社1989年版，第131页。
③ [美]斯通著，南佐民等译：《朝鲜战争内幕》，第128～130页。
④ *FRUS*, 1950, Vol. Ⅶ, pp. 877‑878.

发的前景下"苏联领导人也许会认为,在不考虑这种高危风险的情况下,他们可能会挽回因朝鲜局势造成的一些损失"。据此,中情局在本编12-17文件中推断,受苏联支配的中国军队将不会干预朝鲜的战事,"除非苏联准备发动全球战争,或者出于某些原因,北平领导人认为和美国的战争将不会因公开干涉朝鲜而爆发,否则的话,像苏联那样,共产党中国不可能公开干涉战争,打击联合国在北朝鲜的联合国部队"。

既然国家安全委员会81/1号文件假定,只要苏联或中国不占领北朝鲜就说明苏联对朝鲜实行一种"不干涉政策",而中情局的评估又满足了该文件假定的条件,那么,美国决策层的逻辑推理就是苏联将不会干涉朝鲜的战事。相应地,中国也不会出兵朝鲜。毕竟,他们赞同中情局局长比德尔·史密斯向白宫提交的报告结论:"倘若苏联决定不去发动一场全球战争,虽然中共全面介入朝鲜的可能性继续存在,但是,这种行动在1950年是不可能发生的。在此期间,干涉将很可能只局限于继续对北朝鲜人提供秘密援助。"①于是,在认定苏联对朝鲜实行"不干涉政策",且中国是否出兵朝鲜完全取决于苏联全球战略的思想支配下,美国军队肆无忌惮地越过三八线,进入了朝鲜民主主义人民共和国,并向最北端的边境地区推进。当战火烧到鸭绿江边时,中国被迫出兵了。

事实说明,美国把中国出兵与否置于苏联全球战略的框架下进行情报评估的做法是完全错误的。尽管中国和苏联结为同盟、苏联的意见在中国的对外决策中占一定的分量,但是,中国自战争爆发不久成立东北边防军,直至被迫出兵朝鲜,期间的每一项重大举措,主要都是出于自己的慎重考量。苏联方面的因素并未起到决定性的作用。②时任美国参谋长联席会议主席的布雷德利(Bradley)将军后来也承认,受中情局专家们的影响,美国决策层关于中国是莫斯科严密控制的卫星国的考虑欠妥,其实,"赤色中国能够或者有意脱离莫斯科而独立行动"。③错误的情报评估最终使美国人在朝鲜付出惨重代价。当然,在评估苏联支配下中国出兵的可能性之余,中情局事先也对中国出兵的能力和意图进行了单独评估。这两种评估彼此并不矛盾,而且经常交织在一起,其目的都是为了更好地对中国是否介入朝鲜战争作出准确的判断,但事实证明,中情局对中国的单独评估同样亦出现了重大失误。

二、美国对中国参与战争的意图及能力的评估

在朝鲜战争爆发后的两个多月期间,中情局把重点放在对苏联的意图予以评估的前提下来考虑中国是否将出兵朝鲜的问题,尚未对中国的意图进行单独评估,而对中国军事动向的评估,仅仅是认为中国即将攻打台湾。例如,1950年7月本编12-3文件在其对世界局势

---

① [美]克莱·布莱尔整理,廉怡之译:《将军百战归——布雷德利自传》,北京:军事译文出版社1985年版,第739~740页。
② 关于这方面的细致分析和重要研究,见沈志华:《中国出兵朝鲜的决策过程》,《党史研究资料》1996年第1期;逢先知、李捷:《毛泽东与抗美援朝》之"艰难的决策",北京:中央文献出版社2000年版,第12~24页;章百家:《从危机处理的角度看抗美援朝出兵决策》,《中共党史研究》2000年第6期。
③ [美]克莱·布莱尔整理,廉怡之译:《将军百战归——布雷德利自传》,第740页。

的评论中提到："中共大批军队正驻扎在台湾对面的大陆,而且也可能向香港发动攻击";8月本编12-4文件进一步判断:"中国似乎在努力从事进攻台湾的军事准备工作……北平政权不顾美国的干涉而'解放'台湾的意图已成为中共宣传的最重要主题,虽然在中国人的声明中没有限定何时进攻,但从军事角度看,共产党进攻的最有利时机将是1950年9月中旬之前的那段时间。对台湾的成功突袭会增强苏联和中国在整个远东地区的军事地位,并且将进一步破坏美国遏制共产党扩张的自信心。"此后,随着中情局所获得的关于中国加强东北边境防御的各种公开的或秘密的情报越来越多,对中国是否将主动参加朝鲜战争的考虑开始提上日程。

9月8日,中情局向国家安全委员会提交了本编12-5文件。这份文件估计中国正不断增加对北朝鲜的有限而秘密的援助,包括提供为数不多的士兵。同时,文件也认为,"尚无直接的证据表明中共到底是否介入朝鲜、干预朝鲜战争"。不过,"中共在满洲不断强化军事实力,加之该地区已存在的军事力量,显然意味着介入朝鲜完全在中共能力所及范围之内"。虽然文件还提到中国对美国侵略行为的谴责"或许是为即将来临的公开行动作一些铺垫",但它判断"似乎更可能发生的事情是,中共将以更间接的方式介入朝鲜的冲突"。值得注意的是,文件最后提出,考虑到中国介入朝鲜的冲突也许会"破坏苏联对北平和平壤的影响",因此,苏联将成为阻挠中国介入朝鲜的主要因素。这就是说,中国是否出兵朝鲜依然和苏联的影响有关。9月15日,中情局在本编12-6文件中继续提出,由于中苏结盟的缘故,"中共军队将不可能直接而公开地介入朝鲜",一方面苏联希望避免全球战争的爆发,而"中共军队介入朝鲜将扩大冲突的范围,势必增加全面战争爆发的风险",另一方面,"即便苏联愿意冒全面战争爆发的较大风险,那么中共军队介入朝鲜也将给苏联和北平政权带来许多政治上的难题。它将使中苏联盟关系变得紧张起来,而不是巩固这种联盟关系"。

在考虑苏联因素对中国出兵与否的影响的同时,中情局着重强调,鉴于中共面临复杂而严重的国内问题,中国将不可能卷入朝鲜战争。它认为那些国内问题包括"盗匪猖獗、广泛的骚乱、游击队的抵抗、经济停滞、农民心理失调以及涉及巩固共产党政治控制的一系列问题"。正是因为存在这些问题,中情局十分有把握地推断:"毋庸置疑,中共担心和美国作战的结果。他们的国内问题事关重大,以至于在和美国战争中遭受的压力及物资损失将会对该政权的整个国内问题和经济造成损害。反共势力必将会受到鼓舞且会危及该政权的稳定存在。"特别是,中情局还确信:"如果中国的干涉失败,则将使北平公开面对中国人的怨恨情绪,因为他们认为中国是在为苏联'火中取栗',扮演被苏联利用去做冒险事情的角色。"①对于这种评估,联合国军总司令麦克阿瑟持完全类似的看法。他在后来国会为其举行的听证会上提出,中国出兵前,他就认为这个国家缺少"现代战争必须具备的工业基础……人们过分夸大了共产党中国打现代战争的能力",中国"在经济上是贫困的,一旦加以破坏,就会使大部分人产生不满,社会也就不得安定,而国内的紧张将有助于破坏她参与战争的潜

---

① 见本编12-15文件。

力……如能利用这些因素,她按逻辑就更难、甚至不可能维持军队在国外作战"。① 国务卿艾奇逊同样断定,中国参战将会使政府的统治能力受到削弱。在美军仁川登陆前几天,他就宣称:"我认为中国共产党如果干预,那纯粹是发疯。据我看来,他们插手是没有什么好处的。"②此外,根据中情局的评估,美国决策层还怀疑中国是否具有和美军作战的军事实力。参谋长联席会议主席布雷德利回忆说,杜鲁门政府的高层人士普遍认为,"中国在军事上不具备单独进行干涉的能力",即使中国单独行动,也"不会造成决定性的变化,实际上倒有可能遭受丢脸的失败"。③ 据说华盛顿的一位官员同样以辛辣的语言表达了此类看法:"我想中国人并不打算被剁成肉酱。"④

中情局强调中国糟糕的国内问题对其介入朝鲜的负面影响,似乎反衬出美国在军事等方面的优势地位。而事实上,美国决策层早在朝鲜战争爆发后不久就以一种盛气凌人的姿态来看待中国与朝鲜战争有关的行为,打算一旦中国军队卷入朝鲜战事,那么美国就对中国的军事目标实施大规模的攻击。美国国家安全委员会于 7 月 1 日制定的第 73 号文件明确提出,美国将毫不犹豫地打击在朝鲜战场上有可能出现的来自中国的任何一支军队。⑤ 随后在 8 月 25 日出台的国家安全委员会第 73/4 号文件进一步完善了对中国进行军事报复的傲慢想法,提出万一中国在朝鲜公开使用有组织的军队,那么,尽管美国不发动针对中国的全面战争,但是只要联合国军队在朝鲜的军事行动有可能取得胜利,就应当使那些行动继续下去,并且使它们扩大为授权联合国军总司令在朝鲜以外的地域,采取适当的海空行动攻击共产党中国的军事目标。⑥ 这两份文件所包含的主要内容和一贯自大的麦克阿瑟的看法不谋而合。早在 7 月时他同样也考虑过中国介入的问题,当时美国空军参谋长霍伊特·范登堡还在东京。他信心十足地告诉范登堡:"从满洲和符拉迪沃斯托克出来的唯一通道上遍布着隧道和桥梁,我看这里特别适合使用原子弹……我的 B-29 轰炸机部队可以升格啦。"他确信即使不用原子武器,只需出动他的空军,就足以做到中国军队的大队人马进入北朝鲜时不可能不被发现,即使中国军队能设法渡过鸭绿江,中国也无力在北朝鲜维持几万人的部队。麦克阿瑟相信,中国至多能有几千志愿军参战而已。⑦ 在他看来,美国军队具有绝对的优势,"(中国)共产党人要跨过鸭绿江进入朝鲜,他们的军队就会损失一半"。⑧

① [美]约翰·斯帕尼尔著,钱宗起等译:《杜鲁门与麦克阿瑟的冲突和朝鲜战争》,上海:复旦大学出版社 1985 年版,第 240～241 页。
② [美]约翰·斯帕尼尔著,钱宗起等译:《杜鲁门与麦克阿瑟的冲突和朝鲜战争》,第 107 页。
③ [美]克莱·布莱尔整理,廉怡之译:《将军百战归——布雷德利自传》,第 740 页。
④ [美]约翰·斯帕尼尔著,钱宗起等译:《杜鲁门与麦克阿瑟的冲突和朝鲜战争》,第 106 页。
⑤ NSC 73, July 1, 1950, Documents of National Security Council, 1947 - 1977, Microfilm, Reel Ⅱ, University Press of America, 1980.
⑥ NSC 73/4, August 25, 1950, FRUS, 1950, Vol. Ⅰ, pp. 375 - 389.
⑦ [美]杰弗里·佩雷特著,任海燕等译:《老战士永不死——麦克阿瑟将军传》(下册),海口:海南出版社 1999 年版,第 656 页。
⑧ [美]约翰·斯帕尼尔著,钱宗起等译:《杜鲁门与麦克阿瑟的冲突和朝鲜战争》,第 99 页。

三、美国对中国公开警告的错误判断

一方面预计中国不会出兵,另一方面又特别具有军事上的优越感,所以在9月下旬仁川登陆成功以后,美国军队不断向朝鲜北部推进,并迅速逼近三八线,战场局势对朝鲜民主主义人民共和国越来越不利。一旦美国军队越过三八线,占领朝鲜民主主义人民共和国,则中国东北边疆的安全必将面临严重威胁。中共中央对此高度关注。中国政府亦开始通过各种方式向美国政府发出一系列的警告。9月25日,代总参谋长聂荣臻对印度驻华大使潘尼迦说,"中国对美国突破三八线绝不会置之不理",尽管战争会对中国造成严重破坏,但中国"必须不惜任何代价制止美国的侵略行径"。① 9月30日,在得到准确的情报获悉联合国军将要越过三八线之后,毛泽东亲自决定,由政务院总理周恩来向全世界宣告,同时也是向美国政府发出最严厉的警告:"中国人民热爱和平,但是为了保卫和平,从不也永不害怕反抗侵略战争。中国人民决不能容忍外国的侵略,也不能听任帝国主义者对自己的邻人肆行侵略而置之不理。"②

然而,美国决策层根据情报部门事先所做的"中国不会干涉"的情报评估,加之在军事等国家实力上的自信和优越感,对中国的严正警告置若罔闻。参谋长联席会议指示麦克阿瑟继续向北推进,只要苏联或中国共产党的部队没有大规模地进入北朝鲜,那么就彻底摧毁北朝鲜的武装力量。③ 与此同时,在9月30日,中情局居然认为:"最近获得的大多数信息表明中共决定不公开介入朝鲜。"④它还在当天的《每日概要》中援引美国驻莫斯科大使柯克(Kirk)的看法,认为中国军队干涉的时机已经过去了。因为在柯克看来,"当联合国军拼命地防守南朝鲜的一块狭小地区时,大批中国地面军队的涌入将证明是一个决定性的因素,那时才是共产党武装干涉的合乎逻辑的时机"。⑤ 他的这种说法在美国政界及军界高层人士中引起很大的共鸣。他们普遍同意:"当战争一度可能会出现美国的敦刻尔克的时候,中国人克制着没有进行干预,他们决不会愚蠢到在目前阶段把军队投入战斗。"⑥另外,柯克还指出:"自仁川登陆以来,中共通过媒体宣传以及和外国外交人员的私下接触,采取了强硬路线,希望在三八线问题上吓唬联合国。"⑦由于中情局赞同他的意见,所以它对向西方传递中国领导人看法的潘尼迦产生了强烈的不信任感,认为"潘尼迦也许正不知不觉地扮演一个中间人的角色,从而替中共向联合国施压,防止它推进到三八线以北,同时迫使它支持中共取得联合国成员的资格"。⑧ 于是,此后中国政府通过他传递的警告信息不受中情局所重视,

① 韩国国防部战史编纂委员会,固城等译编:《朝鲜战争》(第一卷),哈尔滨:黑龙江朝鲜民族出版社1988年版,第28页;[美]约瑟夫·格登著,于滨等译:《朝鲜战争——未透露的内情》,北京:解放军出版社1990年,第331页。另见柴成文、赵勇田:《板门店谈判》,北京:解放军出版社1989年,第74页。
② 1950年9月30日,周恩来在政协全国委员会举行的建国一周年庆祝大会上的报告,见1950年10月1日《人民日报》。另见中共中央文献研究室:《周恩来年谱(1949～1976)》上卷,北京:中央文献出版社1997年版,第82页。
③ *FRUS*,1950,Vol. Ⅶ,p. 781.
④ 见本编12-8文件。
⑤ 见本编12-9文件。
⑥ [美]约翰·斯帕尼尔著,钱宗起等译:《杜鲁门与麦克阿瑟的冲突和朝鲜战争》,第106页。
⑦ 见本编12-9文件。
⑧ 见本编12-8文件。

同样也得不到白宫的重视。

在韩国军队越过三八线之后，周恩来于 10 月 3 日凌晨紧急召见潘尼迦，就朝鲜战争问题再次郑重地表明中国政府的立场："美国军队正企图越过三八线，扩大战争。美国军队果真如此做的话，我们不能坐视不顾，我们要管。"①这个警告很快就由潘尼迦通知给英国的外交代表，然后通过英国外交部传到华盛顿。② 中情局竟然对该"信息的'可信性和准确性'表示怀疑"，它认为，"中共完全可能利用潘尼迦来传递这些信息，以使其努力影响美国和英国的政策"。它同时提出，中国人"会认为公开介入朝鲜将不符合他们的利益"。③ 杜鲁门总统和中情局的看法一致，也不相信潘尼迦传递的信息。在他看来，潘尼迦在过去经常同情中国共产党，"他的话不能当作一个公正观察家的话来看待。充其量不过是一个共产党宣传的传声筒罢了"。④ 美国高层不仅不信任潘尼迦，甚至对印度驻美国大使——尼赫鲁总理的妹妹潘迪特夫人提供的真实信息也不当一回事。她曾对周恩来说："每次您与潘尼迦大使谈话后，我都从我们政府得到指示，并即刻与美国国务院联系。我曾警告美国国务院，如果继续进军，势必迫使中国采取行动，到那时将后悔莫及。当时，美国国务院认为我们东方国家只是说说而已。"⑤

于是，在 10 月 6 日本编 12 - 12 文件中，中情局依然认为，中国在军事上介入朝鲜的可能性在继续减少。而且，中情局强调中国之所以通过印度驻华大使发出威胁性的声音，就是因为"这是其最后一道防线……它的意图很可能是力图吓唬联合国不要越过三八线，而不是中国即将干涉的预先警告"。中情局在 10 月 9 日本编 12 - 13 文件中继续坚持这种看法，其标题竟然是："中共对朝鲜干涉不被人们所相信"。

在中情局的影响下，国务卿艾奇逊推断，周恩来发出的信息是苏联和中国试图迫使联合国撤军所做努力的一部分。⑥ 国务院其他高级决策者也都认为，周恩来的声明是虚张声势，是苏联和中国为挽救北朝鲜政权而进行的外交努力的一部分。⑦ 与此同时，杜鲁门总统指示中情局拟定一份有关中国对朝鲜和亚洲其他地区意图的详尽评估。10 月 12 日，中情局提交一份由各军事部门及国务院的情报组织一致赞同的本编 12 - 14 文件。在这份报告中，中情局重申了其原先的评估结论：中国可能将不会干预，因为从中国的角度出发，介入的不利之处似乎远远大于有利之处。而且，为了进一步向白宫做出中国不会出兵朝鲜的保证，在另一份本编 12 - 15 文件中特别强调："中共意图的一些外在迹象，除了周恩来的声明、部队调

---

① 中共中央文献研究室：《周恩来年谱(1949～1976 年)》上卷，第 83 页。
② 美国国务院在 10 月 3 日上午收到英国发来的关于中国政府的警告信息。它很快就把该信息传送给国防部长马歇尔，同时也由陆军部通知给麦克阿瑟。见 FRUS，1950，Vol. Ⅶ，p. 848；[美] 贝文·亚历山大，郭维敬等译：《朝鲜：我们第一次战败》，北京：中国社会科学出版社 2003 年版，第 287 页。
③ Daily Summary, 3 October 1950, Possible Chinese Communist Intervention in Korea, Woodrow J. Kuhns, ed., Assessing the Soviet Threat: The Early Cold War Years, p. 445.
④ [美] 哈里·杜鲁门著，李石译：《杜鲁门回忆录》(第二卷)，北京：三联书店 1974 年版，第 432 页。
⑤ 金冲及主编：《周恩来传》，北京：中央文献出版社 1998 年版，第 1016 页。
⑥ [美] 贝文·亚历山大著，郭维敬等译：《朝鲜：我们第一次战败》，第 288 页。
⑦ [美] 克莱·布莱尔整理，廉怡之译：《将军百战归——布雷德利自传》，第 739 页。

动到满洲以及在宣传上对联合国军暴行和侵犯边境予以谴责之外,并没有令人信服的证据表明中共打算全面介入朝鲜。"

虽然中情局颇为自信地多次提出中国不会出兵朝鲜,但是,"从周恩来 10 月 3 日发出威胁以来,杜鲁门对赤色中国可能干涉朝鲜深为担心。此后不久,他决定应同麦克阿瑟举行一次面对面的会晤,讨论这一可能性及所有远东问题"。① 杜鲁门本人也在回忆录中道出这种担心,并说明他要和麦克阿瑟将军面谈的一个主要原因就是希望从将军那里得到"第一手的情报和判断",从而搞清楚是否中国真的"要在朝鲜进行干涉"。②

在 10 月 15 日的威克岛会谈中,根据远东司令部情报部门负责人查尔斯·威洛比(Charles Willoughby)少将的判断——中共最近发出的一旦美国军队越过三八线即入朝参战的威胁"很可能是一种外交讹诈"③,再加之本身固有的军事优越感,麦克阿瑟将军十分自负地告诉杜鲁门,中国人干涉的可能性微乎其微,"如果他们在最初一两个月进行干涉,那将具有决定性意义。现在我们不再担心他们的干涉了。我们不再畏首畏尾。中国在满洲的兵力有 30 万人。其中部署在鸭绿江边的可能不到 10 万~12.5 万人,跨过鸭绿江的可能只有5 万~6 万人。他们没有空军。由于我们在朝鲜拥有空军基地,如果中国人试图南下到平壤,那对他们来说将是一场大规模屠杀。"④据布雷德利回忆,总统对和麦克阿瑟的会谈感到十分满意。⑤ 不过,令杜鲁门绝对意想不到的是,麦克阿瑟一厢情愿的判断在威克岛会谈后第二天就被事实证明是极端错误的。在中共中央于 10 月 13 日最终决定参战后,中国人民志愿军第四十二军一二四师三七〇团在副师长肖剑飞的率领下于 10 月 16 日渡过鸭绿江进入朝鲜。⑥ 就在同一天,中情局在本编 12 - 16 文件中评论说:"在最近几周内,我们收到许多份报告,都提到中共的四支部队(有的把他们说成是几个军,有的则认为是几个师,不一而足)。报告的撰写人毫无根据地声称那些军队已经从满洲越过边界进入朝鲜。……中央情报局仍然认为,中共在继续支援北朝鲜的同时,也许将不会公开干预目前在朝鲜发生的战事。"

此后,中情局的另两份评估报告继续认为中国不会出兵朝鲜。10 月 18 日本编 12 - 17 文件做出这样的分析:"中共不可能愿意冒着和美国及其联合国盟友公开发生冲突的风险去援助北朝鲜人。中共十分清楚,至少在东西方之间没有爆发全面战争的情况下,和美国的战争将是灾难性的,不仅损害中国的总体利益,而且破坏其国内计划和北平政权的稳定。因此,他们很可能力图避免在中国传统地域之外公开参加军事行动。这样,除非苏联准备发动全球战争,或者出于某些原因,北平领导人认为和美国的战争将不会因公开干涉朝鲜而爆

① [美]克莱·布莱尔整理,廉怡之译:《将军百战归——布雷德利自传》,第 742 页。
② [美]哈里·杜鲁门著,李石译:《杜鲁门回忆录》(第二卷),第 433 页;[美]小克莱·布莱尔著,翟志海等译:《麦克阿瑟》,北京:战士出版社 1983 年版,第 343 页。
③ [美]贝文·亚历山大著,郭维敬等译:《朝鲜:我们第一次战败》,第 288 页。
④ *FRUS*,1950,Vol. Ⅶ,pp. 954 - 955;[美]克莱·布莱尔整理,廉怡之译:《将军百战归——布雷德利自传》,第 747 页。
⑤ [美]克莱·布莱尔整理,廉怡之译:《将军百战归——布雷德利自传》,第 749 页。
⑥ 吴瑞林:《抗美援朝中的第 42 军》,北京:金城出版社 1995 年版,第 38 页。

发,否则的话,共产党中国像苏联那样,将不可能公开干涉战争,打击联合国在北朝鲜的联合国部队。"而 10 月 20 日本编 12-18 文件则明确指出:"一段时间以来,中共已具有军事上对朝鲜战争进行直接干涉的能力。不过,中央情报局相信,采取这种行动的最佳时机已经过去了。在这个时候,苏联和中国都不愿冒越来越大的风险,因中共直接介入朝鲜将促使第三次世界大战爆发。"这样,以中情局和远东司令部情报部等为核心的美国重要情报机构,对中国有关朝鲜战争意图的情报评估便进一步陷入了错误的深渊。

四、中国出兵后美国的情报评估

1950 年 10 月 19 日,中国人民志愿军四个军 25 万余人乘夜色悄悄渡过鸭绿江。然而,美国主要情报部门,包括以威洛比为代表的远东司令部情报部,对中国是否介入朝鲜战争所坚持的意见,直接对朝鲜战场上美国第八集团军的情报评估造成严重影响,以至于当他们真正遭遇中国人民志愿军时,还不愿相信中国的确已经出兵朝鲜。

鉴于美国对中国是否参战的情报评估的总体基调已定,从 10 月 16 日直到中国人民志愿军发动第一次战役的 10 月 25 日,美军和南朝鲜军队完全放松了警惕。在麦克阿瑟的命令下,他们一路向北径直往鸭绿江边攻打过来。然而,当他们在 25 日推进到朝鲜北部云山和温井一带时,却被突如其来的军事打击弄得不知所措。随后,第八集团军司令部纷纷收到第一线突变和中国军队介入的报告。但是,在远东司令部等重要部门情报评估的影响下,集团军司令部却认为:"从总的方面分析,中国军队介入的战机已经过去了。如果是在釜山防御圈阵地苦战的时候,或者是在仁川登陆兵力分散的时候进行有效的军事介入将可能成功。但是,在北朝鲜军队覆灭,转眼之间就到鸭绿江的这个时候介入,在政治上自不消说,在军事上也是毫无意义的。"所以,在司令部的军官中无人相信中国军队介入。①

此外,第八集团军在 10 月 26 日的定期情报报告中还说,温井和云山出现的中国军队只是表明:"为了加强边境通道的防御,北朝鲜军接纳了中共军队的一些人员,实力有了进一步增强。"在平壤,集团军司令沃克将军和其参谋部军官们对中国军队进攻的报告进行了研究,但是,情报官员对极少数被俘的中国士兵所提供的情报并不完全相信。② 不仅如此,沃克还同意其情报部部长——陆军中校詹姆斯·塔肯(James Tarkenton)所持的看法,认为在朝鲜的中国军队可能是由志愿兵组成的几个师,而且在朝鲜不存在正规编制的中共正规军。接着,第八集团军的一名发言人宣称,他们遇到的可能是"中国共产党的一支象征性部队,或许是一个团,就在北朝鲜的什么地方。(麦克阿瑟将军总部的发言人)对目前会有大部队越过边境的可能性持怀疑态度"。③ 显然,这位发言人已经指明了远东司令部的意见对他们的情报评估的影响,即后者的看法才具有决定性的作用。于是,第八集团军司令部得出如下结

---

① [日]陆战史研究普及会编,高培等译校:《日本人眼里的朝鲜战争》上册,北京:国防大学出版社 1999 年版,第581 页。
② [美]贝文·亚历山大著,郭维敬译:《朝鲜:我们第一次战败》,第 318 页。
③ [美]约翰·斯帕尼尔著,钱宗起等译:《杜鲁门与麦克阿瑟的冲突和朝鲜战争》,第 123 页。

论："中国为阻止联合国军向国境推进,以一部兵力对北朝鲜军队进行了增援。然而,这些中国兵是以个人身份参战的,没有证据证明中国军队已正式参战。因为不管怎样,丝毫没有中国公然介入的症候。"①

毋庸置疑,第八集团军对中国出兵的判断是和远东司令部情报部门的情报评估一致的。在 10 月的最后一周,威洛比继续摒弃中国出兵参战的任何观念。从 10 月 25 日直到该月结束,当美军事实上正和中国人民志愿军交战时,这位情报部长在其预测敌方行动方针的情报评估清单上,仍然把中国出兵朝鲜置于次要地位,而把游击队的活动能力置于最优先评估的位置。在 10 月 27 日,他评论说,中国参加战争的诸报告"基于战俘们的口供,而且未经证实,因此是不可接受的"。而且,他把正和美军交战的中国士兵低估为无足轻重的志愿者或流浪汉。第二天,威洛比向华盛顿报告了他的情报评估结论:从战术的观点来看,由于节节胜利的美军师全面投入战斗,因此,进行干预的黄金时机看来早已过去;如果计划采取这一行动,很难设想,会把它推迟至北朝鲜军队的残部气数已尽的时候。②与此同时,麦克阿瑟几乎完全赞同其手下情报部长的判断。他在 11 月 4 日向参谋长联席会议表达了自己的意见,认为中国军队出现在北朝鲜并不意味着中国打算全面干预,虽然这种情况存在着"明显的可能性",但是有许多逻辑上的基本理由可以否定这个结论。③ 显然,远东司令部在情报评估上最有权势的两个人物,对中国是否出兵朝鲜所做的判断是基本相同的。

当然,不可否认的是,来自朝鲜战场以及远东司令部的情报评估反过来又对中情局的情报评估造成相当大的影响。中情局在 10 月 30 日和 31 日本编 12－21、12－22 文件中所得出的结论就和前线军方的看法几乎没有什么区别。它"仍然认为,中共不可能对朝鲜进行直接的干涉。不过,极有可能出现的情况是,北平政权调动军队越过边界,力图在水丰和对满洲经济至关重要的边境其他战略设施周围建立一条'警戒线'。另外,还有一种可能就是,这些中国人被派往北朝鲜去散布中共军队驻扎在北朝鲜的谣言,希望借此来减缓联合国的推进速度,从而为北朝鲜重新组织军队争取时间"。对于前线提供的有关中国战俘的审讯报告,中情局和第八集团军情报部一样,不相信其中的内容,因为在其看来,"中国军队中的普通士兵不会掌握和作战指令有关的详细信息,而这些俘虏对美国战地审讯人员所说的正是这方面的信息"。中情局还认为:"也许数量很少的一小撮中共军队目前正在朝鲜作战,但是……这些士兵的出现并不表明中共打算直接或公开地干涉朝鲜战争。"此外,尽管中情局在 11 月 3 日本编 12－25 文件中断定,中国军队正在朝鲜战场上和联合国军交战,但是它认为中国军队的"主力部队依然驻扎在满洲","他们的主要目标似乎就是确保满洲边境地区的安全,同时确保电力由至关重要的水丰发电厂继续输送至满洲的工业部门。水丰发电厂对

---

① ［日］陆战史研究普及会编,高培等译校:《日本人眼里的朝鲜战争》上册,第 581 页。
② James P. Finely,*U. S. Army Military Intelligence History: A Sourcebook*,Arizona: U. S. Army Intelligence Center & Fort Huachuca,1995,p. 226.
③ ［美］约翰·斯帕尼尔著:《杜鲁门与麦克阿瑟的冲突和朝鲜战争》,第 126 页。

于满洲来说至关重要。最近一位南朝鲜将军声明，他们将不会再向满洲输送电力。这也许增加了北平的忧虑"。

远东司令部和中情局对中国出兵的轻视，尤其是对中国出兵规模的误判，恰恰是美军在朝鲜战场上采取下一步行动所遭遇重大失败的直接原因。

当中国人民志愿军于 11 月 6 日胜利地结束第一次战役，并主动向山区撤退以诱敌深入、准备再战时，美国人却感到十分意外。各军事部门的情报机构纷纷猜测中国军队突然后撤的真实原因。只不过，无论是远东司令部情报部门还是在前线作战的各军情报部门，均不仅在战术上错误地解释了中国方面的意图，尤其是极大地低估了中国人民志愿军在朝鲜的兵力。其中，有的情报部门提出，中国人只是为顾全面子而试探性地阻止联合国军，也许他们遭受的打击太重了才不得不后退的；另一些情报部门则相信，中国军队撤退回去是为了保护鸭绿江上的发电站。就在第一次战役结束的当天，远东司令部情报部长威洛比把中国人民志愿军在朝鲜的兵力总数评估，由一次战役结束前的 1.6 万人提升至 3 万～4 万人之间，距离真实的兵力总数相去甚远。受此影响，中情局也在同一天的本编 12-26 文件中做出相同判断，"估计中共目前在北朝鲜的军队总数大约在 3 万～4 万人之间"。

第八集团军情报部门更是盲目地追随远东司令部的情报评估结论，情报部长詹姆斯·塔肯中校依然没有弄清楚中国方面的意图和兵力，他继续认为，中国将不会卷入朝鲜战争，相反，中国的部队在 10 月底发动攻击后，已经撤退到防守状态，以便保护鸭绿江上的水力发电站。事实上，在威洛比巨大的阴影下，塔肯不可避免地要犯和他的上司同样的错误。而这些错误的情报评估又直接给美国军事部门以相当大的错觉，使他们误以为中国害怕和美国之间发生战争，因而普遍认为中国出动的少量象征性军队纯粹是出于防御目的，且畏战后逃。

既然错误的情报评估让美国人滋生强烈的轻视对手之感，那么，一旦中国人民志愿军在 11 月初脱离和美国军队的正面交锋，他们此前对敌人进攻的影响便会逐渐消失。当前线一切都趋于平静时，美军对中国大规模介入战争的恐惧心理亦渐渐消失了。从 11 月 9～24 日，也就是到美国第八集团军重新发动进攻之时，美军各情报部门对中国军队介入战争一事渐渐变得不怎么关心了，似乎 10 月底至 11 月初和中国人的交战完全就是夺取胜利过程中的一个无关紧要的小插曲。在此期间，虽然远东司令部情报部每天都撰写有关中国进攻潜力的参考资料，但是对中国大规模出兵朝鲜的关注度逐渐减弱了。对此，美国研究朝鲜战争史的官方史学家罗伊·阿普尔曼（Roy E. Appleman）写道，第八集团军认为中国不会全力干涉这一主要观点"难免多少要受到远东司令部的影响，而远东司令部似乎一直认为中国人不会进行大规模干涉"。①

于是，在一次战役结束后，美国各军情报部门很快就中国是否真正介入战争的情报评估达成共识："中国军队的参战目的是局部的、有限的，其兵力最多有 7 万人左右，所以总司令

---

① ［美］罗伊·阿普尔曼著：《美国兵在朝鲜》第 3 卷，北京：国防大学出版社 1994 年版，第 855 页。

部认为 10 月 24 日发出的'向国境线总追击'的命令,没有加以变更的必要。"在这种几乎具压倒性情报评估的影响下,麦克阿瑟希望,第十军按既定方针继续向国境线追击,第八集团军完成准备后再次发动攻势,圣诞节以前结束战争。①

　　在此期间,对于中国的出兵意图和规模等情况,除了远东司令部的错误判断外,美国国防部和中情局等要害部门的看法起初是模糊不清的,最终亦出现错误的评估。例如,国防部在 11 月 9 日本编 12-28 文件中提出了中国军队介入朝鲜的多个假设目标,显然当时还没有"搞清中共的军事目标以及他们打算介入的程度",然而在 11 月 20 日本编 12-34 文件中,它就错误地判断了朝鲜的军事形势,主张联合国军继续在朝鲜发动进攻,同时强烈支持麦克阿瑟将军拟定的作战计划。中情局则在 11 月 10 日本编 12-30 文件中提出:"尽管正介入朝鲜的中共已经打算冒美国-联合国报复及全面战争的重大风险,但是到目前为止他们的干涉是有限度的。这也许表明他们的目标仅仅是阻止联合国军在朝鲜的推进,并且维持共产党政权在朝鲜领土上的生存。"另一方面它又担心:"当前局势的发展走向很可能是,敌方将持续不断地增强他们的战斗力,除非我们投入大量主力部队,否则将被彻底击败。无论这种局势的发展趋于何种程度,都存在着危险,因为局势可能会失控,并且导致一场全面战争。"可是,到 11 月 17 日,中情局在本编 12-33 文件中得出了比较肯定的结论:"北平尚未使自己'不遗余力地'去挽救朝鲜共产党政权。中共完全没有通过全力以赴的干涉来实现北平在朝鲜的目标。中央情报局坚信,在不远的将来,中共在朝鲜的行动很可能继续是防御性质的。不过,北平目前在朝鲜的战略也许是稳步地弥补北朝鲜所遭受的损失,直到联合国不再计划统一整个朝鲜。"

　　11 月中旬过后,在错误的情报评估的影响下,第八集团军司令沃克和第十军司令阿尔蒙德将军按照总部的命令,指挥大军继续向北推进。11 月 17 日,两人统率的军队都已接近中国人民志愿军正准备发动重大战役的地区。而此时第八集团军和第十军的情报部门均大大低估了志愿军的实力。其中,阿尔蒙德在追述往事时对采访者说,第十军情报部在 11 月中旬估计中国在朝鲜的兵力是"至少有一个正规师……当时,我没有想到中国军队会大规模地正式介入"。② 该军情报部门在 11 月 22 日还报告说,敌人显然在目前所处的阵地上准备进行防御性的抵抗。没有任何迹象表明,从开始增援以来,有大规模的中共军队通过边界入朝。与此同时,第八集团军情报部门也得出了和第十军相同的评估结论。11 月下旬,情报部长塔肯估计中国人民志愿军在朝鲜的兵力总数为 6 万人。而各战场汇总到华盛顿陆军部的报告,评估的中国驻朝兵力的总数也由 4.67 万~7 万人不等。③ 不管怎样,美军前线各情报机构对赴朝作战的中国人民志愿军兵力的评测,和实际数目间存在着难以想象的差距。即使是在圣诞节攻势之前沃克仍确信:"中国军队是由以志愿兵编成的少数几个师组成的。

① 　[日]陆战史研究普及会编,高培等译校:《日本人眼里的朝鲜战争》上册,第 639 页。
② 　[日]陆战史研究普及会编,高培等译校:《日本人眼里的朝鲜战争》上册,第 661 页。
③ 　[美]罗伊·阿普尔尔曼著:《美国兵在朝鲜》第 3 卷,第 855 页。

没有正规的军建制的部队。中国不会正式地大规模地参战。"①

　　美国各军在朝鲜战场上的情报评估结果不断反馈到驻东京的远东司令部。它们恰好又和总司令部情报部长威洛比的评估结论相吻合。因为直到11月下旬,这位情报部长在和远东司令部代总参谋长希基将军参观驻朝第十军,以评估中国介入程度的第一手资料时,依然对后者说,只有一些中国志愿兵进入了朝鲜,在朝鲜已经查明的每一个师其实只是该师一个营的志愿兵。② 这时的中情局,依据它所掌握的有关情报,特别是来自朝鲜前线的情报,也低估了中国出兵朝鲜的规模以及中国出兵的真实意图。在11月24日本编12-36文件中,中情局指出:"中国政府及中国的宣传都没有进一步承诺中国政府要在朝鲜执行特殊的行动路线。准备支持朝鲜的讨论仅仅依据'自愿'行动的原则。"而且,中情局只是带着极具猜测的语气判断说,中国人若发动更大规模的军事行动,其"行动的目的就是要钳制在朝鲜的联合国军,使他们长期消耗,并保持北朝鲜作为共产党国家的原貌。根据目前掌握的情报,我们并不能确定中共是否打算做全面进攻的努力"。由此不难看出,中情局的评估结论和远东司令部的看法其实并无二致。

　　因此,在全体一致赞同的情报评估结论的指引下,联合国军总司令麦克阿瑟发起了意欲统一朝鲜并结束战争的"圣诞回家"攻势。在这场新攻势的前夕,美国情报部门仍然低估了中国大规模出兵朝鲜的可能性。尤其是麦克阿瑟极其信任的情报官威洛比竟然把对中国兵力的评估数字由最多的17万人降低至最少的4.5万人。这位情报部长相信,中国部队缺乏给养,并且来自美国空中和地面部队的持续不断的压力已经耗尽了他们的弹药。如果中国人试图阻止第八集团军,那么他们将遭受严重的损失。③ 然而,包括远东司令部情报部在内美国各情报机构这次都犯了更大的错误。尽管美军在11月25日一开始几乎没有遭遇什么打击,但是强大的中国人民志愿军很快就对第八集团军的右翼发动了令其吃惊的进攻,且击垮了韩国第二军。由于在数量上不占优势,第八集团军易受攻击的侧翼和尾翼旋即被中国人民志愿军击溃。这样,美军的失败就变成了溃败。到12月底,中国人民志愿军把第八集团军赶到三八线以南。正如麦克阿瑟对参谋长联席会议所说的:"我们面临着一场全新的战争……"④当然,这同样是美国人意想不到的一场战争,一场他们无法获胜的战争。

五、美国情报评估失误的原因

　　当联合国军越过三八线、兵锋直指鸭绿江中朝边境地区时,中国政府曾不断向美国政府发出严正警告,但后者均置若罔闻。最终,在国家安全遭到严重威胁时,中国不得不派遣志

---

① [日]陆战史研究普及会编,高培等译校:《日本人眼里的朝鲜战争》上册,第660页。
② [美]罗伊·阿普尔曼著:《美国兵在朝鲜》第3卷,第866页。
③ Collins,J. Lawton,*War in Peacetime: The History and Lessons of Korea*,Boston:Houghton Mifflin Co.,1969,p. 219.
④ Collins,J. Lawton,*War in Peacetime: The History and Lessons of Korea*,p. 220.

愿军入朝作战。假如美国对其收集的情报予以准确地评估,进而清楚地判断出中国出兵的底线以及中国发出警告的严肃性,那么,中美之间的军事冲突原本是可以避免的。

事实上,以中情局为核心的美国各情报部门早在 8 月份就已经获悉有关中国政府向东北边境地区调动及部署军队的详细情况。例如,远东司令部情报部部长威洛比少将在 1950 年 8 月 31 日曾向麦克阿瑟和华盛顿汇报说:"我们的情报网报告,从华中到满洲的部队调动已进行了一段时间,这意味着是进入朝鲜战场前的部队调动。"他还说,这些部队共约 24.6 万人,编成 37 个师,9 个军。① 与此同时,美国各情报机构在 8 月中旬以后也开始收到具体的报告,说是红色中国的领导人正考虑介入朝鲜,或者中国的军队已经进入北朝鲜。② 美国人收集到的这些情报,再加之中国政府一遍遍公开发布的警告信息,本应能够使他们对情报的评估得出比较符合事实的结论。然而,他们的判断却出现了重大失误,主要反映在美国决策层对政治情报想当然的判断、中情局和远东司令部对战略情报不切实际的评估,以及前线作战军队(第八集团军和第十军)对战术情报的错误认识。至于产生如此错误评估的原因,可以从政治情报、战略情报和战术情报三个方面进行分析。

1. 政治情报评估失误的原因

朝鲜战争爆发后不久,美国决策层就开始考虑中国是否出兵援助朝鲜民主主义共和国的问题。为此,华盛顿当局命令其驻世界各地的外交、军事乃至商贸机构收集并提供有关中国政府意图的政治情报,然后对这些情报予以评估,以期预见中国的军事动向。

在美国决策层看来,朝鲜战争是以苏联为首的社会主义阵营向"自由世界"的挑战,苏联无疑是在冒发动第三次世界大战的风险,至少是苏联对美国抵御共产党阵营"扩张决心"的一个试探,或是挑起一场全面战争的前奏。③ 因为他们认为,不管苏联用何种方式动用中国军队,都表明它打算在朝鲜半岛采取激进的冒险措施。9 月初杜鲁门政府出台的国家安全委员会 NSC 81/1 号文件便体现了这种看法。④

通过对相关政治情报的分析,美国决策层最终推断,苏联将不会干涉朝鲜的战事。鉴于中国和苏联结为盟友的事实,他们判断,中国也不会出兵朝鲜,卷入在朝鲜发生的战事。于是,在认定苏联将对朝鲜实行"不干涉政策"且中国是否出兵朝鲜完全取决于苏联全球战略的思想支配下,美国政府采取了越过三八线,占领整个朝鲜半岛的军事战略。

事实表明,美国决策层对有关中国出兵朝鲜的政治情报的判断出现了重大失误。那么,其深层次的原因到底是什么呢?

① [美]小克莱·布莱尔著,翟志海等译:《麦克阿瑟》,第 340 页。
② [美]贝文·亚历山大著,郭维敬等译:《朝鲜:我们第一次战败》,第 286 页。另外,到 10 月初,远东司令部情报部门负责人查尔斯·威洛比得到更确实的情报,中国军队正在东北地区集结,他推测有 45 万人。10 月 3 日,有报告说"20 个"中国师已进入北朝鲜,他们从 9 月 10 日起就在那里了。两天后,联合国军总司令部报告说在北朝鲜有"9 个"中国师,并说"如果联合国军越过三八线,就存在着中共军队公开干涉朝鲜战争"的可能性。威洛比后来报告说,据信在满洲的 38 个师中,有 9～18 个师正集结在鸭绿江沿江的各个渡口。但是联合国军总司令部对所有关于中国军队越过边境的报告都持怀疑态度。参阅:[美]小克莱·布莱尔著,翟志海等译:《麦克阿瑟》,第 342 页。
③ [美]迪安·艾奇逊著,上海《国际问题资料》编辑组等译:《艾奇逊回忆录》(上册),第 265 页。
④ FRUS,1950,Vol.Ⅶ,pp.713-714. 本文第一部分对 NSC 81/1 号文件的主要内容有所介绍,此处不再赘述。

首先，美国决策层对情报的评估，没有站在中国政府主要担心国家安全的立场上来考虑问题，没有充分意识到在两大阵营尖锐对立的东亚国际紧张局势下，美国对朝鲜的军事干预将对中国领导人固有的安全担忧带来什么样的影响。正如一位西方学者所指出的，美国人低估了他们向鸭绿江挺进时中国感受到威胁的程度。① 虽然美国决策层从意识形态争夺的角度认识到中国不会失去朝鲜就像美国不会丢掉朝鲜一样，在朝鲜的较量涉及社会主义和资本主义在东亚乃至全球的威望，但是对社会主义国家、特别是刚诞生不久的社会主义新中国缺乏了解，对社会主义国家之间的关系也缺乏深入的研究，对情报的评估单从自身角度出发，想当然地以为中国出兵朝鲜的不利之处会远远大于有利之处；先入为主地设想中国介入朝鲜不仅对中苏关系造成负面影响，而且会使原本就十分棘手的中国国内问题变得更为严重，进而既破坏经济建设、危及政权稳定，反过来又对中国参与战争的能力造成极大的负面影响。可是，事实却完全出乎美国高层的意料。中共中央政治局讨论的结果，"一致认为"，中国军队"出动到朝鲜为有利……对中国，对朝鲜，对东方，对世界都极为有利"，而中国不出兵，"让敌人压至鸭绿江边，国内国际反动气焰增高，则对各方都不利，首先是对东北更不利，整个东北边防军将被吸住，南满电力将被控制。……总之，参战利益极大，不参战损害极大"。② 此外，中国被迫参战，中苏同盟关系不仅没有"变得紧张起来"，而且在战争中得到进一步的巩固；③中国的经济建设在战争期间不仅没有遭到破坏，而是整个国民经济的恢复都得以顺利完成，同时，中国的国内政治秩序十分稳定，新生的人民政权得到了巩固。这一切反过来又都有力地支持了抗美援朝战争。④ 中国政府应对突发战争的能力使得美国在战场上并未赢得预期的胜利，反而不得不因情报评估的重大失误而在战争中付出巨大的代价。

其次，美国的情报评估没有考虑到中国出兵决策中存在的复杂的意识形态因素。尽管对国家安全和主权完整受到威胁的忧虑是中国领导人最终做出出兵决策的决定性因素，但是应当看到，这种决策的动机中还包括了中国领导人由台湾问题引发出的对抗美国的革命激情，以及他们认为，根据国际分工，中国应当为社会主义阵营承担国际主义责任和义务，毕竟，一旦朝鲜政权的存亡受到威胁而中国袖手旁观，那么新中国在社会主义阵营中的地位以及中共作为马列主义政党的形象，无疑将受到极大损伤。⑤ 显然，中国出兵决策中存在着复杂的意识形态因素。然而，以中情局为首的美国各情报部门要么通过分析苏联的全球战略意图来判断中国的出兵意图，要么凭借中国国内存在的政治、军事和经济等现实问题来评测中国的出兵动机，完全抛弃了对意识形态因素的考虑，而以国际关系现实主义的国家利益论

---

① R. Jervis, *The Impact of the Korean War on the Cold War*, Journal of Conflict Resolution, 1980, V. 24, No. 4。

② 中共中央文献研究室编：《建国以来毛泽东文稿》第一册，北京：中央文献出版社 1987 年版，第 556 页。

③ 关于朝鲜战争对中苏同盟关系带来积极影响的研究，见沈志华：《毛泽东、斯大林与朝鲜战争》，广州：广东人民出版社 2003 年版，第 259～295 页；杨奎松、陈兼：《毛泽东与中苏同盟的兴衰》，载李丹慧编：《北京与莫斯科：从联盟走向对抗》，桂林：广西师范大学出版社 2002 年版。

④ 有关这方面的研究，见军事科学院军事历史研究部：《抗美援朝战争史》(第三卷)，第十六章"国内秩序稳定，战场力量增强"，北京：军事科学出版社 2000 年版，第 257～266 页。

⑤ 对中国出兵动机的考察，详见沈志华：《论中国出兵朝鲜决策的是非和得失——50 年后对朝鲜战争历史的考察和反思》，(香港中文大学)《二十一世纪》2000 年 10 月号。

为评判中国出兵与否的理论基础,自然落入教条主义的窠臼之中。其对情报的评估就必然出现重大的失误。

第三,美国的情报评估缺乏对中国传递的信息的准确理解。当美国军队企图越过三八线时,中国政府不断地向美国人传递严厉的警告性信息,但是都被美国情报机构视为有目的的讹诈或恫吓。它们提交的情报评估随之便误解了中国公开警告所传达的真实信息。在双方没有进行直接交流和沟通且缺乏基本信任的情况下,中国通过第三方(主要是失去美国人信任的印度驻华大使潘尼迦)和媒体向美国人传递的信息,完全得不到他们的重视。因此,他们也就不了解中国出兵的底线。而该底线其实就是三八线。于是,美国并没有意识到军事北进到鸭绿江边对中国国家安全的威胁,会彻底激怒中国领导人。因为美国政府认为它已经向中国传递了以下信息:美国的北进对中国毫无恶意,不会对中国安全构成威胁。杜鲁门在 8 月 31 日的记者招待会上甚至公开声称,美国海军将于朝鲜战争结束后撤离台湾。他还在麦克阿瑟发出有关仁川登陆的"烙铁行动"计划的第二天,便公开谈论从台湾撤出第七舰队问题。① 美国总统这么做的目的只有一个,就是想告诉中国人,他们采取的一切军事行动都不是针对中国的。然而,中国政府根本就不知道美国军事北进的真实动机。对于美国人公开发布不会进攻中国的一些公开信息,中国人认为纯粹是欺骗性宣传,因而反复向对方发出警告性的信息。既然美国人认为他们已经向中国人传递了不会对中国进行军事侵犯的信息,那么中国的警告很容易就被他们认为是一种虚张声势或恫吓性的宣传,也不会引起他们的重视。这样,对中国传递的信息的忽视和误解最终使美国的情报评估出现重大失误,中美两国在朝鲜战场上兵戎相见。

2. 战略情报评估失误的原因

应当看到,关于中国是否出兵朝鲜,美国决策层之所以对相关的政治情报做出错误的评估,一个表面而直接的因素在于其战略情报评估失误产生的负面影响。美国的战略情报既包括来自中情局的世界性战略情报,也包括来自远东司令部的战区战略情报。这两个部门对各自战略情报的评估是华盛顿决策层对政治情报予以评估的最主要依据。

中情局对世界性战略情报的评估首先倾向于强调中国政府面临十分棘手的国内问题。在其看来,刚成立不久的中国,许多地区都存在着不安定的状况,且经济亟待发展,因而国内基础很不牢固,正需全力以赴解决国内问题。如果和强大的美国作战,那么中国所有的国内发展计划必将化为泡影,并且物资上将遭受巨大的损失。其国内的反共势力也一定会乘势而起,从而"危及到新政权的长久存在"。②

此外,中情局还认为,中国人民解放军过去的战斗经历表明他们不适合在朝鲜的国土上作战。在中情局的眼里,中国人民解放军的作战方式无非就是"打了就跑"的游击战术,不仅从来就没有遭遇过"具有高昂士气、手握现代武器,还有使用那些武器的强烈意愿和技术的

---

① 李丹慧:《三八线与十七度线——朝战和越战期间中美信息沟通比较研究》,《中共党史研究》2001 年第 3 期,第 33 页。
② *FRUS*, Vol. Ⅶ, p. 934.

训练有素的军队"，而且"实际上毫无能力"去强化或支持北朝鲜的海军，特别是，中国的空军更不值得一提。这些因素无疑限制了它向朝鲜大规模派遣军队的能力。① 鉴于此，中情局的结论是，中国不可能出兵朝鲜，卷入朝鲜战事。

事实上，中情局所做的战略情报评估影响了美国决策层对中国军事意图的判断。国务卿迪安·艾奇逊在1951年上半年举行的国会听证会上重复了中情局的评估结论。他坚持认为，中国人将不会参战，因为他们将不得不投入大批训练有素的军队，参战只能使中国政府遭到削弱。也许最重要的是，在中情局的影响下，艾奇逊断定，从各方面来讲，参战不能给中国带来什么实际利益。

中情局的错误结论直接源于它对中国参战能力的详细评估过于僵化，没有考虑到更复杂的现实情况，而且还未对中国的意图做出细致评估。毋庸讳言，刚成立不久的新中国面临很多国内问题，尤其需要全面建设整个国家，参加战争的能力确实具有一定的局限性。于是，这种情况在中情局的眼里便成了判断中国是否出兵的战略情报的最主要依据。其逻辑推理是，虽然具备进攻的能力并不一定意味着敌人将要进攻，但是假若敌人不具备采取攻势的能力，那么无论敌方指挥官多么希望进攻，他实施攻势的现实性必将是很小的，甚至是不可能的。其实，这种教条化的逻辑推理和灵活多变的实际状况有着较大出入。一方面，能力并不代表一切，如非物质化的精神及意志因素对能力不足的弥补等，另一方面，随着情况的变化，有时能力亦会在短期内骤然提高，如外部援助对能力增长的作用力等。

与此同时，中情局没有细致地分析中国的政治及军事意图。它仅限于通过对中国参战能力的判断，就轻率地得出中国不会出兵的结论。而对世界性战略情报的评估不仅需要关注所评估对象的政治、经济和社会状况，尤其需要对对方的未来计划、行动方针，乃至战术取向进行全方位、综合的预测。可是，在此方面，中情局的战略情报评估做得很不够。这种做法自然不可避免地导致失败的结局。

关于中国是否出兵朝鲜，除了世界性战略情报评估对政治情报分析造成的影响外，战区战略情报评估的作用也是不容忽视的一个相当重要的因素。在1950年10月初中国政府发出一系列警告之后，由于中情局并未提供有关中国意图的详细评估报告，因而白宫不清楚中国对于美军越过三八线的真实意图。杜鲁门总统决定根据麦克阿瑟对战区战略情报的评估来做最后的判断。

在10月15日著名的威克岛会谈之后，凭借麦克阿瑟的保证，华盛顿决策层最终决定让麦克阿瑟放手向北进攻，一直将战火烧到中朝边境地区。显然，远东司令部对战区战略情报的评估对美国决策层的战争决断产生了非常大的负面影响。

至于远东司令部为什么会对战区战略情报做出错误的评估，则显然和麦克阿瑟本人有直接的关系。作为朝鲜战场上联合国军最高指挥官的麦克阿瑟，其傲慢自负的个性必然导致在军事上出现糟糕的判断力。由于第二次世界大战中击败日本人的辉煌战绩，麦克阿瑟

---

① Rosemary Foot, *The Sino-American Conflict in Korea*, *Asian Affairs*, 1983, V. 14, p. 161.

非常瞧不起亚洲军队,当然也包括中国军队。虽然他"几乎不了解中国军队或他们的军事原则,但是完全漠视中国士兵的存在,这成为远东司令部的一个信条"。他曾在1950年10月初告诉英国驻东京政治代表,联合国军和中国人相比较,有着"相当大的海陆空作战潜力",如果中国人介入战争,他将"立即进行强有力的攻击"。在这位将军看来,中国领导人一定是注意到了这一点,因此完全可以把中国的警告声明视为"只是一种讹诈"而不予理会。①

根据麦克阿瑟的比较教条的军事逻辑,他根本就不相信中国军队会在没有空军掩护的情况下参加战争。在他看来,只要中国出兵,他的空军就可以摧毁他们。② 这种超级自负的心态使得这位将军不仅忽视中国方面的严正警告,而且做出错误的情报判断。尤其值得注意的是,麦克阿瑟傲慢自大的个性,和他对中国军队的看法,深刻地影响着其周围的情报官员对中国出兵朝鲜的评估。其中,自太平洋战争爆发以来一直是麦克阿瑟的情报参谋官,同时又是其亲密顾问的威洛比少将最喜欢迎合总司令的意见,同时忽视比较重要的情报。美国第十军作战部部长杰克・奇莱斯(Jack Chiles)曾对威洛比进行过近距离观察。他回忆说:"麦克阿瑟不希望中国人在朝鲜参战。对于麦克阿瑟不希望的任何事情,威洛比都为之炮制情报。……在这种情况下,威洛比篡改情报报告。……他本应该入狱。"③尽管奇莱斯对威洛比的指责过于严厉,但却反映了后者刻意逢迎麦克阿瑟的事实。无论如何,威洛比的做法必然影响其对中国出兵情报的准确评估,进而对原本就存在误区的麦克阿瑟的军事判断力造成很大的干扰。最终,傲慢自负的联合国军总司令在朝鲜战场上不得不铩羽而归。

3. 战术情报评估失误的原因

在朝鲜战争期间,美国战略情报评估的结论对前线战术情报的分析具有指导性的作用和决定性的影响。不过,反过来,来自第一线作战战场的战术情报评估对战略情报的分析亦具有不容忽视的影响。在朝鲜作战的美国第八集团军和第十军为战略情报分析提供战术情报评估。

当中国人民志愿军成功地发动了一次战役后,第八集团军司令沃克将军居然同意其情报部部长詹姆斯・塔肯对战术情报的评估结论:目前在朝鲜的中国人的兵力可能仅仅为一些志愿兵组成的几个师;在朝鲜不存在有组织的中共军队;中共军队首次干涉的主要动机是中国人想要保护鸭绿江南岸的发电厂;中国将不会参战。④

当然,第十军也得出了和第八集团军相类似的情报评估结论。在志愿军即将发动二次战役的前三天,第十军情报部认为,中国人"显然准备在其目前驻守的阵地上进行防御性的抵抗",并且"自最初对北朝鲜的增援以来,没有任何证据表明中共军队已经大规模地越过边界"。同时,该军司令阿尔蒙德将军对战术情报的看法是:在前面有不超过一个或两个师的

---

① Rosemary Foot, *The Sino-American Conflict in Korea*, *Asian Affairs*, 1983, V. 14, p. 162.
② [美] 罗伊・阿普尔曼著:《美国兵在朝鲜》第3卷,第868页。
③ Clay Blair, *The Forgotten War: America in Korea*, *1950-1953*, New York: Times Books, 1987, p. 377.
④ [美] 罗伊・阿普尔曼著:《美国兵在朝鲜》第3卷,第855页。

中共军队；在最近的将来，中国人的努力将完全是防御性质的；中国将不会大规模地介入战争。① 然而，事实是，以逸待劳的志愿军很快就给冒进北上的美军以异常沉重的打击。

显然，第八集团军和第十军对战术情报的评估出现了重大失误。那么，为什么他们会对中国出兵的战术情报做出错误的评估呢？

除了理所当然地受远东司令部情报分析结论的影响外，对中国的军事战术缺乏了解是一个重要因素。当美军不听中国发出的严正警告，不断把战火烧到鸭绿江边，导致中国被迫出兵朝鲜时，参加作战的志愿军各项战术运用得非常得当，使用的战术完全出乎美军情报部门的意料，致使美国各军事部门的情报机构陷入十分困惑的状态，错误地评估了有关志愿军兵力情况及军事动向的情报。具体而言，美军情报人员对志愿军运用的以下三项战术没有任何心理上的准备，因而不可避免地为自己的军队提供了错误的情报评估结论，从而使美军在战争初期遭受重创。

其一，秘密渡江，进入朝鲜。1950 年 10 月 18 日，彭德怀总司令在北京以毛泽东的名义发电报给志愿军第十三兵团司令邓华说："四个军及三个炮师决按预定计划进入朝北作战，自明（19 日）晚从安东和辑安线开始渡鸭绿江。为严格保守秘密，渡江部队每日黄昏开始至翌晨 4 时即停止，5 时以前隐蔽完毕并须切实检查。"此外，毛泽东还专门要求，有关志愿军参战一事，目前只做不说，不将此事在报纸上做任何公开宣传，仅使党内高级领导干部知道此事。② 因此，志愿军各部队在入朝时，都采取夜行昼宿、白天严格隐蔽的方式。正由于中国方面保密工作做得非常好，以至于美国空军侦察机天天到鸭绿江沿线拍照，并对照片予以情报分析，都未得出任何结果。志愿军几十万人行军一周，完全未被敌人发现。这无疑为志愿军打好出国第一仗、出其不意地给敌军以迎头痛击，创造了良好的作战条件。

其二，诱敌深入，以逸待劳。在成功结束了第一次战役后，中国领导人抓住敌人对中国军队实力的错误估计和他们迷信空军威力特强骄横的情绪，决定在战役一结束就让部队佯装后撤，以扩大敌人的错觉。同时，在毛泽东的指示下，志愿军采取了"诱敌深入，以逸待劳，利于歼击"的方针，准备"诱敌深入山地然后围歼之"。可是，美军情报部门却认为中国军队是畏战后逃，而且只是出于防御目的派出象征性的非正规军。甚至远东司令部情报部长威洛比十分自信地认为："他们（指志愿军）已离开了朝鲜。我早就看穿了他们的手法，我预料他们会这样做的。我早就说过，北京无非是虚张声势。"③这种错误的判断使得一味冒进的美军最终落入志愿军预设的埋伏圈。

其三，兵不厌诈，突然袭击。11 月 1 日，在志愿军第三十九军包围和歼灭了美军第八骑兵团大部和南朝鲜第十五团后，很快就释放了 27 名美国战俘，73 名南朝鲜战俘，对他们说因食品不足，志愿军将撤回国去。这样做是为了迎合麦克阿瑟的心理状态，诱使他犯更大的错

---

① ［美］罗伊·阿普尔曼著：《美国兵在朝鲜》第 3 卷，第 857 页。
② 《毛泽东军事文集》第 6 卷，北京：军事科学出版社、中央文献出版社 1993 年版，第 125～126 页。
③ 柴成文、赵勇田：《板门店谈判》，北京：解放军出版社 1989 年版，第 101 页。

误。① 此外,志愿军各部在后撤时,沿途还有意遗弃部分破旧武器和物质,故意让美军情报部门对志愿军的战术意图产生较大的错觉。果然,第八集团军和第十军情报参谋官大都认为,中国出兵的最佳时机已经过去了,现在其出动的一些军队的最大可能是象征性的,目的是拆走鸭绿江水电站的设备,兵力也不过是 6 万～7 万人。在错误的情报评估的影响下,麦克阿瑟中计,指挥美军大举北进。而志愿军却在丝毫不被敌军察觉的情况下,利用夜间行军穿越种种艰险的地形,利用突然的奇袭来击败他们。美国海军陆战队的官方史料记载道:"身穿打着补丁的棉制军装的中国士兵在这件事情上胜过地球上任何国家的士兵;他们能够在夜色的掩护下极其秘密地渗透到敌人的阵地中去,简直令人难以置信。……中国军队令人敬畏,不是因为他们人数众多,而是因为他们善于运用欺骗战术和达成攻击的突然性。"②显然,错误的情报评估让经历第二次世界大战磨砺、军事经验丰富的美军居然没有判断出志愿军使用的是"兵不厌诈,突然袭击"的战术,结果遭到几近毁灭性的打击。

美国的政治情报、战略情报和战术情报,三位一体,彼此作用,互相影响。其中,战术情报评估的失误不仅对战略情报分析产生消极影响,而且也对政治情报判断造成很大的负面影响。华盛顿决策层根据错误的情报评估,做出错误的战争决策,在一次战役遭到志愿军打击后继续沿着错误的分析路线前行。由二次战役开始,中美之间在朝鲜战场上开始了一场"全新的战争"。

---

① 华庆昭:《从雅尔塔到板门店》,北京:中国社会科学出版社 1992 年版,第 215 页。
② [美] 莫里斯·艾泽曼著,陈昱澍译:《美国人眼中的朝鲜战争》,北京:当代中国出版社 2006 年版,第 78～79 页。

12 - 1

艾奇逊关于美国是否重新占领三八线致保罗的电报

（1950 年 7 月 12 日）

绝密

国务卿艾奇逊致国务院官员保罗的一封信

（1950 年 7 月 12 日）

亲爱的保罗①：

我提出下面的看法，就是为了在自己脑海中对会议频繁讨论的问题有一个清醒的认识，并且希望你给予必要的修改。

1. 未来我们在朝鲜的方针

（1）不远的将来

正如我考虑到的，我们将投入必不可少的军队去重新占领三八线。只要中国人和苏联人不正式介入，所有的人似乎都同意这么做。我认为这意味着，如果我们被迫出击，那么我们必须尽快再次介入。

假若中国人介入，在我看来，我们同样要出兵。至于通过全面攻击中国的领土来扩大作战行动的场所——正如对其介入朝鲜的军队予以打击那样——我认为这是不明智的，因为在中苏条约下，这种做法会成为俄国人加入到中国人一边的诱因。

假如苏联人介入，我认为我们仍不得不在朝鲜打出个结果来，除非并且直到战争演变成一场全面战争，在这一点上，我们内部会有不同的全面的军事判断。

我知道许多人都会反对这些结论。但是，我认为他们不可能协商出一个可供选择的方案来。你有不同的看法吗？

（2）时间更长一些的将来

如果我们成功地重新占领那个国家，那么派遣军队在那里驻防和支援该国的问题都会被提出来。

这么做会所费不赀，要求把其他地方需要的部队调派过去，而且为国内提出一个很麻烦的项目，总要不断地进行讨论。但是我不知道如何避免此问题出现。这个问题似乎太让人难以理解，从而不能要求我们国家牺牲人力和财力去夺回朝鲜以支持联合国，进而在联合国不提供人力和财力的情况下又让敌人重新夺回朝鲜。我也不清楚这种状况将持续多长时间，尤其是情况在不断出现变化，不过我认为事情会没完没了。

---

① 原始文件上此人信息不详。——译注

也就是说,像弗吉尼亚人所谈到的,我们已经拿着一个烫手的山芋了。

2. 福摩萨①

只要我们打算在太平洋维持我们的存在或保持一个更好的地位,并且只要中国人和苏联人在军事上对那里构成威胁,那么我就认为我们不能放弃我们的控制——例如仅诉诸联合国的行动——把该岛屿弃给共产党。

假如情况确如此,则我们应当使自己有足够的时间且试着使其他国家理解活生生的现实,然后清楚地阐明立场。

DDRS,CK 3100419469 - CK 3100419488

邓峰译,高恒建校

---

① 对中国台湾的另一种称呼,从葡萄牙语的 Formosa 音译而来,意思是"美丽之岛"。很长时间以来,欧美各国就以此作为台湾的称呼。——译注

战略联合计划委员会关于朝鲜军事形势的评估报告

（1950 年 7 月 14 日）

JCS 1924/20

绝 密

战略联合计划委员会关于朝鲜军事形势致参谋长联席会议的评估报告①

（1950 年 7 月 14 日）

附录一

致国防部长备忘录草案

一、根据朝鲜发生的事情,对军事形势以及美国的大致能力做以下评估。

二、在以下面的评估为基础的研究中,参谋长联席会议考虑到涉及目前朝鲜冲突的 5 个总体情况。

1. 尽管苏联的援助仅限于提供军事顾问、关键的工作人员以及物资补给,但北朝鲜人在这种有限援助下仍继续发动战争。

2. 中共武装部队被调入朝鲜支持北朝鲜人。

3. 苏联动用大批武装军队支援北朝鲜人,以削弱联合国把北朝鲜人逐出南朝鲜的能力。

4. 苏联也在朝鲜以外的其他地区发动有组织的军事行动。

5. 苏联正负责发动一场全球战争,而当前局面就是这场战争的第一阶段。

三、我们已做出决定采取行动彻底应对上面第二段 1 中出现的情况。麦克阿瑟②将军目前报告说中共军队的一些人员已经出现在战场。这些人员的出现也许预示着中共大批军队即将进入朝鲜并扩大目前的冲突范围。中共军队的能力是不容忽视的。

---

① 这里仅挑选与中国有关的部分译出。——译注
② 道格拉斯·麦克阿瑟(Douglas MacArthur),美国五星上将,著名军事家,第二次世界大战时期历任美国远东军司令、西南太平洋战区盟军司令。朝鲜战争初期任联合国军总司令。——译注

附录二

一、苏联的能力

1. 东南亚

法国在印度支那的军事地位继续得到改善。事实上,法国军队已扫荡了盛产稻米的整个红河三角洲,因而威胁到越盟①叛军的食品供应。法国的胜利使得大批越南东京(Tonkinese)②的农民从越盟控制的地域返回到他们的土地上。此外,有迹象表明,共产党中国给予越盟的物资援助没有预测中的那么多。自北朝鲜向南侵略以来,中共或越盟没有采取什么特别的行动。在整个远东局势具潜在爆炸性的时候,目前并没有迹象表明这种局势很快就会恶化,除非朝鲜局势进一步恶化。对于缅甸、泰国和马来西亚来说,其内部的颠覆活动可能继续对政府的稳定构成主要威胁。一旦中国在印度支那首先获胜,那么他们也许将进攻这些国家。在菲律宾,虎克党③和政府军之间零星的遭遇战依然在继续,但是虎克党的能力实际上并未遭到削弱。他们仍然能够随时发动突袭。

2. 远东

（1）朝鲜

估计北朝鲜陆军由 9 个师构成,其实力也许在 10 万～12 万人之间,配备有 260～315 辆坦克。1950 年 7 月 13 日,估计其主力部队的人数在 5 万～6 万之间,正在进攻汉城-大田(Taejon)④一线,并且以每天 10 英里的速度向前推进。估计 2 万人的步兵和装甲兵部队正穿过汉城-大田线以东的多山地区,发动进攻,实施广泛而彻底的包围战,从而支援主力部队。其东海岸军队估计为 1 万人,正向南推进,进攻浦项(Pohang)⑤方向存在的小股抵抗部队,总体上和另两支部队保持并列推进的态势。尽管目前坦克执行大多数重火力任务,但估计敌人也配备了大批重炮。北朝鲜军队使用的是苏联武器。当然,一些小型武器除外。目前,我们认为他们足以按照 60～90 天的标准来供应武器、装甲车等储备物资。武器和装备的更换将不得不依赖苏联的物资供应。

---

① 1941 年 6 月,越南共产党在越北山林地区的新潮(Tan Trao)成立了一个由党主席胡志明领导的抗战组织,名为"越南独立同盟会"(1941～1954),简称为"越盟"。——译注
② 越南东京(Tonkinese)是指越南北部大部分地区。越南人称之为北圻,意为"北部边境"。第二次世界大战结束,法国人控制越南北方以后,便用这个名字称呼整个越南北方地区。——译注
③ 虎克党,英文名称为 Hukbong Mapagpalaya Ng Bayan,简称 HMB 或 Huks,指菲律宾共产党及其人民解放军。——译注
④ 大田(Taejon)是韩国忠清南道的首府所在地,位于汉城以南 170 公里。它是韩国中部最大的城市和交通枢纽,韩国的六大城市之一。它也是韩国中部的科技中心城市,拥有被称为韩国"硅谷"的大德科学研究城和著名的忠南大学。目前韩国的一些政府机构正陆续从汉城迁往大田,大田将成为韩国的"第二行政首都",分担汉城的首都角色。——译注
⑤ 浦项是韩国庆尚北道的一个市,位于韩国东南沿海的迎日(Yongil)湾西北岸,濒临日本海的西南侧,是韩国东部的主要港口之一。它也是韩国东部的工业中心,是世界最大的钢铁公司之一——浦项制铁公司的总部所在地。——译注

满洲①大约有 40 万中共军队,包括 7 万朝鲜军队。我们认为,后者在一开始就被挑选用于早期的重新部署。并且能够在 5～10 天内增强北朝鲜的实力。其余军队的部署将依赖共产党在多大程度上愿意冒内部安全的风险。另外,去支援北朝鲜人的其他非苏联军队可能是驻扎于北平-天津地区的 21 万中共军队。他们能够在 20～30 天内投入到朝鲜的战斗中。这些部队的构成如下:25 个常规步兵师(每师 7 000 人),2 个加强步兵师(每师 8 000 人),2个装甲师(每师 6 000 人),1 个机械化炮兵师(9 000 人),1 个配有装甲车的坦克师(3 000人),以及 1 个炮兵旅(1 200 人)。我们估计中共空军能够在 3～5 天内投入到朝鲜的战斗中。他们大约拥有 200 架飞机,包括 3 架 B-24 型轰炸机,约 35 架轻型轰炸机和地面攻击机,约 85 架常规战斗机。中共空军中还可能有一些喷气式战斗机。麦克阿瑟将军汇报说,中共军队已出现在战场。而我们认为,由于各地区内部安全的需要,中共其实只能考虑将上述部队的一部分调往朝鲜。

鉴于维持动荡地区内部安全的需要,中共不可能把这些军队大规模地调往朝鲜。

北朝鲜海军仅仅由大约 50 艘小型舰只所构成。除了运送部队和补给品之外,它们的能力可以忽略不计。其空军约拥有 100～150 架战斗机,其中大多数都是雅克-9 战斗机。

目前不清楚的是,中共是否予以海上支持。苏联人则在不公开干涉的情况下,为北朝鲜提供飞机及其零配件、地勤人员、管理人员,可能还有伪装成中国人或朝鲜人的参与作战的飞行员。至今,我们在朝鲜地区几乎未观测到喷气式飞机的活动,也未看到大批轰炸机和战斗机。关于这一点,近来情报表明,在大连-哈巴罗夫斯克②-萨哈林岛③这一广大地区内,飞机的空中活动有明显的增加。不过,我们还没有对这方面情报的重要意义予以评估。

(2) 日本和冲绳

目前的情报评估涉及到苏联对日本和冲绳予以打击的能力。事实上,这种能力不会因朝鲜战争而有所变动。单就北朝鲜和中共而言,他们对美国在这一地区的军队几乎不能构成什么威胁。可是,如果苏联为中共提供其远程作战空军,那么美国的设施,尤其是在冲绳的设施以及日本人口密集城市都将可能遭受相当大的破坏。

(3) 福摩萨

中国军队渴望控制福摩萨,包括佩斯卡多尔列岛(the Pescadores)④,并已宣布其打算这

---

① 通常指今天的辽宁、吉林和黑龙江三省全境,再加上内蒙古东北部的地区(即东四盟)及外兴安岭以南(包括库页岛)。在西方语言中,"满洲"作为地理名称仍比较常见。朝鲜民主主义人民共和国、韩国、日本及俄国的出版物至今仍多使用"满洲"一词。——译注

② 哈巴罗夫斯克,俄罗斯哈巴罗夫斯克边疆区的首府,远东地区重要城市,位于黑龙江(阿穆尔河)和乌苏里江汇合处东岸。中文一般称为伯力,亦名勃利、剖阿里、颇里、婆离、博和哩、波力、伯利等,皆系女真语同一词的不同汉语音译,原意为"豌豆"(可爱的名字,可爱的女真人)。17 世纪中叶沙俄侵略黑龙江流域的头目哈巴罗夫将伯力命名为哈巴罗夫卡。1860 年,沙俄强迫清政府签订《北京条约》,伯力被沙俄割占。1893 年,沙俄又将哈巴罗夫卡改名为哈巴罗夫斯克。——译注

③ 萨哈林岛,处于俄罗斯联邦萨哈林州,中文一般称为库页岛,位于黑龙江出海口的东部,东面和北面临鄂霍次克海,西面隔鞑靼海峡与大陆相望。南隔宗谷海峡与日本相隔。该岛自古以来就是中国的领土,但被清政府割让与俄国。第二次世界大战结束后,苏联军队出兵占领了整个岛屿。——译注

④ 佩斯卡多尔列岛,殖民主义者对中国澎湖列岛的称呼。——译注

么做的意图,而不顾我们保护福摩萨不受侵犯的决定。他们也许会进攻名义上由国民党人控制的其他岛屿:广东(Canton)沿海的伶仃岛(Lintin)和担杆岛(Lema)①,厦门(Amoy)沿海的金门岛,福州沿海的马祖岛和浙江省沿海的大陈岛。7月13日,他们发动了进攻披山岛(Peshan)②的两栖作战行动。

(4) 香港和澳门

在目前情况下,中共针对香港的军事进攻不可能发生。还有一种可能就是,中共将努力通过颠覆、破坏、煽动民众骚乱等手段来扰乱英国人的生活。共产党也具备攻取澳门的能力。

二、美国的行动方针

1. 朝鲜

(1) 当考虑美国在朝鲜的行动方针时,前面附件一所列可能出现的五种情况中,只有一种情况——在朝鲜动用中共部队——需要详加分析。显然,北朝鲜人正在从苏联获得除军事顾问、重要人员及作战物资之外的其他援助。事实上他们正在朝鲜使用中共部队。在附件一所设想的第四种情况下,我们认为全球战争将有爆发的可能性。一旦出现这种情况,美国军队应当从朝鲜的不重要的战略阵地上撤走。

(2) 鉴于目前在朝鲜事实上存在着像中共出动军队这样的情况,我们估计需要的总兵力是:

① 陆军　包括1个野战军,9～12个师,以及支持该部队的相配套的增援军和后勤兵。

② 海军　总计4艘攻击型航空母舰,以及相配套的补给舰和护卫舰,支持舰载机部队和运送两栖攻击的两个师所需的巡逻中队及岸基舰船。

③ 空军　9～12个战斗机群,1个轻型轰炸机群,2个战术侦察机群,3个中型运输机群,3个中型轰炸机群。我们估计从现在开始直到这场战争结束,将需要10～12个月。上述部队也许会由联合国其他成员国的人员来补充。

(3) 对中共进一步强化北朝鲜军队所作的预防措施将意味着拯救许多美国人的生命和节省大批作战物资;在完成把北朝鲜军队逐出南朝鲜的任务的过程中,这或许决定着事情的成与败。一个很可能会动用的筹码将是利用对满洲城市的核攻击来威胁中国共产党人。不过,出于下述几方面的原因,尚难预料这种核威胁是否将会防止中共强化北朝鲜军队:

① 可以预见中国人和苏联人对于因核攻击而造成的人员损失不会作过多的计较。

② 如果面临威胁,中共一方面会公开宣称不干涉,但另一方面也许会秘密装备类似于个别志愿者或国际纵队这样的援军。在这种情况下,特别是如果那些援军是中共军队中为

---

① 伶仃岛和担杆岛位于香港区以南。——译注
② 披山岛位于浙江东部沿海,中国人民解放军于1950年7月16日解放该岛。——译注

众人所知的朝鲜裔人员,那么利用核攻击将很难得到联合国其他成员国的支持。

③ 而且,动用原子弹打击非军事目标是与美国的一贯政策背道而驰的。考虑到满洲主要城市在军事上的重要性令人怀疑(至少这和苏联其他城市的军事重要性相比较时是这样),那么这种威胁将会被全世界解释为不是对军事目标予以军事打击的一种威胁,而是对平民百姓予以恐怖攻击的一种威胁。因此我们认为,威胁发动核子进攻以防止中共介入朝鲜战争的举措是不可取的。

2. ……

3. ……

4. 福摩萨(包括澎湖列岛)

我们在福摩萨的首要利益就是防止该岛落入苏联控制的军队之手。攻打福摩萨将构成对美国战略边缘线——日本-冲绳-菲律宾安全的威胁。

福摩萨主要危险来自于中共从华南发动的两栖进攻。面对中共做出重大努力想攻打福摩萨的明显证据,我们认为为了对付这种努力,必须强化第七舰队,必须提供空军和特种地面部队(如防空队、工兵、通讯兵等等)。

5. 中国

为了在一场由共产党中国所宣布的战争中使我们的地面部队卷入到中国大陆,苏联也许会采取行动,鼓励中国共产党进攻美国军队。

万一这种情况发生,在中国最大限度地动用美国地面部队在军事上将会是一无所获。

DDRS,CK 3100385561－CK 3100385611

邓峰译,高恒建、俞建飞校

中情局关于朝鲜战争初期中苏动向的评估报告

（1950 年 7 月 19 日）

CIA 7 - 50

机 密

中情局对世界局势的评论

（1950 年 7 月 19 日）

　　远东：目前尚不清楚是否苏联将迫使中共对朝鲜的作战行动给予公开的军事支持，或者迫使中共在该地区其他地方开始采取新的行动。北平政权不可能主动在中国以外的地方投入大批军队参加作战，但几乎肯定将遵循苏联的要求采取军事行动。中共部队的实力和部署使得其可以从容地介入朝鲜，并且还可以在稍作警告或者根本就不发出警告的情况下，在其他许多地方采取军事行动。显然，中共大批军队正驻扎在台湾对面的大陆，而且也可能向香港发动攻击。尽管沿东南亚边境部署的部队的实力没有发生重要的变化，但是，假如有必要强化胡志明①军队的实力，那么这些部队就能够越过边界线进入印度支那，或者进入缅甸，因为在那里，中国国民党一些逃亡部队的存在将表明这种军事入侵的合法性。

DDRS，CK 3100376174 - CK 3100376180

邓峰译，高恒建校

---

① 胡志明(1890～1969)，第二次世界大战结束后越南党政领袖，1945～1954 年，领导越南人民为保卫革命政权而斗争，取得了抗法战争的伟大胜利。1954～1965 年，领导越南北方的社会主义革命和实现统一祖国的斗争。20 世纪 60 年代，领导人民进行抗美救国战争。——译注

中情局关于朝鲜战争初期中国军事目标的评估

（1950 年 8 月 16 日）

CIA 8－50

机 密

中情局对世界局势的评论

（1950 年 8 月 16 日）

瞄准台湾：到目前为止，我们没有掌握确凿的证据来说明，苏联打算通过发动朝鲜战争类型的新局部侵略——例如通过进攻台湾，做出它的选择以分散美国兵力，或许过度消耗美国的军事资源。不过，马立克①在联合国安理会会议上采取的路线——强调美国在一个传统国家的领土上干涉"内战"，预示着其抨击美国在军事上干涉台湾的一种侧面宣传。在任何军事行动发生之前或还没有采取军事行动之时，这种指责性的宣传也许能很好地鼓舞人心，可是万一中共侵略台湾，则它将发挥特别有效的作用。这个事实只可能导致下述情况出现：苏联期待尽早进攻台湾，要么不顾美国的存在而使中共取得军事上的胜利，要么中共军队在"侵略者"美国军队的打击下趋于失败。苏联或许希望在这两种情况下，美国都将卷入一场事实上没完没了的战争，同时在战争中美国将在亚洲扮演"帝国主义侵略者"的角色。这样，苏联将从中获得更多的战略利益。假如把厌倦战争的中国人拖入另一场长期的武装冲突中，那么也许会存在中苏关系受到持续的负面影响的风险。不过，在苏联人看来，这种风险可能没有战略上的收益重要。美国的努力和注意力的转移或许会无限期地推迟美国-联合国在朝鲜的有力反击。由于几个国家（印度、英国，特别是法国政府）都不愿和美国的干涉有所牵连，它们认为这种干涉代表了脆弱且声名狼藉的政权——逃亡的中国国民党政府的利益，所以苏联的最低收益将是在联合国，现存非苏联多数派可能受到打击的西方在政治上的不团结状态。

与此同时，中国似乎在努力从事进攻台湾的军事准备工作。倘若美国军队不采取有效的反击行动，那么中共军队也许能够在台湾建立一个桥头堡，并且能够在几周之内就确立对整个岛屿的控制。

北平政权不顾美国的干涉而"解放"台湾的意图已成为中共宣传的最重要主题，虽然在中国人的声明中没有敲定时间上的限制，但从军事角度看，共产党进攻的最有利时机将是1950 年 9 月中旬之前的那段时间。对台湾的成功突袭会增强苏联和中国在整个远东地区的

---

① 马立克（Malik），时任苏联常驻联合国代表。——译注

军事地位，并且将进一步破坏美国遏制共产党扩张的自信心。

局部侵略的其他目标：

共产党发动局部战争的能力绝不仅限于台湾。中共能够对朝鲜进行干涉，从而延长那里的战斗，与此同时，苏联强化其宣传态势，指责美国"屠杀"亚洲人、"阻止"朝鲜人的"统一"和"独立"。他们还能够侵入印度支那和缅甸或者占领香港和澳门。

在所有可能发生的事情中，这些军事冒险在最近的将来随时都可能发生。尽管其他一些目标也很诱人，或者用严格的军事术语来说，甚至更易受攻击，但是当前在突袭台湾的过程中获取的政治收益要大于攻击其他任何边界地区的所得。此外，在军事和政治上对朝鲜冲突的利用（更不必说早些时候的台湾事件）也许会在不用直接采取军事行动的情况下，就把共产党影响的巨大成就传播到共产党在亚洲当地开展的"解放运动"之中。苏联也许会设法阻止中共军队投入到中国人以前控制的地域以外的地方，而且苏联不仅会强化美国在亚洲的"内战"中发动"侵略"的宣传主题，而且要使各种非中国人领导的"解放"运动和莫斯科而非北平保持着密切联系。中共越过大家熟悉的国际边界线，甚至是香港和澳门的边界线，都将破坏苏联企图削弱北大西洋国家所做的共同防御努力以及使印度这样犹豫不决的反苏国家中立化的行动。

DDRS，CK 3100376181－CK 3100376189

邓峰译，高恒建校

中情局关于中国出兵朝鲜可能性的评估备忘录

（1950 年 9 月 8 日）

CIA Intelligence Memorandum 324

机　密

中共直接入侵朝鲜的可能性①

（1950 年 9 月 8 日）

问　　题

评估中共军队公开介入朝鲜的可能性。

范　　围

我们将考虑中共常规部队和地方部队的投入，以及中共为支持北朝鲜侵略者而对其空军的使用。

设想：（1）我们估计目前中共对北朝鲜侵略者的有限而秘密的援助，包括对个别士兵的提供，数量正在不断增加。

（2）中共公开提供的援助将需要苏联的批准。而这种批准则将表明苏联准备接受一场全面战争突然爆发的风险。

1．结论

尽管我们尚无直接的证据表明中共到底是否介入朝鲜干预朝鲜战争，但显而易见的是，在今年年底之前，如果北朝鲜的侵略获得对南朝鲜的彻底控制，那么中共或苏联一定会提供训练有素且装备精良的战斗人员。

据悉，中共在满洲不断强化军事实力，加之该地区已存在的军事力量，显然意味着介入朝鲜完全在中共能力所及范围之内。此外，考虑到公开行动所带来的严重后果，中共近来对美国"侵略"及"侵犯满洲边境"的谴责，或许是为即将来临的公开行动作一些铺垫。不过，似

---

① 注意：这份备忘录是在没有和国务院及陆海空军的情报部门进行协作的情况下拟定的。它是根据美国空军司令部及中央情报局局长的要求而准备的。——编注

乎更可能发生的事情是，中共将以更间接的方式介入朝鲜的冲突，虽然这种行动对其来说意义重大，但亦有局限性。因为"满洲志愿军"也许包括空军部队和地面部队，都将被并入到北朝鲜军队中。

2. 目前北朝鲜军队的状况

共产党到底是否决定投入中共军队在一定程度上依赖北朝鲜人力资源的获得情况。而目前在满洲和朝鲜部分地区的共产党基地中就有这样的人力资源。

陆军部目前所做的评估指出，在1946～1948年满洲战役中为中共服务的4万名训练有素的朝鲜老兵依然驻扎在满洲，并且成为北朝鲜的一种战略后备军。不过，值得注意的是：(1) 自8月1日以来，北朝鲜一直在使用仅经过两周培训的战斗人员；(2) 在联合国投入大批军队后，北朝鲜在逻辑上一定会投入其能够得到的全部朝鲜部队，因为那时4万训练有素的军队的冲击力也许是具有决定性作用的。

上述考虑要么表明驻满洲的朝鲜后备军太分散以至于它不能组成有效的后备军，要么这种后备军事实上从未存在过。此外，我们也不应理会这样一种可能性：驻满洲的朝鲜后备军目前已被重新组织起来并已集结完毕，其中的一些部队现在正前往朝鲜战场的路上。因为事实证明这种可能性是不存在的。自6月25日以来，北朝鲜本应有足够的时间来组织并投入这种后备军的主力。毕竟，他们在质量上远远优于北朝鲜那些未经培训且在事实上被用于战场的部队。可是，北朝鲜却无所作为。因此，总的来看，似乎最可能发生的事情是，如果到年底共产党在朝鲜获得胜利，那么北朝鲜军队现在必定是要么依赖苏联的资源，要么依赖中共的资源。而且，这种资源处于一种决定性的增加状态之中。

3. 中共的干预能力

中共大约有400万武装人员，包括常规军队、军区部队以及各省的军队。在满洲被中共攻陷后，那里大约有56.5万人的军区部队（包括16.51万名前国民党士兵），其中可能约10万～12.5万人被并入到常规军队且被改编为野战军。这些部队以及剩余的军区部队也许都是苏式装备。此外，据悉在过去的三个月期间，有迹象表明满洲常规军队的实力有大规模的增长。估计林彪第四野战军的主力部队——总数大概为10万极具战斗力的老兵——目前就在满洲且很可能驻扎于边界附近或边界线上，准备随时迅速入朝。

聂荣臻①指挥的约21万共产党常规军目前就部署在华北地区。据悉这些部队中的一部分已经在前往满洲的路上。

我们认为中共空军拥有200～250架作战飞机，有报告称其中一些空军部队被部署在满洲。

4. 中共打算干涉的一些迹象

(1) 宣传

最近几周中共的大多数宣传都在攻击美国，谴责美国"干涉"并"侵略"福摩萨。而且，其

① 聂荣臻，时任中国人民解放军代总参谋长。——译注

对联合国提出的两个新的抗议使这种宣传达至高潮。因为中共方面声称美国的空中攻击侵犯了满洲-朝鲜边境地区。这些谴责,除了服务于有用的宣传功能之外,很可能是为了给中共介入朝鲜提供借口。

（2）军事行动

自 1950 年 4 月海南被中共攻陷以来,来源可靠的情报报告指出,林彪第四野战军的主力部队由广东地区向北调动。[①] 我们认为,目前四野的主力部队要么在满洲,要么正在前往满洲的路上。其他一些报告还指出,中共正在安东[②]附近及鸭绿江边不停地修建军事设施。满洲边境防御的强化要么是在考虑到朝鲜冲突情况下的一种符合逻辑的安全防范举措,要么就是打算动用该地区军队发动进攻的前奏。

据悉,中共在满洲-朝鲜边境地区安东越来越多的活动包括飞机的抵达。[③] 一些报告还称,安东作为北朝鲜空军的主要基地,可以使数量遭到削减的军队免遭联合国空军的进攻。另外,我们收到的大量报告都提到北朝鲜近期的一些活动,包括在三八线以南修建机场。这些有关修建机场的报告说明了北朝鲜的空中援军即将向前发动进攻。尽管我们预测其中的一些空中支援由至今尚未经受考验的中共空军来提供,但没有确凿的证据支持这种看法。

5. 防止中共干涉的诸因素

中共武装力量介入朝鲜显然会使朝鲜的冲突由表面上的"内部"争吵转化为一场国际战争。中共部队介入朝鲜冲突的决定将极大地影响苏联在中国及朝鲜的地位,并且,苏联对北平和平壤的影响也许会受到破坏。可能使中共决定不介入朝鲜战争、但对如此重大的决定又几乎无甚影响的其他一些因素是:（1）如果中国军队被置于苏联或朝鲜的指挥之下,则中国的民族及军事自尊或许会使他们之间出现一些磨擦;（2）中共的干涉很可能将使其加入联合国的一切希望化为泡影。

沈志华、李丹慧收集、整理:关于冷战史的美国档案（美国国家安全档案馆）,第 24 卷,No. 01595,华东师范大学国际冷战史研究中心收藏

邓峰译,高恒建、赵继珂、邓霜校

---

① 原注:早在 1950 年 2 月,海南遭受林彪的进攻之前,我们就收到一些报告称中共在为这次调动作准备。尽管这些准备或许是中共军队宣称的士兵复员进程的一部分,但这些军队似乎只可能是林彪军队中交与北朝鲜陆军的那些朝鲜裔军队。

② 安东（Antung）,即今天中朝边境的丹东市。——译注

③ 原注:安东地区的 3 个机场能够容纳 300 架飞机。

中情局关于中国是否介入朝鲜的评估报告

(1950 年 9 月 15 日)

绝 密

每周概要摘录：苏联/共产党的活动

(1950 年 9 月 15 日)

苏联/共产党的活动
共产党中国和朝鲜

军事援助 我们收到许多报告,指出中共正在满洲调动军队。此外,近来北平指责美国的侵略行径和对中国领土的侵犯。所有这些都使我们不得不开始考虑以下两个相关问题:中共介入朝鲜;苏联和中国之间在军事政策问题上存在的分歧。有人指出,只有动用中共(或苏联)的军队,(共产党方面)才能在朝鲜获得胜利;苏联期待使美国卷入一场和中国间的长期冲突,从而削弱美国;中共谴责苏联在朝鲜实施冒险计划,因为这推迟了其进攻台湾的计划。尽管这些推断显然很合乎逻辑,但是没有证据表明中苏间存在着分歧,并且由于在政治上和军事上存在着充分的理由,所以中共军队将不可能直接而公开地介入朝鲜。

全球战争 中共军队介入朝鲜,将扩大冲突的范围,势必增加全面战争爆发的风险。自朝鲜战争爆发以来,苏联的行为表明它仍然希望避免全球战争,而且相信通过继续实施其依赖本土化"解放"军支持的战略,在亚洲一定会有实质性的斩获,但是目前它不会利用邻近的共产党政权来进行公开的干涉。

政治难题 完全排除上述那些考虑,即便苏联愿意冒全面战争爆发的较大风险,那么中共军队介入朝鲜也将给苏联和北平政权带来许多政治上的难题。它将使中苏联盟关系变得紧张起来,而不是巩固这种联盟关系。由于有些担心冲突将扩大至中国境内,北平政权期待苏联提供实质性的而不仅仅是物质上的援助。苏联将不愿给予实质性的援助,因为它害怕自己卷入到冲突中。结果,苏联在维持对北平和平壤的控制时,也许会面临重大的政治问题。事实上,共产党中国加入联合国的前景也将变得黯淡起来。

间接援助 决定提供间接援助,例如满洲"志愿"军的介入,将带来一些令人烦恼的事情。此外,大规模地实施这种间接援助,也许不能确保一定就会取得胜利。假如朝鲜需要许多非朝鲜籍的劳动力,那么在中共没有承认予以直接干涉的情况下,他们不可能提供那些劳动力,因为那将招致联合国对中国实施报复,就像直接介入的情形那样。

暂时的考虑　虽然中共不可能做出直接或间接干涉的决定,但是苏联和北平政权都将继续努力利用西方人对这种可能发生的事情的恐惧感。谴责美国对边境的侵犯及其他侵略行径,不仅与"和平"宣传攻势协调一致,而且这种设计就是要通过强化西方人对中共军事行为的恐惧感,从而使北平政权获得西方的政治让步,与此同时还为了制造一种气氛,以使人们感觉到共产党已在朝鲜获得对己有利的解决方案。

Woodrow J. Kuhns, ed. , *Assessing the Soviet Threat: The Early Cold War Years*, Washington D. C. : Center for the Study of Intelligence,1997,pp. 437 - 438

邓峰译,赵继珂、邓霜、郑波校

中情局关于中苏介入朝鲜能力的评估报告

（1950 年 9 月 20 日）

CIA 9－50

机　密

对涉及美国安全的世界局势的评论①

（1950 年 9 月 20 日）

当前苏联政策的模式

在代理人发动战争进行冒险后约三个月,苏联在某种程度上在局部地区保持着战略主动权,同时更大程度上在全球保持着战略主动权。在过去的一个月,仅仅依靠北朝鲜军队就把联合国部队逐出朝鲜的机会事实上在不断减少。令人怀疑的是,北朝鲜人能否利用充足的军事物资储备,使得他们立即对联合国在釜山②周围控制的重要地区施加压力,同时遏制联合国的其他军队。不过,中共部队在满洲靠近朝鲜边境地区的集结,构成强大的后援军。如果莫斯科和北平不顾随之而来的风险而达成一致意见,那么这些军队能够参加战争,且事实上能改变战争的进程。中共军队在没有严重削弱其面对朝鲜战事的地位的情况下,还能够进攻台湾和印度支那③。与此同时,苏联和共产党中国还针对联合国而发动一场重大的宣传攻势,强调他们对"和平"所做的贡献,并怒斥所谓的美国在亚洲的"侵略"。

共产党在远东的能力

作为共产党在中国掌权的一个结果,苏联在国际共产主义消除西方的影响及在整个远东确立共产党地方政权的计划中,培植了一个守纪律的代理人——北平政权。

1. 在朝鲜的冒险

目前尚无确凿的证据表明中共或苏联将要在朝鲜动用他们的军队。与此同时,苏联和它的亚洲代理人将可能力图保住北朝鲜人已经赢得的政治和军事利益。令人怀疑的是,苏联或中共是否将在三八线以南使用他们的军队。当然,莫斯科和北平有能力在任何紧要关头出动组织完善的军队以增强北朝鲜人的军事力量。不过,他们更可能通过派遣大批训练有素的中共部队(满洲的"志愿军")去支援共产党在朝鲜的事业。那些中共部队也许还包括

---

① 挑选了本文中与中国有关的部分译出。——译注
② 釜山,位于韩国东南端,与日本对马岛相望,是韩国第二大城市,又是韩国的第一港口城市,也是世界五大港湾城市之一。——译者注
③ 印度支那,指中南半岛各国,是对东南亚大陆地区的总称,即"印度至中国间"的区域,包括缅甸、泰国、老挝、柬埔寨、越南、马来西亚等国家。——译者注

少量的空军部队。他们都可能被纳入到北朝鲜军队中。此外,中共可能试图抢先行动,或者至少通过组织进攻台湾的行动或在印度支那采取行动,来干扰联合国在朝鲜发动的重要反击战。如果苏联和共产党中国采用其中的某一个行动方针,那么它很可能将通过把美国军队的注意力转移到别处而在朝鲜带来局部的军事利益,或者在没有美国有效干预的情况下,通过扩大共产党在亚洲其他地方的影响来实现苏联战略的总体目标。

2. 台湾

对美国"侵略"台湾(以及朝鲜-满洲边境地区)的正式谴责,表明这个题目已成为苏联和中共宣传的一个关键因素。我们依然没有最终的证据说明对台湾的政治战紧接着是对该岛的军事进攻呢,还是这二者同时进行? 就天气而言,最有利的适合两栖进攻的时间只剩下几个星期,但是中共有能力在至关重要的数天内组织一支强大的侵略军。无论如何,苏联将会在联合国不停地提出台湾的问题。它将试图以此来破坏一些成员国(特别是印度、英国和法国)与美国之间的团结。毕竟,虽然他们支持美国在朝鲜的干涉政策,但是不愿意与中国国民党政权建立联系,或者冒险卷入与共产党中国的事实上没完没了的战争。

此外,苏联和共产党中国还希望确保对台湾的控制,从而使这种控制成为最终解决朝鲜局势的一部分。

DDRS,CK 3100376190 – CK 3100376197

邓峰译,高恒建、赵继珂、邓霜校

中情局关于中国是否介入朝鲜的评估报告

(1950 年 9 月 30 日)

绝　密

临时形势概要：中国人已决定不公开介入朝鲜

(1950 年 9 月 30 日)

　　虽然自 7 月初以来有许多未经证实的报道指出,非朝鲜裔中国人的部队或人员实际上已进入朝鲜,但最近获得的大多数信息表明中共决定不公开介入朝鲜。

　　印度驻北平大使潘尼迦过去曾表示他相信中共将不会介入,并且还援引了共产党领导人具有同样意思的话。不过,最近他提到在中共领导人中间,面对是否介入朝鲜的问题,他们的态度出现了变化,这因为他们认为美国正努力使蒋介石重返权力宝座,所以联合国军将会继续推进至满洲以远的地方。潘尼迦也许正不知不觉地扮演一个中间人的角色,从而替中共向联合国施压,防止它推进到三八线以北,同时迫使它支持中共取得联合国成员的资格。

DDRS,CK 3100398561 - CK 3100398563

邓峰译,赵继珂、邓霜校

中情局关于中国是否介入朝鲜的评估报告

（1950 年 9 月 30 日）

绝 密

每日概要摘录：中国人可能会介入朝鲜

（1950 年 9 月 30 日）

远东

中共可能会介入朝鲜——美国大使柯克①已从他在莫斯科的同事那里收到几份报告……②，指出北平的中共领导人赞同下述意见：一旦联合国军越过三八线，中国人就对朝鲜战争予以军事干涉。根据柯克获得的信息……③，自 9 月中旬以来，中共打算干涉的决定就已变得清晰而明确，并且他们最基本的看法便是，美军开进北朝鲜将表明，美国为了使蒋介石重新在中国掌权，设定的一个基本目标就是要把战争引向满洲和中国。柯克在对这些信息作评论时说，他认为不能轻易地就把这几份报告作为对中共计划的权威性分析而加以接受。

他所持观点如下：当联合国军拼命地防守南朝鲜的一块狭小地区时，大批中国地面军队的涌入将证明是一个决定性的因素，那时才是共产党武装干涉的合乎逻辑的时机。

他警告说，目前的这种局势表明，我们需要持审慎的态度。不过，他认为，自仁川登陆以来，中共通过媒体宣传以及和外国外交人员的私下接触，采取了强硬路线，希望在三八线问题上吓唬联合国。

Woodrow J. Kuhns, ed., *Assessing the Soviet Threat: The Early Cold War Years*, Washington D. C.: Center for the Study of Intelligence, 1997, pp. 443 - 444

邓峰译, 赵继珂、邓霜校

---

① 柯克(Kirk)，时任美国驻前苏联大使。——译注
② 原文此处删去数个词。——译注
③ 原文此处删去数个词。——译注

中情局关于中国是否介入朝鲜的评估报告

(1950 年 9 月 30 日)

绝　密

朝鲜局势概要

(1950 年 9 月 30 日)

　　尽管自 7 月初以来我们收到许多未经证实的报告……①,指出中国的一些军队或军事人员事实上已越过边界线进入朝鲜,但是,近来我们获得大多数信息都表明,中共决定不公开介入朝鲜。……②印度驻北平大使潘尼迦在过去相信,中共将不会干涉。他还援引共产党领导人所说的有着类似意思的讲话。不过,根据美国驻莫斯科大使馆提供的信息,最近他在报告中指出,在是否干涉这个问题上,中共领导人的看法已经出现了变化,因为他们设想,美国正努力使蒋介石(在中国大陆)重新掌权,联合国肯定会继续推进到满洲以远的其他地方。……③潘尼迦也许在不知不觉中就扮演了中间人的角色,为中共服务,向联合国施加压力,从而防止它推进到三八线以北,并且迫使它支持中共取得联合国成员资格。

　　DDRS,CK 3100398562－CK 3100398582

邓峰译,赵继珂、邓霜校

---

① 原文此处删去数个词。——译注
② 原文此处删去数个词。——译注
③ 原文此处删去数个词。——译注

中情局关于中国是否介入朝鲜的评估报告

(1950 年 10 月 3 日)

绝 密

每日概要摘录：中共可能会介入朝鲜

(1950 年 10 月 3 日)

中共可能会介入朝鲜——美国驻伦敦大使馆发回一份来自英国外交部的报告,指出中共外交部长周恩来在 10 月 3 日召见印度驻北平大使潘尼迦,通知他,如果联合国武装部队越过三八线,中国将出兵越过边境,保卫北朝鲜。据报道,周恩来还补充说,如果仅仅是南朝鲜军队越过三八线,则中国将不会采取这种行动。

(中央情报局的评论:长期以来,中共一直有能力在军事上大规模地介入朝鲜,从而事实上影响朝鲜事态的发展。目前他们在越过三八线这个问题上,正支持苏联努力恐吓并离间美国和其联合国盟友间的关系。不过,中央情报局估计,假如中共预测到他们和联合国之间将爆发一场战争——目前似乎很有可能出现这种状况,那么,他们就会认为公开介入朝鲜将不符合他们的利益。

我们对这份报告所提供信息的"可信性和准确性"表示怀疑。另外,中共完全可能利用它来传递这些信息,以使其努力影响美国和英国的政策。)

Woodrow J. Kuhns,ed.,*Assessing the Soviet Threat: The Early Cold War Years*, Washington D. C.：Center for the Study of Intelligence,1997,p. 445

邓峰译,赵继珂、邓霜校

中情局关于中苏是否介入朝鲜的评估报告

(1950 年 10 月 6 日)

绝　密

每周概要摘录：朝鲜和苏联的政策；与中共有关的问题

(1950 年 10 月 6 日)

关于朝鲜问题的解决办法：就朝鲜本身而言，苏联或中共在军事上介入从而防止联合国占领北朝鲜的可能性在继续减少，最近几周，苏联的宣传和外交活动表明，苏联至少在目前抛弃了朝鲜。中共仍在继续发出威胁（通过印度驻北平大使发出的威胁），如果美国军队越过三八线，那么他们就干涉。我们认为，这是其最后一道防线，力图恐吓美国不要采取那种行动。在此期间，苏联将利用迅速减少的机会来阻碍联合国在朝鲜的行动，但也许不会付出太大的努力就和西方国家达成协议。考虑到军事形势的发展已经破坏了苏联或北朝鲜曾经拥有的有利的讨价还价地位，克里姆林宫将不去支持北朝鲜的和平努力，反而会尽力使联合国取得代价巨大的胜利。

与中共有关的问题

对外政策：外交部长周恩来近来所作的关于共产党中国对外政策的长篇报告，没有包含新的强硬言辞或谴责，而且其谨慎的威胁言论并不足以表明北平的对外政策有任何重大改变的迹象。中国人宣称他们将击退美国对中国的"干涉"。这只不过是说说而已的恐吓，因为解放台湾的诺言中并没有明确的时间限制；虽然中共倾向于通过谈判来解决西藏问题，但如果需要的话，仍然会使用武力。不管怎样，中共以前流露出解放西藏的意图。外交部长关于和西方国家外交关系和苏联关系的评论，以及对美国的敌对态度，在过去已说过许多次了。事实上，我们认为周的演说中已被解释为表明中共打算占领北朝鲜或侵入印度支那的那几个部分，恰恰说明中共不会采取激进的行动。周还声明，朝鲜共产党通过"持久而长期的抵抗"，就能够"获得最后的胜利"。这可能暗示着中国将对北朝鲜游击队给予广泛的支持，并且还为北朝鲜领导人提供避难所。不过，共产党中国目前准备迅速向其邻居提供援助。它的意图很可能是力图吓唬联合国不要越过三八线，而不是中国即将干涉的预先警告。最后，周对联合国的评论表明，北平有兴趣参加联合国处置朝鲜问题的任何活动。

Woodrow J. Kuhns, ed. , *Assessing the Soviet Threat: The Early Cold War Years*, Washington D. C. : Center for the Study of Intelligence,1997,pp. 446 - 448

邓峰译,赵继珂、邓霜校

中情局关于中国是否介入朝鲜的评估报告

(1950 年 10 月 9 日)

绝　密

每日概要摘录：中共对朝鲜干涉不被人们所相信

(1950 年 10 月 9 日)

中共对朝鲜的干涉不被人们所相信——美国驻布鲁塞尔大使墨菲(Murphy)已得到比利时外交部一位高级官员的通知,和中国有着充分接触的比利时政府,对于中共是否可能在军事上直接介入朝鲜的问题,尚未获得"令人不安"的信息。这位官员表达了下述看法:中国外交部长周恩来近期的声明应得到仔细地考察,因为中国人显然准备发布模棱两可的声明来取悦俄国人,不过,他们并没有明确承诺要在朝鲜采取公开的行动。比利时官员还指出,目前中国人的责任重大,他们的补给品和经济开始面临十分严峻的形势。

(中央情报局的评论:共产党中国小心翼翼地避免发布公开的承诺:通过直接干涉来援助北朝鲜。共产党中国的官员们无论在公开场合还是在私人的场合都威胁说要直接介入北朝鲜。他们很可能故意设计了这么做的方案,主要目的就是使联合国军不要向北越过三八线。)

Woodrow J. Kuhns, ed. , *Assessing the Soviet Threat: The Early Cold War Years*, Washington D. C. : Center for the Study of Intelligence, 1997, p. 449

邓峰译,赵继珂、邓霜校

中情局关于中苏在远东意图和能力的评估

(1950 年 10 月 12 日)

CIA, NLT 77 - 35

绝 密

苏联与中共在远东的全部意图和能力

(1950 年 10 月 12 日)

一、提 出 问 题

1. 评估苏联与中共 1950 年在远东的全部意图和能力。

二、目 标

2. 苏联与共产党中国追求的共同目标是：确立共产党对整个远东的控制。符合逻辑的是，二者将更喜欢在不诉诸全面战争的情况下来确保这种目标。苏联的目标在于克里姆林宫对一个共产主义化的亚洲，包括中国的控制。中共也许会反对克里姆林宫的这种控制，但并没有公开的迹象表明他们在国际共产主义运动中不接受莫斯科的支配地位。

三、能 力

3. 不会直接动用武装力量。苏联和共产党中国有能力通过继续采用一些非战争手段在远东所有地区进一步发展共产主义的实力，当然，美国军队或联合国军占领的那些地区除外。不过，我们估计他们将没有能力通过这些手段在 1950 年期间确立共产主义对远东一些地区的彻底控制。除非当前计划中的外援有所增加，否则他们会完全控制西藏，很可能还有印度支那。

4. 全面动用武装力量。万一战争于 1950 年爆发：

(1) 苏联独自行动就有能力迅速占领朝鲜、北海道（Hokkaido）和冲绳；并有能力对本州岛（Honshu）发动大规模的海陆空侵袭；而且有能力对阿留申群岛、九州岛（Kyushu）、福摩萨、菲律宾及附近水域的其他岛屿和交通线发动骚扰性的进攻。

(2) 共产党中国独自行动就有能力占领西藏以及东南亚大陆的绝大部分地区，并且还有能力对朝鲜实施猛烈打击。

（3）苏联和共产党中国联合起来就有能力事实上占领全部亚洲大陆，并且可能会占领整个日本和福摩萨。

四、意　图

5. 苏联和共产党中国都已清晰地表露出他们打算不断追求其下述目标：通过一切公开的手段而非直接动用武装力量来扩大共产党人对远东每一个脆弱地区的控制。二者都没有显现出明确的迹象表明他们打算于 1950 年在自己的领土外动用武装力量。

6. 我们尤其预测到，倘若苏联决定不去突然发动一场全球战争，那么它在 1950 年将不会直接动用武装力量干预朝鲜战争，而且，中共在 1950 年也许不会试图侵入朝鲜、福摩萨或印度支那。

7. 关于苏联决定突然发动全球战争的可能性，我们得出的最新结论都在附件 G① 中。

DDRS，CK 3100409125 - CK 3100409126

邓峰译，赵继珂、邓霜校

---

① 原文中没有附件 G。——译注

中情局关于如果中苏介入朝鲜后远东局势的评估

(1950年10月12日)

CIA,ORE 58-50

绝 密

远东的危急局势

(1950年10月12日)

一、中共全面介入朝鲜带来的威胁

(一)提出问题

1. 评估中共全面介入朝鲜带来的威胁。

(二)能力

2. 当前中共地面部队缺乏必要的海空支持。虽然他们有能力对朝鲜的冲突予以有效的干涉,但这种干涉不会起决定性的作用。

(三)涉及中共意图的诸因素

3. 中共意图的一些外在迹象,除了周恩来的声明、部队调动到满洲以及在宣传上对联合国军暴行和侵犯边境予以谴责之外,并没有令人信服的证据表明中共打算全面介入朝鲜。

4. 有利于中共干涉的诸因素。

(1) 如果干涉使得联合国军失败,将导致:① 为共产党中国带来威望上的重大收益,证实它是亚洲第一大国;② 使世界共产主义因中苏轴心中共产党中国名望的相应增长而获得重大收益;③ 排除了和西方式民主拥有共同边界的可能性;④ 可以继续保留鸭绿江沿岸的满洲电力资源。

(2) 即使干涉并未使得联合国军决定性失败,将导致:① 使中共能够利用对外战争作为对经济改革失败的一种解释,毕竟,中共没有成功地实施以前宣布的经济改革;② 支持并提供强大的推动力来反对西方在亚洲的发展趋势;③ 理直气壮地要求苏联最大限度地为中国提供军事和/或经济援助。

(3) 无论是否能确保最终胜利,干涉或许会服务于世界共产主义事业,特别是苏联的事业,因为它将使西方集团在远东陷入一场代价高昂并且很可能前途未卜的战争。

(4)总的来说,假若西方集团使联合国军在朝鲜获得彻底的胜利,则共产主义事业和中苏集团在和非共产主义世界的斗争中尤其要面对一个重大挫折的存在。

5.不利于中共干涉的诸因素。

(1)毋庸置疑,中共担心和美国作战的结果。他们的国内问题事关重大,以至于在和美国战争中遭受的压力及物资损失将会对该政权的整个国内问题和经济造成损害。反共势力必将会受到鼓舞且会危及该政权的稳定存在。

(2)干涉将降低中国成为联合国成员以及其拥有安理会席位的可能性。

(3)除非受到苏联海空支持的有力保护,否则公开干涉的代价将极其巨大,苏联的这种援助不会马上到来,因为这将表明苏联对战争予以干涉。

(4)接受苏联的大规模援助将使北平更加依赖苏联的帮助,并且会使苏联对满洲的控制增长到可能不受中共欢迎的程度。

(5)如果中国的干涉失败,则将使北平公开面对中国人的怨恨情绪,因为他们认为中国是在为苏联"火中取栗",扮演被苏联利用去做冒险事情的角色。

(6)站在军事的立场上来看,介入朝鲜的最有利时机已过去了。

(7)继续进行秘密援助将会获得公开干涉所具有的大多数好处,同时还可避免公开干涉的风险和诸种不利因素。秘密援助将使中共能够:

① 避免进一步招惹联合国且减少和美国发生战争的风险。

② 推动由中国领导的亚洲人民"革命斗争"的发展,同时还可在表面上支持和平事业。

③ 保持以后选择放弃援助或继续这种秘密援助的行动自由。这对于中共在朝鲜的需要也许是合适的。

④ 总的来说,既让中国及亚洲的共产党人对"援助朝鲜"的要求感到满意,又不用冒和美国发生战争的风险。

(四)中共采取行动的可能性

6.由于大家都认为中共全面介入朝鲜的可能性继续存在,所以我们对所有已知因素予以考虑后便得出如下结论:倘若苏联决定不去发动全球战争,那么这种行动在1950年是不可能发生的。在此期间,干涉将很可能只局限于继续对北朝鲜人提供秘密援助。

二、苏联介入朝鲜带来的威胁

(一)提出问题

1.评估在1950年苏联直接对朝鲜予以军事干涉所带来的威胁。

(二)能力

2.苏联目前在远东的武装力量有能力在不作警告的情况下突然介入朝鲜。

（三）涉及苏联意图的诸因素

3. 苏联意图的一些迹象。苏联至今尚未表现出它打算直接介入朝鲜。自冲突开始以来，苏联在其官方声明和宣传中力图给人以它和朝鲜局势无关的印象。而且苏联并没有直接采取对朝鲜进行武装干涉的政治或军事行动。不过，苏联政府在最近几个月内越来越增强其在远东及其他战略地区的军事能力。

4. 支持苏联干涉的诸因素。北朝鲜的失败将是苏联遭受的一个重大挫折。这将涉及：

（1）一个卫星国的丧失以及在共产党中国和苏联的边界上建立一个亲西方的国家。

（2）送给西方国家一个潜在的战略桥头堡。克里姆林宫视之为对满洲及苏联远东的工业、交通和军事中心的威胁。

（3）削弱苏联对抗日本的军事和政治地位。

（4）苏联政治威望的丧失，因为北朝鲜的失败将证明克里姆林宫在一场由苏联挑唆的行动中不愿有效地支持它的仆从国。

（5）苏联军事威望的丧失，因为北朝鲜的失败将导致无论是否有理，各国都会倾向于重新评估苏联军事装备及战术的效果。

（6）苏联凭借不介入战争的方式来扩大对世界政治控制的前景变得渺茫起来，因为北朝鲜的失败将证明非苏联世界有效抵抗苏联煽动的侵略战争的决心和能力。

5. 反对苏联干涉的诸因素。

（1）在权衡干涉的政治收益和风险的过程中，作为一项压倒性的考虑，苏联领导人一定认为，西方世界的联合已发展至一个全新的阶段，而他们的公开干涉将导致苏联与美国军队及其他联合国军发生直接的冲突。苏联领导人不能确保在苏联和美国军队之间的战斗将被美国局限于朝鲜或远东战场。其结果，在最终的分析中，公开介入朝鲜的决定涉及到可能很快就会冒险与美国进行一场全球战争的决定。

（2）苏联领导人也许会认为，在不考虑这种高危风险的情况下，他们可能会挽回因朝鲜局势造成的一些损失。游击队不断扩大的行动能够干扰美国的军事活动。这或许使美国陷入对朝鲜的长期且代价高昂的占领之中。此外，这还有助于苏联在亚洲努力发展对美国和西方国家的种族仇恨情绪。

（四）苏联行动的可能性

6. 我们相信，苏联领导人将认为他们在朝鲜的预期损失不能成为其军事上直接干涉及冒严重的战争风险的理由。如果他们不是在朝鲜局势的基础上而是在全面考虑的基础上决定，为了他们的利益而在这时突然发动一场全球战争，那么他们就会干涉朝鲜的冲突。

三、福摩萨面临中共入侵的威胁

(一) 提出问题

1. 评估 1950 年中共入侵福摩萨所带来的威胁。

(二) 能力

2. 尽管中共在海空军及两栖作战训练和理念方面可能存在某些明显缺陷,但共产党现在有能力动用 20 万军队,在空军的适当掩护下发动侵略福摩萨的战争。苏联至少能够在战术上提供一些建议,同时也能提供技术和后勤支持。

3. 虽然中国国民党军队在数量和物资上足以保卫福摩萨,但缺乏耐力、糟糕的指挥结构,后勤部门间缺乏协调、士气低落以及缺少一些型号的弹药,都使他们的防御能力存在着严重问题。

4. 如果苏联不直接参与,而美国武装部队给予强大的海空支援,那么中国国民党国防军就有能力守住福摩萨,抵挡住中共的顽强进攻。

(三) 涉及中共意图的诸因素

5. 中共意图的一些外在迹象:中共频繁地发布官方声明,显然表明他们打算夺取福摩萨。不过我们掌握的情报并未显示他们打算在最近的将来就这么做。与侵略意图有关的未知因素是苏联控制中共的程度和苏联对福摩萨的意图。

6. 侵略福摩萨的有利因素。

(1) 占领福摩萨将会消除国民党抵抗的象征意义;根除联合反对中共政权的潜在势力;将严重削弱中国及整个东南亚的持续反共抵抗运动。

(2) 放弃或继续推迟进攻福摩萨将导致中国丢失"面子"。

(3) 福摩萨将为中共提供规模虽小却很重要的外汇资源和潜在的大米资源,因此可在某种程度上对中共的经济重建能力做出贡献。

7. 侵略福摩萨的不利因素。

(1) 不可能成功。

(2) 只要美国军队横亘在福摩萨和大陆之间,进攻就会涉及到和美国发生战事的风险。中共领导层将不愿丧失其民众的支持、国内建设的成就和内部计划,因为进攻福摩萨将使中国的城市遭受报复性的空袭,使中国的海岸遭遇严厉的封锁,还会导致猛烈的经济制裁和逐渐消耗中国经济力的漫长战争。

(3) 中共面临严重的国内问题,包括盗匪猖獗、广泛的骚乱、游击队的抵抗、经济停滞、农民心理失调以及涉及巩固共产党的政治控制的一系列问题。正因为如此,才存在着危险,一旦进攻失败或代价太大,目前共产党政权表面上的团结将遭遇严重的压力。

（4）考虑到目前联合国在福摩萨的利益，中共有理由希望福摩萨问题有利于己的政治解决。

（四）中共侵略的可能性

8. 我们认为，如果苏联决定不发动全球战争，则中共在 1950 年的剩余时间内将不会尝试入侵福摩萨。

四、印度支那面临中共入侵的威胁

（一）提出问题

1. 评估 1950 年中共入侵印度支那所带来的威胁。

（二）能力

2. 从目前部署在印度支那边境的军队来看，中共可以在不事先发出警告的情况下投入 10 万军队入侵印度支那。大约 15 万中共其他部队能够在 10 天之内抵达边境支持入侵行动。援军和补给或许由海上运抵印度支那海岸反政府军控制的地区。中共还有能力为入侵行动提供空中支持。

3. 除了对同时干涉北朝鲜或福摩萨予以不充分的空中支持外，中共能够于不损害其在远东可能发动的其他行动的情况下，利用那些能力。

4. 如果中共侵入印度支那，可以肯定的是，法国守备军将很快失去除交趾支那①外的整个越南。

（三）涉及中共意图的诸因素

5. 中共意图的一些外在迹象。

（1）公路、铁路及空军设施的建设和改进；提供技术和培训援助以及顾问团；目前来自广东、广西和云南等边疆省份的后勤支持——所有这些或许都可以被解释为即将发动侵略的明确迹象。不过，这些活动或许也是中共增加对越盟共产党人的援助迹象，而非中国发动侵略的迹象。

（2）尽管中共发动宣传支持越盟，但可以被合理地解释为并不存在中共承诺侵略或支持侵略的公开声明。

6. 有利于干涉的诸因素。

（1）中共入侵印度支那将是建立一个共产主义印度支那的最快速方式。

（2）越南落入共产党之手，将有助于确立共产党对缅甸和泰国的控制。

---

① 交趾支那（Cochin China），指今天越南南部以胡志明市（旧称西贡）为中心的一带。——译注

（3）共产党在印度支那提早取得的胜利将部分地弥补共产党在朝鲜失利造成的国际共产主义威望受到的损失。

（4）代表国际共产主义开展行动的中共在入侵印度支那的同时,也许希望即使联合国的干涉阻止他们获得彻底的胜利,但西方集团的军队将在远东陷入一场毫无结果的战争。

7. 不利于干涉的诸因素。

（1）中共侵入印度支那将极大地增加他们卷入和西方国家或联合国的战争风险,也会增加全球战争爆发的风险。

（2）近来越盟在军事上的胜利增大了下述情况出现的可能性:倘若法国和其支持者没有获得目前计划中大规模增加的外部援助,那么在不用诉诸中共武力入侵的情况下就能最终确保共产党对印度支那的控制。

（3）在不用诉诸中共公开干涉的情况下,越盟的能力就可得到实质性的提高。

（4）中共军队入侵印度支那将激起当地的反华情绪,并可能在北平和越盟领导层之间就指挥权问题引发严重的冲突。

（5）中共的侵略也许将引起目前亚洲中立国特别是印度的对抗。

（6）共产党中国成为联合国及联合国发起的组织的成员前景将受到损害,而且,和苏联轨道之外的国家建立外交关系的机会也将减少。

（7）中共入侵印度支那或许为美国提供了被迫在福摩萨附近保留第七舰队的理由。而中共政府的重大目标就是要先占领福摩萨附近地区。

（四）中共侵略的可能性

我们估计中共也许并且能够在事先稍作警告或根本就不作警告的情况下发动侵略战争,但在 1950 年,这种公开的侵略行为是不可能发生的。不过,中共将极有可能大幅度增加对越盟军队的军事援助。

五、共产党在菲律宾的能力和威胁

（一）提出问题

1. 为了评估共产党在菲律宾的能力和威胁。

（二）能力

2. 虎克党①。

虎克党是今天菲律宾的共产党军队,由公开宣称是共产党的一拨人所领导。他们追随

---

① 虎克党,英文名称为 Hukbong Mapagpalaya Ng Bayan,简称 HMB 或 Huks,指菲律宾共产党及其人民解放军。——译注

共产主义政策且进一步追求世界共产主义的目标。估计其武装人员的总数大约不超过 10 万人。虎克党基本上是一个游击队组织，使用"打了就跑"的战术；最大限度地利用突然袭击、挑选地形和机动性等特点；避免和政府军作正面交锋。几乎仅限于使用步兵武器的虎克党，有能力发动几次相对来说大规模的联合进攻（300～500 人的规模），同时打击被广泛分离的若干目标。在 1949～1950 年期间，他们在整个吕宋岛①扩大了活动范围，且把活动范围扩大到菲律宾的其他岛屿。近几个月来，他们已发动了几次更好的联合进攻和范围更大的进攻。虎克党已经使当地社会感到恐惧，而且妨碍了人们的旅游。他们能够扩大并强化作战行动。尤其在首都以外防守薄弱的地区。此外，在 1950 年年底之前，他们也许可以发动其他一系列的联合进攻。

3. 支持基础。

（1）我们发现，虎克运动的支持者，除了来自于那些无组织且不守法的人外，就是大量的农民。这些农民要么自愿要么被武力胁迫去参加虎克运动。我们还发现其他的支持源存在于菲律宾的工人运动中，因为真正的低工资和糟糕的工作条件使共产党组织者能够利用工会运动。

（2）既然共产党已经在中国掌权，那么我们相信大约 50 万菲裔华人已经和北平政权结盟。这些华人也许正在推动和共产党之间的交流，向虎克党提供财政上的支持和其他援助。

（3）我们掌握的情报并没有表明 1950 年虎克党已从外部共产党那里收到或可能收到大批援助，用以极大地改变他们的军事能力。

4. 政府的反击措施。

到目前为止，政府为处理虎克党问题而付出的努力收效甚微。政府军已经并且能够在总体上保证内部的安全，只是不能够控制那些持不同政见者十分强大的组织所在的地区。近来重新组织起来的武装军队也许能够更有效地对付虎克党的活动，但是预计在 1950 年几乎不会有什么进展。对政府不称职行为的失望情绪促使许多并不积极支持虎克党的民众，对政府努力镇压持不同政见者军队的举措变得漠不关心和不愿配合。此外，政府几乎没有表示出接受并实施基本的土地和社会改革的意向。而这些改革恰恰能大幅度地减少支持虎克党的农民数量。这种支持数的减少多少会削弱虎克党的能力和他们活动的强度，但不会消除虎克运动的中坚力量。他们将继续制造令人烦恼的安全问题。

（三）结论

5. 尽管虎克党有能力采取广泛的行动，特别是在吕宋岛中部地区发动联合突袭行动，并且在马尼拉地区制造一些麻烦，但是我们认为在 1950 年，他们不能颠覆菲律宾政府。

---

① 吕宋岛（Luzon），中国古籍称"小吕宋"，是菲律宾面积最大、人口最多、经济最发达的岛屿，位于菲律宾群岛北部。——译注

六、苏联和中共在远东的总体目标和能力

(一) 提出问题

1. 评估 1950 年苏联和中共在远东的总体目标和能力。

(二) 目标

2. 苏联和共产党中国的共同目标就是在整个远东地区确立共产党的统治。符合逻辑的是,二者都倾向于在不诉诸全面战争的情况下确保该目标的实现。苏联的目标包括克里姆林宫对一个包含中国在内的共产主义亚洲的控制,尽管中共十分反对克里姆林宫的这种控制,但是他们并未公开表明不接受莫斯科在国际共产主义中的支配地位。

(三) 能力

3. 不直接动用武装部队。

苏联和共产党中国有能力继续采取措施,在不发动战争的情况下进一步在远东所有地区——除美国或联合国军占据的地区外——发展共产主义的实力。不过我们估计,共产党在远东除了对西藏,可能还有印度支那增加目前计划的外部援助之外,在 1950 年没有能力通过这些措施在其他地区确立他们的完全统治。

4. 全面动用武装部队。

万一战争于 1950 年爆发:

(1) 苏联独自行动便有能力迅速占领朝鲜、北海道和冲绳;发动大规模的两栖-空中进攻,侵入本州岛;对阿留申、九州岛、福摩萨、菲律宾和邻近水域的其他岛屿以及交通线发动骚扰性的攻击。

(2) 共产党独自行动就有能力占领西藏和东南亚大陆的绝大部分地区,并对朝鲜发动猛烈进攻。

(3) 苏联和共产党中国二者联合起来就有能力在事实上占领亚洲所有的大陆,还可能占领整个日本和福摩萨。

(四) 意图

5. 苏联和共产党中国都已清楚地表明他们打算在不直接动用其武装部队的情况下,通过一切公开的手段不停地追逐共产党扩大对远东所有防守脆弱的地区予以控制的目标。二者都没有明确表明他们打算于 1950 年在其自己的边界之外动用各自的武装部队。

6. 我们尤其认为,如果苏联决定不发动全球战争,那么它在 1950 年将不会动用武装部队直接干涉朝鲜的冲突。中共在 1950 年也许将不会尝试去侵略朝鲜、福摩萨或印度支那。

7. 关于苏联可能会做出发动全球战争的决定,最近得出的一致结论在文件的第七部分里。

七、针对苏联可能会决定发动全球战争的意图而得出的结论

1. 苏联统治者同时受马克思主义-列宁主义-斯大林主义以及影响苏联世界大国地位诸因素的驱使。显然，他们的长期目标就是使世界共产主义处于克里姆林宫的支配之下。不过，目前对他们来说重要的事情是：

（1）维持克里姆林宫对苏联人民的统治。

（2）强化经济和军事地位，并保卫苏联领土。

（3）巩固对欧亚卫星国（包括共产党中国）的控制。

（4）确保苏联战略意图的实施，防止欧洲和亚洲出现能够威胁苏联地位的军队。

（5）消除英美在欧洲和亚洲的影响。

（6）确立苏联对欧洲和亚洲的支配地位。

（7）在总体上削弱并瓦解苏联集团之外的世界。

苏联将力图同时追逐这些目标。不过，万一这些目标中的一个和另一个发生冲突，我们预计苏联统治者将会按照上面排列目标的顺序赋予前四个目标以更大的重要性。

2. 倘若苏联统治者永不改变且劲头十足地追逐其长期目标，同时西方国家准备抵抗苏联的和平统治，那么在此基础之上，以苏联及其卫星国为一方，以西方国家和他们的盟国为另一方，这二者之间就一定会存在或将继续存在爆发战争的重大风险。

3. 苏联将继续不停地对西方国家的权力地位施加攻击性的压力。

4. 苏联统治者能够获得，并且可能正在获得前三种目标（见上面的 1 中的前三部分），而不用冒险直接卷入和西方国家的武装冲突之中。

5. 在目前的形势下依然存在一些因素，或许会使苏联统治者认为，在某些状况下，如果西方国家不能进行有效的武装抵抗，那么他们最终在不用公开投入苏联武装部队的情况下，实现（4）（5）（6）（7）这四种目标。即便如此，但如果苏联不动用武装部队，则他们就不可能实现那些目标。

6. 为了想方设法实现（4）（5）（6）（7）这四种目标，苏联统治者在某些特定的阶段将不可避免地对西方国家的重要利益施加影响。于是，在西方国家必要的反应下，可能会导致全面战争爆发的风险。

7. 我们相信，如果苏联不卷入和西方国家的全面战争，则它就不能完全实现那些目标。当苏联统治者认为和西方国家相比苏联的实力已处于绝对领先时，他们可能会故意决定挑起这样一场战争。我们估计现在就存在这种时机，并且从现在直到 1954 年将一直存在这种时机。① 大约到 1952 年，②即估算时间过了约一半时，苏联挑起战争的可能性最大。

---

① 原注：假定到 1954 年北约驻欧洲军队的实力已得到大幅度提高，以至于他们能够抵挡突然袭击的第一波冲击力；同时假定到那时西方联盟的军队已开始缩小他们和苏联之间相对实力的差距。

② 原注：例如，到那时苏联已设法弥补了原子弹储备量和某些型号的飞机数量严重不足的状况；那个时候也正是在北约经济完全调整到适应战争的需要之前。

8. 从军事和经济潜力的角度看,倘若苏联统治者认为战争对他们既有益又有利,那么他们目前就会打算在不久的将来发动一场全面战争。

9. 由于缺乏情报,我们不能够准确地预测苏联是否或在什么时间真正主动并有能力发动一场全面战争。考虑到前面所提及的情况,我们必须认识到目前存在着全面战争爆发的风险,并且在这之后的任何时候,苏联统治者都可能决定采取行动,完全或部分地威胁西方国家的重要利益。

CIA Research Reports China,1946 - 1976,Reel I,0407 - 0419,University Publications of America,INC,1982

邓峰译,高恒建、赵继珂、邓霜、郑波校

中情局关于中国是否介入朝鲜的评估报告

（1950 年 10 月 16 日）

绝　密

每日概要摘录：中共可能会介入朝鲜

（1950 年 10 月 16 日）

远　　东

中共可能会介入朝鲜——根据美国驻海牙大使馆提供的信息，①来历不明的四个师的军队，大概都是中国人，已经越过满洲边境地区，进入北朝鲜。

（中央情报局的评论：在最近几周内，我们收到许多份报告，都提到中共的四支部队〔有的把他们说成是几个军，有的则认为是几个师，不一而足〕。报告的撰写人毫无根据地声称那些军队已经从满洲越过边界进入朝鲜。荷兰代办的报告也许是在重复这些早先就有的说法。中央情报局仍然认为，中共在继续支援北朝鲜的同时，也许将不会公开干预目前在朝鲜发生的战事。）

Woodrow J. Kuhns, ed. , *Assessing the Soviet Threat: The Early Cold War Years* , Washington D. C. ：Center for the Study of Intelligence, 1997, p. 455

邓峰译，邓霜、郑波校

---

① 原文此处删去数个词。——译注

中情局关于中苏是否介入朝鲜的评估报告

（1950 年 10 月 18 日）

CIA 10－50

机 密

中情局对涉及美国安全的世界局势的评论

（1950 年 10 月 18 日）

苏联指使的朝鲜人的冒险——通过动用非苏联人指挥的共产党军队打一场有限目标的局部战争而对西方进行的试探性考验,已经以失败而告终。北朝鲜军队差一点就颠覆并占领了整个南朝鲜,要不是联合国军的干预,这场考验本来会是相当成功的。因此,共产党的战术花招本身并不一定就遭到破坏,但是如果克里姆林宫在将来还使用它的话,那么苏联将不得不对付联合国各国家有效干预的能力。不过,联合国海陆空三军紧急出动对南朝鲜的支持就已经画下一条线,苏联在此期间发动的侵略若没有受到强有力的挑战则不能越过那条线。美国主动画线,且和联合国打击北朝鲜军队的行动结合在一起,已经提高了联合国的信誉度,尤其是提高了美国遏制苏联扩张的总体政策的声誉。

既然苏联审慎地保留一丝幻想:对苏联在朝鲜培训、装备、给共产党军队提供补给的行动不负责任,那么克里姆林宫就能够取消朝鲜人的冒险行动,而且可以试着把它遭受的战术失败的负面影响限制在最小范围内。不过,苏联的战略和对外政策中正常的侵略特性不可能出现任何根本的变化。

1. 苏联的反应

在力图减少或抵消共产党驻朝军队遭受军事失败的负面影响的过程中,苏联也许将依赖北朝鲜人自己去反对联合国军对北朝鲜的占领。倘若苏联没有做出决定去引发全球战争,则它不可能投入自己的军队去营救北朝鲜人。相反,克里姆林宫也许将援助北朝鲜共产党尽可能长期地守住已组织好的防御阵地,然后通过利用早已确立的游击战、颠覆活动和宣传等战术来不断骚扰联合国军。目前尚无证据表明北朝鲜共产党的内部纪律出现了任何问题。他们的领导人多年来在中国和在日本人占领的朝鲜一直饱经祸患。他们很可能将继续以这样或那样的方式为共产主义事业战斗而无视在朝鲜当地的失败。苏联也许领导这些人继续采取有组织的军事行动,尽可能长期地保卫北朝鲜,然后力图无限期地阻碍联合国对该地区的占领和安抚。北朝鲜的军队和游击活动很可能得到来自满洲的支持。他们继续抵抗或许会迫使装备先进的联合国部队事实上深陷在该国,从而使联合国扶植的任何政权都面临相当大的经济重建问题。

2. 中共干涉的可能性

我们收到许多报告,指出在联合国部队(和韩国部队有区别)越过三八线之后,中国人将公开予以干涉。当然,满洲很容易就能提供大批中共军队,使得一定规模的军事干涉足以改变朝鲜所发生事情的进程。从某种程度上说,中共已经"干涉"了,因为4万~6万名中国人培训的朝鲜裔士兵一直都在北朝鲜军队中参加作战行动,而且满洲是北朝鲜的一个重要补给源。中国几乎肯定将继续秘密地为北朝鲜军队提供援军和补给品。

然而,中共军队越来越不可能打着北平政权的旗号公开介入战争。中国人的干涉原本可以扭转军事形势进而使共产党在朝鲜彻底获胜的机会不复存在。中共为参加战争而进行的军事调遣,也许就是故意设计的花招,用来规劝联合国部队不要侵入北朝鲜,或者至少使联合国部队延期进攻,以便给北朝鲜人足够的时间重新组织军队并建立防御阵地。据此,中共不可能愿意冒着和美国及其联合国盟友公开发生冲突的风险去援助北朝鲜人。中共十分清楚,至少在东西方之间没有爆发全面战争的情况下,和美国的战争将是灾难性的,不仅损害中国的总体利益,而且破坏其国内计划和北平政权的稳定。因此,他们很可能力图避免在中国传统地域之外公开参加军事行动。这样,除非苏联准备发动全球战争,或者出于某些原因,北平领导人认为和美国的战争将不会因公开干涉朝鲜而爆发,否则的话,共产党中国像苏联那样,将不可能公开干涉战争,打击联合国在北朝鲜的联合国部队。

3. 苏联失败的后果

无论在北朝鲜有组织的战斗及游击队抵抗的方针是什么,作为北朝鲜军队失败的一个结果,苏联将尽最大努力挽回其威望方面遭受的损失。军事上的失败一定是克里姆林宫最关注的一件事,因为它考虑到:(1)非共产党世界针对共产党在朝鲜的侵略而联合采取的行动,以及美国和其盟友重整军备的速度很快;(2)克里姆林宫犯的错误和苏联不愿营救它的一个卫星国而引发的各卫星国及国际共产主义运动内部,最终产生不良影响的可能性;(3)共产党对其领导下的殖民地解放运动早期胜利的宣传所遭遇的挫折;(4)下述事实的确立:苏联在亚洲权势和影响的扩大遭遇挑战和排斥。现在太早而不能确定朝鲜人的失败对苏联造成的长期影响将是什么。但是非常可能发生的是,一个卫星国的牺牲将在一段时间内成为共产主义运动内部争吵的一个问题,并且在共产主义运动中加剧对苏联主导地位的憎恨。

DDRS,CK 3100376198 - CK 3100376207

邓峰译,高恒建、赵继珂、邓霜校

中情局关于中国是否介入朝鲜的评估报告

（1950 年 10 月 20 日）

绝 密

每日概要摘录：中共介入朝鲜

（1950 年 10 月 20 日）

中共介入朝鲜——美国驻香港的军事联络官发回一份报告，指出北平政权已决定在北朝鲜采取军事行动。① 根据掌握的情报，中共 40 万人的军队已被调动至紧靠朝鲜的边境地区。他们得到命令，将于 10 月 18 日夜晚或"两天后"越过边界。

（中央情报局的评论：一段时间以来，中共已具有军事上对朝鲜战争进行直接干涉的能力。不过，中央情报局相信，采取这种行动的最佳时机已经过去了。在这个时候，苏联和中国都不愿冒越来越大的风险，因中共直接介入朝鲜将促使第三次世界大战爆发。）

Woodrow J. Kuhns, ed. , *Assessing the Soviet Threat: The Early Cold War Years*, Washington D. C. : Center for the Study of Intelligence, 1997, p. 456

邓峰译，赵继珂、邓霜校

---

① 原文此处删去数个词。——译注

国务院关于驻外机构对中国意图评估的备忘录

（不早于 1950 年 10 月 23 日）

绝 密

外交使团对中共意图的预测

（不早于 1950 年 10 月 23 日）

[背景]10月5日国务院的传阅电报提出,它已收到的信息显示,中共外长周恩来10月3日在北平召见印度大使潘尼迦,并通知他如果美国武装力量越过三八线,则中国将派出军队跨越边境线保卫北朝鲜,但如果只是南朝鲜人越过该线,那么这种行动将不会发生。在同一份电报中,国务院要求传阅电报的12个接收者立即为它提供他们所拥有的能弄清中共或苏联在军事上干涉朝鲜或开始其他敌对举措的任何信息。接着国务院收到其中8个机构的回电,以及美国驻台北、新德里和其他一些使馆关于此主题的评论,但并没有对这份传阅电报提出的问题作直接的回答。

台北:国防部发言人对一位记者说,中国红军或许以不公开介入的方式参与朝鲜战争,要么派出所谓的志愿军要么派遣中国红军中那些说朝鲜语或日语的朝鲜族士兵,"但中国红军是否会公开参与则依然要取决于莫斯科"。

香港:香港大多数英国人和中国人的看法是中共将不会对朝鲜予以军事上的干涉。港英政府的政治顾问通知我们总领事馆的代表,香港政府没有得到有关中共意图的真实信息。

总领事馆的代表指出,苏联似乎最不可能冒政治上的风险,把其最重要的卫星国推进一场毁灭性的战争中,除非它打算用苏联红军来支持它,尤其在考虑到中苏条约时更是如此。

总领事馆的代表还指出中共关于朝鲜的宣传正在减弱,而不是增强,并且共产党领袖的公开声明似乎并不表明他们打算让中国人民为卷入一场重大战争而做好准备。相反,他们反复提到北朝鲜人正作抵抗的长期战争似乎暗示了其他含义。

仰光:外交部常务副部长①通知我们的大使②,缅甸驻北平大使近来被其印度同行(潘尼迦)所告知,如果联合国任何部队而非韩国军队越过三八线,那么中共将介入朝鲜。缅甸政府认为,虽然没有确凿的证据证明这一点,但中共大批部队的确集结于边境附近。大使馆或缅甸政府官员就中共或苏联有关朝鲜的意图,没有发表任何看法。

伯尔尼:瑞士没有能够表明中国或俄国计划直接参与朝鲜冲突的信息。瑞士外交部副

---

① 指缅甸外交部常务副部长。——译注
② 指美国驻缅甸大使。——译注

部长指出,相反,政治部得到的情报显示克里姆林宫继续期望朝鲜冲突的局部化,并且不支持中国人的直接参与。他坚持认为,据悉毛泽东已经在一段时间之前,把这里面的意思告诉给了印度驻北京大使,并且他感到尽管周恩来已经发表声明,但这仍然是实情。

哥本哈根:大使馆和丹麦外交部都没有能弄清中共或苏联有关朝鲜意图的信息。有人指出丹麦外交部和其在北京的丹麦公使之间没有用密码电报进行联系,并且由于缺乏安全的通讯服务,后者的电文表现出其应有的局限性。

巴黎:大使馆和外交部远东事务局局长都没有关于被讨论问题的任何信息。

布鲁塞尔:比利时人在共产党中国有比较好的消息来源。不过,外交部根本没有看到敢于推断中国人或苏联人打算直接对朝鲜予以军事干涉的情报。此间人士普遍认为目前中国人的责任是如此之大,并且中国的供给状况和经济状况是如此的糟糕,以至于他们将不会冒这种干涉的风险。人们都对周恩来关于朝鲜的声明持相当大的怀疑态度。

奥斯陆:挪威外交部没有关于苏联对朝鲜意图的信息。它已从驻北平的代表那里收到一份报告,其内容和国务院传阅电报的调查所依据的情报内容有类似之处,只是存在着两处不同:(1)假如韩国军队越过三八线,没有提到中共放弃行动;(2)中共政府将不承认在没有北京政权参与的情况下任何对朝鲜问题的解决措施。

斯德哥尔摩:瑞典外交部除了于10月6日从驻北平的瑞典大使那里收到一份报告外,没有关于中国或苏联意图的信息。那份报告的内容如下:10月3日,周恩来召见印度大使,并要求他向西方宣告,周10月1日的声明"应当被解释为中国政府将不会被动忍受美军越过三八线的任何违法行径,并且还应当被解释为需要中国人的参与,才能解决朝鲜冲突"。美驻瑞典领事馆注意到这份报告和最先发到国务院的那份报告相比起来,加强语气的地方有所不同,即这份报告所用措词为"将不会被动忍受"。

新德里:我们的领事馆报告说,印度媒体声称,中共高层说:"一旦麦克阿瑟将军的部队越过三八线,他们将和中国军队迎头相撞。"

阿姆斯特丹:秘书长给我们的大使一些电报摘要。它们是近来荷兰驻北平临时代办发来的,涉及到朝鲜形势且在很大程度上根据潘尼迦的观察所拟就的。秘书长认为,新闻报道是正确的,但是周恩来所发布的声明也许代表某种程度的虚张声势。该声明的总体内容如下:"(1)周恩来在一次私人谈话中说,一旦美军越过三八线,中国将参战……周恩来坚持认为,针对美国的'进一步侵略',中国不得不自卫;越过三八线将被视为是这种侵略。""在一次私人谈话中,中国军队总参谋长①说,如果美国越过三八线,则中国除参战外别无选择;尽管他意识到和美国的战争将使中国的发展倒退50年左右,但这位参谋长的看法是,如果这时不作出抵抗,那么中国将会处于美国的掌控之中。"

荷兰驻北平临时代办坚信北平政权不想要战争,但是,如果我们的军队越过三八线,并且深入到北朝鲜,那么在面临恐慌时,中共也许会突然加速形势的发展。

---

① 指代总参谋长聂荣臻。——译注

莫斯科：我们驻莫斯科的大使和英国大使馆的意见一致,都十分吃惊:国务院用来作为调查基础的这样一个严肃性质的信息,居然没有被中国人更直接地传递给联合国或美国,同时大使也推测,周给潘尼迦的声明或许是中国人最后一分钟企图贯彻其意图的一种努力。他们力图激起印度人担心:在北朝鲜失利后,中国和苏联将会去哪个地区捞回其最大利益。在更早一些的电文报告中,我们驻莫斯科的大使通知国务院他的英国和荷兰同行收到的有关中共介入朝鲜的信息。英国大使指出,他的政府已从印度人那里获悉,潘尼迦汇报说在北平的中共领导人中间存在一种强烈的情绪:如果联合国军越过三八线,那么就支持中国军事干涉朝鲜战争。潘尼迦还汇报说,自9月中旬以来,有关干涉的决定已经变得清晰而明确。荷兰领事馆的一名官员提出,荷兰驻北平的临时代办已汇报说共产党似乎真的在考虑一旦美国越过三八线,中国就对朝鲜予以武力干涉。

在评论上述英国及荷兰的报告时,我们的大使指出,总的来看,他发现很难接受这两份报告并把它们作为对中共计划的权威性分析。他认为,当联合国军拼命防守太古(Taagu)和釜山间的狭小地区时,武装干涉的时机才是符合逻辑的,因为大批势不可挡的中国地面部队涌入到那里将证明是一个决定性的因素。在他看来,自仁川登陆以来,中共似乎通过媒体宣传以及与驻北平的外国外交人员间的个人联系来采取一种强硬路线,希望在三八线问题上吓唬联合国。不过我们的大使指出,中共正表现出其审慎态度,而且大使认为,毛泽东和朱德选择9月23日这一天发表演说,就是把该演说当作一种警告。他们正极度关注军事形势的发展。

伦敦：英国外交部官员在10月23日通知我们的使馆,外交部当天收到一份发自北平的电报,指出周恩来外长于10月3日召见印度大使潘尼迦,并且通知他,如果联合国武装部队越过三八线,那么中国将派出军队跨过边境线,参与对北朝鲜的保卫。他说如果只是南朝鲜人越过该线,那么这种行动将不会发生。

10月2日,英国驻华盛顿大使馆的格雷夫斯先生交给国务院远东事务局两份备忘录,提供了9月28日发自英国外交部的一份电报的基本内容,涉及到中国和苏联对朝鲜局势发展的反应。在谈到中国人反应的概要中,备忘录指出,英国政府认为,中共"不可能干涉,因为他们是在一个对中国似乎并不重要的问题上冒战争的风险。他们更倾向于通过外交手段来实现北朝鲜这个缓冲国生存的目标,但如果这失败了,则中国的公开干涉作为一个真正的危险,尚有存在的可能性。倘若在北朝鲜出现了干涉现象,那么中国军队比俄国军队更可能是干涉的执行者"。

对于苏联的反应,有关该主题的备忘录认为:"联合国军越过三八线一定会增加与苏联迎头相撞的风险。但我们认为苏联领导人在这个问题上将不会冒险挑起一场全面战争。他们也许打算抢在这种可能出现的事情之前行动,同时在北朝鲜人民政府的邀请下重新占领北朝鲜(要么单独行动要么在中国人的掩护下行动),以此增强他们讨价还价的地位。但是那里的一些迹象却暗示着他们也许决定中止计划以免更大的损失,同时会决定不主动采取军事或政治措施并打算放弃全部责任而不去干涉联合国军的行动。"

　　10月7日，中情局发自伦敦的一份电文提供了中共在朝鲜可能采取行动的评估报告，正如英国官方所提供的类似信息：中国人最可能的举措将是"不在军事上采取行动，而是强化他们的宣传和冷战战术"。中国人将不可能"耍花招，但也许会伪装成志愿者，置中共军队于北朝鲜的指挥之下去继续参加战争。他们也不可能通过占领北朝鲜这种方式阻挠联合国军队获得北朝鲜"。

　　在周恩来于早些时候发表声明之后，华盛顿媒体10月11日刊登了一篇日期行标有"10月11日，伦敦"字样的报道，声称中共外交部已在当天发布了一个长篇声明，进一步涉及到朝鲜局势。根据这篇报道，可知共产党已发布如下声明："美国侵略朝鲜的战争从一开始就是对中国安全的严重威胁……对于由美国和其帮凶国侵略朝鲜造成的这种严重局势以及战争扩大的危险趋势，中国人民决不能坐视不管……""中国人民坚决提倡和平解决朝鲜问题，并且坚决反对美国和其帮凶国扩大朝鲜战争。他们其至更坚决地坚持侵略者必须承担因其扩大侵略的疯狂行为而造成的一切后果。"

　　DDRS,CK 3100391670 - CK 3100391675

邓峰译，高恒建、赵继珂、邓霜校

中情局关于中国是否介入朝鲜的评估报告

(1950 年 10 月 28 日)

绝 密

每日概要摘录：关于中国介入朝鲜的报告

(1950 年 10 月 28 日)

关于中国介入朝鲜的报告——根据香港方面提供的情报，中国、苏联和北朝鲜的领导人于 10 月初在北平召开了一次会议。他们决定，如果联合国部队越过三八线，并且北朝鲜军队不能够抵挡住他们的进攻，那么北朝鲜军队的主力部分将撤退到满洲，以备将来使用，而剩余部队将留在朝鲜继续从事游击战。与此同时，香港方面提供的另一份情报获悉，中共和苏联都认为朝鲜战争事实上已经结束，而且都不打算进行反攻。这份情报还补充说，中共的大批部队已经从朝鲜撤退，仅留下数量极少的一些军队，目的是为了制造中共大批军队依然存在的假象，从而欺骗美国的情报部门，以使美国为数众多的军队尽可能长期地陷于朝鲜，不能调往他处。

(中央情报局的评论：总的来说，中央情报局同意上述情报报告中提出的看法，苏联和中共已经展现出他们关于朝鲜的全部意图。目前尚未证实朝鲜存在着中共独立组织的部队；不过，上述报告提道，中共仅留下数量极少的一些军队，这和我们到现在为止所收到的部分战地报告的看法是一致的。毕竟，那些报告都涉及到中共对朝鲜战事的参与。)

Woodrow J. Kuhns, ed. , *Assessing the Soviet Threat: The Early Cold War Years* , Washington D. C. : Center for the Study of Intelligence, 1997, p. 457

邓峰译，赵继珂、邓霜、郑波校

中情局关于中国是否介入朝鲜的评估报告

（1950 年 10 月 30 日）

绝 密

每日概要摘录：关于中共军队出现在北朝鲜的战俘报告

（1950 年 10 月 30 日）

关于中共军队出现在北朝鲜的战俘报告——驻朝鲜的美国第八集团军司令部报告说，10 月 30 日抓住的 10 名中共战俘在审问期间供出，中共第四十军的一一九师和一二〇师，第三十九军的一一七师目前就在朝鲜。

（中央情报局的评论：虽然中共沿着满洲-朝鲜边界部署了一些重要的部队，但是我们尚未证实中共军队是否已经在朝鲜出现。中央情报局仍然认为，中共不可能对朝鲜进行直接的干涉。不过，极有可能出现的情况是，北平政权调动军队越过边界，力图在水丰和对满洲经济至关重要的边境其他战略设施周围建立一条"警戒线"。另外，还有一种可能就是，这些中国人被派往北朝鲜去散布中共军队驻扎在北朝鲜的谣言，希望借此来减缓联合国的推进速度，从而为北朝鲜重新组织军队争取时间。一般来说，中国军队中的普通士兵不会掌握和作战指令有关的详细信息，而这些俘虏对美国战地审讯人员所说的正是这方面的信息。）

Woodrow J. Kuhns, ed. , *Assessing the Soviet Threat: The Early Cold War Years* , Washington D. C. : Center for the Study of Intelligence, 1997, p. 458

邓峰译，赵继珂、邓霜校

中情局关于中国是否出兵朝鲜的评估报告

（1950 年 10 月 31 日）

绝 密

每日概要摘录：中共部队在朝鲜

（1950 年 10 月 31 日）

中共部队在朝鲜——美国驻汉城大使馆发回一份由第八集团军司令部撰写的评估报告，指出尽管目前所获信息仍然是"不全面的"，且缺乏必要的证实，但中共部队的两个团也许就在第八集团军所在的战区作战。第八集团军司令部尚未完全搞清楚，这些中共部队是作为独立的势力在作战，还是仅充当北朝鲜军队中"无足轻重的一部分"。稍后的一份战地报告提出，在咸兴①以北抓住的俘虏确认他们的部队就是中共的 124 师。身着新式防寒服的俘虏们操着北平话和北满方言，并且说他们的部队已于 10 月 16 日左右进入朝鲜。

（中央情报局的评论：也许数量很少的一小撮中共军队目前正在朝鲜作战，但是中央情报局认为，这些士兵的出现并不表明中共打算直接或公开地干涉朝鲜战争。）

Woodrow J. Kuhns, ed., *Assessing the Soviet Threat: The Early Cold War Years*, Washington D. C.: Center for the Study of Intelligence, 1997, p. 459

邓峰译,高恒建、张靖校

---

① 咸兴(Hamhung),朝鲜民主主义人民共和国咸镜南道首府,位于该国东北部,是著名的化学工业城市。——译注

中情局关于中国出兵朝鲜致总统备忘录

(1950 年 11 月 1 日)

机 密

中共在朝鲜的干涉

(1950 年 11 月 1 日)

充满活力且具有全新装备的北朝鲜部队已出现于朝鲜的战斗之中。我们显然已经认定中共军队正在与联合国军较量。目前发自战场的评估指出,总数在 1.5 万~2 万人之间的中共军队已被组织成特遣部队,正在北朝鲜作战,同时其主力部队依然驻扎在满洲。当前关于苏式喷气式飞机进入安东-新义州①地区的报告认为苏联也许至少在后勤上正为满洲边境地区提供空中防御。此外,在 10 月 31 日,北朝鲜处于紧急状态的新义州首府的无线电广播宣布,他们已组建了"用于保护水丰②水力发电区的志愿军",就是为了使该地区免遭正在向前推进的联合国军的进攻。广播还强调了水丰水力发电系统对满洲工业的重要性并指出中国人民解放军已在水丰区的满洲一侧集结完毕。

对这些事情及报告所做的解释说明共产党中国不考虑全球战争正在增长的风险,而决定对北朝鲜军队提供更多的支持和援助。尽管我们不排除如下可能性:中共在苏联的指示下,正使其自己全面介入朝鲜,但他们目前的主要动机似乎就是要在鸭绿江以南建立一个有限的"防疫区"。在力图建立这样一种无人区的过程中,中共的主要目标也许将是 :(1)保证满洲边境地区的安全,使该地区免遭联合国军的进攻,因为中国人已把联合国军贴上侵略者的标签;(2) 确保电力由关键的水丰水力发电系统继续输送给满洲的工业。这种前瞻性的考量,直接涉及到共产党中国的利益,也符合通过帮助北朝鲜人延长他们的抵抗来推进国际共产主义事业的总体愿望。

虽然联合国军对其战争目标有明确的界定,但其实中共也许担心联合国军对满洲的侵略。据悉疏散沈阳③的工业机械设备和平民就是这种担心的结果,即便是存在如下可能性:中共努力做这种疏散工作是因为预测到在其介入朝鲜后联合国军可能会予以报复。水丰水力发电系统和坐落在鸭绿江朝鲜一侧的发电站为南满④的大部分地区提供了电能并且

---

① 新义州(Sinuiju),朝鲜民主主义人民共和国平安北道的首府,是该国特别行政区,位于中朝边境地区。——译注
② 水丰(Suiho),指位于鸭绿江上的水丰水库区。——译注
③ 在一些国外的旧地图上,沈阳这个地方被标为"Mukden"。这个名字源于满语的"谋克敦",意思是"天眷盛京"。——译注
④ 指辽东半岛。——译注

还为旅顺港的海军基地提供动能。至今,联合国一旦在其军队占有,后水丰电能的分配问题上没有做任何声明。而且,近来南朝鲜将军宣称,输送给满洲的所有电力线路都将被切断。这无疑会增加中共的忧虑。

DDRS,CK 3100421015 - CK 3100421016

邓峰译,高恒建、张靖校

中情局关于中国出兵朝鲜情况的评估报告

(1950 年 11 月 2 日)

绝 密

每日概要摘录：中国在朝鲜的"干涉"

(1950 年 11 月 2 日)

中国：在朝鲜的"干涉"——美国驻香港总领事威尔金森（Wilkinson）发回一份报告，……①指出在中苏最高领导人 8 月会议期间，共产党中国已做出决定，要"参加朝鲜战争"。……②10 月 24 日，在中国国家主席毛泽东主持的一次会议上，中共做出了正式决定。……③发自香港的报告还说，中共的 20 个军目前正驻扎在满洲（中共每个军大约有 2 万～3 万人）；这 20 个军包括第四野战军的 8 个军，以及中共武装部队中另外三个野战军的部分军队。

美国驻伦敦、仰光的代表和驻台湾的情报机构发回的报告都证明，……④在 10 月份，大批中共军队由中国其他地方调入南满。根据这些报告提供的信息，沈阳正处于军事管制之中。随着预防空袭的系列措施的出台以及其他防卫准备工作的展开，这座城市亦处于战争紧急状态之中。沈阳和安东工厂的设备正在被拆除，并向北转移。20 架国籍不明的喷气式战斗机已经出现在沈阳上空。据说这座城市陷于一片恐慌之中。许多共产党官员和城中居民已向北迁移。既有身着制服又有不着制服的"大批"俄国军队已经抵达沈阳。他们带来了许多军事设备，包括机关枪和水雷。英国驻沈阳领事告诉外交部，中共已下令，要他在 11 月 3 日离开此地，表面上是因为他反对在英国领事馆的庭院内布置中共的防御设施。

（中央情报局的评论：最近几个月来，中共一直都在向满洲调遣第四野战军的主力部队。尽管另外三个野战军的部队正在向北进发，但我们收到的报告并未证实这些部队是否就在满洲。报告也未证实中苏高层会议决定共产党中国应介入朝鲜的情报是否准确。但是北平政权很可能决定增加对北朝鲜人的支持和援助。由于预计联合国也许会对中共增加军事援助的举措予以报复，所以这项决定在逻辑上便导致其开展大规模的防御准备工作。中央情报局在现有证据的基础之上仍然认为，中共参加朝鲜战争，将只局限于对满洲边境地区

---

① 原文此处删去数个词。——译注
② 原文此处删去数个词。——译注
③ 原文此处删去数个词。——译注
④ 原文此处删去数个词。——译注

的防卫,并且中共不可能进行公开的大规模干涉。)

Woodrow J. Kuhns, ed. , *Assessing the Soviet Threat: The Early Cold War Years*, Washington D. C. : Center for the Study of Intelligence, 1997, pp. 460 - 461

邓峰译,高恒建、张靖校

中情局关于中国军队在朝鲜作战的评估报告

(1950 年 11 月 3 日)

绝　密

每周概要摘录：中共干涉朝鲜的计划

(1950 年 11 月 3 日)

中 共 的 计 划

干涉朝鲜：充满活力且具有全新装备的北朝鲜军队出现在朝鲜战场上。显然已经可以断定，中共部队正在和联合国军交战。目前的战地评估是，大约由 1.5 万～2 万名中共士兵组成的特种部队正在北朝鲜作战，可是他们的主力部队依然驻扎在满洲。另外，当前对安东-新义州地区出现的苏式喷气式飞机所做的调查报告表明，苏联正在为满洲边境地区的防御提供最起码的空中后勤支持。中共增加了对北朝鲜军队的支持和援助。这些迹象表明，他们决定在鸭绿江南岸建立一条"警戒线"。尽管我们尚不能排除这样一种可能性：中共在苏联的指示下不顾一切地干涉朝鲜，但是，他们的主要目标似乎就是确保满洲边境地区的安全，同时确保电力由至关重要的水丰发电厂继续输送至满洲的工业部门。水丰发电厂对于满洲来说至关重要。最近一位南朝鲜将军声明，他们将不会继续向满洲输送电力。这也许增加了北平的忧虑。

沈阳城内工业部门和文职人员的撤离，以及空袭防御措施的强化，似乎都表明北平预计，联合国很可能会因为北平在朝鲜的活动而对共产党中国采取报复性的行动。

Woodrow J. Kuhns, ed. , *Assessing the Soviet Threat: The Early Cold War Years*, Washington D. C. : Center for the Study of Intelligence, 1997, p. 462

邓峰译，高恒建、张靖校

中情局关于中国出兵朝鲜情况的评估报告

（1950 年 11 月 6 日）

CIA NIE 2

机　密

中共介入朝鲜

（1950 年 11 月 6 日）

问　　题

1. 评估中共介入朝鲜的规模和目标以及中共的能力与意图。

概 要 和 结 论

2. 估计中共目前在北朝鲜的军队总数大约在 3 万～4 万人之间。中共地面部队正在朝鲜-满洲边境以南约 30～100 英里的各个阵地上和联合国军交战。近来苏联喷气式战斗机出现在朝鲜上空，并与美国飞机交火。这也表明了近来行动的性质。

3. 估计目前中共军队在满洲的实力在 70 万人左右。这个数字中，至少有 20 万人是常规的地面部队。我们相信这些部队，加上已在朝鲜的军队，使中共能够：（1）通过分批投入部队，阻挠联合国进一步向北推进；或者（2）通过猛烈攻击，迫使联合国军南撤至更远的地方构筑防御阵线。

4. 中共进一步的目标似乎是阻止联合国军在朝鲜的推进，并使共产党政权在朝鲜土地上继续留存。在实现此目标的过程中，中共将会：

（1）避免在朝鲜的冒险行动出现灾难性结果，从而导致心理上及政治上的后果；

（2）使联合国军不靠近中国和苏联的边境地区；

（3）保留朝鲜的一个地区作为共产党军事活动及游击队活动的基地；

（4）无限期地延长对联合国军，特别是对驻朝鲜美军的遏制；

（5）控制北朝鲜水力发电站所发电能的分配，且要保留其他经济利益；

（6）在朝鲜尽可能创造对共产党人有利的政治解决办法，而无视北朝鲜人在军事上的失败。

5. 这样，中共便充分保持着对朝鲜采取行动的自由。他们可以根据形势的发展而随时调整其行动。如果中共在朝鲜北部成功地消灭了联合国军的有生力量，那么他们将尽可能追求一种优势地位。一旦军事形势稳定下来，他们或许会认为，在有利地形及冬季突然降临的帮助下，他们目前在朝鲜的军队足以使其实现近期的目标。

6. 当前形势的一个可能且符合逻辑的发展就是敌方将持续不断地增强其战斗力以挫败我方，直到联合国军投入大批主力部队。无论如何，在这种发展中，危险是存在的，因为形势可能失控并导致一场全面战争的爆发。

7. 在介入朝鲜的过程中，中共已认可了客观存在的报复和全面战争的重大风险。他们可能会忽视要求其撤出的最后通牒。如果中国领土遭到攻击，那么他们可能把所有军队投入到朝鲜。

8. 中共和苏联已认可全面战争不断增长的风险。这个事实要么表明克里姆林宫准备尽早与西方摊牌，要么表明形势已迫使他们接受那种风险。

讨　　论

9. 到目前为止中共军事干涉的进展情况。

在 10 月中旬以前，中共对北朝鲜人的支持仅仅由后勤支援和士气支持所构成。不过，自那时起，中共一直在不断投入部队。如今，在满洲-朝鲜边境以南 30～100 英里的范围内，中共地面部队和联合国军交战并不断突破后者防线。

到目前为止，来自中共第四野战军第三十八、三十九、四十及四十二军的部队特征已得到证实。沿满洲的朝鲜边境地区部署着三个或更多的中共军一级部队。从每一个师中抽取的大约营一级规模的部队，已经集结并组建相当于师一级规模的部队。暂时得到确认的是中共的一个常规师。估计目前中共在北朝鲜的军队总数在 3 万～4 万人之间。这个数字加上已预测的北朝鲜的 4.5 万人，在与联合国军正面交锋。

中共地面部队抵达朝鲜战场显然使北朝鲜的抵抗变得强大起来。以前混乱而无组织的北朝鲜部队，现在似乎正处于重新组织及重新装备战斗队重新投入战场的过程中。有诸多迹象表明中共驻朝军队的数量正在增加。

尽管目前尚没有明确证实在朝鲜-满洲边境上空卷入最近一些战斗的敌方飞机的国籍，但苏联喷气式飞机介入的事实表明，北朝鲜人除了直接从中共获得地面部队的支持之外，正得到来自满洲的空中援助。

10. 中共武装干涉的能力。

估计中共地面部队的整体实力在 280 万人左右。其中，177 万是训练有素、装备精良的常规野战部队，其余的是受过良好训练且装备精良的军区部队。此外，尚有大约 200 万受过较差训练且装备也较差的省级部队。

自 1950 年春季以来,中共在满洲战术部队的实力有了大幅度增长。其增幅超过了正常的安全需要。估计从中国南部及中部调遣的大批主力部队已使目前中共在满洲的实力达到 70 万人左右。其中,常规野战军至少有 20 万人,可能构成 8~10 个军,外加至少 4 个其他兵种的军。

我们认为至今在战斗中尚未得到考验的中共空军,是由 200 架飞机构成的战术部队。这 200 架飞机中,有 40 架是图-2 轻型轰炸机、40 架是伊尔-10 强击机,120 架是拉-9 战斗机。中共空军还可能包括 30~40 架苏式宽翼喷气式战斗机。它们以前驻扎在上海周边地区。我们认为其中的一些喷气式飞机最近已出现在北朝鲜上空执行任务。

由于掌握这些地面部队和这支空军,中共也许能够使 35 万人的部队于 30~60 天之内在朝鲜进行持续不断的地面作战行动,而且能够提供有限的空中支持及一些装甲部队。中共所做的这一切都不会危害到他们对满洲或中国的内部控制。因此,我们认为中共军队或许能够:(1) 通过分批投入目前部署在鸭绿江沿岸的军队以与联合国军未来增援的军力相匹敌,从而阻挠联合国军进一步向北推进;(2) 通过猛烈进攻迫使联合国军向南撤至更远的防御阵地。

11. 中共干涉的动机。

中共在北朝鲜投入军队的决定,涉及使朝鲜战争扩大的严重风险。在没有苏联批准或可能发出的指示下,中共不会做出这种决定。因此,可以想象得到,双方都考虑到预期的收益,因而都愿意接受下述经过估算的风险:加速推动一场在中国发生的全面战争,而这最终能够使苏联卷入其中。这种经过估算的风险,包括美国方面作出直接反应的可能性,使得美国就更广泛的问题与苏联磋商,而非逐渐卷入和共产党中国的一场代价高昂且前途未卜的战争。

共产党中国武力援助的最近时机似乎是在美军越过三八线及其后北朝鲜的抵抗迅速崩溃之时。若非中国人干涉,联合国军很快就抵达并夺取鸭绿江阵线。朝鲜人民共和国除了作为流亡政府和开展一些游击战之外,将会寿终正寝。面对这种可能性,中共显然决定要尽早防止联合国在朝鲜的军事胜利,并在朝鲜土地上保持共产党政权的生存。

重要的是,中共在朝鲜战争最初的两个关键阶段都没有投入军队:一个是当联合国军在釜山周围控制着极小一块不稳固的立足点之时;另一个是后来当联合国军在仁川登陆时。那两个时机没有采取行动似乎表明在美国跨越三八线之前北平不愿意接受战争爆发的重大风险。自从美国越过该线之后,中共的宣传便越来越认为北平的事业与北朝鲜的事业具有一致性。

中共介入朝鲜的近期目标似乎就是要阻挠联合国军的推进。到目前为止,中共的军事行动包括动用的军队的性质,都暗示着有限目标下的临时性军事行动。对这种多山地区的冬季天气给军事行动带来局限性的考虑又强化了上面的看法。

在援助北朝鲜的过程中,中共能够为自己、苏联以及世界共产主义获取几方面的利益。它们是:

（1）避免在朝鲜的冒险行动出现灾难性的情况，从而导致心理上及政治上的后果。

世界共产主义运动的影响力，尤其是中共政权的国内及国际政治地位是与北朝鲜卫星国的命运联系在一起的。联合国在朝鲜的彻底胜利反过来会影响国际共产主义吸引并争取拥护者的力量。对中国政权来说，卫星国朝鲜的完全消失将意味着它在中国和世界上丢掉政治脸面。最突出的是，这将意味着在中共政权选择作为其主要势力范围的亚洲地区丧失了政治脸面。

（2）使联合国军不靠近中国和苏联的边境地区。

在鸭绿江南岸建立一个亲西方的且受美国支持的政权，很可能被北京视为对中国共产党政权安全的威胁。同样，苏联对于联合国军推进到朝鲜东北端的行为也将是很敏感的。中共显然视美国为敌对国家，因为他们认为这个国家决心要最终推翻中共政权。

（3）保持朝鲜的一个地区作为共产党军事活动及游击队活动的基地。

邻近满洲边界的北朝鲜地势特别适合于共产党创建这种基地。

（4）无限期地延长对联合国军，特别是对驻朝鲜美军的遏制。

联合国军及美军长期陷入朝鲜有利于共产党的全球战略。在朝鲜遏制这些军队可以防止他们重新部署到德国，或需要他们反对共产党侵略的其他地区。

（5）控制北朝鲜水力发电站所发电能的分配，且要保留其他经济利益。

在鸭绿江南岸维持友好国家的过程中，北京做了直接的经济投资。北朝鲜的水力发电设施，特别是水丰发电厂，是南满电力的重要来源。满洲的安东港是经济实体的一部分。这种经济实体包括跨越大江的朝鲜新义州，如果对于作为单一实体的安东-新义州港的活动，不存在双方的诸项约定，则该地区的贸易必将受到严重束缚。

（6）在朝鲜尽可能创造对共产党人有利的政治解决办法，而无视北朝鲜人在军事上的失败。

中共和苏联很可能希望创建这样一个军事形势，以至于迫使联合国愿意通过谈判来解决朝鲜的冲突而不是从事一场拖得很久且代价偏高的战争。

12. 形势的发展趋势。

这样中共可对朝鲜保持彻底的行动自由。他们可以根据形势的发展随便调整其行动。目前他们带有强烈感情色彩的宣传——主要围绕着如下说法：（1）"中国人民愿意"（而非政府愿意）提供"人民志愿军"去支援北朝鲜人并"保卫中国"；（2）美国在其"针对中国的侵略"中，"利用日本人"且"模仿日本人"——非常适合于保持对军队的调遣力。这同样还意味着：使那些似乎对在朝鲜的任何冒险持冷淡态度的公众振作精神；一部分人对全面战争精神紧张；的确打算在"人民志愿军"的基础上组织一场反对联合国的军事战争；或者使中国人民为与美国的战争——假若不是一场世界大战——做好心理上的准备。

假如中共成功地摧毁了联合国军在朝鲜北部的有生力量，那么中共将尽可能追求那种优势地位，从满洲调来援军以便利用这大好时机。

一旦军事形势稳定下来，中共也许会认为，在有利地形和冬季突然来临的帮助下，他们目前在朝鲜的军队足以采取对联合国军不利的军事行动。这种情况至少会延至明年春季。这种军事僵局将使联合国军困在朝鲜并遭受大量的消耗。这还将使得北朝鲜军队重新组织起来,而且使联合国阵线后方的游击运动的发展变得容易起来。在这些状况下,作为使朝鲜局势有一个了断的最便利方法,政治解决的可能性将会不断增加。

当前形势的一个可能且符合逻辑的发展就是敌方将持续不断地增强其战斗力以挫败我方,直到联合国军投入大批主力部队。无论如何,在这种发展中,危险是存在的,因为形势可能失控并导致一场全面战争。

中共十分清楚,在干涉朝鲜的过程中,他们会面临报复及全面战争的重大风险,但还是接受了这种风险。他们很可能将忽视联合国要求他们撤出朝鲜的最后通牒。如果中国领土遭受攻击,那么他们能够且将可能在朝鲜投入全部军队,同时也打算一并将联合国军赶走。

中共和苏联已接受了不断增长的全球战争的风险。这个事实要么表明克里姆林宫准备尽早与西方摊牌,要么表明形势已迫使他们接受那种风险。

DDRS,CK 3100398564 – CK 3100398570

邓峰译,高恒建、张靖校

参谋长联席会议关于中国出兵
朝鲜致远东司令部电报

(1950 年 11 月 8 日)

JCS 96060

绝 密

参谋长联席会议致远东司令部电报

(1950 年 11 月 8 日)

1. 我们已得知国家安全委员会将于 11 月 9 日讨论中共介入朝鲜战争的后果,同时也需要我们发表对军事形势的看法。

2. 我们感到你们报告的中国军队的卷入程度部分地代表了中共政府的行动,并且反映了 JCS 92801 中所使用的如下说法:"中共大军进入北朝鲜"。因此,我们认为这种新的情况表明了你们在电报中所陈述的目标。我们不得不重新考察"北朝鲜军队的破坏性"。

3. 考虑到你们的电报中概述的中共政府的公然介入,我们的讨论必定要围绕着制订什么样的政治办法以解决这个新问题。

4. 我们希望尽早看到你们在此问题上的看法。

DDRS,CK 3100342964 - CK 3100342965

邓峰译,高恒建、张靖、邓峰校

参谋长联席会议关于中国出兵
朝鲜致国防部长备忘录

（1950 年 11 月 9 日）

绝　密

中共介入朝鲜

（1950 年 11 月 9 日）

1. 按照您在 1950 年 11 月 6 日备忘录中提出的要求,参谋长联席会议就中共介入北朝鲜在军事上的重大意义提出如下看法。

2. 据说介入北朝鲜的中共军队是由"志愿者"所构成的。如果我们接受该看法,那么这种介入的目标或许就是使大批中国共产党人及其装备横亘在联合国军的前进道路上,目的是为了延缓他们的进度,并且给北朝鲜那些失败而无组织的残余部队争取时间。这样,施加于联合国军身上的拖延战术或许能够使北朝鲜人为其在朝鲜的持久游击战做好准备,并且很可能使他们尝试在冬季的数月期间控制鸭绿江附近的整个中北部山区。不过,情报报告表明,中国共产党人既作为个人又作为有组织、有领导且装备精良的军队,可以扩大规模从而使几个陆军师进入北朝鲜。

3. 中共介入朝鲜要么来自苏联方面的压力,要么出自中国方面的真实理由,要么源自二者的综合因素。目前手边没有确凿的证据来对哪种因素占主导地位作出合理的推断。不过,如不考虑相关的动机,则下述任一目标或多种目标的结合体将是符合逻辑的:

（1）为了保卫鸭绿江和长津-赴战（Changjin-Pusan）水库的联合发电站,还有可能在北朝鲜建立一道封锁线;

（2）为了继续在朝鲜发动积极的不宣之战;

（3）为了把联合国军驱逐出朝鲜。

4. 为了保卫鸭绿江和长津-赴战水库的联合发电站,还有可能在北朝鲜建立一道封锁线:

（1）中共也许担心,如果联合国军用武力夺取长津-赴战水库的联合发电站,那么他们要么炸毁或损坏那里的设施,要么把设施转移到目前中国人正在接收的朝鲜发电厂。可以理解的是,这些动力系统发的电为满洲,包括沈阳、旅顺港、大连（Dairen）提供光源及电力,并且,分配系统位于鸭绿江的北朝鲜一侧。如果中共不能从这些动力系统获得电力,那么这对满洲而言将是一场严重的经济灾难。

（2）如果中共力图保卫鸭绿江和北朝鲜的动力系统,那么在距鸭绿江和动力系统的一段距离内建立防御带,同时在北朝鲜保持一个边境缓冲区,必将符合他们的利益。无论如何,为了实现这个目标,就需要控制北朝鲜中部的多山地区,这样就置前往满洲边境的海岸通道于山的一侧了。

（3）如果中共仅仅为了这个目标而介入北朝鲜,那么联合国军只有明白无误地宣布如下担保才能使他们撤出:

① 联合国军将不会侵犯满洲的主权;

② 水库、发电厂和电力分配系统将不会遭到损害或破坏;

③ 除缔约双方的共同约定外,目前来自发电厂的电力分配不会得到改变。

（4）如果做出这种声明和担保,则无论如何会澄清现有情况,因为如果中共拒绝接受这些担保,那么就可以从进一步考虑中扣除这个可能出现的目标。

5. 在朝鲜继续发动积极的不宣之战:

（1）为了在朝鲜继续发动不宣之战,迫使联合国,特别是美国,使其军队维持现有地位,中共也许会在朝鲜投入大批军队。

（2）朝鲜与美国相距如此之远,以至于对美国而言,在该地区长期进行一场不宣之战,在人力、物资及财政上的成本都是十分高的。恰恰相反,中国邻近朝鲜,对中共而言,既有事实上无限的人力资源又有来自苏联的装备,相对来说,无限期地从事这样一场战争的成本并不是太高。美国军队继续介入朝鲜,正极大地消耗美国的军事及经济实力。这符合苏联和世界共产主义的利益。

（3）这还将符合苏联的利益,因为它只用少量的军队就使美国陷入到一个战略上不甚重要的地区。从全球战争的视角来看,当苏联完善且完成其全球征服计划并准备发动一场令人吃惊的打击时,美国必将失去(战略上的)平衡。

（4）如果允许不宣之战逐渐消耗我们的实力且使我们不能为苏联在其他地方的攻击做好准备,那么中共介入朝鲜将损害美国的安全。在这种情况下,美国或许会赢得在朝鲜冲突中的胜利,但是如果全球战争发生,它会在反对苏联的战争中归于失败。

（5）中共干涉军与联合国军间在朝鲜发生不宣之战,如果逐渐局部化,将在实际上增强南朝鲜军队通过谈判来解决这场冲突的可能性。而且,这样获取的时间可以被用以进一步增强美国的工业潜力和军事实力。

6. 把联合国军赶出朝鲜。

中共也许打算投入足够的军队把联合国军赶出朝鲜。不过,令人疑惑的是,在没有苏联海空军的大力支持下这种目标是否能够得以实现。目前显而易见的是第三次世界大战正逼近我们,应当尽可能迅速而有效地从朝鲜撤出联合国军。

7. 至于其他地区军事上可能发生的事情,可以预测中共会认识到西方世界军事资源的不断消耗将是他们介入朝鲜的结果。并且他们还将设想那些西方国家的军事能力会相应受到削弱。因此,非常可能发生的事情是,如果中国在朝鲜的干涉是有限的,则共产党会同时侵入其他国家,例如尝试侵入福摩萨,攻下香港和澳门,更积极地干涉印度支那,侵略缅甸,或占领西藏。

8. 中共空军部队正从满洲附近的基地前往朝鲜执行任务；这样，他们充分利用当前满洲在技术上的不可侵犯性，把它作为一个庇护所。同样，他们的陆军部队能在一夜之间就从满洲庇护所调往战斗前线。这种情况愈发让人难以忍受。尽管我们在某种程度上需要依赖中共维持相对规模的行动，但似乎非常可能的是，朝鲜的战术形势将要求联合国军司令"得到授权，在朝鲜之外采取适当的海空军行动去打击共产党中国"，就像国家安全委员会 73/4 号和 81/1 号文件中提出的那样。

9. 由于我们尚需要依赖中共维持相对规模的行动，所以联合国军不得不从以下三种行动措施中作出选择：(1) 使得朝鲜的行动成功地结束；(2) 继续在远离朝鲜边境的防御线上采取行动；(3) 撤退。第一种措施也许需要增加在朝鲜的军事实力，即便中共在事实上不扩大其行动的规模。第二种措施现在显然是切实可行的，这在中国干涉所提出的军事和政治问题的含义尚未得到解答期间，似乎是临时的应急手段。第三种措施，撤退，如果我们主动为之，则必将极大地降低美国在全世界的威望，因此万万不能接受此种办法，如果我们被迫撤退的话，那么这只能被视为全球战争的序幕。

10. 中共军事干涉的事实，就其本身而言，并未显现出最终迹象，进而表明苏联打算在这时发动一场全球战争。另一方面，美国应当"认识到由这种干涉引起的对世界和平结构不断增加的压力"。目前形势迅速聚集于国家安全委员会 75/4 号文件中出现的陈述："全球战争将通过下面三种方式中的任何一种而引发：(1) 苏联的策划；(2) 目前局势的进一步发展；(3) 对美国或苏联行为的误判。"即使美国尽一切努力使当前的冲突局部化，但对其可能出现的结果所做的评论，导致如下结论：目前存在全球战争迅速增长的风险。

11. 参谋长联席会议坚持认为，中共介入北朝鲜在军事上的重大意义也许包括下面的含义：

(1) 目前中共在朝鲜具备如此强大的实力且组织良好，以至于表明除非他们主动撤出，否则只能通过一次决定性的军事行动，才能击败他们。

(2) 尚不清楚中共介入朝鲜的军事目的。

(3) 在朝鲜的持久军事战将极大地消耗我们的军事潜力。

(4) 站在军事的立场上来看，继续把美军投入到朝鲜会损害这些军队在其他地方更为有用的战略部署。

(5) 不可想象的是，中共和北朝鲜人目前将联合国军赶出朝鲜，除非苏联事实上出动海空军予以援助。万一后者介入，美国军队应从朝鲜撤出，接着显然是第三次世界大战的来临。

(6) 在目前的限制下，我们允许中共利用满洲作为敌方飞机的庇护所，用以打击联合国军。

(7) 似乎存在三个总体的行动措施来供联合国军选择：

① 使得朝鲜的行动成功地结束。

② 在远离朝鲜边境的地方建立并维持一个防御阵地。

③ 撤退。

（8）目前局势并不最终表明全球战争即将发生,而是表明全球战争的风险正在增长。

12. 因此,参谋长联席会议得出如下结论:

（1）由于情况十分紧急,所以应尽一切努力通过政治手段,最好是通过联合国来解决中共介入朝鲜的问题,同时应使中共对我们的意图放心,通过我们的盟国及中立委员会和中共政府进行直接谈判,以及通过其他任何可能想到的办法来解决问题。

（2）在进一步搞清中共的军事目标以及他们打算介入的程度期间,总司令将接受多项任务,并且要不断复查联合国军的命令,但不应改变之。

（3）美国应发展它的计划,且在全球战争的风险不断增长的基础上做好准备。

DDRS,CK 3100342966 – CK 3100342973

邓峰译,高恒建、张靖校

关于是否动用原子弹打击中国军队的备忘录

（1950年11月9日）

绝 密

关于美国可能动用原子弹打击
中共在朝鲜的侵略行动时应考虑的一些问题

（1950年11月9日）

关于使用原子弹的一份国家安全委员会文件（国家安全委员会第30号文件）包括1948年9月16日批准的下述几个结论：

"12. 我们认识到，万一发生战争，出于对国家安全利益的考虑，国家军事机构必须准备立即且有效地使用一切适当的手段，包括核武器，因此必须制定相应的计划。

13. 万一战争爆发，行政首脑可以做出动用原子武器的决定，只要他认为有必要做此决定。"

涉及可能动用原子弹打击中共在朝侵略行为的一些问题本身可分为两类：为战术目标而在朝鲜使用它，以及为战略目标而在满洲使用它。下面的问题引发了对这些问题的考虑：

为战术目标而在朝鲜使用原子弹：

1. 为战术目标而在朝鲜使用原子弹，将使得中共进一步介入战争还是减少参与战争的程度，甚至是终止这种参与？

2. 使用原子弹将增加还是减少苏联介入战争的可能性？

3. 在朝鲜，合适的战术目标是什么？那里存在任何战略目标吗？

4. 使用许多枚原子弹，对我们有利吗？

5. 各攻击目标将不得不由联合国军的军事演习来确立吗？

6. 我们的军队将受到原子弹的影响吗？

7. 我们能合理推断原子弹一定有效吗？

8. 它在军事上具有决定性的作用吗？

9. 它将极大地破坏平民的生活吗？

10. 使用它，对美国、盟国和亚洲的公共舆论将造成什么样的影响？

11. 在使用它之前，我们应获得联合国的同意吗？

为战略目标而在满洲使用原子弹：

1. 为这些目标而使用原子弹，将使得中共进一步介入战争，还是减少参与战争的程度，甚至是终止这种参与？

2. 使用原子弹将增加还是减少苏联介入战争的可能性？

3. 存在的合适目标是什么？

4. 使用许多枚原子弹，对我们有利吗？

5. 考虑到我们有限的储备，在满洲我们能充分地使用原子弹吗？应当一开始就使用原子弹还是仅仅在普通炸弹的攻击被证明是无效的情况下再使用它呢？

6. 我们能合理推断原子弹一定有效吗？

7. 它在军事上具有决定性的作用吗？

8. 它将极大地破坏平民的生活吗？

9. 通过宣告在一段时间内通告清单上某些无名城市会遭到轰炸，将可能向平民们发出警告吗？

10. 原子弹将在白天还是夜晚扔下去？

11. 使用它，对美国、盟国和亚洲的公共舆论将造成什么样的影响？

12. 在使用它之前，我们应获得联合国的同意吗？

DDRS,CK 3100238993 - CK 3100238995

邓峰译，高恒建、张靖校

中情局关于中国出兵朝鲜意图的评估报告

（1950 年 11 月 10 日）

绝 密

每周概要摘录：朝鲜的局势——中国人的意图

（1950 年 11 月 10 日）

朝 鲜 的 局 势

中国人的意图：尽管正介入朝鲜的中共已经打算冒美国-联合国报复及全面战争的重大风险，但是到目前为止他们的干涉是有限度的。这也许表明他们的目标仅仅是阻止联合国军在朝鲜的推进，并且维持共产党政权在朝鲜领土上的生存。在这样做的过程中，中共将要：（1）避免在朝鲜冒险的灾难性结果所导致的心理和政治后果；（2）使联合国军远离中国和苏联的实际边境线；（3）使朝鲜的一个地区成为共产党的军事及游击活动的基地；（4）无限期地延长对驻朝鲜的联合国军，特别是美国军队的遏制；（5）控制北朝鲜电力的分配，并且维持其他经济利益；（6）在朝鲜提出可能对自己有利的政治解决方案。

然而，中共依然保持充分的行动自由。如果他们能够成功地摧毁联合国军在北朝鲜的有生力量，则会尽一切可能去追逐他们的利益。无论如何，他们也许会忽视要求其撤出的最后通牒，而且如果中国的领土遭到攻击，那么他们很可能会派出大批军队进入朝鲜。由于在满洲驻扎了随时可调用的军队，所以中共能够投入更多的部队，以努力防止联合国军在北朝鲜获得胜利。因此，当前局势的发展走向很可能是，敌方将持续不断地增强他们的战斗力，除非我们投入大量主力部队，否则将被彻底击败。无论这种局势的发展趋于何种程度，都存在着危险，因为局势可能会失控，并且导致一场全面战争。

Woodrow J. Kuhns, ed., *Assessing the Soviet Threat: The Early Cold War Years*, Washington D. C.：Center for the Study of Intelligence, 1997, p. 463

邓峰译，高恒建、张靖校

中情局关于中国出兵朝鲜后世界局势的评估报告

(1950 年 11 月 15 日)

CIA 11-50

机 密

对涉及美国安全的世界局势的评论

(1950 年 11 月 15 日)

概　　要

1. 作为中共部队在朝鲜干涉的一个结果,联合国军在那里的战术地位已急剧恶化。苏联在和美国及其盟国于世界范围内进行角力的过程中获得了主动。中国的干涉证明苏联愿意进行代理人战争的试验,而不顾武装冲突的地区迅速扩大带来的巨大风险。北约开始加速实施重整军备的计划和联合国表现出的新活力,都没有促使苏联改变其战略目标或侵略战术。苏联的政策继续打算开发和利用非共产党世界边缘地区当地的弱点。

2. 虽然干涉朝鲜将导致报复并可能引发全球战争——这是相当大的风险,但是中国和苏联都从中获得了某些立竿见影的利益:防止北朝鲜的失败立即造成的心理及政治后果;使联合国军远离中国和苏联的实际边境线;延长联合国军在朝鲜履行责任的时间;使政治解决的可能性公开化。通过非正式地宣布干涉的目标,中共保持彻底的行动自由,并且能够根据美国和联合国的反应,准确地设定其干涉进展的性质及范围。

3. 中共军队介入朝鲜,使联合国面临的挑战比最初南朝鲜遭到侵略时面临的挑战还要严重。不过,有明确的迹象表明,这个国际组织已演变成为抑制侵略更有效的工具。这一点超过了历史上的任何时候。尽管中共也许会限制他们的干涉,制定相当清晰的局部目标,但是联合国针对中国领土所做出的军事反应,将极有可能刺激中共试图策划大规模的进攻以保护朝鲜。

4. 共产党还能利用印度支那的局势,而不用担心联合国会尽早且有效地予以反击。那里的军事和政治局势都已恶化到相当紧急的地步,但是只要当前印度支那战争的政治背景依然存在,那么令人十分怀疑的是,联合国能否就采取有效的军事行动打击胡志明而达成一致意见。遏制胡志明的军队,目前几乎只依靠美国的援助。甚至即便有这种援助(缺少海陆空三军的直接支持),法国人也许不能使印度支那北部在六个多月的时间内不失守,也许整个印度支那在 18 个月多一点的时间内就会全部失守。

5. 中共对西藏的侵略,已在印度政府内部引起相当大的愤怒和憎恨。尽管印度世界观的基本变化尚不明朗,但是毫无疑问,尼赫鲁①已背负很大的压力,使得他不得不放弃对共产党中国的道义支持。随着中国人支配的共产主义在东南亚的威胁不断增长,这种放弃的前景也将增加,随后可能会使印度在抑制共产党扩张方面和西方展开合作。

讨　　论

1. 当前苏联战略的模式

作为中共部队在朝鲜干涉的一个结果,联合国军在那里的战术地位已急剧恶化。苏联在和美国及其盟国于世界范围内进行角力的过程中获得了主动。中国的干涉证明苏联愿意进行代理人战争的试验,而不顾武装冲突的地区迅速扩大带来的巨大风险。中国和苏联的宣传以及这两个国家实施的行动方针,都表明共产党的领导人相信西方国家不准备在政治上或军事上发动打击苏联的战争,并且只要苏联和共产党中国在技术上没有正式地介入朝鲜战争,则它们将避免和中国发生战争。不过,作为一种安全保障方式,苏联同时在联合国和其他外交场合发动了"和平攻势",因此,如果并且当这种运动被证明是有用的,就为其通过有限的政治调解而临时撤出的举措设定了基础。在此期间,苏联的政策继续打算利用非共产党世界边缘地区当地的弱点,而不用直接动用苏联的军事力量。

除了阻止联合国军在朝鲜的推进之外,中共还前去接管西藏。此外,他们正在培训共产党领导的游击队,同时为其提供补给品。当然,那些游击队正给法国在印度支那北部的统治造成极大的威胁。苏联在许多地区从事长期的渗透计划,尤其是在德国、南斯拉夫、希腊、伊朗、缅甸、马来亚和菲律宾。当情况允许的时候,那些地方的共产党就能在当地采取军事行动。北约开始加速实施重整军备的计划以及近几个月联合国表现出的新的活力和决心,都没有促使苏联改变其战略目标或侵略战术。作为中共干涉的一个结果,朝鲜战事的延长是苏联为确保其近期目标的实现而采取的关键步骤。苏联的目标是:(1)巩固对卫星国——包括共产党中国的控制;(2)确保苏联战略意图的实现;(3)在苏联的边缘地区防止出现能够威胁苏联军事地位的军队。

2. 中共对朝鲜的干涉

除了对总体战略予以考虑之外,苏联及其中国盟友在过去的一个月期间,显然需要立即采取行动抵消或最小化北朝鲜军队失败以及联合国军向满洲和西伯利亚边境快速推进所带来的负面影响。在决定选择中共军队干涉,从而挽救军事局势且避免在政治和战略上出现灾难性的后果时,苏联和中国都愿意接受直接与美国发生战争的更大风险,而不愿接受在早期冒险中尚不明朗的风险。由于苏联处于一种战争准备就绪的超前状态,所以我们必须假

---

① 　尼赫鲁(1889~1964),印度民族主义运动领导人,国大党领袖,时任印度总理。——译注

定克里姆林宫的领导人——意识到联合国或美国直接对中国或苏联实施报复的危险性——准备接受任何既定的挑战。

苏联和中国坚持从干涉中获得某些立竿见影的利益，主要是有利于：（1）防止北朝鲜军队的军事失败将立即对世界共产主义运动造成心理及政治上的不良后果；（2）使联合国军远离中国和苏联的实际边境线；（3）获取朝鲜的一个地区，在那里可以从事军事活动并开展游击运动；（4）延长联合国军在朝鲜的驻留时间，这样就削弱了西方的实力和士气，同时设法阻止联合国把军队重新部署到印度支那、德国或其他地方；（5）使政治解决朝鲜问题的可能性公开化。中国人比苏联承担着更大的风险，可能希望获得某些具有补偿性质的利益，例如在共产党和非共产党的世界中赢得更大的威望，保护水丰水库的电力设施，并且攫取下述战略利益：不让美国和中国国民党从朝鲜的基地采取打击中国的军事行动。

通过非正式地宣布干涉的目的，中共对朝鲜保持彻底的行动自由，并且能够根据美国和联合国的反应，准确地敲定其干涉进展的性质及范围。

3. 一个更强大的联合国面临的新挑战

通过使中共军队介入朝鲜，苏联和其盟国使联合国面临的挑战比最初南朝鲜遭受侵略时面临的挑战还要严重。如果联合国接受那种挑战，则把联合国内的西方国家——还有苏联——置于全球战争的严重威胁之下。联合国的一些成员国不倾向于针对中国采取强硬的立场。他们赞成在更有限的范围内更好地界定共产党侵略南朝鲜的问题。例如，甚至在中共干涉之前，印度就曾提出建议，强烈反对联合国军越过三八线向北推进。

尽管中国人干涉的问题已对联合国造成新的压力，但是某些非常明确的迹象表明，这个国际组织已演变成为抑制侵略更有效的工具。这一点超过了历史上任何时候。联合国大会对朝鲜采取了果断的行动，甚至采取措施防止万一朝鲜型的冒险在其他地方出现时联合国机制的瘫痪。对苏联的顽固态度越来越难以忍受的联合国，把它关注的重点从寻求赢得苏联的合作转向决心采取有效行动而不顾苏联的阻挠。联合国的这种新决心无疑将使得苏联在准备新的侵略活动时，对联合国干预的可能性进行更加细致的考虑。

不过，对朝鲜的干涉使一个最严重的问题摆在联合国面前。中共的进取心和其相当强的军事能力表明，联合国强烈的军事反应，包括对中国补给中心的空中轰炸，可能将鼓励（而非打击）中共，试图设计大规模的攻势计划，把联合国军逐出朝鲜半岛。然而，联合国也可以不用采取军事行动反对中国，从而使中共抑制这种进攻，并且使他们的干涉仅限于实现十分明确的局部目标。

令人怀疑的是，联合国对中国行动的谴责能否把苏联赶出联合国或使中华人民共和国改变其加入联合国的野心。恰恰相反，苏联表现出掌握它的权力且用其权力做任何事情的全部意图。它打算防止联合国进一步强大和非斯大林国家进一步团结在一起。

虽然联合国内部的进一步团结使得苏联在将来使用局部侵略的技巧时会变得更狡诈，但是，印度支那和其他易受攻击的地区的局势包含了苏联在防止联合国采取反击行动时可能利用的一些因素。

4. 印度支那的危机

在印度支那北部，胡志明的军队开始在中国的边境地区发动规模有限的进攻。显然，他们的目标就是要打通前往中国的补给线。在边境的中国一侧，各种交通设施的改善预示着胡志明的后勤状况会提早好转。随后，（可能在六个月之内）他就会进攻目前部署在首都河内北部周围人口密集的红河三角洲的法国军队。法国正趋于恶化的军事地位加剧了印度支那的政治危机，此前一直顺从法国政策的越南总理明确表达了以下观点：甚至温和的越南人都公开斥责在当前法国-越南的政治谈判中法国人所持的立场。

如果印度支那问题在目前的政治背景下被提交至联合国，那么，联合国将很难采取建设性的和有益的行动。只要中共没有给其他人确凿的证据，表明他们在进行公开的干涉，只要欧洲殖民国家和当地革命分子间的战斗是一种外在的表现形式，并且只要当地的反共政府不支持法国人，那么令人十分怀疑的是，联合国能否一致同意，采取有效的军事行动反对胡志明。

在印度支那的国内及军事问题被提交至联合国之前，并且在印度支那像朝鲜那样事实上成为一个托管区之前，不可能采取有效的行动。

尽管现在有一些法国人赞成把印度支那的所有问题都抛给联合国，但是，由于缺乏来自西方国家的强大压力以及法国地位的进一步恶化，法国国民议会将不可能接受这样一个解决办法。因此，此时对胡志明军队的遏制几乎仅仅依靠美国单方面的行动。假如当前印度支那的政治局势持续下去，即使有美国的援助（缺少海陆空三军的直接支持），则令人怀疑的是，法国人能否守住整个印度支那。不过，越来越多的迹象表明，美国将深陷朝鲜。这也许会迫使法国和联合国尽快寻求一个政治的解决方案。近来有助于印度支那问题解决的一个有利因素是印度对中国的目标及政治不再抱有幻想。

5. 印度和中共间关系的恶化

与在北朝鲜的行动同时发生的是，驻扎在中国西南的中共军队开始向西朝西藏首府挺进。这个审慎的军事推进表明，无论是否存在通过谈判达成解决的方案，北平政府都决定扩大对该地区的控制。在追求这个目标的过程中，印度的请求并未阻止、将来也不会阻止中共实施军事上的解决方案。

中国对印度采取的行动，在印度政府内部激起相当大的愤怒和憎恨。近来中国人向印度边境地区小国尼泊尔和锡金所做的暗示，中国在缅甸北部当地人中间的鼓动，以及中国对胡志明在印度支那事业越来越多的支持，都对印度的安全利益提出进一步潜在的挑战，同时还对作为印度外交政策核心特征之一的维持与北平友谊的想法制造了更多的隐患。不过，尼赫鲁本人依然是印度外交的主导者。他在对华政策上的基本考虑继续对印度的想法施加很大影响。虽然在不远的将来，印度世界观的基本变化尚不明朗，但是毫无疑问，尼赫鲁已背负很大压力，使得他不得不放弃对共产党中国的道义支持。随着共产党在中国人的支持和煽动下向东南亚扩张的威胁不断增加，放弃中国的压力也将增大。显然，一些印度领导人在为印度支那和缅甸而忧虑。在抑制中国人支配的共产党向那两个国家扩张的过程中,来自印度的积极援助必定被认为是肯定可能发生的事情。

DDRS,CK 3100376208 - CK 3100376215

邓峰译,高恒建、张靖、邓峰校

中情局关于中国介入战争情报评估的总结备忘录

（不早于 1950 年 11 月 15 日）

CIA ORE Record

机 密

情报研究和评估办公室对共产党中国介入战争的警告所做的记录

（1950 年,不早于 11 月 15 日）

1. 虽然我们在战区的情报收集工作显得有些混乱,但这项工作还是让人感到十分满意。我们的情报人员凭经验已对各种情报作了很好的辨认。总的来说,他们获得了华盛顿所需要的大多数情报。

2. 在北朝鲜侵入南朝鲜之前的四个月中,情报研究和评估办公室每天都对情报作概要分析。对这种分析的研究表明,在此期间朝鲜甚至都没被提到过。对每周概要所做的类似研究也表明,尽管朝鲜不时会成为报告讨论的题目,但那些报告不得不处理除北朝鲜侵略之外的几乎所有问题。例如,在 1950 年 3 月 31 日的每周概要中,有一篇题为"展望朝鲜"的报告,其核心意思就是批评李承晚①通过抛弃民众自由的方法来强调共产党的内部威胁,并且还批评他以通货膨胀和紧迫的经济及政治问题为代价来增强军事实力。简言之,情报研究和评估办公室和大街上的普通民众一样,对 1950 年 6 月 25 日报纸的头版头条消息感到十分吃惊。这是令人遗憾的事实。不过,公平地讲,华盛顿的每一个情报机构也都发生了类似的情况。为什么会这样? 显而易见的理由如下:

(1) 情报研究和评估办公室的朝鲜组——其他机构也普遍存在类似的小组——缺乏足够的人手。在情报研究和评估办公室,所有的朝鲜事务都由两名高级分析员来处理。同时他们还必须处理最新的原始情报并负责这些情报的评估及在部门内部的发表工作。也就是说,没有一个人有机会——即使他考虑到这一点——强调朝鲜所发生事情的一个方面,例如:北朝鲜的侵略。

(2) 在汉城与国内机构之间存在一张庞大的官僚作风网。例如,在 6 月 25 日,情报研究和评估办公室分析员办公桌上的最新报告居然是 15 天以前拟就的。重要的资料经常需要耗时四个月才送交至情报研究和评估办公室。这似乎主要是政府习惯于对文件做不必要的日志记载以及按固定路线发送文件的结果。毕竟政府这样做只会导致文件之间的彼此延误,并且由于文件不得不一直首先呈送至"高层"这个事实,真正需要文件的工作人员常常最

---

① 李承晚(1875～1965),时任韩国总统。——译注

后才收到文件。

（3）最重要的是，无论如何这都是喊着"狼来了"的老故事。早些时候，霍奇①将军在朝鲜平均每三个月就习惯性地宣称，北朝鲜的侵略很快便会来临。在霍奇被别人接替之后，类似报告依然不少。其中许多都出自某些个人的未经证实的言论。因为他们都声称出席了共产党的高层会议。会上已做出决定要开始发动侵略战争。但这些报告因许多理由的存在而受到质疑。过了一段时间之后，它们提出的非常不重要的看法也就不被大家所重视了。

（4）还有一个事实是，北朝鲜人巧妙地进行侵略战争的准备工作。三八线以北部队的调动一直持续了五年。而且，北朝鲜边防军一直和南朝鲜边防军进行小规模的武装冲突。他们在不同时间逐渐把常规部队调遣至边境地区。华盛顿的情报部门并没有获得更重要的部队调动信息。非常谨慎的情报人员只接受了北朝鲜三个师调动的信息。实际上，当时大约有15个师被调往边境地区。整个故事的独特性在于如下事实：在朝鲜预测到6月入侵的唯一人士是在空军服役的一名准尉军官。他在此前的六个月中，月月都预测到同一事件的发生。

（5）回想起来，的确存在一些本应捕捉到的战争迹象。例如，在侵略战争爆发前的数月内，北朝鲜一直在发动好战的宣传攻势用以支持朝鲜的统一。情报研究和评估办公室注意到了这一点，也就此写了评论，只不过其大意是说，这是北朝鲜老掉牙的把戏，南朝鲜也不会认真对待美国的提议。事实上，这种宣传极其强调8月15日这一天，且把这一天视为实现统一的时间。如果分析员们看一下苏联为朝鲜制定的大型计划——它于1946年得到修改且我们也掌握了该计划的内容，则他们会发现8月15日是6月军事行动之后计划好的统一日。甚至更严重的是如下事实：分析员们知道在侵入日前的数周内，边境地区的平民已被疏散至边境线后25英里远的地方。

3. 关于共产党中国对战争的干涉，情报研究和评估办公室的记录简直是太丢脸了。直到大批中国军队显然已出现在朝鲜的最后时刻，中央情报局《每日概要》仍然否认这一事实。例如：1950年10月30日，中国"志愿军"在朝鲜正式集结，特别是开始发动常规战争之前的大约两个星期，《每日概要》在一份报告中评论说遭审讯的战俘证实他们的部队已跨过边境线及过江的日期。只不过这份报告的大意是说整个事情是最不可能发生的。因为"中国军队中的小兵通常不会知道详细的作战信息。美国战场审讯人员从这些战俘身上得到的信息是不可信的"。这种判断错误的主要原因似乎在于两个互相矛盾的谬论：其一，依赖泛泛的假设；其二，依赖狭窄而特定的分析知识。之所以存在假设，是因为苏联在当时不希望看到战争的发生（我们的情报人员接受这种看法的时间是如此之长，以至于他们不再对此提出疑问）；还因为共产党中国在没有获得苏俄同意的情况下不会做出参战的决定；最后因为中国军队的卷入将意味着战争，中国人不会参与此事。

正是以这些假设为基础，当我们的士兵发现数百具中共士兵的尸体时，情报研究和评估

---

① 约翰·霍奇，战争爆发前驻朝鲜南部美国占领军司令官。——译注

办公室也许在很大程度上才作出如下判断：共产党的战略可能就是要放弃朝鲜，尽可能地援救伤员，然后希望随后朝鲜统一的结果将是共产党通过政治手段所作的提名。至于提到过的分析员，情报研究和评估办公室远东处当时似乎完全依赖一个人，因为此人在中国内战期间和战略情报局(OSS)①一起在中国生活过，还和中国军队交过手，其本人对中共的重要将领有一些了解。这个人显然在一开始就坚决地认为中国人将不会卷入到战争中。并且他会在一段时间内坚持这种看法。当面对确凿的证据时，他继续坚持原先的看法。他也许害怕承认他的看法是错误的。

DDRS,CK 3100544244‒CK 3100544248

邓峰译，高恒建、张靖校

---

① 战略情报局(OSS)，1942年成立，中央情报局的前身。英文全称为 Office of Strategic Services。——译注

中情局关于中国介入朝鲜战争意图的评估报告

(1950 年 11 月 17 日)

绝 密

每日概要摘录：中共针对联合国的打算及其在北朝鲜的意图

(1950 年 11 月 17 日)

中共针对联合国的打算——印度驻北平大使潘尼迦已经通知他的政府,中共政府渴望能够确保对朝鲜问题的和平处置,但只有一个条件:允许共产党中国参与这种处置活动。潘尼迦还补充说,北平留给他的印象是,不久即将前往联合国的中共代表将准备同意在安理会之外通过讨论来解决朝鲜问题。潘尼迦认为,中共代表也许还愿意和美国及其他国家的代表非正式地讨论具有一般特性的诸问题。在把这份报告递交给美国驻新德里大使亨德森(Henderson)的同时,印度外交部长巴杰帕依(Bajpai)说他保留自己的意见,因为他已不再信任潘尼迦。巴杰帕依解释说,他不想给人造成这样一种印象:印度政府正试图对美国施加压力,以使其和北平达成谅解。

根据美国驻联合国代表团提供的信息,瑞典驻莫斯科代表(目前正访问纽约)主要认为,中国军队的调动有其内在的灵活性,一般来说是为了探查情况和一些有限的目标。这位瑞典代表觉得克里姆林宫现在不会打算让当前的行动发展成为一场全面战争。

共产党中国在北朝鲜的意图——……①驻北平大使已经通知他的政府:(1)中共大规模地向朝鲜派遣军队;(2)北平大肆宣传其可能遭受侵略时才具有的恐惧和惊慌。瑞典大使认为,朝鲜战事的暂时停息一方面是由于联合国军拥有很强的实力,但主要还是因为中共觉得发电厂和水库需要得到应有的保护。

……②驻北平代办认为,中共介入朝鲜,主要是因为害怕美国的侵略,特别是针对满洲的侵略。他还认为,北平政权的长期目标就是要建立一个不会对中国构成威胁的"真正独立的"朝鲜国。这位代办觉得共产党中国的短期目标是避免联合国军侵入与其接壤的朝鲜一侧的边境地区,从而保护本国边境地区的安全。他相信,中国人其实希望避免和联合国军交战,只要联合国军在满洲边界以南50英里以外的地区停止向前推进。

……③驻北平大使馆认为,中共正准备"不遗余力"地援助北朝鲜,并且在他们中间,正

---

① 原文将此处的国家名称删去。——译注
② 原文将此处的国家名称删去。——译注
③ 原文将此处的国家名称删去。——译注

在滋生群众性的歇斯底里症,因为他们认定,美国打算侵略满洲。……①大使认为,北平政权坚信:(1)朝鲜的战事将扩大至满洲,而且一旦满洲遭受侵略,则苏联将援助中共;(2)苏联空军优于美国空军,并且美国还不能为朝鲜提供额外的地面部队;(3)"美国支配下的"朝鲜将对中国构成一种威胁。

(中央情报局的评论:除了印度大使,驻北平的其他外交使节和共产党官员的接触十分有限。这些报告——除了对部队调动及类似行动的看法之外,都代表了个人的观点。中央情报局认为,中共政权主要考虑的是联合国军可能实施的报复行动,而非美国无端的军事进攻。此外,北平尚未使自己"不遗余力地"去挽救朝鲜共产党政权。中共完全没有通过全力以赴的干涉来实现北平在朝鲜的目标。中央情报局坚信,在不远的将来,中共在朝鲜的行动很可能继续是防御性质的。不过,北平目前在朝鲜的战略也许是稳步地弥补北朝鲜所遭受的损失,直到联合国不再计划统一整个朝鲜。)

Woodrow J. Kuhns, ed. , *Assessing the Soviet Threat: The Early Cold War Years*, Washington D. C. : Center for the Study of Intelligence, 1997, pp. 464 - 466

邓峰译,高恒建、张靖校

---

① 原文将此处的国家名称删去。——译注

作战参谋部关于中国军队致远东司令部的电报

(1950 年 11 月 20 日)

绝　密

关于在朝鲜的中共军队

(1950 年 11 月 20 日)

概　　要

1. ……①作战参谋部建议你们必须清楚,此时不应停止联合国军在朝鲜的进攻;也不应改变联合国军总司令的命令。

目　　标

2. （1）本次会议涉及各部门的共同利益。

（2）本次会议的目标是,为了结束在朝鲜的战斗以及在中朝边境的一侧或两侧创建"非军事区",讨论和中共举行谈判的可能性。

讨　　论

3. 作战参谋们已得知,国务院的某些官员注意到当前朝鲜局势的紧张程度,认为应采取行动停止朝鲜的军事冲突,因为联合国军进一步的进攻行动将妨碍这场冲突的继续局部化。国务院的一些官员建议,沿中朝边境的一侧或两侧建立一个"缓冲区"或"非军事区"来贯彻这种想法。有证据表明,法国和英国强烈支持这种安排。我们相信那些国家的看法对国务院有很大的影响。对这种"非军事区"计划的讨论是国务院-国防部联合召开会议的主要目标。

4. 这里作为附录的第一号文件是国防部长办公室的备忘录。它详细概括了国防部

---

① 原文此处字迹模糊。——译注

非正式收到的有关会议讨论主题的信息。值得注意的是,国务卿设想下面提出的有关军事性质的五个问题将会引发讨论,并且根据那些问题的答案,国务院可能提出某些建议。作战参谋部已非正式地获悉,国务卿没有考虑在本次会议上将做出任何具有约束力的决定。

5. 下面是对第一号附录中第一、二、三段的讨论:

……①作战参谋部不认为联合国军继续发动攻势将会有引发全球战争的风险,他们也不认为停止进攻就将在事实上减少这种风险。其结果,作战参谋们相信,参谋长联席会议对于第一段第一个至第五个问题的回答,大致意思为诸问题尚需要详细的军事分析,但是显然我们应理解,此时在军事上无正当的理由去改变联合国军总司令的作战任务。

结果,参谋长联席会议被再三要求提供更特殊的答案,作战参谋部认为,应当沿着下述路线来得出这些答案:

第一个问题的答案:我们没有设想中共能够成功地把目前投入作战的联合国军从朝鲜赶出去,除非他们在事实上得到苏联地面部队和空军的援助。一旦那种情况出现,美国应从朝鲜撤军,且为全球战争做好准备。由于中共缺少苏联的实际援助,根据目前的状况,联合国军总司令的作战任务不应被改变。

第二个问题的答案:只有对中共军队的数量及战术运用和已提到的特殊地势的防守特征进行军事分析,才能确定这个问题的答案。不过,根据目前出现的形势,我们认为联合国军总司令有足够的兵力可以在北朝鲜成功地守住各条防线。

第三个问题的答案:作为一条总原则,补给线越短,后勤支持就越有效率。不过,在维持或放弃攻势运动的问题中,相关的距离没有大到足以成为一个决定性的因素。现在这种说法愈发让人感到信服,因为联合国军总司令正在使用北朝鲜的港口。

第四个问题的答案:在中朝边境附近继续发动攻势无疑会在某种程度上增加而非降低局势的紧张程度。不过,在全朝鲜清除共产党军队的考虑成为越过三八线决策的基础。此后,越过朝鲜边境的任何进攻都将在国际上被视为一种明显的侵略行为。②

第五个问题的答案:第二和第三段详细地概括了贯彻“缓冲区”或“中立区”计划可能需要采取的方法。即便涉及联合国的决议,也只能通过和中共的谈判或协商来做出这种安排。作战参谋们认为历史已经证明,和共产党的谈判就像它本身令人厌恶一样,将会是徒劳无益的。目前的情况亦不是例外。

在朝鲜目前的局势下,我们认为美国不应接受“中立区”的提议,除非具备以下几个条件:(1) 中共军队从朝鲜彻底撤出;(2) 共产党放弃对朝鲜的任何政治控制;(3) 除了发电站的某些权利外,没有对中共做出让步。这些条件对中共不利,因此,我们认为,它们将不被中共所接受。这样,美国和联合国将被置于一个不可原谅的处境中,因为我们将受到指责,应

---

① 原文此处字迹模糊。——译注
② 原文此处字迹模糊。——译注

为军事行动的继续进行承担责任。而这种后果似乎源于中共拒绝接受我们的"过分条件"。此外，我们也许发现自己处于绝对不堪一击的境地，到头来我们的条件遭到拒绝，情况发生变化，随后联合国的军事努力没有把中共赶出朝鲜。

作为一项政治决策的结果，我们已在朝鲜采取行动。作战参谋们认为，如果我们临时停止实现既定的目标，那么这将会把一个成功的运动转化成军事上的无能为力和政治上的失败。一旦联合国军总司令声称他不再能够继续行动，则美国民众将完全不能接受攻势的止步，并且这也和我们为之战斗的原则不一致，除非我们能最终证明，继续采取行动的一切努力都将妨碍这场冲突的持续局部化。作战参谋们不相信，联合国军继续进攻将只会引发全面战争的风险，同时也不相信停止进攻将在事实上减少这种风险。

我们还应指出，麦克阿瑟将军坚决反对此时对其作战任务做任何改动。

建议：

（1）参谋部建议你们必须清楚，此时不应停止联合国军在朝鲜的进攻。

（2）强烈地建议你们此时不要改动联合国军总司令的作战任务。

（3）你们不要打算无条件地拒绝在中朝边境两侧建立"非军事区"的想法。不过，在摧毁朝鲜所有正在抵抗的武装力量的目标实现之前就建立这样一个地区，将会削弱联合国使朝鲜成为一个统一和自由国家的首要而基本的政策。在该目标实现之后，很可能"非军事区"的想法会得到进一步的考虑。

附录

国防部长办公室备忘录

（1950 年 11 月 20 日）

主题： 国务院-国防部关于朝鲜问题的高层会议

1. 我已经非正式地得知，国务卿很可能要求国防部对下述五个问题提出自己的看法：

（1）从军事的角度看，考虑控制中朝边境地区以对付中共方面可能发动的公开及秘密侵略，是否切合实际？

（2）从军事的角度看，国防部认为控制朝鲜国际边界以南更远的一条线将是有益的还是更有益的？

（3）从后勤支持的角度看，国际边界以南更远的一条线将比国际边界线更有益吗？

（4）如果我们确保朝鲜国际边境地区的安全，那么从军事的角度看，实现美国和中国冲突局部化目标的机会是否更糟了？

（5）如果我们确保朝鲜国际边境地区的安全，并且如果共产党中国像近来中情局在国家情报评估第 2 号文件(NIE‐2)中所指明的那样,尽相当大的努力来打击我们,那么,麦克阿瑟将军指挥下的军队将能够守住他们沿国际边界线构筑的阵地吗?

2. 在国防部对上述问题回答的基础上,国务卿将很可能建议美国持如下立场:

让英国向联合国安理会提出一份新的决议案,要求由占主导地位的联合国和中共代表共同管理北朝鲜的非军事区。①

3. 在安理会提交的一份决议案,内容包括:(1)沿中朝边境的一侧或两侧建立一个非军事区;(2)所有外国军事力量已从该区撤出;(3)由联合国的一个委员会管理该区。另外,增强韩国军队的实力以取代撤走的联合国军。当然,这种提议的可行性将完全取决于中共从朝鲜的撤出。

DDRS,CK 3100346059‐CK 3100346065

邓峰译,高恒建、张靖校

---

① 原文此处字迹模糊。——译注

国务院关于中国介入朝鲜战争的评估报告

（1950 年 11 月 22 日）

绝 密

远东：中共对朝鲜的干涉

（1950 年 11 月 22 日）

在 11 月初,联合国军驻朝鲜总司令向联合国报告说,联合国军和中共军队正处于敌对的较量之中,同时列表附上已得到证实的情报报告,以证明该事实的存在。那些情报报告说明,联合国飞机已遭到鸭绿江满洲一侧的防空机枪的射击(鸭绿江是朝鲜和满洲之间的一个分界线),而且敌人的飞机,包括喷气式飞机,已经向联合国飞机发动攻击。这些从满洲机场出发并返回到那里。联合国军地面部队还抓住了一些中共士兵。他们交代自己来自中共陆军的几个常规师。

对其他情报资料的评估表明,大约超过 5 万人的中共部队进入到和联合国军作战的战场上。

干涉的背景——当联合国军在朝鲜抵达三八线时,北平外长周恩来公开宣称,如果联合国军进入北朝鲜,那么共产党中国不会坐视不管。一份未经证实的情报报告指出,中共在和苏联顾问协商后,决定干涉朝鲜战争。……①中国的"各民主党派"共同发表一份声明,呼吁中国人介入朝鲜,反对"美帝国主义在朝鲜的侵略行径"。该声明宣称,这是中国人支持朝鲜"人民战争"的道义上的责任。在朝鲜,对被俘的中国共产党党员的审问表明,他们的部队早在 10 月 10 日就已得到通知,准备开赴朝鲜。许多中国士兵的身份被搞清楚是来自前中国国民党的军队。但是到 11 月的第三周,发自战斗前线的报告开始指出,联合国军和共产党中国的军队之间几乎没有活跃的接触。显然后者既没有等来援军,也没有接到替补人员。他们没有获得大量的补给品和装备。

对干涉的反应——中国国民党人：和台北的中国国民党政府保持联系的官员们强烈地支持一种理论——共产党中国打算尽全力攻击联合国驻朝鲜的军队。这些消息来源这样解释北平推迟干涉的原因：(1)北平早些时候设想北朝鲜人将赢得战争,并且当形势突然发生变化时,也不准备干涉;(2)推迟干涉使得战斗前线离满洲边境越来越近,这样便缩短了北平的补给线;(3)推迟干涉且指出满洲受到的威胁,更彻底地刺激了共产党中国的公共舆论;(4)已经适应了侵略行为的世界将平静地接受在边境的不正义方的一侧有几个军团的

---

① 原文此处字迹模糊。——译注

存在;(5)中共在朝鲜的胜利将增强共产党中国在整个亚洲的威望。不过,大家并未感觉到北平或克里姆林宫打算在朝鲜挑起第三次世界大战。北平决定在朝鲜全力以赴是因为其相信,害怕挑起第三次世界大战的美国政府将不能够采取报复行动。

西欧:荷兰外交部官员向我们秘密地表达了他们的期望:在鸭绿江南岸的某个地方完全可能建立一个得到大家认可的边境线。共产党中国,也许在印度的调停下,将愿意接受英国外交部长贝文提出的解决朝鲜问题的办法。贝文认为,应在联合国安理会提交一份决议案,指出大批北朝鲜军队已被歼灭,同时提出大约在北纬 39.5 度以北、直到满洲边境的地区建立一个非军事区,一切外国军队和战斗人员都将从该地区撤离。贝文提出的决议案将重申联合国在朝鲜已宣布的目标,并且使中共放心,他们完全没有必要害怕联合国会损害他们的利益。贝文指出,他的解决方案将需要共产党中国从拟议的中立区撤出它的大批部队,从而放弃重要的军事利益。贝文认为,如果出现其他许多国家担心的冲突扩大的重大风险,那么联合国军有可能结束迄今它在朝鲜沿公认的边界发动的进攻。法国政府的代表也表示,法国的利益在于在朝鲜毗邻满洲和苏联的那些地方建立一个缓冲区。显然法国害怕,当其他地方非常需要美国军队时,而它却深陷在和共产党中国作战的泥沼之中。由于反对大多数西欧国家表达的观点,韩国表示,它最强烈地反对创建这种缓冲区的谣言。

联合国:澳大利亚代表认为,在共产党中国的目标明确之前,以及在安理会就此问题做出决定之际,需要在军事上慎重行事。澳大利亚确信,把作战行动扩大至满洲的后果也许是非常严重的,因此暂时忽视共产党中国的挑衅将是最佳的选择。他希望,如果美国认为必须把作战行动扩大至满洲,那么联合国军司令部应事先通知那些向朝鲜派出军队的国家,例如澳大利亚。秘鲁代表说,在朝鲜北部边境地区距边界线几英里远的地方建立一个缓冲区,也许会解除北平的行动给朝鲜制造的紧张状态。他继续说,这个缓冲区应当是非军事化的,由安理会特别委员会来管理。该委员会将包括印度和共产党中国的代表。现任安理会主席、南斯拉夫的博勒尔(Bobler)认为,中共的干涉是一个共产党新政权所犯的"幼稚病"的症状。在该病的早期,该政权没有政治上的判断力,并且把所有的问题都看成是非黑即白。他继续说,北平认为,鸭绿江的水力发电设施受到威胁,而且联合国军是满洲真正的威胁。所有这些担心都是苏联孜孜不倦地培养的。

联合国军司令部——这里提供的其他几个理由解释了北平迟缓却规模颇大的干涉背后的动机。它或许只是简单地表明共产党中国不仅仅就是"坐视不管",或者它也许是在朝鲜建立隔离区的一种尝试,在那里,朝鲜共产党政权可以在朝鲜的土地上继续生存下去。中共一直非常关心鸭绿江军事设施中水力发电厂遭受损失的前景,或者他们已使自己精神恍惚地认为,联合国军事实上正把进攻的目标对准满洲。他们也许在正要到来的冬季缠住大批联合国军,消耗美国的军事资源,并且使这些军队将不能够对付共产党在其他地方从事的更多的侵略活动。中共也许一直都在打算推进到三八线,甚或占领全朝鲜。不过,联合国军司令部的工作人员倾向于认为,北平或克里姆林宫都不会尝试在朝鲜发动第三次世界大战。在维持联合国在朝鲜目标的过程中,联合国军接到命令,要尊重满洲边境地区的安全,这样就在他们的势力范围内防止了冲突的扩大。联合国军地面部队继续向北推进，打击中朝共产党的联军，并于11月21日抵达朝鲜—满洲边境地区。

六国决议案——在收到联合国军驻朝鲜总司令发回的报告不久，我们便联合古巴、法国、厄瓜多尔、挪威及英国就外国干涉朝鲜提交了一份决议案。安理会据此提出，它已经表决，北朝鲜军队犯了扰乱和平罪，并且它还要求所有国家都不要向北朝鲜当局提供援助。它将关注联合国军发来的特别报告——中共已调遣军队采取行动，进攻联合国驻朝鲜的军队。安理会将申明，联合国军有权在朝鲜驻留足够长的时间，保证该国的稳定、统一。

DDRS, CK 3100351639 - CK 3100351644

邓峰译，高恒建、张靖校

中情局关于中国出兵朝鲜的评估报告

（1950 年 11 月 24 日）

CIA NIE 2/1

机 密

中共介入朝鲜

（1950 年 11 月 24 日）

问 题

1. 重新评估中共介入北朝鲜的规模和目标。

结 论

2. 中共将同时：

（1）在北朝鲜保持中国-北朝鲜的联合作战行为。

（2）维持或增加其在满洲的军事实力。

（3）通过威胁和外交手段，寻求获得联合国从朝鲜撤出的结果。

3. 万一不能通过这些手段迫使联合国撤出，则加大中国介入朝鲜的力度。至少，中国人会以更大的规模发动未获得承认的作战行动。中共设计这些行动的目的就是要钳制在朝鲜的联合国军，使他们长期消耗，并保持北朝鲜作为共产党国家的原貌。根据目前掌握的情报，我们并不能确定中共是否有打算做全面进攻的努力。最终他们可能会负责发动使联合国军从朝鲜撤出的作战行动。估计他们不具备把联合国军从半岛赶走的军事能力，但他们的确有能力迫使联合国军处于被动防守的地位，从而进行长期的且前途未卜的战斗。共产党人也许对这种战斗作出了评判，认为它会导致联合国最终从朝鲜撤出。

4. 只要中国人继续干涉下去，那么苏联也将继续并很可能增加对中国人的支持，如向他们提供军事装备、飞机、技术顾问以及所需要的能够操纵更精密设备的"志愿者"。

5. 全面战争的风险已经存在。苏联统治者也许低估了这种可能性，但他们似乎已考虑到这一点，并准备好了如何应付战争。

讨　　论

6. 近期关于中国介入朝鲜的形势如下所述：

（1）到目前为止，中国驻朝部队的军事行动并不足以表明他们计划发动大规模的进攻。

（2）满洲和中国其他地方正进行的军事准备在规模上足以支持大规模的长期作战行动，或者在朝鲜发动进攻，或者在满洲进行防御。

（3）中国的主流舆论，包括接近中共领导层的各个舆论，似乎都反映出对战争的充分预测，包括预见到对中国各大城市，特别是满洲各大城市的广泛空袭。

（4）这样，中国政府及中国的宣传都没有进一步承诺中国政府要在朝鲜执行特殊的行动路线。准备支持朝鲜的讨论仅仅依据"自愿"行动的原则。

（5）中国的宣传人员在过去的三周内，一直发动猛烈的宣传攻势，集中围绕如下谴责：美国在朝鲜的军事行动是针对中国的进攻。他们还呼吁人民做好充分的牺牲准备，通过"支持朝鲜人民"来面对并击败这种威胁。这场宣传攻势的副标题是：在这场与中国的战争中，美国将会变得无能为力。

（6）中国的宣传或官方声明并不意味着中国对北朝鲜的支持是为了一些有限目标，例如：保护发电厂、在边境建立缓冲区或迫使联合国军返回到三八线。事实上，中国人根本未提及这些目标，中国人的所有表述都明确宣示外国军队撤出朝鲜的必要性。

（7）中国宣称它决定向联合国派遣一支代表团。这种方式并没有最终表明中国对朝鲜的意图。根据报道只要各方在安理会之外筹备相关会议，中国代表团愿意就朝鲜问题达成外交上的协议。所有迹象都表明中国人将会坚持外国军队撤出朝鲜这一立场。

（8）苏联媒体经批准之后报道了中国对北朝鲜的支援。苏联官方声明和苏联的宣传认为北朝鲜的战斗在总体上是和共产主义事业相一致的，不过，这二者并未表明，苏联无论如何都会对北朝鲜和中国给予道义之外的其他支持，从而承诺去执行特殊的行动路线。

7. 由于缺乏可靠情报去评估在中国领导人就朝鲜问题所做决定的过程中苏联发挥的作用，所以只能判断中国介入朝鲜一定会推动苏联实现其目标。

尽管苏联并未公开承诺要支援中国人，但是我们观测到在满洲和朝鲜上空，从苏联空军中抽调的飞机的数量在不断增加。近来苏联的宣传已呼吁人们注意，万一日本或与日本结盟的任何国家发动直接或间接的侵略战争，那么在中苏条约下，苏联就有义务支援中国。苏联官方及宣传部门最近总强调一些未经证实的说法：美国在朝鲜动用日本军队以及美国准备利用日本作为侵略战争的基地。

DDRS, CK 3100353110 - CK 3100353115

邓峰译，高恒建校

国家安全局关于利用通讯情报系统侦查中国出兵朝鲜的总结报告

（不早于 1950 年 11 月 26 日）

绝 密

通讯情报与中国干涉朝鲜战争

（不早于 1950 年 11 月 26 日）

"我们故意冒的一场风险"

1950 年 10 月 25 日，中共的 4 个军突然向驻扎在北朝鲜邻近中国边境地区的道格拉斯·麦克阿瑟将军的部队发动进攻。联合国军不得不撤退到自己的防守阵地。① 当麦克阿瑟在一月后重新开始组织进攻时，参谋长联席会议却通知他：联合国诸成员国都注意到，进攻也许会在我们和中国人之间演变成一场"重大的冲突"，并且可能会在我们和中国、苏联之间引发一场全面战争。参谋长联席会议寻问麦克阿瑟，为了减少这种风险，他是否能够让美国军队远离中国边界线。麦克阿瑟立即驳斥了该想法。他宣称，在他的作战计划中，像这样的任何一种变动都将是对朝鲜人民的"背叛"，"对共产党侵略的绥靖"以及"对国际无规则状态的一种认可"。他告诉参谋长联席会议："中共的介入是当时我们投入军队时故意冒的一场风险。"②

就在两天后，中国的 9 个军，击败了麦克阿瑟的军队。③ 第一波攻击过后的幸存士兵看到中国军队排着长长的队列，越过崇山峻岭前去切断美军的撤退之路。④ 麦克阿瑟致电参谋长联席会议，他正面临"一场全新的战争"。⑤

然而，中共的通讯信号对于英国和美国的密码破译专家来说却并不陌生。任何一位收到通讯情报的工作人员，包括麦克阿瑟自己在东京的情报参谋官，本来都不应当被中国干涉朝鲜战争弄得惊讶异常。

---

① 原文此处删去一个注释。——译注
② 原文此处删去一个注释。——译注
③ 原文此处删去一个注释。——译注
④ 原文此处删去一个注释。——译注
⑤ 原文此处删去一个注释。——译注

1950 年 3～10 月,通讯情报(COMINT)①探知大批军队前往朝鲜边境地区

正如第 3 号地图②上所标明的,军事安全局(AFSA)③在 5 月和 6 月报告说,中国来自两个集团军的约 7 万人的部队正乘船顺扬子江前往武汉。④

7 月 17 日,军事安全局主要依据⑤民间流传的信息撰写出的一份报告指出,第四野战军——五角大楼的陆军情报参谋认为他们是中国最好的作战部队⑥——也许正准备采取行动攻打台湾或正前往满洲。其中一些部队已经向东进发,但其余部队就在 6 月 25 日北朝鲜发动侵略之前已向北前进。第四十军在 4 月 17 日至 6 月 12 日之间由华南的广西前往满洲的中北部。5 月 31 日,另一支军队——第三十九军被调至武汉的北部乘坐火车前往满洲。⑦(见第 4 号地图)

陆军情报参谋们认为军事安全局 7 月 17 日的报告意味着第四野战军正打算入侵台湾。中情局情报观察委员会(Watch Committee)则认为,"中共在满洲集结军队,其本意就是要在朝鲜使用他们",尽管"没有迹象表明大约何时在何种情况下他们展开行动"。⑧

在 9 月 1 日,军事安全局依据……⑨更多信息撰写了一份后续报告。北京在北朝鲜发动侵略之后继续把主力部队调往满洲。第十三兵团司令部在 8 月 19～26 日之间由南方的广州迁往中朝边境的丹东;另一支军队——第四十二军在 7 月 24 日被调往满洲西北部;隶属于第三十八军的一些部队在 6 月下旬、7 月下旬也被调至武汉北部乘坐火车前往满洲。⑩ 正如第 5 号地图上已标上圆点的路线上所展示的,五角大楼的情报参谋人员和中央情报局都得出结论,当通讯情报探知第三十八和三十九军驻扎在铁路沿线的诸车站时,他们已在前往满洲的路上。⑪

9 月 1 日的报告还指出,一支新的炮兵师在 8 月 24 日被调至武汉北部的同一条铁路线上。在满洲,有消息说在 6 月和 8 月,沈阳的南部和东部驻扎着一些新的作战部队——第五十五和五十七军。中央情报局认为他们以前是地方守备军,后来由人民解放军将其升格至主力军。⑫

各情报部门在 9 月都认为,中国已推迟攻打台湾,并且打算在最近的将来给予北朝鲜人以某些形式的军事援助。在 9 月 22 日,情报观察委员会认为中国可以"在事先不发布通告

---

① 通讯情报(COMINT),全称为 Communications Intelligence,指的是从截听到的外国通讯中得出的情报信息,包括密码和明码通讯。——译注
② 原文中插入的所有地图均模糊不清,无法辨认,故未附。——译注
③ 军事安全局(AFSA),全称为 Armed Forces Security Agency,成立于 1949 年,美国国家安全局(National Security Agency)的前身。——译注
④ 原文此处删去一个注释。——译注
⑤ 原文此处删去数个词。——译注
⑥ 原文此处删去一个注释。——译注
⑦ 原文此处删去一个注释。——译注
⑧ 原文此处删去一个注释。——译注
⑨ 原文此处删去数个词。——译注
⑩ 原文此处删去一个注释。——译注
⑪ 原文此处删去一个注释。——译注
⑫ 原文此处删去一个注释。——译注

的情况下"进入朝鲜。①

在 10 月的前三周,通讯情报提示出中国军队的部署已发生了变化。驻扎在满洲中部和西部的部队或者由铁路枢纽能够快速前往满洲的那些部队,现在去和驻扎在中朝边境的第十三兵团会合。正如第 6 号地图所标明的,第三十九军——驻扎在武汉北部最后一支军队——在 9 月 6 日出现在距边境约 100 英里的辽阳。到 9 月 28 日,第四十二军——驻扎在满洲西北部的最后一支军队——前往距边境仅 50 英里的通化。此外,第四十军——八步兵师已于 9 月 5 日出现在丹东。不过在 11 月初之前,各情报部门并没有提及第四十军的调动。②

新的大规模的调遣还在紧锣密鼓地进行着。军事安全局在 10 月 21 日……③提交的报告中指出,20 支运送部队的军列正由第三野战军负责的上海地区开往满洲。④

在 10 月 25 日"第一阶段的进攻"之前出现更多的警告

其他的一些通讯情报提供了中国军事部署的范围和目的。在已拦截的一封电报中,……⑤驻北平人士在 9 月 25 日通知他的政府,根据和周恩来进行的会谈,他相信一旦联合国越过三八线进入北朝鲜,中国将会干涉。⑥ 还有一些相关的情报证实,周恩来在 10 月 3日警告荷兰和印度的外交官,如果美国军队进入三八线以北的地域,那么中国将出兵朝鲜。从 9 月 10 日至 10 月 15 日,中国的内部通讯也表明铁路已被军队占用,以至于商品都不能被运送到上海和满洲之间的消费者手中。⑦ 北朝鲜的军事通讯在 9 月 27 日提到"来自中国的一个团"。⑧ 而且,10 月 6 日的一份情报提到,一船医用品已被送往靠近中朝边境的大连和丹东。⑨

但是当联合国军于 9 月 15 日在仁川成功地登陆且把北朝鲜人赶回三八线以北,而中国并未干涉时,各情报部门都认为北京已错过干涉的机会。那些情报官几乎忘记他们早先发出的警告。他们忽视了中国在中朝边境军事部署的新模式,并且为中国的其他军事动向寻找另外的解释,或者干脆就认为那些军事调动没有什么重要意义。虽然中央情报局认为华东铁路的拥塞状态彰显"向北方的大规模军事调动",但是联合情报指导委员会(Joint Intelligence Indications Committee)却把这种拥挤不堪的现象归因于破旧机车对铁路线造成的负面影响。⑩ 各情报部门都认为火车上前往北方的士兵不是像法国使馆职员报告的那样来自第三野战军,而是已经向满洲调动的第四野战军的部队。⑪ 此外,"来自中国的一个

---

① 原文此处删去一个注释。——译注
② 原文此处删去一个注释。——译注
③ 原文此处删去数个词。——译注
④ 原文此处删去一个注释。——译注
⑤ 原文此处删去国家名称。——译注
⑥ 原文此处删去一个注释。——译注
⑦ 原文此处删去一个注释。——译注
⑧ 原文此处删去一个注释。——译注
⑨ 原文此处删去一个注释。——译注
⑩ 原文此处删去一个注释。——译注
⑪ 原文此处删去一个注释。——译注

团"也许就是从满洲来的北朝鲜人。至于周恩来的警告，他一直就是以此……①作为打击联合国军士气的手段，从而使他们不敢进入北朝鲜。关于那一船医用品，也许本来就不是运给中共驻满洲的部队，而是运给北朝鲜人，甚或是苏联人。② 最后，各情报部门为中国军队的实力而争吵起来。与此同时，中央情报局的情报分析员越来越认为，涉及中国军事调动的通讯情报意味着中国军队只是演习式的调遣。③ 而且军事情报官们开始怀疑中国的各路大军是否进驻满洲。联合情报委员会在 10 月 4 日提出，通讯情报并没有提供确凿的证据证明"这几个集团军的所有部队都在满洲，而不仅仅是它们中的一部分在那里"。④ 五角大楼的情报参谋人员也在 10 月 4 日得出结论：尽管我们不能"完全忽视"中国的干涉，但现有证据不足以表明这种情况的发展"要么是极为可能的，要么是即将发生的"。在 10 月 5 日，情报观察委员会大胆地指出，即便中国在边境地区部署了大批军队，但和以前相比，干涉的可能性几乎就不存在，因为北京支持北朝鲜的宣传攻势已经减弱，且中国领导层很可能不想置中国于美国报复性的空中打击之下。⑤

杜鲁门总统依然十分担心。在后来对中国干涉之前诸事件的阐述中，他写道，周恩来的威胁促使他去面见麦克阿瑟。杜鲁门总统解释说："我想充分利用他的第一手信息和判断。"⑥当总统于 10 月 15 日在威克岛和麦克阿瑟开会时，他反复道出对中国可能干涉的忧虑。通常学者们援引他说的话是："我一直担心那种情况会出现。"⑦总统问麦克阿瑟："中国人干涉的机会有多大？"麦克阿瑟回答："微乎其微，假如他们在第一或第二个月出兵干涉，那将具有决定性的作用。我们现在不再担心他们的干涉。"⑧

其他与会者——总统的顾问埃夫里尔·哈里曼（Averell Harriman）；巡回大使菲利浦·杰瑟普（Philip Jessup）；负责远东事务的助理国务卿迪安·腊斯克（Dean Rusk）；美国驻南朝鲜大使约翰·穆乔（John Muccio）；陆军部长弗兰克·佩斯（Frank Pace）；参谋长联席会议主席奥马尔·布雷德利（Omar Bradley）将军；海军上将阿瑟·雷德福德（Arthur Radford）以及一些随从人员——都没有对麦克阿瑟将军的论断提出任何疑问。⑨

不过，在威克岛会议后，通讯情报就探知沿朝鲜边境的中国空中通讯的活动在不断增多，并且苏联也新增加了沿朝鲜边境的空中巡逻任务。摄像情报（PHOTINT）表明在丹东机场有 75～100 架战斗机。人工情报（HUMINT）的报告说，中国领导人已决定在北朝鲜采取军事行动。情报观察委员会现在估计中国人很快就会出兵干涉，但其目标仅限于防御，例

---

① 原文此处删去数个词。——译注
② 原文此处删去一个注释。——译注
③ 原文此处删去一个注释。——译注
④ 原文此处删去一个注释。——译注
⑤ 原文此处删去一个注释。——译注
⑥ 原文此处删去一个注释。——译注
⑦ 原文此处删去一个注释。——译注
⑧ 原文此处删去一个注释。——译注
⑨ 原文此处删去一个注释。——译注

如沿鸭绿江占领一块狭长土地,保卫水力发电设施。①

"第一阶段"的进攻

10月25日,军事安全局和国家通信总局(GCHQ)报告的正向满洲进发的几支军队阻挡了联合国军向鸭绿江的推进。美国海军陆战队则巩固了他们在北朝鲜东部的阵地。第八集团军回撤至西部的清川江(Chong Chon River)(见第7号地图)。②

11月6日,中国人停止了第一阶段的进攻,撤进联合国军阵地对面的大山里。③ 在11月15日联合情报委员会主持召开的一次会议上,各部门代表对部分中国部队"缺少攻击性"的行为感到十分困惑。④ 那些认为只有为数不多的中国军队调动至满洲的情报官们,现在用同样的逻辑来估算有多少军队参加了第一阶段的进攻。事实上,有4个军大约12万人发动了攻击;可是情报观察委员会却相信,中国人仅仅是"零零碎碎地投入了少量军队,这些军队来自3个不同的军的几个师"。该委员会还推断,中国想要宣传"志愿军参加作战的假象,还想给人留下其军队实力比现实存在的实力更强大的印象"。麦克阿瑟的情报参谋官查尔斯·威洛比(Charles Willoughby)少将认为,只有营一级规模的军队参加了干涉行动。当有人问为什么中国人能够在10月下旬摧毁美国一个团时,威洛比说,那支部队没有针对夜间攻击采取预防措施。⑤

通讯情报显示大规模干涉的迹象

在10月25日中国发动的第一阶段进攻和11月26日开始的第二阶段攻势之间的一个月期间,军事安全局报告说,北京正向朝鲜边境调动3个军以上的兵力,并且正在为战争做大量细致的准备工作。在11月6日,来自北朝鲜的一封情报提到,近来北朝鲜人和美国小股部队发生战斗时,中国"第55军"就在附近。⑥ 正如前面已介绍的,在去年夏天,中国第五十五军由驻满洲的几支地方守备军组建而成。此外,来自华中和华东的2个军以上的兵力加入到第一阶段进攻中,同时加入到和联合国军交战的第三十八、三十九、四十和四十二军中。第五十军在10月中旬由武汉前往辽源。第六十六军于11月26日从上海调到丹东(见第8号地图)。

10月21日前往满洲的部队……⑦还没有投入到朝鲜的军事行动中。在得到部分证实的信息……⑧中,中央情报局于11月24日援引的材料表明,第三野战军一个集团军的司令部及两个军已抵达满洲。⑨

国家通信总局和军事安全局报告说,这些新的军事部署都是为战争所做的准备工作的

---

① 原文此处删去一个注释。——译注
② 原文此处删去一个注释。——译注
③ 原文此处删去一个注释。——译注
④ 原文此处删去一个注释。——译注
⑤ 原文此处删去一个注释。——译注
⑥ 原文此处删去一个注释。——译注
⑦ 原文此处删去数个词。——译注
⑧ 原文此处删去数个词。——译注
⑨ 原文此处删去一个注释。——译注

一部分。第四野战军和中国空军分别于 10 月 28 日和 11 月 5 日将其后勤司令部迁至满洲。① 在 11 月的前三周，通信情报揭示出，北京处于紧急状态，各单位都发生声势浩大的游行，要求出兵干涉，实施更严厉的书刊审查政策，增强空中防御，并且命令任何士兵或官员都可以自愿去朝鲜服务。② 11 月 12 日，第四野战军的总部命令中国驻满洲各部队针对北朝鲜的流行病——天花、霍乱和伤寒而接种疫苗。③

此外，发自北朝鲜的一封情报提出，可以预料来自中国的援军就驻在北朝鲜的东北部。和它提供的信息相一致的是，11 月 9 日和 22 日之间的中国内部通讯表明，上海的一个机构向中朝边境的各城市发送了 3 万张朝鲜地图。最先发来的通讯情报指出，上海正在向沈阳发送至少 1 万张地图。陆军情报参谋人员对此的反应是做了一个评估，认为中国也许给每个师分配约 1 000 张地图。那么 1 万张地图也许会分给 10 个师。不过，他们还认为，这些地图更可能是为 7.5 万名中国"志愿者"所准备的，而威洛比将军的参谋人员认为他们就在北朝鲜。然而，11 月 18 日，上海方面说 2 万张朝鲜地图已发送到沈阳。22 日，一封情报透露 3 万张地图正在运送途中。④ 根据情报参谋人员最初的估算，3 万张地图足够 30 个师使用。在 11 月 26 日，中国动用了 30 个师发动第二阶段的进攻。

各情报部门现在开始接受通讯情报提供的证据：中国人正准备向联合国军发动猛烈的攻击。情报观察委员会在 11 月 2 日作出判断，认为中国人也许要提高卷入的程度，但是它仍然相信中国人所做的准备主要是出于防御性的目的，例如防止北朝鲜的抵抗趋于崩溃，支配边境地区的军事设施，为朝鲜的游击队保留一个作战基地，并且牵制住联合国军，以防他们被调走去处理世界其他地方的危机。在获得更多的情报之后，情报观察委员会于 11 月 16 日警告说，中国打算"扩大干涉的规模"。11 月 22 日，联合情报委员会估计中国计划"在一段时间内采取大规模的行动"。⑤

11 月 24 日，麦克阿瑟下令继续向位于西部战区的鸭绿江推进，但被中国的 6 个军击退。超过 3 个军的兵力攻击了驻扎在长津（Chosin）水库⑥附近的海军陆战队第一师和陆军一个团的战斗部队。中国的……⑦这些军队是 10 月 21 日乘坐火车抵达满洲的。正如第 10 号地图所标明的，后来的一份情报指出，它们中的一支军队——第 20 军的 4 个师在中国的集安越过大江进入朝鲜。通讯情报还探知，在大规模进攻的前一周，5 000 张朝鲜地图被发送至集安。⑧

后果

通讯情报在中国的干涉出现之前就提供了及时、详细而精确的情报。我们必须赞扬军

---

① 原文此处删去数个词。——译注
② 原文此处删去一个注释。——译注
③ 原文此处删去一个注释。——译注
④ 原文此处删去一个注释。——译注
⑤ 原文此处删去一个注释。——译注
⑥ 长津（Chosin）水库，朝鲜半岛北部最大的一个蓄水湖。——译注
⑦ 原文此处删去数个词。——译注
⑧ 原文此处删去一个注释。——译注

事安全局和国家通信总局确立了对情报的一种处理方式,即情报分析并不仅限于情报分析家们所做的工作。我们还必须称赞具体行动的管理人员。尽管苏联是其工作的主要压力,但他们依然能够保持对中国内部通讯网的覆盖范围。[①]

无论如何,陆军安全局(ASA)[②]本不应当在1946年放弃对中共军事通讯的追踪。其结果,网络的重建工作被推迟了。与陆军安全局在1946年努力获得情报资源的行为相比较,我们当然更容易做这样的评论。不过,陆军安全局在1946年没有继续收集中共重要行动的通讯情报,这成为未来情报人员避免此类情况再次发生的一个范例。

至于各情报部门,他们的分析家们太倾向于把西方在政治-军事上的臆测看成是北京计划人员具有的思维。但是,他们的确很关注通讯情报,并且发出警告——无论这多么的让人不能信服——中国人将出兵干涉。

为什么美国领导人在当时批准联合国军向鸭绿江推进呢?

根据最近从中国获得的资料,毛泽东坚信麦克阿瑟太自大自满从而不能对他收到的情报进行客观的评价。据说毛认为中国能够让麦克阿瑟吃惊,因为麦克阿瑟将会对北京的意图做错误的判断。据称毛还知道麦克阿瑟低估了中国军队打击联合国军的能力。依据近来获知的信息,毛在11月18日告诉第13兵团的司令,麦克阿瑟相信只有6万~7万中国部队驻扎在北朝鲜。事实上那时已有26万中国军队驻扎在朝鲜。据说毛评论道,这种错误的想法将有助于中国歼灭麦克阿瑟军中"数万名"士兵。[③]

麦克阿瑟不是做出错误判断的唯一官员。迪安·腊斯克40年后将宣称:"威克岛会议的真正失败在于我们对中国意图的看法,以及假如中国人真的干涉,则我们对于对付其军队的能力的评定。在此方面,麦克阿瑟和我们中间的其他人全都错了。"[④]

但是对中国和联合国的错误判断不能完全解释所发生的一切。对于腊斯克先生的全部自责,总统和他的顾问们决定动用驻朝军队,因为他们把这场战争看作苏联对西方决心的一种考验。[⑤] 他们的错误不在于他们决定在军事上作出反应,而在于他们让麦克阿瑟承担责任。

由于考虑到通讯情报有关中国军队部署到满洲的报告,他们在9月下旬命令他"继续尽特殊的努力来确定是否存在着中共或苏联的威胁"。[⑥] 但是在第二次世界大战期间,麦克阿瑟并不重视与其制定的计划相矛盾的通讯情报。[⑦] 尽管我们缺少证据来说明他本人是否确实看过有关中国进行战争准备的报告,但是显然他在东京的司令部曾收到这些情报。麦克阿瑟把"背叛"、"绥靖"及"国际无规则状态"统统赶到鸭绿江的热情,像他早先低估"让人不

---

① 　原文此处删去数个词。——译注
② 　陆军安全局(ASA),英文全称为 Army Security Agency,成立于1945年,在1949年和其他部门一起合并为新的军事安全局,而军事安全局又是国家安全局的前身。——译注
③ 　原文此处删去一个注释。——译注
④ 　原文此处删去一个注释。——译注
⑤ 　原文此处删去一个注释。——译注
⑥ 　原文此处删去一个注释。——译注
⑦ 　原文此处删去一个注释。——译注

舒服的"通信情报关于日本人的报告那样，很可能使得他贬低通讯情报关于中国大规模干涉的信息的重要性。这样，他就使部队在朝鲜遭受重大失败。北京对此人的评判是非常准确的，而华盛顿的评判则有相当大的错误。……①

www. nsa. gov/korea/papers/prc_intervention_korean_war. pdf，NSA 文件②，pp. 1，11 - 21

邓峰译，高恒建、俞建飞校

---

① 原文此处数行未解密。——译注
② 该文是 2006 年从美国国家安全局网站下载的，目前该文已从安全局网站上消失。——编注

中情局关于中国介入朝鲜战争的
情报研究所做的评注

（不早于 1950 年 11 月 26 日）

无密级

在情况方面出现的一致谬见：
对和情报评估有关的合理研究所做的评注

（不早于 1950 年 11 月 26 日）

对中共介入朝鲜战争所做的评估（见对该主题所做的研究）证明，目前在情报评估委员会单一体制下，高层官员所做的评估呈现出的某些危险性。

就至关重要的情报和政策问题最终达成共识，必然意味着将来在此看法上出现的一致性。这将很难避免其后思维上出现"按我们在最终评估中所说的去做"的趋势。

特别是涉及对于某方意图所做的广泛评估，这能导致盲目地接受官方所确立的立场，从而取代对事实所做的敏锐观察。这在公理极少的情报领域尤其可能成为一种实情。在缺少铁的公理的情况下，结论必须常常基于对不充分证据所做的推理。对于事关国家政策的重大问题的结论，这个过程是不会让人感到舒服的。所以，取代铁的公理及意见完全一致的官方评估的看法就受人欢迎。

具体到中共介入朝鲜这个事例，首要公理就是长期所接受的认为苏联不想也不会冒世界大战风险的看法。如果设想苏联为北朝鲜的侵略负责（而事实正如此），那么这种评估在某种程度上就站不住脚。无论如何，在客观上存在着诸多理由去假定苏联已"指挥"这场侵略，因其相信侵略不会导致世界大战的发生。因此，原先的评估依然是教条式的。

当中情局在战争开始后注意到中共进一步行动的迹象时，它推断（1）没有苏联的命令，中国不会采取行动；（2）苏联也不会发布这种命令，因为中共军队和美国军队直接冲突的结果将是共产主义和非共产主义世界之间的一场战争。在 1950 年 9 月 8 日，中情局拟就一份评估。这份评估从所观察的事实中本可直接推断出全面干涉具有明显的可能性这一结论；可是它却得出结论，指出中国人将约束他们的行动，只给北朝鲜象征性的援助。以此为基础，它又回到关于苏联的假想的老路上。

在 10 月 12 日，中情局拟就在一段时间内和情报评估委员会意见完全一致的首份评估，（排除各种不可能发生的事情）认为在 1950 年将不会出现中共干涉。对这份评估产生的主要依赖感就在于有关苏联意图的同一设想。事实上，就是在这个时候，中国人可能做出了干涉的决定，同时可假定中国人取得了俄国人的同意。（尽管尚未证实这一事实）

　　10月12日的评估自然在其后有了很大的分量。它代表了一直没有相同意见的五个不同情报机构在关键并可能引发争论的问题上取得了共识。这之后,对于这些机构中的任何一个,包括中情局,凡得出与这种一致看法相反的结论,都被认为是胆大妄为的。

　　就在10月12日至11月26日期间(当时中共已发动第一波进攻),各种迹象当然开始迅速出现,昭示着即将发生的事情。可是,在此期间中情局所有的官方出版物都忽视、不重视或搪塞这些迹象。如果不考虑官方有关中共、俄国人及战争的设想,由此得出的推论在今天是难以想象的。

　　DDRS,CK 3100544250 - CK 3100544252

邓峰译,高恒建、俞建飞校

中情局关于苏联空军是否
保卫中国东北的评估报告

（1950 年 11 月 27 日）

CIA NIE 2/2

绝　密

苏联参与满洲的空中防御

（1950 年 11 月 27 日）

问　　题

1. 一旦联合国空军进攻满洲的目标,苏联空军是否会参与保卫这些目标。

结　　论

2. 在问题中设想的情况下,苏联将要提供保卫满洲目标所需要的飞机、高射炮及教练员。

3. 苏联可以通过采取下面的任何方式来参与保卫满洲的目标:

（1）真正参与而不用亮明身份。

（2）声称派出志愿军而公开参与。

（3）苏联军队履行中苏条约下的有限义务而公开参与。

（4）苏联在中苏条约下被迫发动全面战争从而使其军队公开参与。

4. 至少从一开始,苏联最可能参与保卫满洲的方式就是首先——在不用公开身份的情况下真正参与行动。

5. 除非朝鲜战争发展成为一场全面战争,否则苏联军队的公开参与将是不可能的。

6. 目前形势会恶化为一场全面战争的实质性风险是存在的。联合国只对满洲目标予以空中打击,可能不会导致苏联统治者决定发动一场全面战争。因为克里姆林宫支持或反对战争的基本决定是以全球因素为基点来考虑的。不过,紧随这些空中打击之后发生的事情很有可能就是一场全面战争。

讨　论

7. 见：(1) 中央情报局致国家安全委员会备忘录,1950 年 11 月 9 日

(2) NIE 3,1950 年 11 月 15 日

(3) NIE 2/1,1950 年 11 月 24 日

DDRS,CK 3100447965 – CK 3100447967

邓峰译,高恒建、俞建飞校

国防部关于中国出兵后美国下一步行动意见的备忘录

（1950 年 11 月 28 日）

绝 密

美国对朝鲜采取的行动

（1950 年 11 月 28 日）

1. 联合国军总司令刚刚发来电报，其大致意思是，现在必须彻底放弃朝鲜战争局部化的全部希望，而且他目前面临着自己无法控制和现有军队实力无法应付的局势。根据这份电报，我们要决定美国在朝鲜的行动方针。

分 析 问 题

2. 见第一号附录①

结 论

3. 中共在朝鲜所付出的重要努力已迫使联合国军总司令转为防守状态。他现在面临着他提出的无法控制和现有军队实力无法应付的局势。

4. 假设共产党中国发动大规模的军事进攻以防止美国和联合国在朝鲜实现其目标，那么美国也必须采取新的行动。美国打算在多大程度上把那种进攻视为美国和共产党中国间事实上处于战争的状态，是国家安全委员会应考虑的一个问题。

5. 美国应立即采取行动，要么单方面，要么适当地通过联合国向中共宣布，除非他们停止在朝鲜的军事进攻，并马上撤出军队，否则美国或联合国将被迫采取局势所需要的军事行动来打击中共政府。如果中共不遵守上面通告中提到的条件，那么应授权联合国军总司令动用空军和海军进攻满洲境内的交通线、军事目标及军事设施，因为现在那里正被利用来为中共驻朝鲜的军队提供军事上的支持。

---

① 原文缺少这份附录。——译注

6. 如果并且当总统做出指示,美国应采取一切必要的措施,确保迅速可以动用原子弹的力量来打击中共。我们应在参谋长联席会议第 2173 号文件的基础上采取紧急行动。

7. 美国应立即进行最有效率的动员,保证尽早达致军事准备就绪状态。

8. 在评估当前局势并且确定美国对共产党中国的战略目标期间,美国不应向朝鲜投放额外的地面主力部队。我们应把远东司令部现有的海空军实力强化到以前批准的程度上。

9. 联合委员会应当在适当的时候立即准备研究勾画出万一联合国驻朝鲜的军队面临一场灾难时,我们能够采取的军事行动。

10. 联合情报指导委员会应得到指示,准备评估中共的能力,同时还应不断地对情报评估做出评论。

11. 参谋长联席会议命令全世界都应警惕目前朝鲜局势中固有的全球战争不断增长的风险。

12. 美国应尽一切努力,立即从联合国其他成员国——包括像国民党中国那样的国家——获得额外有效的军队。

13. 国务院应采取紧急行动,尽可能利用所有政治手段来支持上面概括的每一项措施。

14. 参谋长联席会议应要求,作为一个紧急事件,麦克阿瑟将军需要就上面的每一项措施提出他的看法。

DDRS,CK 3100346071 - CK 3100346072

邓峰译,高恒建、俞建飞校

国务院情报研究所关于中国的
朝鲜战争宣传的评估报告

(1950 年 11 月 29 日)

OIR 5409

秘 密

1950 年 6～10 月中共关于朝鲜战争的宣传

(1950 年 11 月 29 日)

一、概 要 及 结 论

对战争爆发直到 1950 年 10 月末联合国军开始接近满洲边境时,中共关于朝鲜战争的宣传所作的评论显示出:

1. 中共很少把朝鲜战争看成是一个孤立事件。他们几乎一直把它和整个亚洲,特别是中国的形势联系在一起。而且他们通常使它从属于整个亚洲,特别是中国的形势。

2. 中共的宣传一直重点关注因朝鲜战争而产生的对中国利益的事实威胁或潜在威胁。在战争爆发之初,台湾问题至少和朝鲜一样引起大量的关注。美国被控"侵略"台湾也许有助于既为中国没有直接介入朝鲜提供借口,也为没有采取已承诺的攻打台湾的行动提供借口。该宣传可能反映出中共希望北朝鲜在将来的胜利能转化成中共的一种优势,使其能保证制服台湾。随着朝鲜战场局势的变动,中共以对美国正计划进攻中国的谴责为基础,开展一场紧张的"防御"运动。其注意力由台湾转向满洲。这种对中国"威胁"的关注,很可能部分地由中共的如下认识所引起:

(1) 天气状况和北朝鲜行将到来的失败事实上使中共在 1950 年成功侵入台湾的任何机会都化为乌有。

(2) 中共力图利用朝鲜崩溃带来的最佳机遇,攫取某些有用的东西,对联合国施加影响,并且,如果可能的话,加入联合国。敌对一方的军队很快就会出现在中国边境的前景也可能促使中国人强调他们的安全。而且,这个有用的宣传题目可以被利用来掩盖联合国在朝鲜的军事胜利的细节。

3. 1950 年 6～10 月,中共自始至终都非常谨慎地对待朝鲜的冲突。他们小心地避免承诺直接的参与。对北朝鲜的援助承诺也不是特别的——甚至在 10 月中下旬期间,当时中国发表了大量的支持声明,但没有承诺给予北朝鲜特殊的援助。

4.宣传倾向于强调中国在亚洲革命运动中的领导地位，而不顾平常对苏联的服从态度。

5.宣传的调子从一开始就明显缺乏对朝鲜所发生的不寻常事情的热情，可能也对事情的发展趋势感到恼火。

在考虑中共以这种方式渲染其宣传题目的过程中，不要忘记朝鲜的冲突迫使北平政权在其承诺征服台湾以及遣散内部安全不需要的军队上迅速做出的新调整。形势的变化需要中共的宣传人员以全新的视角来重新看待他们以前的承诺。他们对以前所关注的事情作如下替换或调整：

6.对防御和内部安全的担心变成最重要的考虑。中共政权通过强调保卫中国的领土，从而使其军队处于高度的调动状态，因为：

（1）万一中共介入或被拖入朝鲜的冲突，这样做能够在国内为地面部队做好心理上的准备工作。

（2）在没有太丢面子的情况下，这样做能够为不在朝鲜采取行动作辩解。

（3）这样做能够成为联合国不安的原因。

（4）这样做能够为国内不削减军事开支及不让士兵复员的举措辩解。

二、常　规　主　题

共产党在全世界的宣传是建立在一个基本的主题之上的。该主题极大地依赖它的简洁性以及为了产生效果而连续不断的重复。它的一个基本观点是谴责美国统治集团领导的"华尔街"正寻求对世界的控制。在亚洲，其宣传主题是：美国已把它自己的技术补充进那些在过去由欧洲殖民国家所开发的技术中，从而形成一个超级帝国主义。亚洲诸国只有通过与苏联领导的"和平阵营"的合作才能不受这种帝国主义的损害。

朝鲜的冲突已被提出来作为一个个案，在某种程度上"证明"由宣传人员所阐明的观点，至于这场冲突的直接结果则被降低到一个不太重要的位置上。总的来看，唯一偏离基本主题的地方相对而言在于比较小的细节，是和所涉及的听众或地区相一致的。这样，欧洲共产党就把美国和纳粹分子等同起来，而远东共产党则把美国和日本军国主义者混为一谈。

中共忠实地重复在莫斯科形成的基本宣传主题。不过，他们极大地扩展了朝鲜冲突的远东面。此外，他们在大量的宣传中坚持一个特殊的观点，强调"中国人"的利益基本上就是"共产党"的利益。简言之，中共主要是站在朝鲜问题与中国的关系这个角度上来看待朝鲜问题的。我们很难判定其强调的这种变化是否代表了莫斯科允许在共产党阵营中苏联独一无二的地位出现变动，或者它是否代表了一种对莫斯科划定"路线"的未经认可的偏离现象。

中共的大量宣传并未直接强调中国在亚洲的主导地位。朝鲜的冲突被视为美国"征服"亚洲计划的一个阶段，但美国"侵略"台湾和中国领土的其他部分完全被视为重要的事情。中共的宣传还把蒋介石和李承晚加以比较，因为这两个"当地仆人"都受到美国的援助。这种比较已被利用来增强中国的威望；中共成功地打击了蒋介石，同时也宣传"李承晚同蒋介石一样，是一个傀儡"。中共谴责美国采用以前日本帝国主义所遵循的战略，计划利用台湾和朝鲜作为侵略大陆的跳板，且首要目标——至少暗中所指目标——就是中国。此外，他们还谴责美国正在使中共在第二次世界大战中战胜的日本军国主义得以复活。

他们说，美国在朝鲜和整个亚洲最终必定失败，不仅因为美国的外强中干、"人民"的力量和不可避免的历史进程，而且因为亚洲解放的先锋队——中国共产党是无法战胜的堡垒。

中共宣传的一个特性就是处理问题采用十分巧妙的方式。通过这种方式，中共可以把常规宣传题目编成新闻或广播报道中看似无所谓的问题。例如：反美的简短声明被插入到有关粮食征收的一般新闻事件中。

三、中共关于朝鲜的宣传发展趋向

1. 谨慎

从一开始，中共就对朝鲜的冲突采用了基本上是防御性的、谨慎的方法。他们非常担心使其卷入和美国的战争或冒险和美国发生战事。他们早就提出朝鲜的事情在短期内不可能很容易地得以解决；在 1950 年 7 月 7 日，北平《人民日报》预言，这是"长期的，相比较而言更困难的斗争"。北平领导人经常强调对北朝鲜人"道义上的"而非直接的支持，显然暗示着中共当时并不打算干预战争。一个典型的声明是由朱德于 8 月 1 日发表的。他强调计划中对台湾和西藏的"解放"，但仅限于对美国在朝鲜行动的相当模糊的"反对"，同时宣称中国人民应当扩大对朝鲜人民的"道义支持"。中共的宣传人员制作了有关中共给予北朝鲜人援助、支持和同情的大量宣传材料，却避开了拒不给予有效的军事支持这一现实。北平政权很快就承认且公开了如下事实：正如美国所谴责的，它已经允许中共军队中的朝鲜族士兵返回朝鲜，参加战斗。但是，它否认对这些军队负责，从而避免了与美国公开发生战事的风险。

这里还可以引用有关其谨慎的其他事例。外交部长周恩来是中共有关朝鲜诸问题的首席发言人。这一事实表明，北平显然期望把朝鲜问题主要置于正常的对外关系之中。中共中央主席毛泽东，在朝鲜问题上保持重要的沉默态度，只是偶尔通过发表简短而不作表态的声明来打破这种沉默。北平在审慎方面类似于莫斯科，从不详尽地预言北朝鲜的胜利。尽管中共有时会自吹自擂，尤其在战争爆发之初，但对胜利的预言几乎一直都在用"最终"和"不可避免"这样的词语。

相对来说，在战争的早期阶段，中共的新闻报道几乎完全关注在朝鲜发生的战斗。当时，北朝鲜军队正势如破竹。报纸、电台、海报和地图都被利用来宣传朝鲜共产党取得的进展。8 月上旬，随着战线趋于稳定，新闻报道开始减少对战斗的报道。对美国人"军事无能"和"残暴"的更普遍报道开始代替了对战争进展的报道。甚至在 9 月 15 日仁川登陆之前，对战斗的关注程度迅速降低；在登陆后，对战斗的报道变得越来越简短和模糊。

2. 强调"防御"

和某种程度上对朝鲜本身的消极态度相对照,中共一直警惕并关注冲突对其自己地位的影响。从 6 月 27 日始,台湾问题就被置于与朝鲜冲突同等的层次上。中共还经常给予它优先考虑的地位。这种偏向似乎在华东地区的宣传中得到特别的体现。这可以使其在"解放"台湾的任务中发挥特殊的作用。在 7 月一整月和 8 月的大多数时间中,中国召开了有组织的反美集会。中国的利益成为这些集会中讨论的首要题目。而朝鲜问题主要被利用来作为中国利益的支持。

与朝鲜发生的战争趋势的转向相一致,中共发动了一场超大型的憎恨美国的宣传运动。该运动以对美国正计划进攻中国的谴责为基础。对中国安全受到"威胁"的关注在地点上由台湾转移到满洲,原则上由相当模糊的关注变成极度的焦虑。8 月底召开的运动首次谴责美国侵犯了满洲边境地区。而且,运动在 9 月迅速得以加强。中共宣传部门对美国侵犯边境和其他"挑衅"行为予以一连串的谴责。他们不断地重复 9 月 24 日《人民日报》社论的主题:"美帝国主义正决定扩大他们对中国的武装侵略。"随着联合国地面部队越过三八线并于 10 月兵锋直指满洲边境,这种运动愈演愈烈。

共产党在全世界积极发动的"和平攻势"得到北平的完全支持。他们尽可能地抓住一切机会,把美国人描述成残忍的侵略者,同时把共产党、中国人或其他人描述成和平的热爱者。中国关于防御的主题是与斯德哥尔摩的和平呼吁密切联系在一起的。美国对满洲边境的突袭、在世界看来美国在台湾的不稳定地位,以及美国对朝鲜的战略轰炸,都是宣传部门喜欢利用的题材。

与此同时,北平非常留意联合国的一举一动,寻求破坏美国的地位,并增强中共的地位。北平政权频繁地向联合国提出抗议——指控美国单方面对台湾的侵略、联合国在朝鲜采取行动的非正义性,以及后来抗议美国对满洲边境的"挑衅"。北平广泛地宣传这些抗议,似乎主要设计它们用来反对联合国在朝鲜的联合行动,同时给联合国中立国以很深的印象。

3. 中国人在亚洲的领导能力

中共的宣传人员不断努力使朝鲜的冲突迎合他们自己的在亚洲人民中间充当革命运动领袖的观念。他们的宣传倾向于把北朝鲜的行动降低到"亚洲其他革命运动"的层次。所有这些革命都从属于中国革命。在控制美国对亚洲的侵略这方面,越南、菲律宾和日本已与朝鲜紧密联系在一起。中国已被置于至高无上的地位,正如 7 月 5 日北平电台的声明中阐述的那样:"中国人民必须利用他们在抵抗日本侵略的过程中积累的经验,而且必须在亚洲抵抗侵略的行动中肩负起领导职责。"在 10 月下旬,中共极大地强调了中国人作为亚洲保卫者的作用。教育部部长马叙伦 10 月 29 日的声明是这种态度的典型代表。马断言"美帝国主义者正在步日本人的后尘"。他说:"所谓的日本帝国主义的大陆政策就是:为了侵略世界,必须首先侵略亚洲;为了侵略亚洲,必须首先侵略中国;为了侵略中国,必须首先侵略东北亚;为了侵略东北亚,必须首先侵略朝鲜。因此,为了保卫自己的祖国,中国人民必须在正义之战中帮助朝鲜人民。"

与中国发挥的作用越来越大相比,苏联的作用越来越不受到重视。从某种程度上说,中共的宣传习惯性地提高并赞扬苏联的次数正在减少。例如,以前的宣传总是习惯性地把苏联军队称作中共击败日本的盟军。而现在的宣传则忽略了这一点。莫斯科则在"十一"国庆日致北平的贺电中表现出冷淡的态度。这给人以十分深刻的印象。另外,在中国各大城市庆祝国庆日的游行中,中国领导人的肖像远远排在苏联领导人的肖像之前。而就在一年前,列宁和斯大林的肖像还几乎受到和毛泽东本人肖像一样的尊重。

我们很难评估这种趋势在多大程度上是由于中国在亚洲各地同时发挥的作用,以及在多大程度上是由于当代其他一些因素。例如,北朝鲜军队可耻的崩溃事实上已引起中国人对苏联战略的不满。这一点在北平的宣传中得到了反映。此外,同时出现的证据表明,中共在联合国的利益或许已经引起北平政权淡化苏联的领导能力,进而希望改善该政权被联合国接纳成为成员国的前景。再者,中共可能通过采用吸引中国民族主义势力的政策来尽力赢得他们的支持。最后,中共宣传中疏远苏联的所为可能是出于高级战略的缘由而代表了由北平和莫斯科联合策划的一种伎俩。无论如何,我们在抨击这种趋势的重要性时都要十分谨慎而小心。因为就其本身而言,并不足以对苏联的威望造成任何真正的损害,而且,这种情况可以很容易地在一夜之间就发生彻底的变化。

O. S. S. /State Department Intelligence and Research Reports IX, China and India 1950 - 1961 Supplement, Reel I, 0581 - 0595, University Publications of America, INC. ,1979

邓峰译,高恒建、俞建飞校

中情局关于是否在朝鲜使用台湾军队的备忘录

(1950 年 12 月 27 日)

CIA NIE 12

机　密

在朝鲜过早部署中国国民党军队的后果

(1950 年 12 月 27 日)

设想：当决定在朝鲜部署中国国民党军队时，冲突尚未扩大到朝鲜边境之外。①

1. 中国国民党准备提供 3.3 万人的特遣部队用于朝鲜战场，并可能在不损害福摩萨安全的情况下提供人数更多的部队。国民党军队已经接受了大量而长期的培训，但由于领导无方和糟糕的生活状况，他们的士气存在着一些问题。国民党在福摩萨的大多数军队都来自中国的温带地区。前往朝鲜的一支军队在投入到寒冷天气下的作战行动之前需要一些新的装备并接受培训。另外，国民党最先前往朝鲜的军队应装备精良，并能够在 14 天之内抵达朝鲜。国民党军队作战经验丰富且熟悉中共战术。他们在好的领导及充分的监督之下应能比较有效地执行作战任务，但如果让他们在联合国军临时控制的地区以外独立作战，那么他们也许很容易就受到共产党宣传的影响，接着会大量叛逃。

2. 我们估计在不远的将来，联合国军可以得到数量有限的中国国民党军队，但是，由于联合国军需构筑并保持横跨半岛的防线用来对抗在数量上占极大优势的中共军队，所以，无论国民党的这支军队是否出现在朝鲜，都不会成为影响联合国军构筑并保持该防线能力的一个主要因素。

3. 如果中国国民党军队负责长期防守桥头堡并且假定他们在良好的领导及充分的监督下执行作战任务，那么他们就能够作出实质性的贡献。

4. 无论朝鲜的军事结果如何，在其他国家看来，动用中国国民党军队将进一步使美国和他们捆绑在一起，这会成为美国继续支持中国国民党政权的道义保证。此外，在朝鲜动用中国国民党军队将很快引发一系列难题，涉及美国继续使福摩萨中立化政策的可行性，特别是涉及在朝鲜及朝鲜水域之外动用国民党的海空军。

5. 联合国大多数国家可能将拒绝美国在朝鲜动用中国国民党军队的提议。他们普遍担心在朝鲜动用中国国民党军队将刺激共产党中国越来越强的好战性或至少为其这么做制

---

① 原注：本次评估仅考虑在朝鲜当前局势下对中国国民党军队短期利用的后果，而不打算考虑以后局势出现变化的情况下，在朝鲜或作为更大事业的一部分——在中国大陆最终利用中国国民党军队的后果。一份评估（NIE 10 号文件）准备讨论更全面的问题。

造了借口。这种好战性会增加和共产党中国发生全面战争的风险。这反过来或许会发展成一场全球战争。此外,西欧国家将强烈地感到,美国正在破坏保卫欧洲大陆的首要任务,因为它在不断地陷入到亚洲的长期冲突之中。动用中国国民党军队将使亚洲其他国家疏远美国,因为那些国家认为中国国民党人是反对进步的一伙人,不仅在政治上无能,而且已经被他们自己的人民唾弃。美国动用中国国民党军队的单方面行动将强化这些感受。

6. 在朝鲜动用中国国民党军队将使政治解决朝鲜冲突所保留的任何机会都化为乌有。尽管共产党中国显然会强烈地支持苏联的总体战略目标,但在朝鲜动用中国国民党军队必然使这种支持甚至变得更为强烈。

7. 苏联也许会欢迎美国在朝鲜动用中国国民党军队的单方面决定,因为:(1)在不用苏联出马的情况下,使美国进一步卷入到与共产党中国的冲突中;(2)使美国和其盟国的关系趋于破裂;(3)为国际共产主义有关美国被控"在进行军事侵略和支持反动政权"的宣传提供可信之辞。

附录

1. 中央情报局局长、美国空军都不同意 NIE 12 号文件中的看法。

2. 总的来说,这份评估强调了在朝鲜动用中国国民党军队在军事及政治上的不利之处,但没有充分地指出在朝鲜使用这支军队给美国/联合国的进攻带来的益处。

(1)总数约 3.3 万人的军队基本上就是国民党投入到朝鲜的全部兵力。对这一点的认可似乎支配着文件中的一系列讨论。但本办公室①估计联合国军实际得到的国民党军队的总数将远远高于 3.3 万人这个数字。

(2)这份评估并未对如下事实予以充分的考虑:中国国民党军队是联合国军容易获得的使其在朝鲜的数量取得重要增长的唯一军队。事实上,这种并不充分的考虑使计划人员没有获得足够的依据,将这支军队的能力作为是否影响其彻底保住桥头堡决心的一个因素。

(3)中国国民党的大批军队如果能保住桥头堡,那么他们就作出了实质性的贡献,也为美国-联合国的进攻提供了大量亟需的步兵。

(4)本办公室认为亚洲所有不同国家对朝鲜动用国民党军队的反应,并不能十分准确地表明这些亚洲国家一定反对使用这些反共的军队。在这方面,文件更尊重各国政府或各国大多数人的态度,而没有尊重那些完全认识到共产党威胁的国家的态度,同时也没有考虑将受这股反对共产党前进新势力鼓舞的国家态度。甚至在欧洲,公共舆论很可能赞成对共产主义予以坚决的抵抗,无论这种抵抗是在欧洲还在是亚洲。事实上,他们更愿意在亚洲发生战斗。

---

① 本办公室,指国家情报评估办公室(Office of National Estimates)。——译注

（5）这份评估表明在朝鲜动用中国国民党军队将使朝鲜冲突尽快得以政治解决的任何剩余机会都化为乌有。本办公室所持的异议无论如何都注定与这个结论相矛盾。不过,本办公室似乎觉得近期达成令人满意的政治协定的可能性不大。文件中的讨论并不证明关于动用国民党军队是否会损害或支持最终的政治解决的合理结论是正确的。

3. 这份评估认为在朝鲜动用中国国民党军队将刺激共产党中国越来越强的好战性或者为其这样做制造借口。实际上,符合逻辑的是,好战性的增强——如果这种情况可能发生（而非针对香港）——将更多地受中国人的军事能力及他们自己的时间表的支配,而不是受在朝鲜动用中国国民党军队引发的任何挑衅的支配。

4. 似乎并不存在足够的证据来证明这份评估第 7 段中的结论——"苏联也许将欢迎美国在朝鲜动用中国国民党军队的单方面决定"。

5. 本办公室将对 NIE 12 号文件作如下修订:

（1）参照第 1 页第 2 段。修订如下:"虽然朝鲜近期不存在需要中国国民党军队防止一场灾难发生的危机,但是我们应仔细考虑开始主动利用任何反共军队的这种机会。毕竟,这些军队的投入能够对朝鲜并可能对整个远东局势产生有利的影响。福摩萨的中国国民党军队可为这种利用提供唯一的有形手段。除非美国-联合国直接调来援军,否则,考虑到联合国军需构筑并保持横跨半岛的防线用来对抗在数量占极大优势的中共军队,在最近的将来以及以后朝鲜缺少中国国民党军队,影响联合国军构筑并保持该防线能力将成为的一个主要因素。"

（2）参照第 1 页第 3 段。在这段末尾处添加如下内容:"在朝鲜,联合国军的一个重要需求就是增加更多的步兵。由于国民党步兵可以用来成为一支实施掩护任务的军队。所以目前在朝鲜联合国军能更有效地被用来作为一支进攻型军队。防守桥头堡需要一支机动灵活的后备军。这支军队在敌人施加最大压力时能够予以快速反击。"

（3）参照第 4 段。修正第一句并添加一个新句子:"无论朝鲜的军事结果如何,目前在某些国家看来,动用中国国民党军队进一步使美国和他们捆绑在一起并且将在一定程度上成为美国继续支持中国国民党政权的道义保证。与此同时,这种行为证明美国打算在其能力所及范围内利用反共军队。这或许对反共军队产生具有很大潜在价值的心理影响。"

（4）参照第 5 段。修订如下:目前联合国大多数国家可能将拒绝美国在朝鲜动用中国国民党军队的提议。他们普遍担心在朝鲜动用中国国民党军队将刺激共产党中国越来越强的好战性,或至少为其这么做制造借口。虽然美国-联合国反复保证不侵犯满洲边境地区并继续禁止中国国民党反攻大陆,但中共的好战性已达到相当高的程度,以至于他们投入代表其最佳军队的第四野战军。（除了在香港）我们很难看到这种好战性采取任何新的形式。因此,尽管和共产党中国发生全面战争的风险已经存在,但这种风险几乎不可能有所增长,更不可能对演变成一场全球战争的趋势造成直接的影响。至少在一开始,西欧国家也许会强烈地感到,美国正破坏保卫欧洲大陆的首要任务,因为它继续干涉亚洲的长期冲突。不过,随着时间的推移,他们也许越来越理解美国在一个至关重要的地区采取建设性行动,抵抗苏联共产主义直接侵略的决心。动用中国国民党军队或许将使亚洲某些国家中的一分部人疏远美国,因为他们认为中国国民党人是反对进步的一伙人,不仅在政治上无能,而且已经被他们自己的人民所唾弃。另一方面,动用中国的反共军队能够使亚洲所有国家的反共势力受到鼓舞,并增强他们抵抗共产主义侵略的意志。此外,倘若其他国家完全认可在朝鲜抵抗共产主义的必要性,那么,当他们认识到这是使其免于承担提供更多军队的责任的一种手段时,他们将变得更为驯从。

(5)参照第6段。修订如下:"当复杂而微妙的谈判进行时,在朝鲜动用中国国民党军队或许在短期内,对通过谈判政治解决朝鲜冲突造成一定的影响。"

不过,这不一定就妨碍以后的政治解决。因此,在一个可接受的政治解决协议于短期内缔结的可能性消失之后,美国再作出动用国民党军队的决定。这一点十分重要。但无论如何,中共大规模的进一步干涉已经是一个事实,并且从当前谈判中获得直接的政治解决的希望现在似乎变得越来越渺茫。

(6)参照第7段。删除这一段。

DDRS,CK 3100421023 – CK 3100421029

邓峰译,高恒建、俞建飞校

中情局关于在南朝鲜坚守桥头堡的评估报告

(1951 年 1 月 11 日)

CIA SE 1

机　密

在南朝鲜坚守桥头堡的国际含义

(1951 年 1 月 11 日)

问　　题

评估并列出在南朝鲜坚守联合国桥头堡的有利之处及不利之处。①

评　　估

一、对联合国和美国来说,在南朝鲜坚守联合国桥头堡将具有以下几方面重要的战略及军事含义:

1. 坚守桥头堡将在军事上具有如下有利之处:

(1) 将阻挠共产党完全实现其在朝鲜提出的目标。

(2) 将避免因撤退而导致的美国军事威望的丧失。

(3) 如中共继续在朝鲜和满洲投入大批军队,这无疑将会限制其迅速巩固国内政权、在东南亚大陆大规模扩张以及在中国大陆抵抗敌人对其他地方入侵的能力。

(4) 苏联将被迫继续供应物资以支持在朝鲜的共产党军队。

(5) 将阻止共产党军队获得一个额外的用以反对日本的作战基地。

(6) 万一需要发动大规模作战行动来打击中国,朝鲜将有利于联合国-美国的地面联合作战行动,因为:

① 联合国军在海军和空军方面占据的优势,能够对数量上占优势的敌方地面部队实施有效的打击;

② 在朝鲜范围狭小的作战区,中共的消耗相对来说是很高的;

---

① 原注:万一苏联全面介入朝鲜,我们估计联合国军将不可能守住滩头阵地。

③ 桥头堡将提供一个作战基地,用以拖住大批共产党军队。它还能被用于随后在朝鲜发起的作战行动。而且,万一和中国的全面战争爆发,它也能被用于支持在远东其他地方发起的作战行动。

2. 坚守桥头堡将在军事上具有如下不利之处:

(1) 美国陆军中的精锐部队和海空军的大部分资源都将投入到该地区,因而直接削弱了美国在其他地方强化军事力量的能力。

(2) 支援美国驻朝军队,在后勤上全面支持韩国军队,同时也要对其他所有联合国驻朝军队予以重要后勤支持,这一切都将对美国的军事资源造成相当大的消耗。

(3) 驻守桥头堡的联合国军将遭受连续的消耗(以及面临着苏联一旦公开干涉时全部毁灭的危险)。

(4) 继续在朝鲜部署远东军队中的陆军,将使日本在敌人入侵时变得更加脆弱。

(5) 美国须继续帮助数百万朝鲜难民。

二、联合国桥头堡在短期内将具有如下几方面的国际政治及心理影响:

1. 将避免联合国威望的巨大损失和撤退后美国自信心的下降。

2. 坚守桥头堡将对联合国各成员国之间的团结施加诸多压力,因为这些压力都来自他们对全面战争不断增加的恐惧感。此外,坚守桥头堡将继续为共产党提供因西方和亚洲之间的矛盾而产生的宣传机会,并且,还将继续使欧洲担心美国向远东转移其重要的军事力量。

3. 桥头堡将防止中共在朝鲜获得彻底的胜利,并且将成为联合国继续决心抵抗侵略的一个象征。

4. 远东多数国家将对坚守桥头堡作出积极的反应。在日本,坚守桥头堡将特别有利于讨论对日媾和条约的谈判。不过,东南亚的那些国家毫无防御能力,无法应付中共提早发动的进攻。他们将担忧在联合国军陷入朝鲜时和中共之间发生全面战争的可能性。印度尼西亚和缅甸特别支持联合国军从朝鲜撤出。

5. 在南亚,印度将对联合国坚守桥头堡作出消极的反应,因为印度希望减少重大战争发生的可能性,同时还因为它在总体上倾向于同情亚洲人而讨厌西方人;巴基斯坦将对美国军事力量的展示作出积极反应。在近东和中东,坚守桥头堡或许在某种程度上能挽回美国在伊朗和阿拉伯国家中的军事声誉;希腊和土耳其将反对联合国的撤退,除非这种撤退本身就是进攻共产主义的更广泛计划中的一部分,或者除非他们坚信西欧或近东很快就遭受威胁。

6. 西欧越来越害怕朝鲜长期而毫无结果的战斗将导致冲突扩大到其他地方。他们的反应受这种恐惧情绪的影响。另一方面,他们的反应也受一种焦虑情绪的影响,因为他们唯恐联合国在遏制共产主义侵略的重大行动中失败。

7. 拉美的反应将是对联合国有利的。

8. 联合国在朝鲜坚守桥头堡的决定将不可能极大地改变苏联的政策。

DDRS,CK 3100421030 - CK 3100421037

邓峰译,高恒建、俞建飞校

第八集团军作战研究室关于
中国军队作战状况的评估备忘录

(1951年1月27日)

ORO - S 34

机密
进攻中的中共军队（第二部分）
(1951年1月27日)

前　　言

对 1950 年 11 月 20 日至 12 月 10 日海军陆战队第一师在古土里（Koto - ri）、下碣隅里（Hagaru - ri）、柳潭里（Yudam - ni）①地区和中共军队作战的细致研究，几乎完全证明了美国驻朝鲜第八集团军于 1951 年 1 月 5 日发表的《进攻中的中共军队》一文（ORO - S - 26）所得出的结论。该文件以 1950 年 11 月 24 日至 12 月 1 日第二步兵师在军禺里（Kunu - ri）战役中的经验为基础，评估了中共军队如何使用战术方法和武器。

在攻击海军陆战队第一师的过程中，中共军队从来就没有成功地包围我军或者把我军任何一个重要部分分隔开，或者突破我军整体防御阵线的简易外围工事。因此，它的战术原理绝不超过对局部阵地的进攻，就像在敌军进攻第二步兵师位于清川江以东的防线期间所发生的那样。在非常易变的情况下，我们几乎没有机会去观察中共军队在交火时的特征。

既然第二步兵师在军禺里周围的战斗状况和海军陆战队第一师在古土里以北的战斗状况是完全不同的，这不仅涉及农村地区的特殊性，而且亦涉及我军最初行动的方式和中共军队一开始的部署方式，那么，我们就没有理由去对这两次作战进行任何广泛的比较。下文所要处理的目标仅仅是强调中共军队的特性和能力。

武 器 和 作 用

一般说来，海军陆战队第一师遭遇的中共军队诸师似乎并不比第二步兵师大约在同一

---

① 古土里（Koto - ri）、下碣隅里（Hagaru - ri）、柳潭里（Yudam - ni）以及本文件后面提到的军禺里（Kunu - ri）和真兴里（Chinghung - ni），均为朝鲜北部长津水库周围的地名。——译注

时间接触到的那些军队有着更好的装备。重大的有形差别就是,海军陆战队第 1 师遭遇的中共军队诸师似乎严重缺乏补给,这既涉及食品,又涉及弹药。鉴于中共军队一直都从固定阵地上开火,那么,在中共军队和第二步兵师作战的过程中,值得注意的是下述一些情况:(他们的)机枪手和掷弹兵似乎从不缺少军火,以及其步枪阵地的部队受到许多搬运工的支持。不过,中共军队在长津水库区作战的情况却和上述情形相反。投入到战役中的中共军队诸师似乎很快就耗尽了他们提前储备的物资。由于再补给没有跟上,他们的战斗力在当时就不存在了。当精力充沛的诸师因弹药缺乏而撤退时,他们主动要求进入防御阵线,接着耗尽补给的师便从阵线消失了。

这种现象被正在指挥作战的奥利弗·史密斯①少将观察到,且得到团和营一级指挥官们的证实。对战俘的审讯表明中共那些军队在 11 月 13～16 日间就已跨过鸭绿江,与此同时,海军陆战队第一师率先从基地所在的港口向北推进,接着尽可能快地加紧向战区进发。(中共军队)其他所有重要的考虑,例如充足的补给安排,似乎可能都要服从于这样一种需要:使军队及时前进,以便在海军陆战队第一师的主力部队前去进攻水库区之后,拦截该师的分遣队,且切断军事补给线(MSR②)。

与这种假设一致的是,海军陆战队第一师内部的所有人都注意到,中共总是毫无选择地把军队投入到对一条阵线的进攻上。其军队的各个师都这么做,就像营和连一级部队的做法那样。他们的每一支部队都有事先分配好的任务,而且似乎坚持执行这项任务,只要其战斗凝聚力依然存在。当中共军队最终被我军从阵地上击退时,他们便显得毫无计划和目标,不能够重整旗鼓朝其他一些目标迈进。部队撤退并驻扎在乡村地区。

即便如此,但对战俘的审讯亦揭示出普通情报的高级别来。不仅仅在军官们当中,而且在一般士兵中间,普通的受讯者能正确地叫出其所在的连、团、师、军以及集团军的名字,同时还知道高级司令部的作战计划和意图。这样,正是从战俘们的口中,海军陆战队第一师才提前获悉,中共军队的计划是在其"两个团已向北转移后",再主攻军事补给线。当中共军队依然在向前推进时,海军陆战队第一师就得到了这份情报。尤其让人感到迷惑不解的是,战俘们几乎没有或根本就没有军衔意识。每一个战俘要么把他自己定位为一个"士兵",要么就定位为一个"军官"。即使是"军官",他也不能说明其具体的军衔级别。如果是中共军队的军士们,他们同样不能准确地为其自己定位。

在海军陆战队第一师作战期间,中共军队的六次进攻都受到小型炮兵部队的支援。每次他们使用的火炮不超过两至三门,且炮击亦被限制为只使用数发炮弹。总的来说,敌军的攻击力基于自动化武器,主要是口径为 30 毫米的机关枪(包括刘易斯型和哈乞克斯型)。此外,在防守时以及在敌军进攻海军陆战队第一师的防御阵地期间,冲锋枪、步枪和轻型木杆

---

① 奥利弗·史密斯(Oliver Smith),时任美国海军陆战队第一师师长。——译注
② MSR,英文全称为 Military Supply Route。——译注

手榴弹,成为中共军队的步兵使用的其他主要武器。除了徒劳地尝试用细绳将手榴弹串起来,以便它们可以被用来把饵雷放在天然路障的饰面上,同时把拉火绳引到路边的洼地之外,中共军队没有用任何新奇的或古怪的方法来使用那些武器。这种诡计通常会失败,因为在拉串绳的时间到来之前,埋伏在洼地的中国士兵就死了。有一次其失败是由于手榴弹的引线结冰上冻了。

在防守上,那些中共军队在其山顶的阵地上都修筑了能抵御大炮轰击的地下碉堡。它们的墙是用金属丝连接的许多原木筑成的,且双倍加厚,同时还用木材建造顶篷,并使两英尺厚的石块和泥土覆盖其上。除了火箭弹对碉堡予以直接打击之外,这些措施有效地抵御了空袭。中共军队把物资放在马背上运送至有利位置,而且在他们部署到整个区域之后,那些马就被撤进该区域的后方,远离军事补给线。到美国空军开始痛击该区域时,那地方几乎就看不到什么马的踪影了。

在切断古土里以北及下碣隅里以西海军陆战队第一师军事补给线的过程中,中共军队的目标是要孤立并摧毁该师。为此,他们使用了大量(天然)路障和少量的爆破器材。同时,他们还沿着我军撤退路线,在最关键的地方适当地使用了炸药。一个显著的例子就是他们炸掉了古土里以南,距1081号山头基地不远处横跨水闸门的铁桥。该桥恰恰在1 500英尺深的峡谷之上。这意味着,对于所有车辆来说,道路以南被封锁了。海军陆战队第一师预见到问题的严重性,并且准备在不耽误部队至关重要的时间的同时,在峡谷上架桥。部队在架好的踏板桥上通过。即便如此,中共军队还是老练地实现了对道路的封锁,用最少的炸药达到最大伤害的效果。假如敌军很好地安排炸药的位置,那么整条道路都充满了这种机会。军事补给线是切入大山一侧的一条狭窄小径。几个巨石原本就能毁坏之。但是,虽然中共军队控制这部分乡村地区已超过一个星期了,可他们却没有尝试使用重型爆破器材。在那里,以及北部更远的下碣隅里和柳潭里之间的地方,中共军队的手边似乎只有充足的炸药,来破坏几座小型桥梁。毕竟,使用一定量的炸药就可以把它们炸掉。

通过堆积岩石、泥土和碎石,就能够做成正常的天然路障,从而形成平均高度在2.5和3.5英尺之间抵抗力不太强的障碍物。中共军队从侧翼对道路的封锁给予一些火力上的支持——通常是一挺或两挺机关枪,也许还会有来自侧翼之外山脊线上迫击炮的火力支持。在另外一些情况中,即使侧翼之外的高地并没有被友军所攻陷,中共军队亦没有给道路封锁以积极的火力支持,因此我军步兵部队的先锋很容易就用推土机把路障推开。

不过,有一些例子表明,守在高地的中共军队以及埋伏在远处、使用小型武器的中共狙击兵开火对路障给予强有力的和持续不断的支持。接着就通过子弹射击,击毁车辆,暂时阻碍部队的推进,并且不断使道路上的人员和物资遭受损失,直到最后中共军队被优势的火力和武器压制住才罢手。

部 队 的 秩 序

在这种特点的诸事件中,最有启发性的是德莱斯戴尔特遣队[①]于 11 月 27~28 日夜从古土里到下碣隅里路上的经历。英国突击部队中的这支小规模的特遣队,由一个连的海军陆战队员和一个连的步兵组成,在接到中共军队已切断道路的首个报告后,便从古土里向北进发,去开辟一条军事补给线。当他们首先肃清山脊后,就立即乘坐卡车向古土里以北推进。因为古土里有居高临下、紧挨着军事补给线右侧的山脊线。护送补给车辆的部队应该紧紧跟随着他们,在其保护下前进。在特遣队的最前列,有一个中型坦克排在推进。另一个坦克排被指派,紧随护送补给车辆的部队后面,成为整支部队的后卫队。

接着,当这支部队陷入中共军队(估计这支敌军有不到三个营的兵力)在古土里山脊上开阔的乡村地区布置的伏击圈时,它就崩溃了。其失败的主要原因应归结于指挥装甲部队的方式。在某种程度上,它的行动及反应几乎和三天后第二步兵师在军禺里和顺川(Sunchon)之间的道路上遭遇的不幸完全相似。鉴于甲板较薄的坦克的安全很成问题,一旦它们进入火力交叉网之中,几乎完全依赖行动的快速性。当中共军队的火力开始攻击装甲部队的侧翼时,后者便失去了进攻力。道路很快就被堵住了,于是,机械化步兵部队遭受来自侧翼的强大火力的攻击。他们没有往回撤的宽阔通道。和坦克手争吵以及向他们发出请求,在很大程度上证明是没有用的。他们不在特遣队领导人的直接指挥之下,并且他们在很大程度上对其战术给跟在后面的友军造成的影响无动于衷。

在努力把特遣队从全部毁灭的状态中解救出来的过程中,步兵部队的军官们(还有空军的一名军事观测员),寻求干预装甲部队的行动,说服其不要开火,而是不断向前推进。那些跟在坦克后面最远处的士兵甚至都不明白到底发生了什么,并且没有意识到,正是装甲部队,而远非敌军,导致整支部队陷于瘫痪。德莱斯戴尔特遣队的一半人员最终冲出了这个伏击圈;其损失了 50% 的车辆。护送补给的车队则全军覆没;战斗人员要么被杀死,要么被俘。显然,各辆坦克毫发无损地逃了出来,但它们的开火使得部队其他人员陷入危险境地。

对这场伏击以及这支小股部队的失败予以评论的专职人员,同意下述看法:和装甲部队内部缺乏有效的管理相比,和它与机械化步兵部队之间缺乏沟通相比,以及和坦克手们不能理解其停止开火的战术正是为了解救跟随其后的长列部队相比,这次损失几乎就不应算作是中共军队开火的直接后果。

相对来说,这对美国装甲部队和机械化部队在道路上的联合行动是一个新问题。德莱斯戴尔特遣队和第二步兵师之间经历的相似之处,强调了它的共同来源处。我们也许应当对其给予细致的研究,因为有几个需要强调的重要教训,而且因为只要敌军的战术目标是为

---

① 德莱斯戴尔特遣队(TF Drysdale),英国皇家陆战队第四十一突击队,因其队长名字为德莱斯戴尔而得名,归美国海军陆战队第一师指挥,在二次战役中该部除小队坦克突围外,其余兵力皆被中国人民志愿军第九兵团歼灭。——译注

了攻击部队的尾翼，并封死逃跑路线，那么这个问题很可能会一再发生。相当明显的迹象就是，鉴于缺乏对该问题的明确评价，以及将确保军队中战术一致的整体行动的决断力，装甲部队的存在，其本身不能确保给予那些穿过敌军控制的乡村区狭窄道路的机械化部队以额外的保护，同时极大地增加了它的脆弱性。原本作为保护者的装甲部队，在机动性对于安全来说是必不可少的局势中，事实上成为整体行动的拖累者。

在第二步兵师的情况中，装甲部队被分散地置于长长的队列之中。和德莱斯戴尔特遣队相比，它被用来作为整支军队前后翼的掩护军。其结果同样是令人悲伤的，因为在这两种情况中，在整支军队行动之前，我们都没有明确敲定管理和沟通的方式。

中共军队的重要目标

在海军陆战队第一师的总体作战行动中，德莱斯戴尔特遣队经历的重要性使该师的各部分均感到很有压力，因为它阐明了一点：中共军队进攻海军陆战队第一师的全部目标实现了局部战术上的成功。正如中共军队在军禺里以南打击第二步兵师的作战行动中表现的那样，敌军——中国人的主要目标就是要再一次在进攻中诱使并允许我军最大限度地拉长队伍，然后封锁我军的军事补给线，同时当我军主力部队对敌军给部队尾翼不断施压作出反应时，他们对其进行总体包围和歼灭。

海军陆战队第一师通过向长津水库的推进以及向柳潭里西部的进发，在各方面使敌军的这种努力不能顺利地达到预期效果。随后，在海军陆战队第一师向真兴里（Chinghung - ni）南部撤退期间，它无论是在进攻还是在防守时，都把坚决战斗的原则奉为其自己的最主要原则。在德莱斯戴尔特遣队为了重新开辟位于古土里到下碣隅里之间的军事补给线而发动一次突然出击之后，虽然敌军已经封锁了古土里到下碣隅里之间（海军陆战队第一师的师部）以及下碣隅里与柳潭里之间的道路——第五和第七团级战斗队（RCT）[①]正在那里作战，但是海军陆战队第一师并没有再次使用小股军队，以尽力撼动中共军队对军事补给线的控制——它暂时认可了现状。这支部队在其自己的阵地上作战起来在各方面都十分的顽强，在反击中采取必要的措施，使中共军队首尾不能兼顾，而且使敌军在地面上不致获得过多的优势。事实上，海军陆战队第一师在敌军控制的乡村地区顽强地固守自己的防御要塞线。空军坚持为这些要塞提供了至关重要的物资补给，并且使该师中的伤员得以撤离战场。当然，海军陆战队第一师迅速修建了简易机场。甚至在感受到中共军队在水库区强大的实力之前，他们就已经开始从事这项工作。

正如后面将要讨论到的，海军陆战队第一师在其四个主要阵地——柳潭里、下碣隅里、

---

① RCT，全称为 Regimental Combat Team，译为团级战斗队。它以各种陆战团为基础，加强各种分队，组成陆战团级战斗队（相当于加强团），作为独立战术单位。——译注

古土里、真兴里——强化部队内部的组织和团结。其他最重要的是,为了更牢固地守住自己的阵地,他们有时会故意发誓要夺取最靠近敌军的某些更高的山头。这种选择使得表面利益受损,但绝不会付出任何过分的代价。中共军队继续使其自己陷入和这条防御要塞线的对垒之中。在所有这四个战斗区,随着昼夜的流逝,他们的进攻,最初非常猛烈,逐渐减少了猛烈的势头,直到最后敌军完全停止。尽管他们继续在乡村地区占有数量上的优势,而且在白天挤满了山脊,但是他们扮演的角色十分被动,并没有重新发动有组织的进攻。

也许最令人吃惊的坚决防守的例子是由海军陆战队第七团福克斯(Fox)连所提供的。他们对中共军队强大进攻的抵御产生了效果。在五昼夜的时间内,他们孤单地坚持防守阵地,控制下碣隅里的师部军队和柳潭里的第七和第五团级战斗队之间的关隘。在此期间,该连完全被中共军队大约两个营的优势兵力所包围。在第一夜,阵地被围攻,且有一点被击破。不过,在第二天上午到来之前,阵地被夺回,中共军队被赶走。在第二夜,敌军以大约相同的兵力沿着同一路线发动攻击,但是再一次被击退。在第三夜,中共军队无疑来的少些了,但那时福克斯连已遭受了重大损失。然后出现了短暂的间歇期;虽然在接下来的两天期间,大批中共军队依然在探寻进攻的路径,但是他们没有发动进一步的攻击。在第五天上午,第七团的一个营进入遭封锁的乡村地区来解救福克斯连。他们在距中共军队的阵地不到1 000码的地方,临时遭遇强大火力的阻击。正是由于福克斯连的士气,在其成功地防守阵地长达五天后,它通过无线电之间的联络,把一支巡逻队送出包围圈,并把救援营带入阵地。

这次事件并不是罕见的例子;它代表着一种激活海军陆战队第一师整体作战行动的精神气概。指挥这支部队作战的史密斯将军说:"我们时刻感到我们占有优势,而且我们在敌人选择战斗的地方对其予以打击。"对海军陆战队第一师作战主区域的诸排、连行动的细致研究、对战斗前线的士兵们所看到的进行细致的研究,以及对中共军队的损失和反应的细致研究,都支持了史密斯将军的评论。他们基于看到的和感受到的,认为,在每一个战场上,他们都是胜利者。他们自信,主要凭借自己的战斗力,才获得了这样的结果。他们愤怒的是,他们所做的在过去被那些媒体报道打了折扣。那些报道通过推断说,海军陆战队第一师在敌军控制的乡村地区过分拉长队伍,只得依靠海军陆战队其他部队的介入才得以摆脱困境。

我们完全可以补充一点的是,据记载,海军陆战队第一师充分自信,自己的情况和实力足以抗击中共军队可能进一步施压于它的压力。当时,正从柳潭里向西撤退的第五和第七团级战斗队,接近了位于长津水库南端的下碣隅里。在那儿,他们建立了师部和防守阵地。此后,摆在其面前的一个问题是,如何最好地保护军队,且从军事补给线侧翼的山头把中共军队向南驱赶,同时使人员和车辆遭受最低限度的损失。

中共军队中的损失和隐蔽处

除了那些已被打垮或者被消灭的敌方军队外,在力图通过直接攻击来摧毁海军陆战第一师位于柳潭里（两个团级战斗队的阵地）、下碣隅里（一个加强营阵地），以及古土里（一个加强营阵地）防守阵地的过程中，中共军队在 11 月 27 日至 12 月 2 日期间的努力方向是，部署其他一些战术策略，调动部队切断在战役中连接这些焦点阵地的诸条通道。这些中共军队虽然在我军防御基地的步兵武器射程之外，但照样受到不少干扰。从真兴里到古土里是 12 英里，从古土里到下碣隅里是 9 英里，从下碣隅里到柳潭里是 13 英里。这样，在空军和道路巡逻兵观测下的敌方目标，通常处于海军陆战队第一师位于四个防守基地中的一个或两个基地大炮的射程之内。在绝大多数情况下，天气有利于我们实施空中打击。

在战役之初，海军陆战队第一师的情报参谋官，以来源于民间情报的报告为基础，坚信中共军队正大规模地在乡村地区活动，并且这些部队正藏匿于当地的村庄中，同时隐藏在古土里和柳潭里地区常见的坑道之中。这些看法被汇报给空军；大家认为，敌军在白天的消失可以用这种方式加以解释，而不是因为他们沿着高地挖掘大量的土，使自己隐藏起来。一开始，空军不怎么相信这种理论，因为白天的侦查没有表明，有任何士兵在村庄活动，但是来源于民间情报的报告坚持其看法，同时，北朝鲜的居民恳求司令部进攻诸村庄，以便摧毁中国侵略者。

在军事补给线被切断后，空军开始对邻近道路的各个村庄以及位于乡村后方的诸村庄进行大规模地轰炸。结果完全证实当地居民最初报告的情况。当炸弹砸在茅草屋顶的临时营房上时，中国人从各个屋子里急速地冲了出来。他们是如此地执著于这种隐蔽方式，以至于空军观察员们注意到，在炸弹投掷结束后，且在飞机离开附近地区之前，幸存的中国人又都重新进入半废墟的建筑物中。他们的人数是如此的集中，以至于据估计，一个营的兵力可能藏匿于 20 个左右的临时营房中。攻入乡村地区后方的海军陆战队巡逻兵，同样证实了这种发现。他们看到，小股部队先于在村庄避难的主力部队，在执行任务时沿着山顶活动。空中攻击被认为有效地封死了一个坑道。据说，它掩蔽了中共军队一个团的大部分兵力。目击者——参与进攻的巡逻兵、各连士兵以及先被俘后被释放的美国士兵的描述，提供了大量证据表明：在这次战役期间，中共军队在乡村地区系统地利用正常的人造掩体。

利用村庄作为白天的掩体是否是这种行动所特有的，以及这么做是否由零度以下气温对行军多数时候没有毯子或厚外套，且穿着球鞋的任何军队的影响所极大地引发的，是值得密切关注的一个方面。

当然，在漫长的一周期间，中共军队的阻击军在海军陆战队第一师的军事补给线上临时扎营，并且当其向南进攻时，徒劳地希望困住该师，因此，仅仅由寒冷给中共军队造成的损失的确是极度严重的。这些敌军中的数百名士兵投降，是因为他们已丧失继续参加战斗的能力；在天气的蹂躏下，猎人们反而成为猎物。我们发现敌方的许多士兵在没有被子弹或弹片击中的情况下就死了，是严寒冰冻的牺牲者。一些投降的士兵的四肢都被冻僵了。还有士兵报告说，他们在一周的大部分时间里没有食品。通过挖掘散兵坑，他们维持着生命。这些散兵坑几乎不够宽敞到足以容纳一个人。每个人只能在里面紧抱其身体，接着就像动物一样，使其自己蜷缩在坑里，在身体把温暖分给冻僵的地面的同时，力图保留这些暖意。

这些战士中的许多人不再能够拉动步枪枪栓或扣动扳机。不过,绝大多数士兵依然保持足够的身体活动力,坚持执行主要的作战任务,直到被海军陆战队第一师的各个营所摧毁。这些营逐个山头地清除敌军,从而使得机械化部队能够顺利地从大山隘口通过,向前推进。凭借积极地开火和突进,海军陆战队第一师在军事补给线两侧的宽阔区域内,消灭了中共军队的这些士兵。在这次攻击期间,该师距离南部稍远一些的几个防御要塞成了打扫簸箕的扫帚,而且他们的部分驻军在主力部队向南前进的同时,向北发动攻击,因此使数量更多的中共军队陷入一条狭长通道中。而该通道原本是中共军队企图用来打击美国军队的陷阱。这次行动似乎缓慢的进展,被外部世界戴着忧虑——如果不是惊慌不安的话——去观察,缘于乡村地区的自然困难以及海军陆战队第 1 师在发动进攻之前曾煞费苦心且小心翼翼地重新组织它的资源。

在整个战役期间,气温在摄氏零上 20 度和零下 20 度之间变动。此外,还有一场暴风雪,下的雪大约有 6 英寸那么厚,在一些地方的积雪甚至达到 5～6 英尺深。

系统地使用掩体

尽管由我方人员强加给大自然对那些在开阔乡村地区坚守阵地的敌军的这些情况是不可改变的,但是这并不意味着中共军队的主力部队在相类似的附近地区,利用村庄作为掩体在时间和地点上是权宜之计。

相反,缺乏任何合理的选择,支持了这样一种假设:系统地利用村庄作为掩体是中共军队的标准做法,并且他们必须在当地数量众多的临时营房中避难,而这一点对任何一位西方军人来说都是难以置信的。他们在白天用这种方式集结其野战军,利用靠近他们前进中心和攻击主目标的村庄作为掩体,为了要表明下述理由:除了在山洞或繁茂的森林区之外,没有其他地方可以用来藏匿。无论多么熟练地进行伪装训练,整支军队还是不能使其自己隐藏在人造工事里面,也不能逃避空中侦察机凭借正常手段从事的侦测。他们还不能沿着山脊线和在山顶中安顿下来,同时他们不能在使得其获得打击机动性更强的对手的有效集结间歇期内,重新做好安排。这些事情非人力所及。这样,中共军队在朝鲜的作战行动中,便充分表明没有超人的能力。因此,使这些军队完全不能利用村庄作为掩体,是瓦解和阻挠其作战行动的至关重要的一步。只要使他们离开开阔的乡村地区,无论在什么季节,他们都将失去有效的机动性。

前 进 的 路 线

真兴里上面的大山-高原区是针叶林区和稀疏的冷杉植物带。除了在近几年重新造了大片树林之外，北部和西部的山脊上，山杨和灌木丛是最厚的植物。中共军队通常利用这种天然覆盖物，沿着植物覆盖的路线发动进攻。当中共军队的战术部队在任何一段时间隐藏在这些树林区时，他们有时砍掉部分树，且把树的上部折弯，以便使自己有更大的藏匿处。

在打击海军陆战队第一师的作战行动中，就像打击第二步兵师那样，敌军总体上沿着水流的天然路线、同一方向的小径和道路向前推进，逐渐进入美国的军事补给线。他们并没有采取鬼鬼祟祟的方式，而是挺直腰板前来，有时行走，有时慢跑。在反复进攻同一阵地的过程中，他们最初的推进路线遭受打击，而且他们对火力的运用几乎没有或根本就没有变化。要么由于极其缺乏物资，要么只是缺乏战斗素养，当他们扩大进攻，有可能获得局部胜利时，他们有时却停止强夺敌方的阵地。

在防守时，他们的主要战术就是依赖于从山脊居高临下地发挥自动步枪的威力；他们的小股部队在山脚下作战，并且，当美国阵地受到来自高处火力的打击时，仅有为数极少的勇敢士兵力图在小型武器或手榴弹能够发挥有效作用的范围内，向前突击。

在进攻时，他们很少从山脊上下来，而是围绕着山上的营地行动，在坑道里穿行。除非双方为了获得对高地的支配权而在一场短兵相接的战斗中陷入僵持状态，否则这种模式几乎就是一成不变的。

正如第二步兵师在军禺里附近作战的情况那样，在这种战斗中同样引人注目的是，中共军队特别喜欢选择在夜间进攻。当他们在进攻中受阻或无法继续攻击时，他们会在黎明到来前成功地撤走。他们在夜间进攻的战术和本文件第一部分所描述的状况差不多，因为他们不能扩大进攻的范围，海军陆战队第一师构成环形防线的军队在局部阵地上对他们给以持续不断地打击。他们的攻击几乎一成不变地寻求在重机枪火力的掩护下实现局部的突破。在随后力图打开进攻缺口的过程中，手榴弹和冲锋枪成为主要的武器。在至少六种情况下，这些攻击获得了初步的和部分的成功。敌人这样做力图继续强化攻击，而事实证明收效甚微。要么他们的攻击在遭遇到重武器支持下的海军陆战队第一师的强大火力而减弱，致使进一步扩大战果的举措受挫，要么我们发动反攻的步兵部队重新夺回阵地，并且击退中共军队。

对这些战斗的详细研究表明，在五种情况下，敌人的战斗人员或者被刺刀刺死，或者被刺刀捅伤。海军陆战队第一师保留了他们的刺刀。在守御环形防线时，他们通常上好刺刀。不管怎样，一名海军陆战队士兵杀死了三个敌人。在击退这些进攻的过程中，防守士兵们几乎没有使用手雷。这主要因为，由于寒冷的缘故，撞针被冻住了。此外，当士兵们花掉一段时间拔掉手套并摸出手雷时，他们的手便冻伤了。

中共军队的态度

在整个战役期间，敌人对美国伤员的态度让人不可思议。在多数情况下，其态度甚至是自相矛盾的。例如,在美国伤员越过长津水库冰冻的表面,由东岸撤向下碣隅里的阵地期间,中共军队的步兵就站在距离救援队100英尺左右的堤岸上。但是,整整两天,当伤员们在堤岸下面步行或缓慢费力地前进、越过冰面寻求救助时,中共军队的步兵没有向他们射出一发子弹。为美军服务的北朝鲜当地人可以前往水库东岸的临时营房。那里面的美国伤员和中共军队都处于同一个军营。虽然后者没有想办法为这些受伤人员提供食物或为他们提供一些服务,但是如果伤员们自己去取食品和饮水,中共军队也不予以干涉。当地人还为这些伤员传递便条,告诉他们,为了获得救助,他们应采取的措施。中共军队将所有这些活动全都看在眼里,可是并没有妨碍当地人的行动。当美国伤员按照指示离开掩体时,中共军队亦没有试图阻拦他们。

另一方面,在许多情况下,当他们攻击正在路上行进的士兵纵队时,他们使其火力集中于带有红十字标记的救护车,以至于相对而言,紧跟着这些车辆前进的承担护送任务的其他车辆可以毫发无损地逃走。

美国环形防线的组织

除了第七团福克斯连的情况特殊以外,海军陆战队第一师环形防线是以营作为最小单位建立起来的。在柳潭里,第七和第五团级战斗队组成联合部队,共同构筑一个大规模的环形防线,以保护他们的炮兵部队、其他所有重武器和人员。这种防御的一个极其独特的方面就是,虽然它十分复杂,而且面临着敌人不断施加的压力,但是,一切命令都由这两个团级指挥官和他们的作战部长发出,同时意见和评判的一致性,以及缺少任何摩擦都和这种指挥机制紧密联系在一起。在军事补给线上其他至关重要的地带,每个营的防御都类似于一个结实强壮的"豪猪",保护着炮兵部队和临时机场。此外,这种防御能组织人员进行360度全方位的作战。通常炮兵部队在面对敌人进攻时,能够立即开炮,打击最可能沿着坑道向前推进的敌人。战斗巡逻队和连队在进攻中从这些防守基地向外出动,但仅限于在防御炮火覆盖的有效范围内进行军事上的调动。此外,小分队离开环形防线外出的作战半径绝对被限制在他们能和主力部队进行有效的无线电联络的范围之内。

在这些防御阵地中,优势火力必须要有利于为防守人员提供全方位最大化的互援支持。海军陆战队第一师构筑其防线,就是为了确保在短距离内阻止中共军队的前进,并保持自己阵地的完整性,同时舍弃那些有助于长距离有效射杀敌人的阵地。

这些环形防线没有拉得过长。相反,各个阵地都被收缩到可以允许组织机动灵活的局部后备队参与防御。在战役的初始阶段,鉴于数量不足的防守军队、地形的自然特性以及保护大型临时机场的需要,位于下碣隅里的阵地对于这个总规则来说,也许是一个例外。不过,在由中共军队进攻引起的紧急情况期间,后勤和管理人员被用于填补战线上出现的缺口,而且还用来充当局部后备队。

尽管地面状况使得士兵只能使用铲子之类的挖掘工具,但是,所有阵地上的战壕都挖掘得很好。各营指挥官亲自检查散兵坑的挖掘情况。值得特别注意的是,由于时间的不足,在防守军队尚未完成其基本工事的状况下,中共军队利用有限的几个时机,成功地侵入这些工事不完整的防御阵地。

Chinese Communist Forces(CCF) in the Attack - Part II, Documents on the Korean War, http://www.mtholyoke.edu/acad/intrel/korea/korea.htm

邓峰译,高恒建、俞建飞校

参谋长联席会议关于中国大陆与台湾军事状况致国防部长备忘录

（1951 年 3 月 16 日）

绝　密

与共产党中国、朝鲜以及反共的中国人有关的行动措施

（1951 年 3 月 16 日）

一、共产党中国（1951 年 1 月 1 日）

1. 到 1950 年 10 月 1 日,共产党控制地区的人口总数为 4.525 亿。其中男性(15～49 岁)人口总数为 1.27 亿。我们尚未查明他们的健康状况到底如何。

2. 预算：没有获得任何数据。

3. 军工业：中共现在具有生产大批军火的工业能力。估计每月的产出是：28 门大炮(口径 75 毫米),12 门无后坐力火炮(口径 7 毫米);850 门迫击炮;1.5 万支步枪;26 万发迫击炮弹;15 万颗手榴弹;3 000 万发子弹。

4. 军事实力和组织

陆军：

野战军——209.4 万人：75 个军,220 个师,包括各兵种部队,估计其真实实力为 210 个步兵师,每师 6 500～9 000 人;3 个炮兵师,每师 1.5 万～1.6 万人;3 个装甲师,每师 0.5 万～0.75 万人;4 个高度机动的步兵师,每师 4 000 人。军区部队 93.5 万人,尚未查明其战术组织。

海军——1.2 万人,配备 1 艘轻型巡洋舰和 11 艘武装船。据悉苏联已把 6～10 艘潜艇移交给中共海军。

空军——1.25 万人,约 650 架飞机,其中 200 架处于苏联控制之下。苏联还能够很容易地从其停在旅顺-大连地区的飞机群中拨出 400～500 架飞机交给中共。

5. 陆军部署：野战部队驻朝鲜,30 万人;驻满洲,45 万人;驻华北,16 万人;驻华东,34.5 万人;中南及华南,30 万人;西南,39.4 万人;西北,14.5 万人。

6. 受过训练的后备部队

各地组织的"民兵"总数为 550 万人。这些人就是后备部队。他们受过比较差的训练。只有一部分人是武装"民兵"。

7. 武器与装备状况：军队拥有的大炮由日本式、中国式和美国式所构成,另有为数有限的苏联高射炮。迫击炮有日、中、美三种样式。虽然我们得知中共有一些美式坦克,但显然

其坦克数量极为有限，且大部分都是日本制造的。他们的机动车辆主要是苏联和美国制造的。

8. 动员能力（地面部队）

仅根据人力来计算（实际上，其局限性不在人力，而在装备）。

一天动员数：354.4 万人；30 天动员数：400 万人；180 天动员数：500 万人。

9. 能力：中共陆军有能力最终击败剩余的国民党军队并维持内部安全。它能够成功地抵挡除苏联外任何亚洲国家的进攻。它还有能力发动进攻，打击任何非苏联的边缘国家或数个国家结成的联合体。假若美国不进行干预，那么中共空军就有能力赢得对中国国民党空军的空中优势，不仅发动打击福摩萨的空中进攻，而且支持针对同一目标的空中和两栖作战行动。海军有能力执行一些护航和侦察任务。这些能力都要依赖于中国军队在苏联援助和建议下取得进步的程度，还要依赖于成功地镇压游击队的活动，以及成功地加强领土安全。不过，中共不能相当有把握地敲定这中间的任何一件事。总之，目前的趋势似乎将使中共的军事实力得到增加。

10. 战斗力

（1）陆军

① 实力。总的来说，所有 4 个野战军都有良好的纪律、杰出的领导层、高昂的士气、良好的训练以及大量可调用的受过训练的后备部队。第四野战军的战斗力最强，给人的印象最为深刻。接下来就是第三野战军，在朝鲜作战的中国军队几乎完全由这两个军团的部队所构成。

② 弱点。目前 4 个野战军都在不同程度上具有以下一些弱点：缺少标准化的装备；在没有从中国外部获得大批补给的情况下，现有装备不足以支持长期的作战行动；过时的运输设施；缺少现代化战争的经验。

（2）海军。海军没有现代化的船只；缺少支持海军行动的各类设施；船只执行任务的效率低下。

（3）空军。在苏联培训和技术援助下的空军正不断取得进步，不过，这些都远远低于美国的标准。目前尚无证据证明中共正在朝鲜驾驶喷气式飞机这一事实。除非苏联的培训方法比美国的方法更有效，否则中国飞行员将不可能显露出高素质的空中领导能力。

二、国民党中国（1951 年 1 月 1 日）

1. 人口：到 1950 年 10 月 1 日，国民党控制地区的人口总数为 750 万人。其中男性（15～29 岁）人口总数为 225 万人。其健康状况未知。

2. 预算：据悉到 1951 年 12 月 31 日财政年结束时，尚未得到证实的预算总数最大为 4.8 亿美元。估计军事预算为 1.9 亿美元或占上述总数的 39.5%（按照官方兑换率：1 台币等于 20 美分。更符合现实的兑换率是 1 台币等于 8 美分）。

3. 军工业：在福摩萨，国民党仅控制了一小部分以前稍具规模的军工业。从大陆迁移到此的设施包括位于高雄的第 26 号兵工厂以及第 39 号和第 60 号联合兵工厂，还有位于台北附近的第 44 号和第 61 号兵工厂。其产品仅限于一些小型武器和弹药,不能满足军队所需。一部分生产设备用于对日式武器的改造。

4. 军事实力和组织

陆军 42.8 万人 13 个军;40 个步兵师(每个师 1.03 万人,实际上在 6 500～10 000 人之间,另有一个师人数达 1.5 万);4 个装甲团(每团相当于一个旅,4 982 人,实际为 5 000 人);5 个独立兵团和 3 个炮兵团。

海军 4.23 万人,1 艘海岸驱逐舰,10 艘护航驱逐舰,(6)艘驱逐舰,2 艘巡逻护航舰,(5)艘小型护卫舰,11(3)艘扫雷艇,2 艘布雷艇,5(3)艘炮艇。括号中的数字是目前还不能使用的船只数。两栖作战艇包括 10 艘 LST 型,1 艘轻型备用修理艇,8 艘 LSM 型,6 艘大型 LSI 型舰艇。

空军 5.74 万人,飞机总数为 845 架;战术部队有飞机 433 架;主力部队有 7 架轻型轰炸机,13 架战斗机,1 架侦察机和 8 个运输中队。

总计:52.77 万人;或约占人口总数的 7%。

5. 陆军部署:大批作战部队都驻扎于福摩萨;在马祖岛、佩斯卡多尔列岛①和金门岛上只驻留为数极少的军队。大多数勤务部队也都在福摩萨。

6. 受过训练的后备部队:不存在有效的后备部队。

7. 武器和装备状况:武器种类五花八门,且保养得极差,不能满足最低需求。例如,在 105 毫米榴弹炮中,有 35 门日式,6 门美式,4 门德式;在轻型坦克中,有 360 辆是美式,109 辆是日式、俄式等等。步兵师没有系统的炮兵部队,自动化武器也不足,平均每 2.5 个人约有 10 个单独的武器,特别是反坦克武器。不过,上述现象在目前的军事援助计划下将会得到逐步改善。

8. 动员能力(地面部队)

在目前的状况下,超越现有武装部队数量的任何重要动员都将使国民党政府背负沉重的负担。毕竟,其能力有限。

9. 能力:中国国民党地面部队不能抵挡中共军队决心努力发动的长期进攻。他们可以在稍后讨论的条件下针对大陆执行一些有限的作战任务。其空军能够攻击运输设备、工业设施以及中共帆船的航运和帆船队。它还能够在一定期限内有效地抵挡中共的空中进攻或两栖攻击。目前其海军的能力最差,根本不足以保卫福摩萨,甚至动用一切舰船亦如此。而且,受过训练人员的短缺限制了它吸收其他船只的能力。其海军最多能对沿海岸的设施实行打了就跑的炮轰战术,骚扰共产党的海岸交通,并支持不超过 1.5 万人部队的两栖作战行动。

10. 战斗力

实力——国民党占领了一个可防守的阵地。只能通过水路和空中才能接近它。此外,

---

① 即澎湖列岛。——译注

国民党拥有一些战斗力较弱的武装部队。

弱点——糟糕的指挥结构；业务部门间缺乏协调；缺少一些型号的弹药、武器和装备；士气低落；缺少后备部队。

三、在1950年6月27日，美国总统发表下面两段公开声明：

毫无疑问，对朝鲜的进攻显然表明共产党不仅动用颠覆手段对付独立国家，而且要征服它们，并且现在就在进行武装侵略和战争。这违反了联合国安理会制订的维持国际和平与安全的规则。在这种情况下，共产党军队对福摩萨的占领，将直接威胁到太平洋地区的安全，同时也直接威胁到在该地区发挥法定且必不可少作用的美国军队的安全。

因此，我已命令第七舰队防止福摩萨遭受任何攻击。作为此项举措的一个必然结果，我呼吁福摩萨的中国政府停止针对大陆的一切海空行动。第七舰队将保证这件事情能办好。对福摩萨未来地位的决定必须等到太平洋地区安全的复归、对日本的和平处置或者由联合国来考虑。

四、国民党中国在法律上仍然被承认是来自中国地区的联合国成员国。

五、尽管目前美国派往国民党中国的军事顾问人员已全部撤走，但是国民党中国和美国间涉及过去联合国顾问团及其相关条款的协议依然生效。在1951年3月7日，参谋长联席会议建议立即授权美国联合国军顾问团前往福摩萨。

六、虽然共产党中国在食品和燃油方面基本上能实现自给自足，但其超过97%的石油需求和对经济至关重要的绝大部分其他物资都依赖于海上进口。中国地域范围很广，内部交通线不足，通往外部世界的陆上出口很少。当中国的煤和食品只能在某些特定的地区生产时，其产品的分配便依赖内陆水路、近海航运和有限的铁路网。因此，一旦这些运输方式受到破坏，则整个分配体系将会垮掉，且大部分地区将不能获得许多生活必需品。

七、当前美国海军两栖运兵能力。

麦克阿瑟将军能使美国海军通过两栖方式运送0.4个负重陆军师。目前在太平洋还能再运送另外0.3个师。这样，在大约两个月内就能运送一个师的兵力。不过，海军尚具有其他相当大的运送能力，特别是短途运送能力，例如：从日本到朝鲜，从福摩萨到中国，海军通过利用目前在日本剩下的二战时的舰船以及各式货船、近海船只和其他船只，按照东方标准增加运送量，进而运送大批兵员。估计在两个月内，海军有能力通过两栖方式运送10万名国民党士兵。

八、我们认为苏联做出和美国（联合国）进行公开战斗的决定，将以何时才是合适时机的概念为依据。当然，美国撤销当前对国民党中国的限制要么促使要么推迟苏联观念的形成。但是就该观念本身而言，它也许不会迅速出现。

九、亚洲人民对任何反华行动可能出现的结果所做的判断将对他们造成极大的影响。他们不愿就其立场做出明确的表态。尤其是不愿和一个预计会成为失败者的国家结为盟友。针对中共政权成功的公开行动将激起在亚洲大多数共产党国家对福摩萨有利的反应，即便预料从它们那儿几乎得不到什么物资上的援助。目前在印度支那、马来亚、暹罗、缅甸、福摩萨，包括巴基斯坦、香港、印度尼西亚、日本及菲律宾都存在着非共产党政府。在努力反对共产主义的过程中，反对共产党中国的强有力举措将鼓舞这些政府和其人民中间的反共分子。中国大陆的反共分子和游击队也将受到鼓舞和鞭策，进而采取果断而自信的行动。不过，尽管印度是非共产党国家，但是预计它会谴责反对中共政权的任何公开行动。承认中共政府的尼赫鲁反对任何扩大冲突的举措。特别是他将谴责美国对中国国民党的援助和支持，因为他反对"白人"参与亚洲事务。

十、我们掌握的证据表明，绝大多数中国人民对中共政权彻底失望。估计约 70 万人正从事积极的抵抗活动，其范围从地方盗匪行径到有组织的游击战。

十一、尽管作为两害相权取其轻的结果，共产党在以前受到许多中国人的欢迎，但是那些中国人在拥护对象上发生另一次转变也不是不可能的。例如：土地改革带给农民的实际利益要远远小于共产党宣传路线所展示的好处。当农民在没有大量好处的情况下获得土地并耕种时，以没收大部分农产品的形式出现的赋税又使他们遭遇和以前几乎相同的结果。

十二、国民党军队已经历了大量而长期的训练，但由于不恰当的领导和糟糕的生活状况，他们的士气一直很低落。当他们获知美国完全承诺训练并武装他们时，其士气将有所提高。如果美国为能力较强的领导层提供现代化的装备和后勤支持，那么他们将极有可能和中共军队一样富有效率。从军事的角度看，在和共产党中国的任何战争中都动用中国国民党军队，这将是最好不过的了。他们成为可直接获得而用于中国大陆的唯一地面部队。接纳并利用他们将燃起中国大陆数百万非共产主义的中国人和全亚洲非共产党同情者的希望。这还有助于推动共产党中国内部游击队活动及阴谋破坏行动的进展。与此同时，国民党在中国海岸登陆所造成的威胁将防止中共军队进一步从华南撤出，转向满洲和朝鲜。此外，这种趋势结合游击队可能在广西和云南采取的大规模行动，将大大减少中共对香港和澳门的压力，并减少中共对越盟的支持。

十三、中国国民党在中国沿海中部地区有出色的情报系统，其情报的准确性常常得到证实。不过，他们在其他地方获得情报的手段极为有限。因此，我们认为，凭借美国海军和空军情报人员提供的更多情报，共产党将不可能发动突然袭击抓获国民党在大陆登陆部队。

十四、根据中国国民党军事指挥的昔日经验和现今状况，我们认为一旦美国保证进一步提供后勤支持，则美国军事联合顾问团必须强制执行以下事项：不许滥用供应的物资；必须严格发给部队给养和薪水；必须适当地保养和正确使用武器装备。该部门应将代表下派至营一级单位，也许马上就需要约 2 000 名官员和工作人员来完全贯彻这些意图。此外，顾问团团长应利用我们援助的数量作为确保国民党接受作战建设的一种手段。

十五、中国大陆适合于国民党发动进攻并采取作战行动的地区极少，几乎很难选定非常重要的目标。直接和福摩萨相对的福建省，荒凉、多山，属于亚热带气候。和中国其他地方相比，该省人口很分散。人们大都居住在沿海一带，那儿的捕鱼业是主要产业。内陆则盗匪出没。谁给他们报酬,他们就站在谁的一边参加战斗。该地区适合于游击队建立作战基地。他们可以从这一基地出发,保持通向北部、西部和东部其他游击队的地下控制和供应线。

十六、福建向南有英国十分敏感的皇冠殖民地——香港,其贸易和交通,使国民党在广东地区的任何公开行动一开始就可以招来麻烦。

十七、福建向北是位于扬子江口的上海。从该城市向南约100英里,沿海岸都有很好的海滩。它们受大量近海岛屿的保护。就在上海南面有中国最大的一个空军基地。此外,该地区内陆,在扬子江和黄河之间是中国的稻米产区。这样,该地区适合于大规模的空降战。进而构筑据点,或者或者适合于突击队员发动突袭。

十八、我们认为国民党针对大陆南部的广东和北部的上海发动两栖作战行动都是行不通的,因为存在后勤问题和全军覆没的危险。

十九、考虑到前面所述,我们认为中国国民党军队在反对大陆的作战行动中,其军事战斗力将处于以下五种不同的情况之中。在这一点上,苏联介入的因素已被排除。如果随时发生苏联公开介入的情况,那么我们应立即把远东的整个行动方针改变成为一种战略防御,因为存在事实上的或即将发生的全面战争。在这种情况下,动用中国大陆的中国国民党军队将依赖苏联直接介入中国的程度,以及我们自己要么用作战物资要么用一些不重要的军队予以援助的能力。苏联也许只派出海空军部队秘密介入。这将因此而削弱国民党公开的战斗力,但不会严重损害国民党的潜在能力。

1. 第一种情况。不用第7舰队保护福摩萨,并且国民党可以在大陆展开作战行动;继续目前军事援助计划,但不给国民党额外的后勤支持。在这种情况下,几乎需要所有的国民党军队都来保卫福摩萨,而且只能尝试利用海军和空军发动一些小规模的骚扰性袭击。地面部队的突袭将主要遭受士兵叛逃的风险。无论如何,福摩萨很可能在一年之内失陷。

2. 第二种情况。第7舰队继续保护福摩萨,但国民党可以在大陆展开作战行动;继续目前的军事援助计划,但不给国民党额外的后勤支持。在这种情况下,国民党能够从保卫福摩萨的兵力中抽出约15万人的军队,但是其运输和再补给的能力也许将把大陆作战行动限制在福建省的一个或两个小型游击队基地中,同时使大规模的突袭缩小为每次不超过1万人的行动。这些突袭能够在陆上维持一至三个星期,取决于中共如今大批地面部队摧毁桥头堡所需的时间。主要的军事后果将是迫使共产党驻扎在防守薄弱的沿海地区驻扎额外军队,也许需要20万人。

3. 第三种情况。和上面的第二种情况相同,但是美国把游击队的额外补给和奖金提供给国民党。在这种情况下,国民党将能够创造出其他能力来。他们在后勤支持下,也许能够加快进攻节奏,提高战斗力并拓宽游击队活动的区域。除了领导能力、组织和奖金,他们也许还能提高凝聚力和控制力,在某种程度上扩大游击队伍。主要的军事后果将是在浙江省、福建省、广西省和广东省东部存在活跃的游击战。可能出现的附加后果是:破坏近海的帆船航运;骚扰大陆的捕鱼船队;摧毁共产党在该地区设计用于支持进攻福摩萨的军需库;扰乱福州、厦门、汕头(Swatow)以及该地区主要经济中心的经济。

4. 第四种情况。和上面的第三种情况相同,但是美国提供额外的后勤支持,包括军队每日的口粮、额外薪金、个人装备以及给予游击队的更多补给和奖金。此外,正如上面第十四段所提到的,军事联合顾问团全面进驻营一级单位,强制贯彻美国的意图。在第三种情况中,除了上面提到的能力外,国民党还能在福建省保持 7 个大规模游击队基地。在两栖作战行动的配合下,他们也许能通过利用目前驻留在广西省的游击队,夺回并控制该地区的空中走廊,接着就能打开前往云南省的空中通道。该地区就能培养出广泛的游击活动。毕竟它一直是中央政府很难控制的地方,由于靠近印度支那边境的地区而显得很重要,且包含位于昆明的中国的一个最大机场。通过游击队和国民党的联合作战行动,后者能够破坏铁路运输和沿海航运。既然中国的铁路干线经常被人切断,既然许多地区的食品和其他必需品的分配基本上依赖铁路交通,那么这种行动将需要中共额外动用数千名士兵负责全中国的安全。国民党还能使 1 万~1.5 万名士兵登陆,并在陆上坚持一至八个星期,或者可能无限期地组成小型流动作战部队。这都依赖于中共召集军队驱赶他们的能力,并且还将在很大程度上受他们在陆上收到多少援助的影响。不过,在我们认为国民党有驻留陆上且扩大其桥头堡的良机之前,我们不能期望共产党军队或者甚至是平民将发生任何大规模的叛逃事件。除非苏联撤销对共产党中国的支持,否则,除了在下面提到的第五种情况外,刚才所说的叛逃现象在相当长的时期内将不可能发生。

5. 第五种情况。除了由美国空军和海军对登陆作战行动给予积极支持外,与第四种情况相同。

在这种情况下,不仅游击队活动的范围将得到大幅度的扩展,而且由美国武装部队提供的公开支援将表明国民党的桥头堡将得到支持、保留和扩大。我们可以期待在反对报复争取适当安全的思想支配下,共产党军队和平民中将出现大批叛逃的现象。大规模登陆(在不危及福摩萨安全的情况下,最初投入 15 万军队)成功的程度以及登陆后最终如何攫取大陆资源以维持生存,这些都是处于猜测阶段的问题。不过,最后彻底搞垮共产党中国政府的机会肯定是存在的。无论如何,相对于我们为这种事业付出的直接努力和热情来说,中共军队的战斗力将会受到削弱(相应地,其对邻近地区的威胁也会减少)。

二十、在第一、第二和第三种情况下,我们几乎能立即采取积极的行动。不过,在第四和第五种情况下执行重大作战任务之前,我们将需要准备三至六个月时间。

二十一、只有在美国的直接援助和指挥下,驻福摩萨的中国军队在进攻中国大陆时才能发挥其军事战斗力。简言之,如果美国不给予直接的军事支持,那么在这个时候中国国民党没有能力继续进行公开的活动。甚至即便是美国给予海空支持(上面第五种情况下),我们也怀疑国民党能否在大陆的军事作战行动中取得最后的胜利。接下来,美国应按照稍微严格一些的标准,启用军事直接援助项目来装备中国国民党军队,并且为了最终能在大陆使用他们而对其予以训练,与此同时,如果在将来似乎行得通的话,那么,游击队与国民党的联合行动或其自己单独行动,都应当是动用中国国民党军队而采取的大规模公开行动的预演。

　　二十二、国家安全委员会第 101/1 号文件第 9 段中提出的行动方针对我们在远东的地位几乎没有什么直接的影响。不过，如果采取这种行动方针的同时也采取现在为远东考虑的其他行动方针，那么联合行动的结果也许将是：使中国黄河以南的所有地区抛弃共产主义；根除共产党对印度支那的后勤支持；破坏中国其他地区的经济；消除亚洲其他地区面临武装侵略的威胁；削弱共产党中国军队的战斗力，并且破除共产党在全世界不可战胜的神话。

　　二十三、在对上述第二、三、四及五种情况考虑的过程中，我们认为驻扎在福摩萨的中国国民党军队足以保卫该岛。应当注意的是，在这些情况中，我们设想由第 7 舰队来保护福摩萨。如果撤除这种保护（第一种情况），那么我们相信中共在一年之内就能征服福摩萨。

　　DDRS, CK 3100413628 - CK 3100413662

邓峰译，高恒建、郑波、赵继珂、邓霜校

中情局关于共产党方面停战目标的特别评估报告

(1951 年 7 月 6 日)

CIA SE 8

机 密

共产党在提议朝鲜停火时打算实现的目标

(1951 年 7 月 6 日)

问　　题

评估共产党在提议朝鲜停火及停战时打算实现的目标。

结　　论

1. 我们认为,由于克里姆林宫也许并没有明确承诺采取任何特别的行动措施,所以苏联提议停火的主要目标就是要在朝鲜促成交战双方在军事上脱离接触的局面。尽管共产党可能会利用停火谈判及停战期,以便在朝鲜的冲突恢复之前改善他们的军事地位,但是我们认为共产党的目的更可能是为了实现无限期的停战。这种停战实际上将导致朝鲜事实上以三八线为界的分裂,并且同时将通过利用宣传及外交上的攻势有助于增加共产党在朝鲜和在远东更广泛的问题上实现其目标的希望。至今,军事行动尚不能成功地帮助共产党实现其在朝鲜和在远东更广泛的问题上的目标。

2. 我们认为,克里姆林宫充分意识到朝鲜交战双方在军事上脱离接触将可以使中共的资源用于亚洲其他地方,并且将在总体上使共产党的资源用于世界其他地方。克里姆林宫也许还认为,朝鲜交战双方脱离接触后,邻近满洲的中共军队将需要大批美国-联合国军队驻留于朝鲜并且限制美国-联合国动用武装力量在其他地方发动进攻的能力。

3. 我们相信,克里姆林宫认为如果它已采取必要的军事措施来战胜联合国驻朝军队,那么这势必会使一场全面战争的风险变得越来越大。而且,克里姆林宫可能还认为,停止朝鲜的冲突将使共产党处于一个较佳的地位,从而可以抢在美国倡议的对日媾和条约之前行动并可在远东追逐其他重要的目标。最后,克里姆林宫也许会相信,甚至暂时停止朝鲜的冲突都将有助于实现共产党更大的目标:(1)增进西方的自满情绪,这样就会延缓北约重新武装的步伐;(2) 挫伤德国和日本重新武装的积极性。

4. 无论如何,我们不能忽视如下诸种可能性:(1)如果共产党不能通过政治谈判来实现他们在远东的目标,则会在更大规模上恢复在朝鲜的作战行动,同时将接受冲突进一步扩大,甚至是全面战争的巨大风险;或(2) 共产党将利用停火及停战作为发动其他局部军事行动乃至一场全球战争的幌子。

5. 无论苏联提议停火的动机是什么,共产党无疑将在朝鲜利用任何军事行动的暂停或中止来增强他们的进攻能力并且利用美国/联合国可能不愿恢复冲突的想法,从而在谈判的每个阶段上强化其讨价还价的地位。

讨　论

共产党的停火提议

6. 6月23日,苏联驻联合国代表团团长马立克,在联合国系列计划的基础上发表讲话,提出一个模糊不清的建议:"交战各方"应在朝鲜开始讨论"停火和停战"。6月27日,苏联副外长葛罗米柯在某种程度上澄清了马立克的声明。他向美国驻苏大使柯克提出,朝鲜交战各方的代表应会晤并缔结一个包括停火在内的军事停战协定。(交战各方代表指联合国军和南朝鲜军的代表以及北朝鲜人民共和国部队和中国志愿军的代表。)葛罗米柯说,这种停战协定将局限于严格的军事问题,将不涉及政治或领土问题。葛罗米柯还说,制定军事停战协定诸项条款的军事代表们应讨论如何保证不再恢复冲突。

7. 北平对马立克讲话的最初反应包含在半官方的《人民日报》的社论中。该社论支持马立克的提议,但没有亮明北平对停火的态度。此后,北朝鲜于6月27日发表了一个广播声明。共产党原先要求人民军把敌人赶进大海的宣传路线被改动为"把敌人赶到三八线附近"。7月2日,北朝鲜人和中共"志愿军"接受了李奇微[①]将军的谈判提议,同时把谈判地点改为邻近"三八线"的开城,并且敲定谈判时间为7月10～15日。不出所料,共产党在此期间的宣传力图表明停火谈判是联合国军"失败"的一种结果,而且是后者主动答应的事情。

当前北朝鲜和满洲的局势

8. 在联合国军战斗力迅速提高的情况下,共产党驻朝军队已遭受百万以上的伤亡者的损失。目前,在共产党成功地发动两次进攻后,朝鲜三八线以北的军事局势似乎在总体上陷入一种僵局。共产党能够换下他们的重伤员,而且一旦他们收到苏联的援助,补充已损失的装备,则能够继续发动大规模的军事行动。不过,除非共产党在强大的空中支持的配合下投入大批重型武器装备的军队,否则我们认为无论他们怎样努力都不能成功地击败联合国军。

9. 我们有相当可靠的情报表明苏联正为他们提供一些坦克和重型装备,而且,为了他

---

① 时任联合国军总司令。——译注

们能使用这些坦克和重型装备,苏联所做的一些培训工作正在满洲继续进行着。苏联还可能同意培训并装备大批中共陆军师。共产党甚至可能会很快获得在满洲受训并配备重武器的大批部队以抵消目前联合国军在火力上的较大优势。此外,共产党在朝鲜-满洲地区的空军实力已获得稳步增长,特别是苏联提供给他们大约 400 架喷气式战斗机。由于现在中共大约有 1 000 架飞机,并且其空军还在继续发展,所以他们的作战能力将会得到持续增强,从而向联合国在朝鲜的空中优势发起挑战。不过,除非共产党在事实上能够抵消联合国的空中优势,否则后勤运输上的困难将继续妨碍其物资和人员的调动。毕竟,这种物资和人员的调动对于共产党军队在朝鲜维持大规模的进攻是十分必要的。

10. 我们掌握了一些苏联有限度地介入朝鲜战争的证据。这种介入并非我们已知的,它只提供飞机、雷达、地雷、高射炮以及技术人员等情况。苏联飞行员或许已在战斗中驾驶喷气式战斗机。依据相当可靠的情报来源拟就的报告指出,苏联工作人员正在北朝鲜操纵高射炮设备。另外一些依据未经证实的情报拟就的报告提到苏联野战部队已驻扎在满洲的许多地方,包括靠近朝鲜边界的一些市镇。不过,我们并没有确凿的证据表明在最近的将来,苏联打算提高其介入的程度。

11. 近来一些有关战俘的报告指出中国人和北朝鲜人之间存在着一些摩擦,并且北朝鲜的食品状况很糟糕。不过,这些报告也指出:总的来说在朝鲜,共产党依然保持着十分高涨的士气。

共产党可能打算实现的目标

12. 目前,我们并没有掌握可靠的情报来断定克里姆林宫提议朝鲜停火的目标或预测共产党可能采取的行动措施。克里姆林宫的计划也许是比较灵活的,使共产党在有机会随着形势的发展去研究西方的反应之前得以避免采取任何特别的行动措施。

13. 显然,共产党不顾停火提议,正努力改善他们的军事地位。

他们可能打算:(1)只是利用停火提议赢得的时间在发动新的进攻之前改善他们的军事地位;(2)利用停战及其后的谈判赢得的时间:① 改善他们的军事地位,接着发动进攻;② 使他们的军队和联合国军基本脱离接触并且使他们可以自由地将军队部署在其他地方;或者③ 利用停战及其后的谈判作为即将结束共产党在朝鲜的军事冒险事业的第一步。如果共产党追求前两个目标,那么他们的战术将依赖其改善军事地位所需的时间长度来作出调整。如果他们追求第三个目标,那么他们也许力图通过重新确立以三八线为界的朝鲜分裂局面,来结束朝鲜的冲突,或者他们可能继续前进一步,由停战迈向对朝鲜冲突,乃至对更广泛的远东问题的政治解决。

只为了改善他们的军事地位而提议停火及停战

14. 克里姆林宫或许在不打算通过谈判达成停火及停战的情况下提出其停火提议:

(1)支持这种行动措施的理由:

① 共产党也许会认为停火谈判将导致联合国减轻对他们的军事压力,从而可以使其改善在朝鲜的军事地位。

② 克里姆林宫也许会认为停火提议的宣布将对联合国战场的部队和正接受训练的部队的士气产生负面影响。

③ 克里姆林宫也许会推断苏联宣布停火的"意愿"在苏联的"和平"攻势中将是一个威力很大的宣传武器。

④ 克里姆林宫也许还认为停火建议将提前引起联合国成员国在解决朝鲜问题的条件上出现不同的意见，从而使他们的密切关系出现破裂的迹象。（在韩国与其联合国诸盟友之间严重的意见分歧已是明显可见。）

⑤ 停火提议可用来作为共产党在朝鲜或其他地方发动令人吃惊的进攻的一个幌子。

⑥ 为了证明苏联不断支持中共和北朝鲜是正当的，也为了证明苏联军队介入战斗的合理性，克里姆林宫也许打算促使停战谈判失败。

（2）反对这种行动措施的理由：

① 尽管克里姆林宫无疑将强烈追逐其提议带来的宣传利益，并将很快就利用似乎已出现于联合国诸盟友之间的意见分歧，但是，倘若共产党事实上及早就中止谈判，则这些利益将只会是暂时的。

② 同样，如果共产党主动中止谈判，那么在努力利用苏联停火提议以证明随后苏联增加对中共和北朝鲜的支持是正当的这一过程中，他们将收获甚微。

为了长期确保军事地位得到改善而缔结停火及停战协定

15. 苏联的停火提议或许倾向于导致停火及停战并还可能导致召开政治讨论会。这将为共产党提供更长时间来改善军事地位将此作为冲突重新开始的一个前奏。

（1）支持这种行动措施的理由：

① 停火及停战将提供一个喘息之机，从而给共产党时间和机会来改善他们的后勤及战术状况。

② 停火及停战将终止联合国在朝鲜的军事行动的势头。

③ 如果达成停火及停战，那么将极大地增加上面第 14 段（1）中所引证的宣传及政治利益。

（2）反对这种措施的理由：

① 如果停火及停战协定包括安排有效的检查这一项，那么共产党将很难在无人觉察的情况下，为了在实质上改变军事上的均势状况从而增加在北朝鲜的军事实力。

② 克里姆林宫不得不认识到一旦联合国方面觉察到共产党严重违反停火及停战协定，那么他们将重新开始战斗。

③ 如果在停战后共产党突然恢复敌对行动，那么这将使冲突进一步扩大的风险得以增加。

为了结束朝鲜的冲突而缔结停火及停战协定

16. 共产党在追求此目标的过程中将在两种可能实施的行动措施中任选其一。第一种将是达成停战并无限期地延长之。第二种将是利用停战作为朝鲜冲突乃至更广泛的远东问题最终得以解决的第一步。

17. 共产党或许希望通过第一种行动措施,不仅结束朝鲜的冲突,而且实际上重新确立以三八线为界的朝鲜分裂局面,这样就可实现事实上对朝鲜问题的解决。

(1) 支持这种行动措施的理由:

① 根据到目前为止在朝鲜战争中所付出的沉重代价,共产党或许感到对三八线以北地区予以事实上的控制,代表了共产党方面有关朝鲜战争结束的最有利条件。

② 这将使中共能够避免正式放弃其最初提出的第一项要求(联合国军撤出,控制福摩萨和在联合国的席位)及随之而来的面子的丢失。

③ 这或许使战场上的联合国部队经受一段因无所作为而导致的无精打采且士气低落的时期。此外,这或许还使官方及民间不顾在朝鲜无限期保留联合国军的需要而对联合国方面施加压力以使其军队撤出朝鲜。

④ 这或许会降低自由世界的动员率及重新武装的进度。

⑤ 这将给共产党时间去增强受训军队的战斗力,包括正在满洲接受培训如何使用现代苏式武器的精锐部队。

⑥ 这将为中共提供更多的喘息之机,使他们能够利用来进一步巩固对中国内部的控制。

⑦ 这将给北平政权时间去增强其东海岸的防御,用以对付国民党可能发动的进攻,并且使北平增强在华南的实力,以便其可能采取行动进攻东南亚或香港。同时也使中共增强在华东的实力,以便其可能发动进攻福摩萨的行动。

⑧ 这也许将解除苏联的负担,使其不再需要对朝鲜输送大批援助物资,并且还为苏联提供更大的行动自由,从而对防守薄弱的其他地区施加压力。

(2) 反对这种行动措施的理由:

① 这将防止共产党在朝鲜实现其公布的目标。这还将加剧中国和北朝鲜之间现有的矛盾,并且提前提出对北朝鲜可能还有满洲的控制问题。该问题或许最终导致中苏关系的紧张。

② 无限期地推迟实现共产党在朝鲜的最终目标,必将严重破坏共产党的影响力。

③ 这也许将鼓励未来西方对共产党侵略的抵抗行动。

18. 在追求结束朝鲜冲突的目标的过程中,第二种可能实施的行动措施将是为了实现对朝鲜冲突乃至更广泛的远东问题的最终解决。

(1) 支持这种行动措施的理由:

① 对朝鲜冲突的最终解决将使共产党可以去结束他们所认为的一场代价高昂且无甚回报的军事冲突。

② 这将使中共可以继续巩固他们对中国的控制,而且强化并重新部署他们的军队,以便可能发动针对东南亚或福摩萨等地区的军事行动。

③ 这将使联合国军最终从朝鲜撤出,并会消除共产党所宣称的对满洲及苏联安全的

威胁。

④ 这将使共产党可以通过政治及颠覆手段来追求他们在朝鲜通过军事手段没有实现的目标。

⑤ 苏联也许会认为朝鲜战争的最终解决将通过朝鲜冲突带来的紧张感的消失,来延缓西方重新武装的进度并将降低西方的动员率。

(2) 反对这种行动措施的理由:

① 联合国对朝鲜问题最终解决的条件可能会包括在民选政府领导下的朝鲜的最终统一。共产党可能将认为这种解决方式侵犯了他们在该地区的利益。

② 在一个重新统一的朝鲜,非共产党的势力可能至少在一开始就能够超过遭到削弱且组织混乱的朝鲜共产党势力的影响。(假若没有来自中共或苏联的强大支持。毕竟我们设想,根据最终解决的条款,这种支持将是行不通的。)

③ 对西方来说,以联合国的条件最终解决朝鲜问题,将是宣传上的一场重大胜利。这将破坏共产党中国和苏联在全世界特别是远东的影响力。

DDRS,CK 3100421038 - CK 3100421052

邓峰译,郑波、赵继珂、邓霜校

中情局关于朝鲜战争对中国内部局势影响的评估报告

(1951 年 7 月 10 日)

NIE 32

绝 密

(美国)在朝鲜的行动对共产党中国内部局势的影响

(1951 年 7 月 10 日)

问　　题

评估(美国)在朝鲜的行动中对中共政权内部的政治、经济及军事局势的影响。①

结　　论

1. 我们作出如下评估

(1) 朝鲜战争期间,中共已确立了越来越严厉的管制措施,并且内部普遍存在强烈的不满,至今中共政权已显示出控制民众及抑制活跃的反动势力发展的能力。

(2) 虽然朝鲜战争尚没有对中共政权的经济稳定构成重大威胁,但战争已使其遭受且将继续使其遭受越来越严重的经济困难。到明年如果西方的贸易管制得以严格实施的话,那么这些困难几乎肯定会增加。

(3) 中共政权不能用它自己的资源储备来代替目前正在朝鲜消耗的物资。

(4) 朝鲜战争期间,中共已经扩大了军队规模。

(5) 仅仅由于人员损失,中共的整体军事力量可能不会受到太严重的影响。

(6) 不过,把最好军队中的主力部署到朝鲜及满洲,增加了内部对警察的需求压力,并

---

① 原注:中情局局长、美国空军认为必须强调本次评估不包括诸如朝鲜行动对中共政权外部状况的影响这样广泛而重大的考虑。这些考虑包括:(1) 朝鲜战争在防止福摩萨接近中共的过程中所起的作用。(2) 在朝鲜反对共产党的强硬军事反应对中共入侵东南亚计划的影响。(3) 确立对中共东北边境安全的威胁,而在朝鲜行动前那里根本无安全之虞。(4) 中共与苏联在亚洲共产党领导权问题上紧张关系的发展。(5) 向世界证明共产党不可能战胜及绝对正确的论断的错误性。(6) 在外国政府(包括英国)及人民中间不断减少对共产党同情者的数量。

且，朝鲜战争的后勤负担已削弱了当前中共从事其他外部军事行动的能力。

（7）朝鲜战争已加大了中共对苏联的依赖性，但是显然在事实上并没有改变中苏关系。他们在一些领域存在利益上的冲突，这使得彼此不满的谣言似乎变得令人可信，但是我们并没有确凿的证据来证实这些谣言。

（8）朝鲜战争使中共政权内部的政治、军事及经济负担进一步加重。虽然这些负担尚未变得至关重要，但如果战争拖延下去，它们或许就会变得重要起来。①

讨　　论

对中共政治稳定的影响

2. 我们没有可靠证据说明中共在朝鲜战争中的失利已经在其政治和军事高层领导人中间造成不和。不过，传闻表明对朝鲜行动方针的不满也许突出了在他们中间已存在的分歧。有相当可靠的证据说明高层之下有一批重要的军事及政治人员对中国卷入朝鲜和它在西方的孤立感到忧虑不安。

另一方面，几个因素倾向于确保党的团结，例如，长期排斥非共产党的西方影响，大多数中共领导人所受的共同的意识形态训练，在他们之间以及他们和苏联间保持联合阵线的过程中所具有的共同利益和党纪的力量。

3. 最初，中国人对介入朝鲜的普遍反应似乎是一种胜利的骄傲，当和中国人过去所遭受的长期屈辱相比较时，甚至后来坚持战争也被视为是成功。随着战争的进展，早就开始显现的对政权的普遍不满，被下述事实强化了：更沉重的赋税、各种杂税，强加于已对战争厌倦的人民身上的征兵及民兵义务的扩大，肃清对中国传统的家庭体制的进一步破坏，以及其他严酷的镇压措施。而且，一些受过更高等教育的集团，包括对政权的一些热心支持者，开始担忧政权与苏联的关系以及苏联对中国和朝鲜的意图。

4. 普遍支持的下降以及把更大的限制和要求强加于国内阵线上的现实需要，导致该权加紧努力行动以进一步巩固它对国家的控制。为了加强公共安全体制、集中并扩大民兵部队，且为了在共产党指导的"人民组织"中增加成员，已采取明确的步骤强化镇压"反革命活动"的恐怖措施。为了支援警察维护秩序，政权也需要并且可能将不得不继续在国内保持庞大的军事力量。这样，当管制措施非常成功地抑制活跃的反动势力发展时，它们的严酷性使得政权丧失了一些社团领袖、教育工作者、工程师以及那些具有威望、技术上受到过培训的人，而他们所拥有的特性都被政权视为对政治经济长期计划的进一步发展是必不可少的合作意愿。最终，这些情况的发生或许会对政权的稳定

---

① 原注：我们参考马立克声明重新考察了本文件的结论，并没有发现他的声明对本文件结论的正确性造成什么影响。如果苏联和共产党中国事实上愿意沿三八线停火，那么他们可能受共产党军人在朝鲜的军事形势这样一些考虑的驱动，但他们无疑也会考虑到本文件范围之外的那些重要因素。

造成严重的影响。

朝鲜战争的经济影响

5. 以并不充分的证据为基础,对朝鲜冲突给中共经济造成的影响作了整体评估。虽然中共经济不得不支持超过 600 万的城市人口,但其工业及占优势的农业都没有得到发展。在已流逝的较短时间内,不可能清楚地看明白这种影响。我们也不可能很快很容易地得到这种影响的令人满意的统计数据。

6. 几乎可以肯定的是,朝鲜战争的需求已限制了北平政权对那些只需要劳动力投资的项目所做的重建努力,例如,建造水坝和灌溉系统,修建机场和道路。

7. 尽管政权已成功地防止国内商品的价格飙升,但是自 1950 年中期以来,通货膨胀的压力已与日俱增。并且,西方贸易管制及世界价格上扬已导致某些进口的战略资源和工业制成品价格的猛升。

8. (中国)与西方的贸易在 1950 年十分兴盛,我们估计,在 1951 年的第一季度,这种贸易至少维持在 1950 年的标准上,主要因为通过香港大量进口重要的战略物资。自 4 月 1 日以来有关西方商船驶入香港和中共港口的数据显示,这种海上运输的次数已急速减少,同时我们认为贸易量相应地也会下降。我们相信西方贸易管制是导致这种贸易量下降的主因,另外,这些管制将在今年的剩余时间内对共产党中国的进口能力造成越来越大的负面影响。

不过,来自共产党国家不予合作的非共产党国家的走私与贸易量很可能会增加,并在某种程度上抵消这些管制的影响。

9. 既然中共经济的产业部门事实上每天都在生产,而且既需原材料又要维护工厂的正常运转,那么进口的大幅度减少可能会严重影响到中共产业。几个月来,中共一直缺少民用的石油和某些相当重要的特种商品。就在最近,作为原棉短缺的结果,许多纺织厂已经被关闭了。共产党人断定他们存在着进口上的困难以及在国内征集棉花计划的失败。不过,我们认为虽然存在着中共工厂关闭以及原材料短缺的报告,但是其兵工厂的生产能力正在扩大。

10. 1950 年夏季和秋季大批部队调往东北期间,全中国的非军事物资在铁路上的运输被迫停止。从那时起,虽然可推测军事交通妨碍了整个中国,特别是满洲物资的总体分配,而且虽然近来有迹象表明非军事运输受到推迟,但是没有证据说明,在满洲之外运输必需的非军事物资的交通总量已遭受大幅度的削减。

11. 抽调动物和人力资源用于军事目的,已妨碍了中国的农业生产。但是这个国家在 1951 年不可能面临一个全面的食品危机。

12. 尽管我们所掌握的证据并不表明朝鲜冲突对中共政权的经济稳定造成重要的威胁,但是朝鲜战争已迫使中共调整长期经济发展计划,并且使其经济具有战争性质。朝鲜战争也使中国遭受西方世界强加的经济制裁,增加它的通货膨胀压力,使得城乡间的经济关系变得紧张起来。这些因素很可能在明年加大政府的经济困难。

13. 朝鲜战争从两个方面增加了北平当前对苏联的经济依赖。首先,我们认为即使中共在朝鲜能动用现有的军事装备,他们也没有工业资源用以满足在朝鲜长期发动大规模战争的需要。其次,朝鲜战争爆发后,迅速增长的东西方紧张关系正导致西方实施更有效的贸易管制。

朝鲜战争的军事影响

14. 朝鲜战争使得中共把最好军队中的主力部队部署在朝鲜,还有一部分在满洲,战争对补给的需求正给共产党中国有限的后勤能力造成沉重的负担。此外,游击活动以及不断增加的骚乱也要求大规模的军队在国内负责维持内部安全。因此,我们估计,中共参加朝鲜战争的结果,使得他们当前在其他地方的军事行动能力下降了。

15. 据估计,到1951年6月19日,中共在朝鲜部署的军队达到27.7万人。此外,他们在满洲还有11个军、4个非满员军,以及一些特种部队,总数达35.8万人。这些部队都是他们最好军队中的主力部分。

16. 到1951年6月16日,中国在朝鲜的伤亡人员估计达到了57.7万人,包括大约7.3万名非战斗伤亡人员和1.65万名战俘。他们中的大多数都受过良好的训练,在政治上是可信赖的。包括特别难以替代的文职官员和军官。有迹象表明,早期承担重任的军队要比联合国军近来遭遇的那些部队具有更强的能力。中国驻朝军队的士气似乎比战争刚开始时要低,并且战俘被抓获率迅速攀升。不过,中共在朝鲜人员的损失尚没有严重影响到他们整体的军事力量。

17. 虽然存在着大量损失,但估计中共的野战部队总数将从1950年10月1日的177万人增加到1951年6月9日的194.7万人。军区部队和民兵部队也都得到加强。

18. 在朝鲜的物资损失是相当大的。大多数并非中国造的装备都源自美国和日本。共产党中国的炸药及军事装备,包括大炮的产量不足以跟上它在朝鲜的消耗和物资损失。而且,共产党中国没有汽车和飞机工业。因此,随着原始储备变得越来越少,北平政权正越来越依赖苏联提供后勤支持。

19. 相对而言,尚未发现在朝鲜的中国共产党手中掌握着苏联地面部队的武器和装备。不过,有大量相当可靠的证据表明苏联正提供坦克和重型武器,并且驻满洲的中共部队正在接受苏联提供的培训以便使用苏式装备;另有报告也许以一些事实作为基础,提出苏联人已同意装备并培训中共战斗师。我们估计整个中国有1万名苏联军事顾问,而且另有3 000名这样的顾问与驻朝鲜的共产党军队在一起。

20. 中共空军正在稳步发展,特别是在苏联提供喷气式战斗机的情况下。中共总计可得到大约1 000架飞机。他们现在拥有比朝鲜行动开始时强大得多的空中能力。

21. 苏联几乎提供了现在中共空军能得到的所有飞机、航空设备和补给。大量证据表明它正为中共空军提供雷达、打击飞机的设备和技术人员。很可能苏联或其他非共产党"自愿"人员正在驾驶中共已获得的大批飞机。

22. 苏联已为中共海军提供了顾问、工程师和培训人员,也许还有一些陈旧的小型潜艇。

对中苏关系的影响

23. 官方的声明和宣传表明共产党中国和苏联之间不存在什么摩擦,反而暗示着两国间的对外政策、宣传、军事、经济以及社会规划的协调行动在朝鲜战争期间正继续着并且也许正在增加。不过,依据尚未查明的可靠资料撰写的报告表明苏联人和中国人都对中苏同盟感到不满意。由于中共和苏联政权间在许多领域似乎都存在着利益上的冲突和潜在的摩擦,也许包括为控制朝鲜而进行的较量,所以这些迹象其实并非是不可能的。毫无疑问,中苏都可能长期隐瞒他们间的摩擦。

附录

致 NIE 32 所有持有人的备忘录
（1951 年 11 月 21 日）

对于 NIE 32 第 3 页的第 8 段,用下一段来代替:"共产党中国与西方的贸易在 1950 年比较兴盛。在 1951 年的前半年,这种贸易至少维持在 1950 年的标准上,也许比 1950 年的标准还要高,主要因为通过香港迅速增加了战略物资的进口。"[1]

DDRS,CK 3100447968 – CK 3100447974

邓峰译,郑波、赵继珂、邓霜校

---

[1] 原注:在 1951 年 6 月,西方对经由香港到共产党中国的贸易施加了更严厉的贸易管制。这太迟了而不能影响对这一时期的贸易评估。在 1951 年 6 月后的半年内,西方和共产党中国间的贸易方针将在 SE 20 文件中得到考察。

中情局关于停战谈判失败后
远东局势的特别评估报告

（1951 年 8 月 6 日）

CIA SE 9

绝 密

朝鲜停火谈判失败后远东局势最新进展趋向

（1951 年 8 月 6 日）

朝鲜停火谈判失败后远东局势最新进展趋向

问　　题

评估目前共产党在远东的能力以及万一朝鲜停火谈判失败共产党在该地区近期内可能采取的行动措施。

评　　估

共产党在远东可能采取的军事行动措施

1. 如果停火谈判失败,我们认为共产党在朝鲜的军队将继续在该地区采取大规模的军事行动,并可能尽早对联合国军队发动攻击。自 4～5 月的进攻结束以来,中共已提高了他们的全部作战能力。共产党也许能动用大批军队,至少像那次进攻投入的数量那样。根据最近显露的迹象,这些军队在大规模的后勤补给方面占有优势。与近来进攻中获得的支持相比,他们可能会获得更多的大炮和坦克的支持。在过去的一个月中,共产党的空中战斗能力有了大幅度的改善,现在正越来越对驻朝鲜的联合国军构成严重威胁。①

虽然共产党至少要在战争重新开始的早期阶段才能发动打击联合国军的地面进攻行

---

① 原注:美国空军认为,在这一点上,下面的考虑是切合实际的:"无论如何,我们不必认为一旦停火谈判失败,驻北朝鲜的敌方军队增强的目的就是为了发动进攻。这种增强的目的可能是强化共产党在停火谈判期间讨价还价的实力,或者甚至是在谈判期间发动一场具有有限目标的进攻,以便于把战线推进到三八线以南且在事实上解决谈判中的一个问题。"

动,并且这种进攻很可能在本质上与他们在春末时发动的进攻具有同样的规模和性质,但是,他们实际上扩大了空中防御行动,同时也能发动一定规模的进攻行动。

2. 我们认为上面描述的那种规模和性质的作战行动并不能摧毁联合国军或把他们赶出朝鲜。而且,我们认为如果中共最大限度地动用其当前的空军力量来支持地面的进攻,那么他们也不能使这些空中作战行动得以长期维持直到获得在朝鲜上空的空中优势,而且使共产党的地面部队能够摧毁或赶走联合国部队。不过,这种空中打击将使联合国军在朝鲜战争中比以前遭受更多的人员及物资上的损失。①

3. 因此,我们认为倘若停火讨论失败且大规模的军事行动在朝鲜继续进行,那么共产党将不得不在可能出现的两种重要的行动措施中作出选择:(1)同意继续进行停火谈判前那种规模和性质的战争;或者(2)采取更冒进的措施来摧毁或赶走联合国军。还有第三种几乎不可能存在的行动措施:共产党用遭到削弱的力量来进行防御性的行动。无论采取哪一种行动措施,共产党都将在朝鲜保持军事上的压力。一旦对朝鲜冲突的外交处置变得有利于苏联的全球利益时,他们可能会试图打开政治谈判的大门。

4. 如果联合国/美国军队被击败,那么在朝鲜的共产党军队一定是有了强大的空中支持,并且苏联肯定为他们提供了重型地面装备以克服当前的缺陷。我们手头有许多报告说满洲的共产党军队已获得了苏式装备,同时他们还得到培训以知道如何使用这些装备。倘若这些军队真的存在,那么他们就能被用于朝鲜。无论如何,通过培训当前在朝鲜的共产党军队,从苏联卫星国调入"志愿军"或调入有组织的苏联部队,共产党就可获得使用苏式装备的人员并使其投入到作战行动中。事实上,除非苏联已培训并装备了驻满洲的大批共产党军队,否则我们认为仅仅利用苏联顾问团的额外支持、苏联的后勤及技术援助和偏远地区的参与,中共在最近的将来不可能击败驻朝鲜的联合国/美国军队。假如共产党动用大批苏联地面及空军人员来决定性地增强中共的能力,那么这些人员几乎肯定会与美国军队直接发生接触,因而在朝鲜使美国和苏联之间出现一种事实上的战争状态。我们认为苏联只是为了确保尽早击败或驱逐联合国/美国军队,因而不愿接受这种事实战争的风险,因为它也许会扩大为一场全面战争。

5. 克里姆林宫更可能会力图防止冲突区域的扩大,并且由于认识到共产党中国的内部压力,它将努力提供足够的后勤及技术援助以确保中共在朝鲜维持继续进行军事行动的意志和能力。克里姆林宫也许估计到这样一来,它就能够迫使联合国/美国军队在朝鲜无限期地保持大批军队,因而使其付出巨大代价并且在联合国参与国的政治及军事关系上继续保留着紧张因素。②

6. 不过,假如共产党驻朝军队因重大失败而遭受威胁,则克里姆林宫可能将强化其援助。这种援助也许包括派遣"志愿军"。它甚至会包括动用苏联军队到这样一种程度,以至

---

① 原注:助理参谋长以及一些情报部门认为第二段最后一句应被删除。

② 原注:在这一点上,美国空军将补充如下考虑:"无论如何,中共也许会拒绝来自苏联决定性帮助的计划和要求或者不在朝鲜维持现有规模之上的更多军队。这种行动措施将给他们更大的自由,从而使他们在其他地方展开行动。"

于在联合国/美国和苏联之间将会存在事实上的局部战争。

7. 如果联合国/美国主动扩大冲突区域，那么共产党的反应将会依赖联合国/美国军事行动的规模和性质：

（1）"激烈追逐"

如果联合国/美国飞机在"激烈追逐"共产党飞机的行动中越过满洲边界，那么我们认为共产党的反应是，除了通过敌方截击机和高射炮作局部抵抗之外，将局限于外交上的抗议并且增加在联合国及其他地方的宣传攻势，声称美国正从事预谋的扩大战争的行动。

（2）轰炸满洲的军事设施

如果联合国/美国军队发动空中行动，超越"激烈追逐"的原则，打击满洲的军事设施和交通线，那么我们认为在保卫满洲的过程中，苏联将投入空军和高射炮部队，尽管它会意识到这种投入将增加全面战争的风险。克里姆林宫可能会力图把这些部队伪装成为中国军队或"志愿军"。

（3）海上封锁

如果联合国/美国对共产党中国实施海上封锁，以执行联合国强加的经济封锁令，那么苏联也许会力图加快陆上供应的速度，同时通过对旅顺和大连港的海上运输来降低（我方）封锁的效果。我们认为苏联不会公开用武力来打破封锁，但可能为它自己进入大连和旅顺港的船只护航，并且还可能会秘密动用潜水艇及水雷来打击参与封锁的船只。

（4）动用国民党军队

目前我们尚不能获得大批战斗力很强的中国国民党军队，以便于在国民党现有控制区之外使用他们。估计在获得这种军队之前，我们需要等待六个月至一年的时间。由于中国国民党的突击部队能够进攻中国大陆，所以中共用目前部署在华东的军队来遏制这些进攻。既然中国国民党不能威胁中共政权的稳定（见附录二），那么中国就不需要苏联的干预。

（5）轰炸共产党中国

如果联合国/美国对共产党中国系统地发动战略性的海空轰炸，那么北平将要求苏联增加援助。只要这种轰炸没有危及共产党对满洲和华北的控制，则克里姆林宫也许会限制在防空部队方面对中国的援助。

8. 如果上面描述的联合国/美国的行动措施危及共产党对华北和满洲的控制，那么克里姆林宫可能会增加它的援助。这种援助也许包括派遣"志愿"军。它甚至会包括动用苏联军队到这样一种程度，以至于在联合国/美国与苏联之间将存在一场事实上的局部战争。

9. 除非克里姆林宫决定发动全面战争，否则在朝鲜停火谈判破裂后军事行动的升级将会使共产党在远东发动其他大规模军事行动的前景变得黯淡起来。

目前共产党意图的一些迹象

10. 目前有许多迹象，包括调动部队、强化后勤和增派援军等，都表明共产党准备发动新一轮的进攻。共产党在北朝鲜继续努力建造机场并维持机场的正常运作。敌方空中行动逐渐向南扩展的迹象表明敌方打算把空中防御逐步扩大至共产党控制的朝鲜上空。不过，目前并没有可靠的情报表明敌方打算投入中共获得的全部空军力量。苏联以技术顾问、高射炮工作人员和后勤支持的方式对共产党在朝鲜和满洲的军队的援助很可能在不断增加，但是现在没有可靠证据说明这种援助将会达到这样一种规模，以至于在最近的将来会极大地提高共产党在朝鲜的能力。不过，当前也有情报表明坦克和大炮正被运进朝鲜。而且，一些报告说在中共驻满洲的现代化军队组织的过程中，苏联的援助还在继续。这些报告也许是令人可信的。事实上，中共军队的确获得了相当大的发展。还有一些未经证实的报告说苏联军队正在满洲集结，包括驻扎在朝鲜边境，但是并没有可靠情报表明苏联准备在最近的将来派兵入朝。尽管许多报告都涉及"国际志愿军"，但没有确凿证据表明这种军队在事实上是存在的。

11. 虽然许多报告都不同程度地提出在未来几个月内，中共计划侵入日本、福摩萨及印度支那，但是没有可靠情报表明中共在远东其他地区的早期军事行动将会超越其目前活动的范围。来自印度支那、中国东南、北平、日本以及朝鲜的诸多未经证实的报告几乎异口同声地提出共产党在这些地区的部队、设施或人员已接到命令到夏末就处于一种备战状态。在停火谈判期间共产党宣传的内容和重点说明他们打算保持并增强中国和北朝鲜人民为战事可能重新开始所做的心理准备。这种情况，加之经常提及解决福摩萨的绝对必要性以及防止日本通过"单独"媾和条约而"重新军国主义化"，表明他们打算使这些人民为朝鲜地区或远东其他地方军事行动的扩大做好准备。共产党的宣传并没有表明驻朝鲜的"国际志愿军"的构成或职责，该宣传也没有表明苏联打算大规模地参与朝鲜的战斗或卷入到远东其他地方的军事行动中。

共产党在朝鲜的能力

12. 中共与北朝鲜的实力。自5月末发动代价很大的进攻失败以来，共产党的军事能力已得到恢复。他们已实施了部队轮换、增加了额外补给及装备，包括坦克和大炮。此外，他们现在能够在稍作警告或事先根本就不警告的情况下随时发动有限的地面进攻。如果共产党投入驻扎在满洲-朝鲜地区的现有空军部队，那么这种地面行动或许会受到针对联合国海陆空三军的空中攻击的支持。

13. 目前估计共产党在朝鲜的军队总数为49.2万人。这仅代表了6月末预测数字的轻微增长。但一些报告指出，还有总数多达30万人的中共部队正前往北朝鲜或者现在已经到达北朝鲜。如果这些部队进入或已经进入朝鲜地区，那么共产党在该地区的兵力总数将在某种程度上超过以前共产党在4月进攻之初时达到的最大兵力数。另一方面，通过个别人员而不是调入充满活力且经验丰富的常规部队来恢复那些缺员部队的实力，则削弱了中共的战斗力。自3月下旬以来，北朝鲜陆军的实力、火力以及作战效率都得到很大程度的恢复，但是食品和装备的短缺，疾病以及北朝鲜现有军队质量的下降，依然妨碍了它的发展。不过，据悉近几周向前线调动的大批坦克和大炮或许对总体上质量较低的共产党驻朝军队有很好的补给作用。

14. 尽管我们预计中共空军的实力自 1951 年 6 月 1 日以来没有出现什么变化，但是其培训力度的加大，在白天和夜间行动中战斗经验的增长、不停地修建机场以及飞机性能的提高，都有助于在整体上提高共产党的空军能力。中共大约拥有 1 000 架飞机，包括北朝鲜空军的约 100 架飞机和未经证实的约 500 架飞机（其中 400 架是喷气式飞机）（见附录一）。这些喷气式飞机构成了共产党空军中最重要的部分。而且在战场附近，它们出现的次数正不断增多。它们主要是米格-15 型飞机。米格-15 具有良好的性能，至少和联合国军拥有的最佳喷气式战斗机 F‑86 不相上下。这些米格-15 中的一些最近经常出现在朝鲜。估计宽大的机翼和大容量油箱使它们的活动半径增至约 400 海里。这足以让这些飞机从满洲基地飞至大部分朝鲜及其临近水域的上空。

15. 共产党不顾联合国猛烈而持久的空中轰炸，继续在北朝鲜不停地修建机场。虽然这种工程受到轰炸的限制，但毕竟有所进展。北朝鲜的大多数机场仅适于活塞发动机或飞机的起降，但其中的一些也许能够用于喷气式飞机的有限行动。联合国对敌方交通线的空中打击极大地妨碍了共产党对北朝鲜机场的后勤支持工作。只要联合国保持着空中优势，敌方从这些机场实施的进攻及防御行动必将受到很大的限制。不过，共产党在满洲拥有数量充足的机场。这使得他们可以试着发动对联合国军的空中进攻。

16. 估计中共空军具备如下一些能力：

（1）继续尝试对鸭绿江沿线进行空中保护。

（2）将空中保护行动扩大至共产党控制的朝鲜所有地区。这种能力的实施会把联合国不断增加的飞机的任务由密切支持地面部队且打击敌方的交通补给线，转移到只保持空中优势这一项。

（3）发动空中进攻行动，打击联合国在朝鲜半岛及其附近水域的海陆空三军。使用这种能力或许会：

① 通过对联合国空军基地、交通线及补给基地的空中打击，来破坏联合国的空中行动和对地面部队的后勤支持。

② 将联合国的空军行动从直接支持其地面行动和打击敌方交通补给线转移到别处。

③ 束缚联合国地面部队的行动自由。

④ 阻挠联合国的空运行动。

⑤ 不断骚扰联合国海军的行动以及当前联合国海上运输的自由。

17. 苏联的援助。到目前为止，苏联对共产党驻朝军队的援助包括顾问团、技术及后勤支持、向高射炮部队派遣数量有限的人员，可能还有其他一些苏联特种部队。事实上，北朝鲜陆军的所有重型战斗装备都是由苏联提供的。此外，北朝鲜和中共的大多数电子设备及高射炮武器、油料供应以及一些车辆和弹药也都由苏联提供。苏联有能力在很大程度上提高目前对中共和北朝鲜军队援助的苏式装备水平。联合国对共产党交通线的轰炸会继续妨碍补给物资运送到前线。无论如何，远东朝鲜作战的中共军队似乎缺乏必要的技术人员来操纵现代重型武器及设备。苏联人为中共和北朝鲜空军提供了所有的喷气式飞机和大多数活塞发动机式飞机。他们还为这些空军提供了后勤支持。此外,他们正提供技术援助和顾问人员。据悉,他们正在苏联和满洲培训大批中国飞行员。

(1)"国际志愿军"

我们继续收到一些未经证实的报告,涉及"国际志愿军"的存在。虽然这种军队可能会存在,但我们不会接受有关存在的看法。

(2)共产党在满洲的军队

大批中共及北朝鲜的军队驻扎在满洲。我们一直收到报告说苏联正用苏式装备武装这些军队并且正用苏联技术培训他们。可是,我们没有可靠的情报基础来评估这些军队的规模和状况。

(3)苏联地面部队

估计苏联陆军在远东的实力是35个师。其中,13~15个师也许可供使用并在苏联领导人决定使用他们之后,能够于30~60天之内投入到朝鲜战场。这种军队的投入,加之目前现有的空中支持,将使共产党联军有能力迫使联合国从朝鲜撤出。

(4)苏联空军

① 实力。估计苏联远东空军有5 300架作战飞机,主要是第二次世界大战时的型号。我们预测其真正的实力大约是这个数字的85%。不过,我们认为在五一劳动节后其远东空军能够迅速获得大批飞机。因而反映这支部队整体实力的飞机总数不会低于5 300这个数字。估计共产党中国只能从苏联远东空军那里获得喷气式战斗机。目前没有证据表明在远东还有其他部队拥有喷气式战斗机。不过,在我们的情报部门未侦测到的情况下,苏联也可能已调入了一些喷气式飞机。无论如何,苏联有能力在相对较短的时间内往远东部署喷气式战斗机部队。

② 机场。在距朝鲜三八线500英里之内,或者距日本的本州岛及九州岛500英里之内的中苏远东地区①,存在131个机场,苏联可能会在这131个机场上部署其在远东的所有空军力量。

③ 后勤支持。苏联也许一直在远东储备大量的石油制品,包括喷气式飞机所需的燃油。假若联合国不采取有效行动来破坏共产党在朝鲜之外的补给线,那么共产党中国和苏联就能够在朝鲜战场上对大规模的空中行动予以后勤支持。如果苏联将其远东空军部署到毗邻朝鲜的基地,那么他们就可以在朝鲜的任何地方执行夜间轰炸任务。或者去轰炸日本,而且,他们还能够在朝鲜的大部分地区发动饱和型的白天轰炸行动。如果苏联的中型轰炸机(图-4型)被投入使用,则它们将极大地增强敌方的空军实力并且使联合国军在南朝鲜和日本的军事设施暴露于核子攻击的危险之中。目前据我们所知,苏联并没有把图-4型轰炸机部署于远东。

(5)苏联远东海军包括司令部位于符拉迪沃斯托克②的第5舰队以及司令部设在苏维

---

① 原文如此。——译注
② 符拉迪沃斯托克,俄罗斯太平洋沿岸主要港口城市、俄远东科学中心、俄太平洋舰队的基地,也是俄远东地区最大的城市和经济、文化中心。中文名称为海参崴。——译注

埃港(Sovetskaya Gavan)①的第 7 舰队。这些舰队由两艘重型巡洋舰、19 艘驱逐舰、15 艘海岸驱逐舰以及包括扫雷艇、猎潜舰、布雷艇、登陆艇和鱼雷摩托船等 345 艘各类舰船所构成。潜艇舰队拥有 85 艘潜艇,包括 18 艘大洋巡逻艇、39 艘中型艇和 28 艘海岸艇。

18. 中共有能力在朝鲜之外的远东其他地方进行军事行动。他们发动这种行动以取代在朝鲜重新发动的进攻,或者他们在一些地区发动军事行动,用以配合在朝鲜重新发动的进攻。

(1)福摩萨。共产党已增强了其进攻福摩萨的能力。不过,到目前为止,共产党军队深陷于朝鲜,以及美国第 7 舰队负责维护福摩萨的安全,也许已成为中共决定推迟进攻该岛的一切计划的决定性因素。

(2)香港。不管停火谈判的结果如何,中共将继续有能力发动对香港的攻击而不用作进一步的准备和事先稍作警告。

(3)东南亚。中共也许能使大约 5 万人进入缅甸并使那里的行动进一步扩大(见 NIE 36 号文件)。在印度支那,中共也许能支持大约 10 万人(见 NIE 35 号文件)在短期内发动一系列的有限进攻。不过,只要中共陷于朝鲜,他们也许将不能同时在后勤上支持这两种行动。

(4)日本。共产党对日本的进攻将需要苏联直接而大规模的参与。

附录一

下列诸表显示中共空军在飞机种类、架数及部署等方面的总体实力构成:

表一 中共飞机在种类和架数等方面的实力

	中共空军	北朝鲜空军	估计架数	总 数
喷气式战斗机	—	—	400	400
活塞式战斗机	120	80	—	200
地面攻击机	100	20	50	170
轻型轰炸机	80	—	50	130
运输机	100	—	—	100
	400	100	500	1 000

---

① 苏维埃港(Sovetskaya Gavan),俄罗斯远东地区太平洋岸港口城市。在鞑靼海峡西岸苏维埃湾东岸。俄罗斯太平洋舰队基地之一。——译注

表二　中共飞机在种类和部署等方面的实力

	喷气式战斗机	活塞式战斗机	地面攻击机	轻型轰炸机	运输机	总　数
满　洲	325	40	130	90	15	600
中国本土	75	80	20	40	85	300
驻满洲的北朝鲜空军	—	80	20	—	—	100
	400	200	170	130	100	1 000

附录二

中国国民党军队的能力

1. 目前中国国民党武装力量的能力十分有限。他们在领导、组织及后勤支持等方面的弱点削弱了他们的防御能力并且极大地限制了他们的进攻能力。

2. 目前国民党军队的实力、装备及其接受的培训也许足以使福摩萨成功地抵御一场有限进攻，但是现代飞机、油料、零配件、弹药、运输工具、大炮和各类物资供应以及轮换人员的短缺等情况，使得中国国民党军队不可能独自成功地抵御中共军队决心全力以赴地发动的长期进攻。毕竟，中共军队的装备都是为两栖登陆作战而准备的。

3. 当前军队改组计划的完善及对美国援助的接受应大大提高国民党的战斗力和防御能力。估计在完全实施美援项目之后，国民党军队最低可在六至八个月内有效地投入战斗。不过，国民党在没有得到美国持续不断的空中、海上及后勤支持的情况下还是不能成功地侵入大陆且利用在一开始就可能攻下的桥头堡。国民党没有急需的额外人手配合他们成功地从桥头堡展开突破，但是它也许能从中共军队的潜在叛逃者及某些游击队那里获得额外人手。

DDRS,CK 3100447975 - CK 3100447990

邓峰译,杜宇荣、高恒建、郑波、赵继珂、邓霜校

中情局关于共产党方面对朝鲜的影响及拟采取行动的评估报告

(1951 年 12 月 7 日)

NIE 55

机　密

到 1952 年中期共产党在北朝鲜的能力及可能采取的行动措施

(1951 年 12 月 7 日)

问　　题

评估到 1952 年中期共产党在朝鲜的能力及可能采取的行动措施,这涉及共产党在远东的地位。

结　　论

1. 我们认为,共产党的目标——扩大到对整个朝鲜的控制——依然未变。

2. 到 1952 年中期,共产党军队在朝鲜有能力继续发动大规模的作战行动。

3. 我们认为,在本次评估期间,共产党军队不可能把联合国赶出朝鲜,除非共产党直接投入苏联主力部队。我们还认为苏联将不愿意投入这些部队,因为存在着发动全球战争的内在风险。不过,除非联合国军遏制或打击目前不受限制地得到强化的共产党空军,否则我们认为即使苏联部队没有直接参战,中共军队实力的不断增长也将使他们能够对联合国军造成严重伤害,并且使联合国军在不付出极大代价的情况下就不可能发动全面进攻。

4. 朝鲜战争在现有程度上继续下去将给共产党中国和北朝鲜增加诸多经济和政治困难,而且将使战争扩大的风险不断增多,但对苏联或中苏关系将不可能产生严重的负面影响。

5. 我们认为,只要朝鲜战争继续下去,中共就不可能发动大规模的军事行动进攻印度支那和缅甸。

6. 我们认为共产党期望朝鲜战争暂时停止或干脆结束,但是他们目前的状况并不能迫使他们去接受在其看来极为不利的条件。我们认为共产党将拖延军事谈判,同时他们也有机会获得具有实际价值或者宣传价值的让步。此后,共产党将拖延政治谈判,因为他们相信,只要谈判继续进行,联合国将不会恢复或扩大战争,并且他们还希望西方的民间压力将迫使联合国达成对共产党更有利的协定。

7. 另一方面,不能排除这样一种可能性:共产党拖延停战谈判,仅仅是为了赢取时间来加强中共的空军和地面部队,然后准备尽全力发动一场进攻以打击联合国驻朝军队。在谈判期间,共产党随时都会做出决定,发动这样一场进攻。

8. 最后,我们认为共产党将不会同意任何一种政治解决办法,除非他们相信该办法提供了最终能颠覆韩国的机会。

讨　　论

一、共产党意图的决定性因素

在朝鲜的军事能力

地面部队的实力

1. 估计敌人驻朝地面部队为 61 万人,包括 37.8 万中国人和 23.2 万北朝鲜人。此外,还有 25.8 万人的中共部队驻扎在满洲,再加上北朝鲜的 3 个师。

2. 我们掌握的情报表明,北朝鲜陆军现在不能完全弥补它在战斗中的损失。北朝鲜的一个师在 1951 年 7 月被解散。近来一个朝鲜团也被中共的一个师轮换下来——这种方式的轮换自战争开始以来尚属首次。另一方面,中共已能够弥补他们所受的巨大损失。

3. 尽管极端困苦,伤亡惨重以及受过训练的新兵占新兵总数的比重越来越低,但共产党和北朝鲜军队的战斗力并未因士气的低落而受严重的影响。只有当部队的管理崩溃和抵抗毫无希望时,才会有一定数量的共产党军队投降。原国民党军队在中共部队中占很高的比重。这似乎并没有成为影响共产党人忠诚或士气的重要因素。

4. 估计目前在南朝鲜有 7 500 名顽强作战的游击队员。他们对该地区的公共安全以及韩国的休养生息造成威胁。近来韩国已从前线撤回两个师,投入到反游击战的行动中。

地面部队的后勤

5. 联合国封锁补给线以及共产党缺乏灵活的补给系统制约了他们在朝鲜的后勤能力。他们不得不长期积累补给量用以支持他们的进攻。而且,共产党不能够提供充足的运输设备,用以支持前线的部队。这使共产党不能保持其进攻的势头。共产党目前的物资储备量足以支持现已部署的军队发动长达约三十天的进攻。尽管在过去的进攻中,敌人不能够从前方的储备物资中把给养迅速地调给部队使用,使他们足以保持超过五至七天的进攻势头,但是现在共产党正在克服这种困难。

6. 虽然共产党已投入越来越多的运输设备并且尽力维修交通线,但联合国空军的进攻已对铁路设施、敞篷货车和桥梁造成严重破坏,而且极大地降低了共产党补给线的运作效率。苏联运送的大批货物显然已代替了敞篷货车所遭遇的损失。

7. 北朝鲜的食品状况很糟糕。共产党驻朝军队必须在很大程度上依赖满洲的食品供应。我们认为满洲的收成保持正常的水准,并且已经提供了大批剩余粮食用以满足军事上的需求。

空军的实力

8. 估计中共和北朝鲜的空军已拥有1 450架作战飞机,其中至少有800架是喷气式战斗机。另外,在这个总数中估计有1 075架飞机(包括535架喷气式战斗机)停放在满洲,其余的都在中国境内,主要以北平、上海和广东为基地。最近几个月期间,共产党在中国-满洲-北朝鲜的空军实力已经得到快速增长,其最大的增长点在米格-15喷气式战斗机。

9. 在过去六个月期间,中共空军和北朝鲜空军的作战潜力及战斗力都得到迅速提高。现在我们认为它们是难以对付的。按照美国空军的标准,共产党空军正达到一个相当高的训练状态。我们已接到许多报告称共产党空军在进行地面集中攻击、飞行及伞兵的训练。联合国的实践经验已证明,共产党空军有能力在白天及有限的夜晚进行成功的拦截,在雷达指示的高度下用高射炮射击,并且用喷气式战斗机实施大规模的编队飞行战术。在战斗机对抗轰炸机所发挥的作用中,米格-15的效果显著,而设计它的目的也在于此。不过米格-15喷气式战斗机部队的工作方式有缺陷,尤其是在针对联合国战斗机的作战行动中表现得较明显。

10. 我们不清楚苏联空军是否已彻底介入。但是利用苏联的技术顾问和组织模式这一事实,却强烈地表明苏联在中共空军中所发挥的支配性影响。苏联空军的工作人员很可能正驾驶属于中共空军的飞机。

空军的后勤

11. 中共和北朝鲜的空军完全依赖苏联为飞机提供零配件及相关设备,并在很大程度上依赖苏联的石油资源。苏联随时都有能力极大地增强中共空军的实力。这些飞机出自苏联远东空军、欧洲或苏联制造,估计每月生产的飞机包括500架米格-15战斗机。在相对较短的时期内,苏联远东空军组织及装备实力预测表中5 500架飞机的大部分都可为共产党所获得,用于朝鲜空战的作战行动之中。

12. 在过去的一年期间,整个中国和满洲都已实现了对机场的集中维修和设备更新。这创造出一套机场系统,将使中共空军和北朝鲜空军能够使用各式飞机,包括在持久作战行动中使用喷气式战斗机,以及在有限的行动中使用图-4飞机。满洲新改进的空军设施为满洲提供了出色的空中防御,且支持共产党军队在朝鲜的战斗。此外,共产党能够利用它们作为中型轰炸机的基地,用于攻击美国在南朝鲜、日本和冲绳的重要基地。共产党继续尽最大努力修复并扩大位于北朝鲜的机场。朝鲜西北部的三个新机场到12月中旬就准备为喷气式战斗机的行动提供服务。

海军

13. 中共和北朝鲜的海军是微不足道的。这些军队的战斗力被认为是非常低的。倘若他们不能利用苏联潜艇的话,那么,在本次评估期间其作战潜力将继续受到明显的限制。不过,临时布雷艇布下的水雷继续对联合国海军构成威胁。

作为补给源的苏联

14. 苏联必须为共产党驻朝军队提供军事上所需的军火和其他装备的补给品,包括武器、弹药、坦克、敞篷货车、大炮、石油和飞机,以及经过培训的人员,使其学会如何驾驶坦克和飞机、如何操纵大炮和高射炮。共产党在没有为苏联制造负担的情况下,也许能够从苏联的库存物或当下的生产中获得军火和装备。不过,既然这些补给的绝大部分必须由苏联中西部运送到远东,那么朝鲜战争无疑使跨西伯利亚的大铁路背负沉重的负担。

15. 我们认为目前苏联正充分利用跨西伯利亚大铁路的实际运载能力。只有在严重搅乱苏联重要的军事及民用交通线的情况下,跨西伯利亚大铁路才能使运往朝鲜的补给量出现大幅度的增长。

16. 我们掌握的一些情报显示,西伯利亚和满洲边境上的货物转运站现在正满负荷地处理货物。而且,满洲的非军用铁路线经常被军方所征用。这表明运往朝鲜的货物量的大幅度增加也许为满洲经济制造了相当大的困难。

目前所有的军事能力

17. 敌人能够随时动用手头掌握的军队发动进攻。这些军队由 29 个步兵师、1 个装甲师和 4 个炮兵师所组成,人员总数为 21.9 万人,估计拥有 80~120 辆坦克及大约 500 门大炮。此外,敌人还在朝鲜拥有 43 个步兵师,2 个装甲师,1 个机械化师以及 1 个反坦克师(39.1 万人和 240~280 辆坦克)。这些军队能够在二至十天内投入到战斗中,但是这种投入将会在事实上削弱共产党在朝鲜的海岸防御能力。敌人除了进攻能力外,也能用手头掌握的军队进行适当的防御,并且还能在联合国阵线后面开展有限度的游击战。

18. 尽管到目前为止,中共空军被利用来主要发挥保护性作用,但是这对部署在朝鲜战场上的联合国军的安全构成越来越大的威胁,中共空军已全面提高了共产党的防御能力和进攻能力。他们赢得的空中优势向南扩大到清川江上的新安州①。这使联合国白天在该地区中等规模的轰炸行动常常付出非常大的代价,并且已使联合国空军转向执行拦截任务。当然,中共空军也能发动猛烈的空中进攻,使联合国在朝鲜的地面部队、海空设施及交通线遭受沉重的打击。

19. 为了给南满地区提供强大的空中战斗防御网,大批米格-15 飞机都停落于南满。中国境内的空中战斗防御能力是相当弱的,如果中国的几个地区同时遭遇攻击,那么目前中共拥有的军队部署得太分散,不能予以有效的防御。

军事能力的发展趋向

20. 到 1952 年中期,中共能够在朝鲜保持其现有的军队实力和战斗潜力。假定联合国空军与共产党空军战斗力的比率保持不变,中共能够在朝鲜调动并在后勤上支持 9~12 个额外师,包括同等人数的 3 个装甲师。不过,应当注意,如果共产党决定在朝鲜尽最大努力,削弱联

---

① 新安州(Sinanju),在朝鲜内地靠近西海岸清川江南岸,为交通要道。——译注

合国封锁的效力,并且牺牲在其他地方投入的兵力,那么他们或许能够把驻朝鲜的部队总数增加为大约 150 万人。另一方面,联合国封锁效力的提高甚至将使共产党部队人数的增加变得困难起来。在接下来的几个月内,现在共产党驻朝军队的战斗力不可能仅凭不断地获得数量众多的重型装备而得到大幅度的提高。尽管苏联有能力把其拥有的大批重型装备运送给共产党驻朝部队,但是这些部队将需要进一步接受大量的培训以便有效地使用这些装备。

21. 共产党驻朝军队目前拥有的空军实力,到 1952 年中期其增长幅度只能仅仅取决于苏联的打算和能力。共产党还在继续增加飞机的数量。这些飞机表面上作为中共空军的部队执行作战任务。其数量上的增长已可以满足朝鲜行动的特殊需要。中国的整体空防能力有可能将继续得到提高。

22. 一旦实现停战,共产党在北朝鲜增加其军事潜力的能力将在某种程度上依赖检查条款的性质。甚至如果停战提供的检查措施能有效地防止各方驻朝军队总数的增长,那么,无论如何,在休养生息的伪装下维修和建造公路、铁路以及其他设施,都能极大地提高共产党的能力。

在朝鲜以外远东其他地方的军事能力

23. 除了目前在朝鲜发动大规模进攻外,中共还有能力在远东其他地方采取军事上的行动。他们把在其他地方发动的大规模行动当作目前在朝鲜的军事行动的替代物。

(1)台湾。共产党已在台湾对岸的大陆加强了他们的空中及海岸防御能力。到目前为止,共产党在军事上深陷朝鲜以及美国第七舰队在台湾海峡执行巡逻任务,可能已迫使中共推迟侵入该岛的任何打算。

(2)香港。中共不顾停火谈判的结果,将继续有能力在几乎不做准备和几乎不予事先警告的情况下,对香港发动成功的进攻。

(3)东南亚。在印度支那,中共也许能支持约 10 万人在短期内发动一系列有限进攻。中共在华南的后勤准备足以提早支持针对印度支那的有限空中行动。中共也许能使其拥有的约 5 万人长期在缅甸从事军事活动。不过,只要中共深陷朝鲜,那么他们也许将不能够同时在缅甸和印度支那于后勤上支持大规模的地面行动。

(4)日本。中共在没有得到苏联的大规模支持下,没有能力去进攻日本。

共产党中国的内部状况

24. 共产党中国动员有限的经济资源来打朝鲜战争。这无疑增加了内部的经济和政治压力,并且需要北平改变它的经济和政治计划。我们掌握的情报显示,至少作为朝鲜战争的部分结果,通货膨胀的压力增大了,某些消费品生产的速度慢下来了,生产目标也被削减了,整肃"反革命"①的运动得到了强化,而且对该政权的民间支持也变少了。此外,一些研究报

---

① 指 20 世纪 50 年代初中国的镇压反革命运动。新中国成立初期,反革命残余势力并没有得到肃清。他们继续进行各种破坏活动,特别是在朝鲜战争爆发后,加紧破坏铁路,炸毁桥梁,焚烧工厂,抢劫物资,暗杀干部,组织反革命地下军,公然举行武装叛乱。为了打击反革命分子的破坏活动,政务院和最高人民法院于 1950 年 7 月 23 日公布了《关于镇压反革命活动的指示》,要求各级人民政府对一切反革命活动必须及时地采取严厉的镇压。——译注

告还指出,在中国共产党内部已出现了由朝鲜战争而引发的政策歧见。

25. 另一方面,到目前为止,中共在中国国内没有遭受类似于铁路运输崩溃、反共游击队活动猖獗、大规模民众骚乱爆发或者朝鲜前线人力短缺这样的严重后果,因而显然有能力支持他们在朝鲜的行动。我们认为,共产党在即将来临的冬季,能够在不遭受上述任何一种严重后果的情况下,继续作战下去。

26. 在未来的几个月期间,共产党中国能够给驻朝军队提供给养,因而不可能在此方面面临严重的问题。苏联正为驻朝鲜的中国及北朝鲜军队提供越来越多的重型装备和军火。同时共产党中国继续为自己的部队供应大多数小型武器、弹药、食品和服装。其敞篷货车源源不断地把货物运往满洲和朝鲜。但至今尚无情报表明,这对中国运输系统带来的负担已严重影响了中国的经济。不过,军事运输需求的继续增长将需要进一步削减中国的商品运输量,并且将加大本已紧张的铁路设施的压力,同时也增加了铁路维修保养的负担。

27. 尽管共产党中国有着丰富的人力资源,但是中国农业对劳动力的死板需求限制了中国劳动大军的自由流动。这样,当地就存在劳动力短缺的状况,并且北平用于军事和准军事目的的征兵举措将可能使这种状况变得更加严重。此外,共产党中国的军队和正在膨胀的官僚机构亟需各类技术人员。这些受过培训的人员的短缺十分不利于该政权管理能力的提高。

28. 自朝鲜战争爆发以来,公共支出率的显著攀升已迫使中共迅速提高赋税,尤其在乡村地区明显地强化对赋税的征收。朝鲜战争的继续不可避免地要增加额外的税收。这将进一步减少乡村的支持。北平曾经在土地再分配的初期获得这种支持。财政赤字及生产继续转向军事用途必然加大了通货膨胀的压力。其结果是物价迅速上涨,并且随着朝鲜战争的继续,物价几乎肯定还会上涨。不过,这种上涨决不具有国民党战后经济那种飞涨的特征。

29. 朝鲜战争无疑已迫使中共越来越依赖警察和行政管制而非民众的支持。在共产党领导层内部,即使目前的确不存在意见分歧,但是朝鲜战争也可能引起如下一些潜在的可导致意见分歧的问题:(1)继续牺牲国内的目标而拖延战争;(2)作为苏联援助的副产品,苏联越来越多地干涉中国的内部事务;(3)在失去民众支持的情况下,进一步强化内部的管制。

北朝鲜的内部状况

30. 北朝鲜政权比共产党中国面临更严重的内部经济及政治问题。而且,继续战争几乎肯定会加剧这些困难。不过,该政权继续控制北朝鲜的警察和军队。正趋于下降的民众支持不会对政权构成严重的威胁。我们预测到北朝鲜政权继续不计后果地支持苏联的政策,因为它致力于实现克里姆林宫的国际目标,且不能够对共产党在战争上的决策施加决定性的影响。无论如何,在北朝鲜保持一个生气勃勃和稳定的卫星国政权也许正是苏联政策的重要目标。

31. 对北朝鲜的平民来说,春季也许会发生一场食品危机。消费品而非食品事实上是不存在的。显然仅沿着关键的补给线维持着运输及通讯设施。大部分工业部门都已遭到破坏。人力短缺的状况已妨碍了经济复苏和农业生产。它们很快就会影响到后方地区对军队的重要服务而且将进一步严重破坏民间经济。

32. 这些困难,以及长期具有毁灭性和毫无结果的战争使得对抗情绪在北朝鲜政权和人民之间变得十分突出。联合国军临时占领北朝鲜的大部分地区、大批不受欢迎的中国军队的存在以及虚无缥缈的胜利和统一希望,都已成为一系列附加因素,迫使该政权越来越诉诸严厉的警察管制。

33. 我们还接到一些报告指出,在共产党中国领导层和北朝鲜领导层之间存在着严重摩擦,包括有关中共和北朝鲜在从事战争的过程中各自发挥作用的摩擦。

中苏关系①

34. 虽然中共参加朝鲜战争也许完全符合苏联的意图,但战争的沉重负担以及北平在重要的战争补给物资上对苏联的依赖,无疑在两国政府间的关系中引起了一些问题。不过,没有证据表明这些问题是很严重的或可能变得如此严重以至于使两国的政策出现重大的分歧。朝鲜战争提高了共产党中国的军事威望,但同时战争几乎肯定也加强了莫斯科对北平的支配。

35. 北朝鲜对中苏边境的防御是十分重要的。在共产党看来,对北朝鲜领土完整的任何严重威胁也是对苏联和共产党中国的威胁。南朝鲜对共产党的战略价值主要在于它可作为进攻的基地。一旦它被反共势力所控制,则代表了对共产党在北朝鲜地位的军事和心理威胁。

二、目前共产党行动措施的一些外在迹象

36. 现有情报并没有最终显示出共产党在朝鲜或远东其他地区可能采取的行动措施。近来共产党在停战谈判中的宣传和让步都可以被解释为共产党期待实现停火的一些象征。而且,共产党在满洲和北朝鲜军事行动的模式也可以被解释成是为改善其在停战谈判中讨价还价地位的一种尝试。另一方面,拖延这些谈判可以被解释为表明共产党努力在联合国参战国政府中制造纷争且破坏他们留在朝鲜的决心。此外,共产党努力提高空军的能力、在朝鲜维持地面部队的实力以及调动中国的全部资源,也许都表明共产党打算于晚些时候重新发动大规模的进攻行动。

共产党的军事行动显示出的一些意图

37. 共产党在朝鲜、满洲和中国的军事行动都表明了中国人正准备继续无限期地进行军事行动。目前的迹象暗示着在最近的将来,这些行动也许在地面上具有进攻有限目标、决心彻底抵抗联合国进攻的特点,同时在空中具有进一步努力扩大共产党在其控制的北朝鲜大部分地区上空空中优势的特点。另一方面,共产党把一些装甲部队和越来越多的大炮调

---

① 原注:目前正准备 NIE 58 号文件,以全面分析中苏关系。

入北朝鲜,继续努力强化后勤实力,并尽力提高空军的能力。我们可以把这些迹象都解释为共产党计划发动一场大规模的进攻。

38.尽管共产党空军实力的增强主要是苏联努力的结果,但这并没有最终表明苏联未来在朝鲜的行动方针。它能显示出下述情况中的任何一种或全部:(1)苏联认识到,共产党空军所做的主要努力就是要增强中共的士气并改善他们的军事地位;(2)万一战争扩大,苏联打算确保满洲的安全;(3)苏联力图提高共产党在停战谈判中讨价还价的地位;(4)苏联打算挑战联合国在朝鲜的空中优势;(5)苏联打算强化其在共产党远东地区的空防能力,并获得空中作战经验。

39.共产党在中国的其他行动表明他们决心继续进行全方位的军事动员。而且,还有迹象表明中共打算继续向越南民族解放阵线组织及缅甸共产党提供物资和顾问援助。目前尚无明确的迹象表明中共打算提早派遣常规军队进入这两个地区。

共产党的宣传显示出的一些迹象

40.在中共介入朝鲜后,共产党的宣传强调把联合国军赶出朝鲜的决心,同时坚持对朝鲜任何处理方案必须包括中共获取台湾以及共产党中国加入联合国。就在马立克即将做出声明之际,他们的宣传重点出现了变化。把"侵略者"赶回到三八线就代表了一场伟大胜利的声明代替了"把侵略者赶进大海"的主题。在迅速解决朝鲜问题的大环境中,共产党不再提及以前的政治要求。虽然共产党的宣传不能被解释为共产党在朝鲜意图的真实反映,但总的来说,宣传分析表明共产党期望暂时停止冲突或者甚至结束战争。它还表明共产党期望以朝鲜战前状况和联合国部队撤退为基础在政治上解决朝鲜问题。此外,共产党的宣传强调面临美国"帝国主义侵略"时"亚洲的团结"。这表明共产党在亚洲的终极目标——包括美国撤除对台湾的保护和共产党加入联合国——没有改变。

共产党在停战谈判中的所为显示出的一些意图

41.共产党在停战谈判中的行动表明他们极不期望结束谈判。他们做出了许多重要的让步,表明其极大地背离了最初所宣称的立场而愿意确保实现停火。不过,谈判至今未显示出任何迹象表明共产党愿意达成令联合国满意的停战协议。

42.北平除了把继续宣传的重点放在需要做军事上的准备之外,近来越来越强调其国内问题。其宣传还声称共产党对朝鲜停战感兴趣。这表明中共为了无限期地关注国内计划而打算在最近的将来削减对朝鲜的投入。共产党在远东其他地方的政策并没有明确表明他们在朝鲜的意图,但却表明了共产党打算对其他邻国实行基于"亚洲团结"和"民族解放"的现行政策。

三、共产党的意图

43.到1952年中期,共产党军队有能力在朝鲜继续进行大规模的行动。我们认为,在本次评估期间,共产党军队将不可能把联合国赶出朝鲜,除非苏联主力部队直接介入。我们还认为由于存在发动全面战争的内在风险,苏联不会愿意投入这些部队。不过,除非目前共产党空军不受限制地发展其实力的势头受到遏制或反击,否则我们认为中共军队的实力将不断增强,甚至在苏联军队没有直接介入的情况下,也将使他们对联合国军造成严重的伤害。而联合国除非付出惨重代价,否则将不可能发动全面的进攻。

44. 除非苏联准备提供必要的支持以实现共产党在朝鲜的最大目标,否则共产党会有两个可供选择的行动措施:(1)接受对战争的无限制拖延并可能扩大战争;或者(2)尽可能在最佳条件的基础上处理冲突。

45. 考虑到与共产党在朝政策有关的各种因素,我们认为共产党期望结束在朝鲜的战斗。其目的是:(1)避免战争可能会扩大。毕竟,扩大战争也许将迫使苏联要么大规模地调入它的军队,要么接受非共产主义的控制扩大到苏朝边境及朝鲜与满洲边境。(2)防止中国和北朝鲜的共产党政权的负担进一步加重,因为负担的加重也许将最终威胁他们的稳定。(3)让共产党中国实现其武装部队的现代化,发展更有效的管理和警察控制,且发展更强大的工业和经济基础。(4)使北朝鲜恢复成原先的"模范卫星国"并具有颠覆韩国的潜在性。(5)在总体上不断地努力扩大共产党在东南亚和远东的影响及控制。我们不能够确定,共产党愿意拖延或结束朝鲜战争的设想到底和苏联的全球政策有什么样的关系。

46. 我们认为,共产党期望朝鲜战争暂时停止或干脆结束,但是他们目前的状况并不能迫使他们去接受在其看来极为不利的条件。我们认为共产党将拖延军事谈判,同时他们有机会获得具有实际价值或宣传价值的让步。此后,他们将拖延政治谈判,因为他们相信只要谈判继续进行,联合国将不会恢复或扩大战争,并且,他们还希望西方的民间压力将迫使联合国达成对共产党更有利的协定。

47. 另一方面,不能排除这样一种可能性:共产党拖延停战谈判,仅仅是为了赢得时间来加强中共的空军和地面部队,然后准备尽全力发动一场进攻以打击联合国驻朝鲜军队。在谈判期间,共产党随时都会做出决定,发动这样一场进攻。

48. 最后,我们认为共产党将不会同意任何一种政治解决办法,除非他们相信该办法提供了最终能颠覆韩国的机会。

CIA NIE Box1,NIE 55,pp. 2 - 10,The National Archives,U. S.

邓峰译,高恒建、郑波、赵继珂、邓霜校

中情局关于美国行动引起的后果的特别评估报告

（1951 年 12 月 15 日）

CIA SE 20

绝 密

美国对共产党中国及朝鲜拟采取某些行动措施可能造成的后果

（1951 年 12 月 15 日）

问　　题

评估（一）美国拟采取的某些行动措施对共产党中国的影响；（二）共产党对这些行动措施的反应。

1. 通过联合国对共产党中国的运输和进口实施禁运令来扩大朝鲜战争。

（1）联合国对共产党中国的运输及进口实施禁运令。如果这种措施有效的话，则能够在实质上削减共产党中国的海上进口，不过，如果我们允许其他国家向旅顺和大连出口，而且如果不禁止香港和澳门对中国的出口，那么禁运令的效果将会大打折扣。此外，为了避免存在较大漏洞，禁运令不得不包括：① 对不予合作的国家的出口进行限制，因为它们很可能把商品转运到共产党中国；② 取消某些公司的贸易特许权，同时禁止一定规模的商船队驶往苏联集团和其他不予合作的国家；③ 行动规则，例如不颁发许可证、列出黑名单以及施加其他压力等措施用于全世界。

（2）如果有效地贯彻这些管制措施，那么它们将足以增强共产党中国现存的严重的经济压力，其影响将是长期的。只不过，它们不会迫使中共结束朝鲜战争或威胁到中共政权的稳定。

（3）我们可以预见到苏联集团诸国将不会考虑这种禁运，而且其他一些国家也只是给予名义上的合作。共产党中国所支付的报酬将促使一些国家放弃禁运。由于不可能准确地提出这些漏洞的重要性，所以它们必将降低禁运的预期效果。

（4）即使苏联集团在航运系统上的混乱给他们造成诸多严重的问题，但是共产党人在对中国的贸易中能够利用船只，这在某种程度上进一步克服了禁运措施带来的影响。

（5）因此，联合国对共产党中国的进口及航运的禁令不可能在实质上削减共产党中国的进口。

2. 通过对共产党中国的海上封锁来扩大朝鲜战争。

（1）对共产党中国的海上进口实施有效禁令，就需要对中共的所有海港，包括旅顺和大连，予以海上封锁(包括禁运)。其中非常关键的是要防止其利用香港和澳门作为与共产党中国进行贸易的转运站。

（2）这种禁令将增强共产党中国内部现存的严重的经济压力，但其本身不会迫使中共结束朝鲜战争或威胁到中共政权的稳定。

（3）中共将不能有效地对付这种禁令，但很可能会发动水雷战来打击参与封锁的船只，并可能动用飞机和潜艇。

（4）苏联将会通过扩大对共产党中国的陆路运输而减少西方禁运和封锁带来的经济影响。苏联会拒绝承认封锁的合法性。它很可能为驶入旅顺和大连港的苏联船只护航，并且也可能为驶入遭封锁的其他港口的苏联船只护航。它还会秘密利用潜水艇和水雷来打击参与封锁的船只。强制封锁也许会导致国际紧张升级的诸事件发生，但我们认为苏联对这些事件的反应不会导致苏联发动全面战争。

3. 为了保护驻朝联合国军免遭不断增强的共产党空军的威胁，从而有限地扩大联合国空军的作战行动。

（1）联合国空军对毗邻鸭绿江的满洲的共产党飞机及空军基地予以持续不断的轰炸，将会给共产党在朝鲜更大区域上空扩大其空中优势的能力造成重大伤害，这样就能防止他们通过空中攻击来威胁联合国军在朝鲜的地位。

（2）中共的反应将是疏散他们的飞机并且最大限度地动用空防能力。他们还会试图增加其空中行动的次数，以打击在朝鲜的联合国军队装备及船只。

（3）苏联可能不会公开援引中苏条约，但很可能通过把部分苏军投入到满洲及北朝鲜的空中防御来作出反应，从而无视继续存在的全球战争的风险。

4. 进一步扩大并强化联合国在朝鲜战争中的军事行动。

（1）联合国对共产党在满洲和北朝鲜的军事目标予以持续不断且无限制的空中打击，加上联合国在北朝鲜的大规模地面作战行动，能够给共产党维持其在朝鲜地位的军事能力造成严重伤害。

（2）我们认为中共将作出的最初反应是，力图增加空中行动的次数以打击在朝鲜地区的联合国军队装备和舰只。

（3）苏联很可能会立即作出如下反应：虽然它不会投入自己的地面部队并且不会使苏联空军公开参加在联合国控制的区域上空的战斗，但它会使部分空军参加在满洲和北朝鲜上空的作战行动。

（4）如果共产党人发现这些措施不足以保证他们维持在朝鲜的军事地位，那么苏联很可能会增加它的援助。这些援助也许包括"志愿军"的介入。它甚至还包括动用苏联军队到这样一种程度，以至于在远东将存在事实上的美国-联合国与苏联间的局部战争。不过，在每一个阶段，如果中止战斗符合苏联的全球利益，则克里姆林宫也许会努力公开其结束这场冲突的意向。

5. 通过动用国民党军队来扩大朝鲜战争。

除非目前美国装备且培训中国国民党军队的计划得到进一步发展,而且除非美国既愿意为他们的进攻提供后勤支持,又愿意提供大规模的海空支持,否则,美国就不能有效地动用中国国民党军队发动进攻中共大陆的行动。即便如此,中国国民党地面部队在1952年中期之前几乎不能为这种进攻行动作好准备,此外,中国国民党军队作为一个整体,在1953年之前不可能为大规模的进攻行动准备充足的军事力量。在一些小规模的骚扰即撤的登陆行动中,中国国民党陆军的某些小股部队已能够发挥有效作用。在稍作准备之后,美国可以在朝鲜有效地动用中国国民党的陆军部队。对于在相对而言较短的时间内朝鲜半岛的军队轮换任务,一些经过挑选的国民党陆军师可以发挥有效作用。

6. 通过动用潜伏在中国的非共产党游击队来扩大朝鲜战争。

中共已经非常成功地削弱了整个中国的游击队的实力。目前那些游击队没有能力执行重要的作战任务。即使游击队的能力得到改善,我们也只能有效地利用那些游击队来配合打击共产党中国的其他行动措施。

7. 通过综合实施上面提到的几种行动措施来扩大朝鲜战争。

(1) 联合国强化在朝鲜的行动、将战争扩大至包括对满洲的轰炸以及封锁共产党中国的海上进口,如果这一切都成功的话,很可能会对共产党的能力造成如下一些影响:① 中共将不能在朝鲜继续发动大规模的作战行动;② 满洲的交通线将被破坏;③ 共产党中国将在军事补给及其他关键物资的进口方面越来越依赖苏联;④ 中共在东南亚的军事行动能力会在实质上遭到削弱;最后,⑤ 苏联增加其在远东的投入将削弱它在其他地方的能力。

(2) 苏联几乎肯定会扩大它对共产党中国的援助,从而对美国的这些行动措施作出反应。这种援助很可能包括苏联把越来越多的空中防御力量投入到共产党中国和北朝鲜。如果共产党人发现这些措施在对付美国作战行动的过程中被证明是不成功的,则苏联可能会增加它的援助。这种援助也许包括"志愿军"的介入。它甚至还包括动用苏联军队到这样一种程度,以至于在远东将存在事实上的美国-联合国与苏联间局部战争。不过在第一个阶段,如果中止战斗符合苏联的全球利益,则克里姆林宫也许会努力公开其结束这场冲突的意向。

(3) 应当承认我们很难得到有关敌方意图的准确信息。而且,我们不能完全准确地预测到这里所考虑的在不同情况下敌人抵抗行动的情况。不过,考虑到苏联问题的方方面面,我们认为,苏联将不可能因为联合国执行本次评估中所考察的诸项行动措施而突然发动全球战争。但是,在国际局势高度紧张期间,这种战争爆发的可能性即便是一种误差,也应受到重视。

DDRS,CK 3100421053 - CK 3100421062

邓峰译,邓霜、赵继珂、郑波校

中情局关于共产党方面在朝鲜的
能力和意图的预测报告

(1952 年 6 月 10 日)

机 密

开始考虑制订 NIE - 55/1 文件：共产党在朝鲜的能力和意图

(1952 年 6 月 10 日)

问　　题

评估 1953 年中期共产党在朝鲜的能力和意图

与本问题有关的一系列问题

一、驻朝鲜共产党军事力量的状况

（一）地面部队

1. 去年至今哪一方地面部队的实力增长了？

（1）中共？

（2）北朝鲜人？

（3）其他共产党军队？

（4）游击队？

2. 共产党哪一方的后备部队能够投入到朝鲜战场（苏联驻远东军队除外）？去年至今哪一方后备部队的实力增长了？

（1）中共？

（2）北朝鲜人？

（3）其他共产党军队？

3. 共产党驻朝鲜部队的战斗力如何？这和一年前的状况相比较会是怎样？

（1）训练状况如何？

（2）疾病是重要因素吗？

（3）重新组织和重新装备的效果是什么？

（4）共产党火力和联合国火力相比较会是怎样？

（5）近来共产党的宣传影响了战斗力吗？

（6）士气状况如何？

4. 北朝鲜的内部安全现在需要共产党军队的哪一部分来负责？

5. 共产党驻北朝鲜军队的哪一部分负责海岸防御以对付联合国两栖登陆的威胁？

6. 共产党驻朝军队的后勤状况如何？这和一年前的状况相比较会是怎样？

（1）共产党的补给系统对北朝鲜是否有效？

① 运输系统的状况如何？

② 北朝鲜及满洲的食品状况如何？

（2）补给来源是什么？

通过跨西伯利亚铁路输送到共产党驻朝军队的补给的规模和性质是什么？

（3）联合国对共产党补给系统的禁令计划的效果如何？

（4）在长期的作战期间,共产党驻朝全部军队中的哪一部分必须从事交通线的修缮及维护工作？

（5）如果联合国攻击满洲的交通线,则敌方补给状况将受到怎样的影响？

（二）空军

1. 中共空军的实力、部署、构成及战斗力是什么？①

2. 中共空军飞机的性能特征是什么？

3. 机场状况如何？

（1）在北朝鲜？

（2）在共产党中国？

4. 中共空军的后勤状况如何？

（1）油料的需求状况如何？当前行动以及最大限度持续作战的油料需求状况如何？

（2）油料的贮备状况如何？

（3）油料的来源是什么？

（4）哪些交通线运载油料？

5. 有多少苏联人参加中共空军？

6. 能够投入到重要的空中打击的飞机数量最多是多少？

（1）没有重新部署？

（2）已经重新部署？

7. 平均每天保持多少架次的出勤率？

8. 中共空军的哪一部分可能会负责保卫共产党中国？

（1）共产党中国的空中防御状况如何？

---

① 原注：包括本次评估期间通过图表表现出来的自朝鲜战争爆发以来共产党空军实力及实力预测。

（2）这和一年前的状况相比较会是怎样？

（三）海军

1. 中共和北朝鲜掌握的海军实力如何？①

二、共产党在朝鲜的能力？

（一）目前共产党在朝鲜从事地面作战的能力是什么？在当前共产党动用空中力量的条件下，其从事地面作战的能力如何？与全力以赴的空中进攻相结合，其从事地面作战的能力如何？

1. 共产党在北朝鲜上空获得优势，那么这些能力将受到何种影响？

2. 如果联合国动用原子弹打击北朝鲜的共产党军队，那么这些能力将受到何种影响？

（二）韩国政府中的危机将会影响共产党的相关能力吗？

（三）目前中共空军在朝鲜和共产党中国从事空战的能力如何？

1. 如果中共空军对金浦②和水原③发动令人吃惊的猛烈攻击，那么它的能力将受到何种影响？

2. 本次评估期间，中共空军将在北朝鲜的部分地区或所有地区都获得空中优势吗？

3. 如果联合国对共产党中国境内的中共空军基地发动不受限制的进攻，那么中共空军的能力将受到何种影响？

4. 中共空军打击进攻共产党中国的联合国飞机将会受到何种损耗？白天情况如何？夜晚情况又如何？

（四）如果中共对远东基地地区发动进攻，那么共产党在朝鲜的能力将受到何种影响？

（五）在本次评估期间，预计敌方能力的发展趋势将会是怎样的？

1. 在当前状况下？

2. 假若谈判中断？

3. 假若实现休战？

4. 假若韩国政府中的危机④变得更严重？

三、下述因素将如何影响共产党在朝鲜的行动方针？

（一）苏联和中国在远东的利益

1. 日本？

---

① 原文只有 1。——译注

② 金浦（kimpo），位于汉城西北部，是汉城与仁川地区中间的一个城市。——译注

③ 水原（suwan），位于朝鲜半岛西岸的中部，汉城以南，是汉城的卫星城市。——译注

④ 指李承晚和国会间就是否修宪而引发的政治危机。根据 1948 年宪法的规定，总统的任期为四年，由国会选举产生。到第一届总统李承晚任期届满的 1952 年，韩国将重新选举总统。民主国民党等"反李"势力由于在第二届国会中占有优势，认为在 1952 年选举总统时，把李承晚赶下台的把握较大。在此形势下，李承晚先发制人，首先于 1951 年 11 月向国会提出修改宪法，要求把宪法中规定由国会选举总统改为由选民直接选举总统。当这个提案被"反李"势力占优势的国会否决后，李承晚又以政府名义公布了一个直接选举总统和实行两院制的方案，要求国会予以通过。为了使这一方案能在国会获得通过，李承晚于 1952 年 5 月 26 日在临时首都釜山秘密命令岭南戒严司令元容德，以违反戒严令为由，拘捕了 40 名反对他的议员，致使韩国政治形势骤然紧张。——译注

2. 福摩萨?

3. 东南亚?

(二) 中苏关系?

(三) 中国-北朝鲜关系?

(四) 共产党中国的内部状况;北朝鲜的内部状况?

(五) 远东之外的因素?

1. 柏林?

2. 美国大选?

3. 其他?

四、目前共产党流露出何种意图

从下述因素中可以看出共产党流露出何种意图吗?

1. 共产党在朝鲜、中国及苏联远东部分的军事活动?

2. 共产党从事休战谈判?

3. 共产党的宣传?

五、共产党的意图

(一) 对于下面所提到的情况,共产党的意图是什么?

1. 休战谈判?

2. 在朝鲜的军事行动;在远东其他地区的军事行动?

3. 苏联增派人员参加朝鲜战争?

4. 朝鲜战争扩大为远东的全面战争?

5. 朝鲜战争扩大为全球战争?

(二) 如果出现下面的情况,共产党的意图将会是怎样的?

1. 美国中断休战谈判?

2. 美国在朝鲜发动大规模进攻?

3. 美国在朝鲜动用原子弹?

4. 美国将空战扩大到满洲、扩大到全中国?

5. 韩国政府中的危机实质上影响到了南朝鲜的政治稳定;也削弱了韩国军队的战斗力?

DDRS,CK 3100236968 - CK 3100236977

邓峰译,邓霜、赵继珂、郑波校

中情局关于共产党方面在朝鲜的能力和意图的评估报告

（1952 年 7 月 30 日）

CIA NIE 55/1

共产党在朝鲜的能力与可能采取的行动方针

（1952 年 7 月 30 日）

问 题

评估共产党 1953 年中期在朝鲜的能力与可能采取的行动方针。

设 想

联合国主动控制朝鲜的敌对状况，不使战斗进一步扩大。

结 论

1. 自停火谈判以来共产党在朝鲜的军事潜力实际上已得到增强。部队实力大约增强了一倍。喷气式战斗机的数量也增加了一倍。战斗力得以提升。现在人们认为这种战斗力出类拔萃了。

2. 敌方能够在稍微或几乎不警告的情况下便发动一场大规模的地面或者空中攻击。不过，目前并没有迹象表明共产党打算在不久的将来发起大规模的地面或空中行动。

3. 也有证据表明苏联对敌方空中行动的参与是非常广泛的，以至于北朝鲜上空的空战实际上发生在联合国与苏联之间。苏联几乎肯定地认为，在目前使用的方法下，苏联空军于北朝鲜和满洲履行额外的职责而不用冒扩大战争的严重危险。不过，克里姆林宫认为如果苏联人驾驶的飞机在联合国控制的区域执行任务，那么将会冒引发全球战争的重大风险。

4. 共产党人现在有能力对联合国在朝鲜西北部及清川江以南地区的空中优势发起挑

战。他们还有能力扩大空中行动,甚至把这种行动向南一直推进到联合国控制的区域及附近水域。

5. 我们认为,在本次评估期间,除非苏联采取大规模的行动,否则共产党人不能把联合国军赶出朝鲜。我们还认为,苏联不会愿意因其举措而冒一场全球战争的重大风险。

6. 克里姆林宫似乎希望避免因朝鲜问题而引发的全球战争。由此,它可能更喜欢要么继续维持当前状况,要么休战。

7. 我们认为,虽然中共有能力在朝鲜把战争继续下去,但内部经济及政治因素正可能对其施加压力,以使其结束战争。

8. 在朝鲜的共产党似乎只准备要么恢复全面战斗,从而导致无限期的军事僵局,要么休战。尽管共产党人恢复全面战斗的可能性不容忽视,但我们认为共产党人会继续谈判。他们不会倡导打破军事僵局。

9. 我们认为共产党人可能希望缔结休战协定。不过,我们认为共产党人将要拖延谈判,只要他们觉得他们可以从战俘问题或其他问题中捞取到好处,以及只要他们估计朝鲜战争的继续不会牵涉到全球战争的重大风险。①

10. 如果达成停战协定,那么我们认为处理政治问题的谈判会因共产党人的介入以及和朝鲜有关的远东问题而复杂化。

11. 无论是否能成功地解决政治问题,我们认为共产党获得对整个朝鲜控制的目标将维持不变。共产党人会继续重新发展北朝鲜成为一个好战且装备精良的卫星国,从而使南朝鲜面临如下危险:颠覆、阴谋破坏、间谍活动以及游击战。

讨　　论

一、朝鲜地区的军事状况

(一) 共产党在朝鲜的军事力量

12. 地面部队。自停战谈判开始以来,在一年之内敌方驻朝地面部队在人数上几乎翻了一番:

目前在朝鲜除了中共军队之外,假如北平不在亚洲其他地方发动战争,则它能投入来自中国各地区的大约 30 万后备部队。而且,如果共产党人愿意在中国适当地减少警备部队,那么他们又可投入 20 万部队。

---

① 原注:国务院情报局特别助理同意下述结论:共产党人希望缔结休战协定。不过,他发现本段落可以做出现有情报并未完全证实的两个推断:(1)如果联合国立场坚定,那么共产党人将在战俘问题上做出让步;(2)如果联合国威胁要扩大朝鲜战争,那么共产党人或许会接受联合国停火协议。尽管现有情报并没有否定这些推断,但是它同样不支持它们。

敌方地面部队在朝鲜的实力

	1951 年 7 月	1952 年 7 月
北朝鲜	23.2 万人	26.7 万人
中　共	27.7 万人	68 万人
总　计	50.9 万人	94.7 万人

13. 一个重新组织、重新装备及增援的重要计划已在事实上增强了共产党军队的火力。北朝鲜的装甲部队已建立起来。它的装备得到加强。此外,新的装甲部队也被组织起来。中共军队已把新的炮兵部队调入朝鲜,并且为战术部队提供了一些优质大炮。敌方已增加了高射炮部队。对火力控制雷达的使用已使得他们的高射炮火变得更有效率。①

14. 广泛的培训计划已克服了共产党人在 1951 年春季攻势中技术人员所遭受的巨大损失。这些计划特别强调小型部队的战术、连一级文职官员的领导方针以及政治灌输。大多数团级军官在朝鲜有过作战经历。他们都有坚定的共产主义信仰。共产党所有军队都有高昂的士气。其战斗力被认为是出类拔萃的。

15. 在相当稳定的长期作战行动中,共产党的后勤状况已得到改善。一年前共产党的补给得到大量消耗,各类供应物资均严重不足。现在前方的各个补给站上都有充足的物资以支持持续 5～10 天的大规模进攻,并且无人听说缺乏重要物品。

16. 空军。据估计中共空军②已得到总数大约 2 100 架的各式战斗机以及大约 200 架小型活塞式教练机。大概有 1 300 架喷气式战斗机被包括进战斗机总数中。据悉约有 1 300 架战斗机(包括 850 架喷气式战斗机)停在满洲以及中国其他地方,主要在北平、上海和山东周围。③

17. 依据美国标准,共产党在朝鲜-满洲-中国其他地区的空军被认为达到了相当高的水准。不过,由于强有力的证据表明苏联人员广泛参与事实上的战斗飞行,所以就不可能判定战斗力的持续改进所反映出的中共飞行员水平提高的程度。自 1952 年 4 月以来,飞机出勤率实际上已下降。我们已遭遇到的共产党战斗机飞行员:(1)显示出和 F-86 战斗机交战的意愿;(2)展现不同程度的战斗水平;(3)在清州-肃川(chongju-sunchon)④地区不断骚扰联合国的战斗轰炸机;(4)不时从云层发动攻击且利用多云天气逃遁;(5)对联合国的轻型

---

① 原注:共产党火力提高的一个例子是,在 1951 年 7 月,敌方发射大约 8 000 发大炮及迫击炮炮弹。在 1952 年 6 月一个月中,共产党人发射了大约 18.7 万发炮弹——战争的任何一个月期间所记载的敌方大炮及迫击炮发射的最高值。比较发射率,仅在 1951 年 11 月期间,联合国军发射的大炮炮弹就超过 110 万发。联合国在弹药再补给上的强大能力是其取得优势的主要原因。一般而言,共产党弹药再补给上的强大能力仅仅相当于联合国的 7%。不过,在战斗的间歇期间,通过保存及贮备弹药,可以认为这种再补给的能力已增加到大约相当于联合国的 50%,但是这种比率也许只能维持一段有限的时间,特别是在进攻行动中。一旦敌方大炮发动广泛进攻,这种能力可能将遭到削弱。
② 原注:北朝鲜空军部队和苏联部队都被包括进本次评估的中共空军中。
③ 原注:见图表一和二表现出的自朝鲜战争爆发以来的共产党空军的实力,以及本次评估期间的实力预测。见表三的中共空军飞机的性能特征。
④ 清州-肃川,位于韩国中部地区。——译注

及中型轰炸机发动频繁的夜间攻击。

18. 自 1950 年 6 月以来,北朝鲜一直在修建机场。当前北朝鲜大约有 33 个机场。它们适于或逐渐会适于军事上的行动。在这些机场中,靠近鸭绿江的两个可供喷气式飞机使用。此外,还有六个机场,如果得到修复,就能供喷气式飞机长期使用。由于联合国/美国空军不断轰炸这些机场,所以它们的服务能力经常发生变化,需要依赖修复率以及联合国/美国攻击的频率。不过,我们认为如果联合国对它们的进攻次数减少,那么所有这些机场在短期内就都可以得到修复,都可投入使用。

19. 在共产党中国,紧锣密鼓地维修机场及构筑设施已创造出良好的机场系统。它现在能够管理各式飞机或中共空军未来可得到的飞机。近来在满洲设立的已得到改进的空中设施,可为满洲的空中防御提供很棒的基础;还有一些设施可使共产党的喷气式飞机在北朝鲜上空活动,且很快就能到达联合国阵线后方。

20. 中共空军完全依赖苏联飞机及成套装备、配件和技术人员。大多数补给包括油料均来自苏联。它们需经西伯利亚大铁路运输到满洲边境的转运站,然后分配到直达满洲和中国其他地方的中国铁路网。苏联供应的一部分石油制品通过轮船由符拉迪沃斯托克、大连和黑海地区运送到中国港口,主要是青岛。我们几乎没有关于航空燃油贮备的规模及位置的信息,但我们认为目前中共空军的行动并不受油料短缺的困扰。[①]

21. 有迹象表明,苏联人对敌方空中行动的参与是如此的广泛,以至于北朝鲜上空的空战其实就发生在联合国及苏联之间。苏联几乎必然会认为,在目前使用的方法下,苏联空军可以履行它在北朝鲜和满洲的附加职责,而不用冒扩大战争的风险。不过,克里姆林宫相信,如果苏联人驾驶的飞机在联合国控制的区域上空执行任务,那么就会冒引发全球战争的重大风险。

22. 海军。战前小规模的北朝鲜海军在朝鲜战争爆发之初就遭到严重破坏。不过,近几个月来,通过利用各种方法收集舢板、中国帆船以及渔船,北朝鲜海军已针对联合国控制的近海岛屿,成功地发动了几次小规模的两栖作战行动。它还在沿海及港湾水域布置了许多水雷,并为正在增长的海岸防御炮台配备了人员。

23. 中共海军并不是一支有效的战斗力量。在卷入朝鲜战争后,它的行动仅限于通过鱼雷艇、水雷战以及小规模的两栖登陆袭击来对联合国的水面船只发动突袭。

(二) 共产党的军事能力

24. 地面部队。共产党驻朝地面部队有能力采取下述行动措施:

(1) 在稍微警告或根本就不警告的情况下发动大规模的进攻;

(2) 为了获得有限的目标而进攻;

(3) 长期彻底地防御;

(4) 在不断有利的状况中防御;

---

① 原注:见表四:中共空军燃油需求的预测。

（5）在南朝鲜从事有限的游击战。

全力以赴的空中进攻能够极大地增强地面部队的每一种能力。不过，我们认为这种空中进攻不致使敌方的能力达到迫使联合国撤出朝鲜的程度。

25. 如果战争在当前规模上继续进行下去，那么我们认为在本次评估期间，共产党的能力将继续稳步地得到增强。毫无疑问，共产党的火力及后勤能力将会得到增强；为了充分配合共产党的地面部队，必须发展空中支持技术。该技术也许随着其空中实力及作战效果的增强而得以提高。

26. 共产党现在有能力向联合国在朝鲜西北部甚至南至清川江上空的空中行动发起严重挑战。它还有能力把空中行动向南扩大至联合国控制的地区及其邻近水域。特别是，目前共产党在朝鲜地区的空军部队有能力执行下述作战任务：

（1）在朝鲜西北部实施大规模的白天拦截；

（2）在朝鲜西北部于良好的可视状况下实施夜间拦截；

（3）和联合国/美国空军进行空对空的消耗战，以努力击落联合国/美国的 F-86 飞机；

（4）用有限的战斗机攻击联合国/美国的地面部队、前线机场以及其他前线军事设施；

（5）用图-2 轰炸机轰炸在南朝鲜及其邻近水域的目标。

（如果共产党人认为需要动用喷气式战斗机护航，那么这些攻击的范围将受到限制。）

27. 喷气式轰炸机在朝鲜地区执行任务将会极大地增强这些能力。

28. 空中防御在共产党中国处于高度优先的地位。在苏联援助及可能直接的参与下，中共已建立了瞭望站和空中雷达预警网。它的覆盖面从海南岛沿海岸线向北，经由满洲直至苏联边界以及内陆的一些地方。此外，为了保护工业区、港口设施、机场、通讯网以及补给网，沿海岸线还部署了苏联培训的、很可能是苏联人操纵的高射炮防御部队。一些重要的内陆工业及军事设施同样受到保护。满洲是敌方喷气式战斗机的集中地，可以预测共产党战斗机在白天可以进行积极防御，同时也可以在良好可视状况下进行活跃的夜间防御。在中国其他地方，中共空军能够部署足够的飞机以保护选中的特别地区免遭来自空中的袭击，但是现有部队部署得太松散，就是为了有效地保护几个地区免遭敌人同时发起的攻击。

29. 如果不考虑停火谈判的结果，到1953年7月，中共空军的飞机总数很可能增加到至少 2 500 架。（见表一：中共空军实力的预测）而且，中共在及时预警、地面控制的拦截及高射炮能力上的整体空中防御能力，很可能会继续得到加强。

30. 海军能力。在本次评估期间，中共和北朝鲜的海军能力可能依然是微不足道的。（见上面的第 22 和 23 段。）

二、影响共产党在朝鲜的行动方针的诸因素

（一）苏联的全球利益

31. 克里姆林宫对苏联远东利益到底是通过延长朝鲜战争抑或是结束战争来得以推进

的评估,在很大程度上依赖于苏联的世界战略。正如我们认为的那样,如果克里姆林宫倾向于通过避免一场全球战争来获致其目标,那么它不会在朝鲜采取将增加全球战争风险的行动措施。由于共产党入侵朝鲜已涉及全球战争的内在风险,所以克里姆林宫寻求限制它在朝鲜战争中的作用,并且不打算把战争当作发动更广泛冲突的借口。这样,克里姆林宫似乎渴望避免因朝鲜问题而发生全球战争。因此,它很可能会愿意要么继续目前的状况,要么休战。

32. 另一方面,如果苏联目前的战略就是设想一场早期的全球战争,我们就认为这几乎不可能,那么克里姆林宫可能会寻求使美国军队陷入朝鲜而不考虑全球战争的风险。

(二) 中苏关系

33. 朝鲜战争已在北平和莫斯科之间增加了负担分配的问题。尽管尚无证据表明该问题已影响了中苏伙伴关系,但朝鲜战争的拖延也许会在两国政府间制造摩擦。不过,在本次评估期间,这种摩擦将极不可能使两国在朝鲜政策上存在重大的分歧。

(三) 共产党中国的内部状况

34. 当朝鲜战争爆发时,北平政权的政治经济前景是十分乐观的。它已确立对内部的控制;政权享受着绝大多数人民的支持;其财政状况亦较稳定;而且政府宣布它打算全身心投入到长期的经济发展计划中。尽管朝鲜战争激励国家意识、强化了反对外国的情感,但是为了在财政上支持战争而推迟国内重建计划就在很大程度上削弱了经济进步的前景。此外,强化警察措施,降低了人民对政权的支持。中共政府不得不迅速增加对人力及物资资源的动员和消耗。政治、经济及社会的紧张状态在发展。虽然这并没有削弱当前中共从事战争的能力,但是会越来越影响到该政权长期的政治军事能力。

35. 朝鲜战争的负担是相当大的。已得到的证据尽管非常零碎,却都表明中共政府的军事消耗在1951年很可能比1950年要翻一番。在过去的一年,节衣缩食成为该政权的主要目标。西方的贸易管制无疑已增加了中共政权的经济困难。以目前生产力水平运作的工厂已出现了严重的维修问题,特别是在关键的铁路及电力部门对军队后勤服务的需求,以及快速扩大的官僚队伍,都使得政权面临管理和技术人员的严重短缺状况。

36. 中共已采取了严厉措施来满足战争的需求及巩固它们的政权。增加了税收,非常规的杂税也收得更频繁了。宣传活动在很大程度上已扩展至打掉潜在的敌对势力、增加政权权力的集中性和人民对战争努力的支持。有组织的恐怖计划致力于疏通政府的管理并剥夺商业及资产阶级的权力。

37. 在苏联的持续援助下,中共至少到明年才可能有能力在当前水准或进一步扩大的水准上支持他们的战争努力。目前的消费品生产可能得以继续维持下去,并且,中国及满洲的农作物前景是很乐观的。不过,该政权几乎肯定会认为战争的无限延长将严重阻碍其国内发展计划,而且将增加人民对政权的梦想破灭感。虽然中共有能力在朝鲜继续进行战争,但我们认为内部经济及政治因素很可能对中共施加重压以使其结束战争。

（四）北朝鲜内部状况

38. 越来越严重的食品短缺、工业设施和发电厂持续遭到破坏以及统一前景的消失，都使得北朝鲜人民的士气变得极为低落。从苏联和共产党中国运来的消费品，主要是食品。同时，共产党的管制措施也防止了严重动乱的发生。

39. 战争爆发前北朝鲜政权发展的高度有效的管制机构在本质上未受到任何破坏。没有证据表明警力遭到严重削弱，或者军队和政府中存在颠覆分子。此外，一度遭遇严重破坏的北朝鲜宣传组织在当前的军事间歇期亦已得到强化。

40. 即使战争的延长几乎必定会对北朝鲜的内部状况造成越来越大的负面影响，但这很可能不会对共产党在朝鲜的行动方针产生什么影响。既然苏联控制着北朝鲜政权，那么后者的利益将是苏联全球或地区利益的附属品。不过，可以推测苏联在朝鲜的政策将在某种程度上受到它渴望恢复北朝鲜作为"模范"卫星国这一愿望的影响。此外，对中共在北朝鲜内部事务上不断增长的影响的恐惧感，也在某种程度上影响到苏联在朝鲜的政策。

（五）南朝鲜的政治发展

41. 近来在李承晚和议会间出现的政治危机以李的彻底胜利而告终①。不过，在李和其近来反议会行动的一些支持者以及议会之间依然存在着冲突。作为政治危机的解决办法而导致的宪法上的变动，将可能在总统、总理及议会间滋生更大的摩擦。可是，考虑到美国的压力和国际上的反对，李可能会进一步抑制公开的反修宪活动和公然的威胁行动。作为韩国政治问题解决的一个结果，联合国军的安全得以维持下去，但任命李的政治支持者为高级指挥官，会在未来一段时间内削弱南朝鲜军队的效率。

42. 共产党有关南朝鲜政治冲突的宣传，已把这场冲突视为李政权恶化及不受人民欢迎的证据。不过，除非南朝鲜的政治发展已严重削弱联合国的军事地位，否则，这种发展可能对共产党在该地区的行动仅造成很小的影响。

三、共产党意图的一些迹象

（一）军事迹象

43. 共产党在朝鲜或其他地方的军事行动并未表露出共产党意图的最终迹象。虽然自停战谈判开始以来，共产党地面部队的实力得到大幅度的增强，但共产党却保持一种总体防御姿态。共产党空中潜力前所未有的增长并非是敌方即将在朝鲜扩大空中活动的一种迹象。不过，共产党军队的实力和部署却表明他们在稍微或根本不发出警告的情况下就能够发动进攻。

---

① 指李承晚以武力强行修改宪法而获得成功。在李承晚于 1952 年 5 月 26 日拘捕了 40 名反对他的议员之后，又于 7 月 4 日出动军警强制第二届国会在夜间开会，以起立投票的形式，通过了宪法修正案（160 票赞成，三票弃权，无反对）。根据这一宪法修正案，总统选举办法改为由选民直接选举。国会实行两院制，由民议院和参议院组成。这样，"反李"势力占优的国会便不能选举总统，李承晚便可操纵选民选举，继续担任总统。——译注

（二）宣传迹象

44. 共产党的宣传已反映出他们对停战谈判中的战俘问题继续持顽固的态度。而且，这种宣传强调共产党决心不屈服于军事压力的恐吓。同时，宣传还强调共产党人渴望继续进行停战谈判。

45. 不过，在共产党的宣传中存在一些迹象，可以解释为准备结束朝鲜战争。在过去 6 个月，其宣传不断讨论过去发生的战争且强调共产党已从战争中获益。中共的国内宣传强调该政权的内部计划。北朝鲜的宣传也几乎很少关注战争，而更多地关注"正常的"宣传题目，例如北朝鲜的经济问题、对李承晚政府的攻击，以及在南朝鲜的游击活动。

（三）来自停战谈判的一些迹象

46. 在谈判的过程中，共产党已清楚地表明了两种态度：其一，他们不急于缔结协定；其二，他们希望把谈判破裂的责任推给联合国。在过去的几个月，谈判只剩下战俘遣返的问题。

（四）来自共产党外交行动的一些迹象

47. 在外交阵线，有来自苏联和中共的许多迹象表明，他们愿意找到战俘问题的解决办法。例如：印度打破板门店僵局的努力受到北平的暂时鼓励。苏联则在联合国谨慎地试探别国的观点。

（五）共产党可能采取的行动措施

48. 在过去的一年，共产党实际上加强了他们在朝鲜地区的军事实力。同时，他们继续在板门店进行停战谈判，允许双方在停战问题上的分歧仅缩小至战俘交换问题。近来共产党的外交行动已经为这些谈判作出某些补充。共产党的宣传在利用停战问题的同时，并没有关闭谈判解决问题的大门。从更广泛的视角看，他们可能期待通过谈判来解决问题。

49. 在朝鲜的共产党人似乎准备要么恢复全面战争，从而导致无限期的军事僵局，要么休战。尽管共产党恢复全面战争的可能性不大，但我们认为他们会继续谈判，并且会主动打破现有的军事僵局。

50. 我们认为共产党可能希望缔结停战协定。不过，我们相信只要共产党认为他们可以从战俘或其他问题中获得利益，而且只要他们预计朝鲜战争的继续不会冒引发全球战争的重大风险，那么他们将会拖延谈判。①

51. 如果缔结了停战协定，那么我们认为共产党介入与朝鲜有关的远东问题会使解决政治问题的谈判复杂化。

52. 无论政治问题是否得到解决，我们都认为共产党控制整个朝鲜的目标不会改变。共产党将继续重新发展北朝鲜为一个好战的且装备精良的卫星国。他们还会使南朝鲜遭受

---

① 原注：见国务院情报局特别助理在第 2 页的评论。

下述之苦：颠覆、阴谋破坏、间谍活动以及游击战。

表一　对 1950 年 7 月至 1953 年年中中共空军的评估

飞机种类	50.6	50.9	50.12	51.3	51.6	51.9	51.12	52.3	52.7	预计 53 年 7 月的实力
喷气式战斗机		37	36	110	400	700	800	900	1 300	1 500
活塞式战斗机	200	130	180	210	200	250	250	250	240	350
地面攻击机	87	50	50	127	170	160	150	160	140	250
Lt 轰炸机	20	36	40	60	130	120	150	240	260	250
运输机	…	20	65	65	100	100	100	150	160	150
总　　数	307	273	371	572	1 000	1 330	1 450	1 700	2 100	2 500

表二

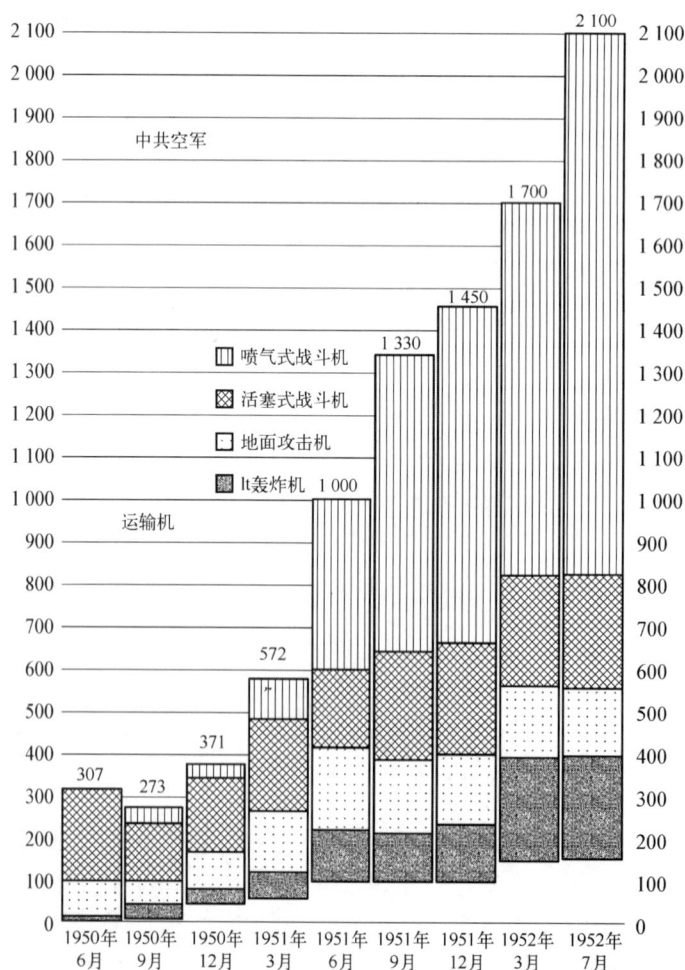

表三　中共空军的飞机技术能力

战　斗　机			
种　　类	作战半径	航　　程	装　　　　备
米格-15（仅耗机内燃油）	160 海里	540 海里	2 挺 23 毫米口径、一次可射击 80 发子弹的机枪； 1 挺 37 毫米口径、一次可射击 40 发子弹的机枪； 携带的炸弹数未知
米格-15（外附 2 个 70 加仑的油箱）	315 海里	840 海里	同上
米格-9	330 海里	750 海里	1 挺 37 毫米口径、一次可射击子弹数未知的机枪； 2 挺 23 毫米口径、一次可射击 75 发子弹的机枪； 携带的炸弹数未知
雅克-15	300 海里	750 海里	2 挺 20 毫米口径、一次可射击子弹数未知的机枪； 6～8 架 55 毫米口径德式火箭发射器； 携带的炸弹数未知
雅克-9	540 海里	1 100 海里	1 挺 20 毫米口径、一次可射击 120 发子弹的机枪； 2 挺 12.7 毫米口径、一次可射击 180 发子弹的机枪； 不能携带火箭发射器和炸弹
拉-7	300 海里	610 海里	2 挺 20 毫米口径、一次可射击 200 发子弹的机枪； 6 架 132 毫米口径火箭发射器（可能携带 2 枚 220 磅重的炸弹）；
拉-9	440 海里	950 海里	4 挺 23 毫米口径、一次可射击 100 发子弹的机枪； 不能携带火箭发射器和炸弹
轰　炸　机			
图-2	500 海里	1 040 海里	2 挺 20 毫米口径、一次可射击 150 发子弹的机枪(固定安装在飞机上)； 3 挺 12.7 毫米口径、一次可射击 250 发子弹的机枪(可灵活搬动)； 可携带 2 200 磅重的炸弹
	400 海里	850 海里	可携带 3 300 磅重的炸弹； 机枪配备数同上

续　表

战 斗 机			
种　　类	作 战 半 径	航　程	装　　　备
强　击　机			
伊尔-10	170 海里	360 海里	2 挺 23 毫米口径、一次可射击子弹数未知的机枪； 2 挺 7.62 毫米口径、一次可射击子弹数未知的机枪； 1 挺 12.7 毫米口径、一次可射击子弹数未知的机枪； 2 架 132 毫米口径火箭发射器； 可携带 880 磅重的炸弹

表四　对中共空军所需燃油的评估

飞机种类	飞机数量	每小时平均耗油量（加仑）	平 时 所 需 量		最大限度持久作战所需量	
			每架飞机每月平均飞行时间	每月所需总量（加仑），在计算时包括后勤损失的 10%	估计每架飞机每月飞行时间总数	每月所需总量（加仑），在计算时包括后勤损失的 10%
喷气式战斗机	1 300	300	6.6	2 831 400	23	9 867 000
活塞式战斗机	240	70	8.4	155 232	30.5	563 640
地面攻击机	140	80	10	123 200	30.5	375 760
Lt 轰炸机	260	140	10	400 400	40	1 601 600
运输机	160	92	14.5	234 784	70	1 133 440
总　　数	2 100			3 745 016		13 541 440

备注：估计中共空军在当前的消耗率下，每月需要燃油 473.374 万加仑。这代表了在下述设想基础上所预计的平时需求量的增加：为了喷气式战斗机平时的作战行动，满洲-朝鲜地区的 600 架共产党喷气式战斗机平均每架飞机每月飞行 15 个小时，而不是如上面评估的那样是 6.6 个小时。

DDRS,CK 3100421063 - CK 3100421077

邓峰译，高恒建、赵继珂、邓霜、郑波校

中情局关于共产党方面在朝鲜的能力及
拟采取行动的评估报告

（1953 年 4 月 3 日）

CIA NIE 80

绝 密

1953 年共产党在朝鲜的能力及可能采取的行动措施

（1953 年 4 月 3 日）

问 题

评估 1953 年共产党在朝鲜的能力及可能采取的行动措施

结 论

1. 自 1951 年中期停火谈判开始以来,共产党在朝鲜地区的军事潜力已得到稳步发展。军队总人数增加了一倍还多,并且后勤支援已得到实质性的改善。喷气式战斗机的数量已增加三倍多。预计 100 架轻型喷气式轰炸机已经被调入满洲。共产党军队的战斗力已有所提高。我们认为现在这种战斗力的状况位于良好和优秀之间。非常有组织且各部分配合很好的防守带可能会扩大 15～20 公里,直到目前战场的后部。许多设防区已在防守带的后部建立起来且得到加强和扩大。

2. 共产党在华空军(CAFIC)①目前有能力在能见度较好的情况下于朝鲜上空对联合国军白天的空中行动发起强有力的挑战。它还有能力把共产党空军的空中行动扩大到联合国控制的区域及其附近水域。如果共产党在朝鲜的所有战场及联合国军的后方基地上空锻炼其空军的顽强作战能力,从而以此来支持一场大规模的地面进攻,并在这些行动中实现最有利的胜利,那么,敌人或许会把朝鲜的联合国军置于危险的境地。

3. 敌人有能力在稍作警告或根本就不警告的情况下发动一场大规模的地面或空中进攻。总的来说,目前共产党的军事、外交及宣传活动都表明共产党并不打算在最近的将来发

---

① 原注：CAFIC 这个术语意味着包括北朝鲜空军部队和苏联部队。我们认为这些部队正和中共空军一起执行作战任务。

动大规模的地面或空中行动。

4. 北朝鲜和共产党中国的政治及经济状况并没有给共产党施加极大的压力，以使其在朝鲜缔结停战协定。

5. 我们认为，在本次评估期间，中苏在朝鲜的合作将不会因为矛盾和相冲突的利益而得到实质性的减少。

6. 共产党可能认为，朝鲜战争给西方国家造成一定的负面影响，使他们的关系趋于破裂。共产党可能还认为，至少在本次评估期间，联合国/美国不可能在远东投入必要的军事力量，把共产党赶出朝鲜。与此同时，共产党可能会相信，联合国/美国将在本次评估期间采取行动，使共产党参加朝鲜战争的代价和风险都得到提高。

7. 我们认为，在本次评估期间，共产党在主要保持防守姿态的同时，将寻求在朝鲜保持强大的军事压力。与此同时，共产党为了坚持利用其获得的任何优势去反击联合国/美国可能强化或扩大战争的行动，将会继续增强他们在朝鲜-满洲地区的军事实力。

8. 我们认为，只要朝鲜的军事僵局继续存在，那么共产党就不可能在战俘问题上作出让步，从而确保停战。①

9. 我们认为，共产党希望控制整个朝鲜的目标依然未变。不过，我们认为，共产党期望在朝鲜问题上避免全面战争的爆发，同时共产党在朝鲜的行动措施将由共产党的全球利益来决定。

讨　　论

共产党驻朝鲜军队的能力
军事实力

10. 地面部队：自1951年中期停战谈判开始以来，敌人在朝鲜地区的地面部队在人员数量上有稳步的增长。目前，敌军总数比1951年中期增长一倍多。

敌人驻朝军队总人数②

	1951 年 7 月	1952 年 7 月	1953 年 7 月
北朝鲜	23 万人	26.7 万人	29.4 万人
中　共	27.2 万人	68 万人	83.6 万人
总人数	50.2 万人	94.7 万人	113 万人

---

① 原注：SE 37 号文件，"针对共产党中国的内外商贸业制定的某些行动措施对苏联集团可能造成的影响"（1953 年 3 月 9 日），认为对共产党中国的海上封锁，以及对中共运输线的大规模且持久的海空轰炸，都将不会促使共产党去接受目前联合国解决朝鲜问题的条件。

② 原注：经过比较发现，联合国军地面部队在 1951 年中期的总人数大约为 41.6 万人。目前联合国军地面部队的总人数为 51.3 万人。

除了中共驻朝军队以外,还有总数约25.5万人的中共驻满洲部队以及总数为12.9万人的中共驻华北军队。一旦形势有变,需要大批共产党军队迅速增援其现有军队,那么这些部队将被用于朝鲜。

11. 我们判断共产党驻朝地面部队的战斗力和士气状况介于良好与优秀之间。大多数重新组织、重新装备的增援计划,尤其在装甲部队、炮兵部队和高射炮部队等方面的计划,已使敌军火力有了实质性的提高。近几个月来,我们注意到敌军在利用战场、高射炮以及在训练方面都有了提高,表现出对部队的更佳领导及战术应用,特别是对小股部队的领导及战术应用。他们越来越强调射击命中率和利用一些军事计谋,并且几乎不重视"人海"战术。

12. 自停战谈判开始以来,在长期的半稳定期期间,共产党改进了他们在朝鲜的后勤状况。虽然联合国军针对北朝鲜交通线采取的行动,已经使共产党的再补给努力变得很困难,但是敌人依然能够运输足够的补给以满足其战斗需要并建造物资贮备库。只不过,这在精力及辎重方面需付出惨重代价。估计敌人现在已在朝鲜储备了大批给养用来支持为期约35天的进攻行动,不过,由于支持进攻等级的运输能力有限,所以敌人也许将不能维持超过10~14天的大规模进攻。无论如何,我们应注意到敌人在北朝鲜军事实力的增强已使其相应增加了后勤上的需要。这样,他们现在需要对长期大规模的进攻确保有效的后勤支持,为前线地区提供持续稳定的补给。这种需要已超过过去的任何时候。

13. 空军:共产党在华的空军自1951年中期停战谈判开始以来,已得到稳步发展。估计自1951年中期以来敌人喷气式战斗机的总数已增长了三倍。此外,近几个月来伊尔-28轻型喷气式轰炸机的调入,进一步强化了共产党在中国的空军实力。估计目前在满洲大概有100架这种型号的飞机。

共产党在华空军的组织及装备实力预测表*

	1951 年 7 月	1952 年 7 月	1953 年 7 月
喷气式战斗机	400	1 300	1 400
轻型喷气式轰炸机	……	……	100
其他型号飞机	600	800	850
总　　数	1 000	2 100	2 350

* 目前尚不清楚共产党在华空军部队的真正实力。但我们认为大多数部队都接近于公认的实力。我们用组织与装备实力表作为评估共产党在华空军实力的基础,因为我们认为在共产党蓄意扩大空战之前,苏联可能会为共产党在华空军提供大批飞机,以使任何实力不足的部队彻底达到组织与装备所需要的数量。见附录一和附录二图表显示的自朝鲜战争爆发以来共产党的空军实力,以及在本次评估期间的实力预测。见附录三表格显示的苏联远东空军实力,和附录四显示的共产党在华空军及苏联空军的飞机作战性能。经过比较发现,联合国军空军在1951年中期的真正实力是约拥有960架飞机。其中多数都是活塞发动机式飞机。目前联合国空军的真正实力是约拥有1 710架飞机。其中约775架是喷气式战斗机。

在当前总数为 2 350 架的飞机中,我们认为部署在北朝鲜-满洲地区的约有 1 460 架作战飞机(包括 1 000 架喷气式战斗机和 100 架伊尔-28 轻型喷气式轰炸机)。其余作战飞机(包括 300 多架喷气式战斗机)都在中国境内,主要以北平、上海、广东及苏州为基地。

14. 按照美国标准,我们认为共产党在华空军的战斗部队在战斗力上已达到一个相当高的水准。敌人的空军战术已得到稳步提高,而且,尽管敌军个别飞行员的攻击水平定期出现波动,但是按照美国标准,目前敌军战斗机驾驶员的熟练程度及攻击水平被认为是"很不错的"。当前共产党在华空军最严重的缺陷是缺乏全天候作战能力和夜间拦截能力。虽然共产党在华空军在过去的一年已能够在空中连续保持作战能力,但是联合国飞行员所见到的共产党空军平均每天的出勤率,似乎仅仅是预计中其拥有的全部飞机可能出动架次总数的一小部分。

15. 自1950 年 6 月以来,北朝鲜已开始在其境内修建机场。目前,在北朝鲜大约有 33 个机场。它们适合于或逐渐能适合于军事行动。其中有 8 个机场在短期内就能够应付喷气式飞机连续执行作战任务。在共产党中国境内,对机场的集中维修及设施的完善已创造出一个良好的机场系统,使其能够处理目前的共产党在华空军所拥有的各式飞机。在满洲,近来共产党空军的各类设施都得到完善,并开始发挥作用。这就为满洲空防提供了非常棒的基础。位于安东/沈阳姊妹城的 10 个喷气式飞机机场正在发挥作用,使共产党喷气式战斗机能够扫射——但不是轰炸——前方阵地的联合国军事设施。

16. 共产党在华空军几乎完全依赖苏联提供的后勤支援,包括飞机、燃油、武器及弹药。此外,苏联似乎正在其境内为共产党在华空军的飞行员提供高级飞行训练,并且苏联军事人员要么直接要么间接地操纵共产党在华空军的作战行动。

17. 海军:战前规模不大的北朝鲜海军在朝鲜战争爆发之初就已遭到很大程度的破坏。除布雷能力外,其目前的战斗力不足为虑。中共能执行作战任务的海军由大约 100 艘舰只所构成,包括 42 艘两栖作战舰。在过去的一年,中共海军的战斗力已有所提高。至今没有迹象表明中共海军援助北朝鲜。

18. 苏联正在为中共海军以及在微不足道的程度上也为北朝鲜海军提供内燃机式鱼雷艇和其他一些海军舰只,还有海军军用器材,水雷、油料、雷达、甲板及排雷装置。我们知道苏联潜艇尚未被调动。中共和北朝鲜很可能正在海战及海岸防御方面接受苏联的指导及培训。

全部军事能力

19. 地面部队:目前敌方部署在北朝鲜大约有中共的 19 个军以及北朝鲜的 5 个兵团。各步兵师拥有大炮、火箭发射器和装甲部队。这样的军队约 30 万人,要么正在进行海岸防御行动,要么可以迅速调动他们进行海岸防御行动。大批这样的军队被部署于预计两栖作战行动可能会发生的海岸地区。自 1951 年以来,共产党一直在加强他们的海岸防御和前线防御。非常有组织且各部分配合很好的防守带可能会扩大 15～20 英里,直到目前战场的后部。许多设防区已在防守带的后部建立起来并且得到加强和扩大。我们认为防守带就位于设防区前方稍稍靠后一点的地方。据悉,共产党已横跨朝鲜的蜂腰部建立起了另一条防守带。情报显示所有的防守区都广泛使用堑壕、带电线的栅栏、地雷及路障。共产党沿着如今的前线和东西海岸,彻底地建造起了坚固的地面碉堡。在这些地区,后勤储备状况已有实质性的改进。

20. 如今,在有限的空中支持下,共产党驻朝地面部队具有如下一些能力:

(1) 在稍作警告或根本就不警告的情况下,发动一场大规模进攻;

(2) 发动带着有限目标的进攻;

(3) 在相当长的一段时间内作彻底的防守;

(4) 在南朝鲜从事有限的游击战。

21. 空军:共产党在华空军目前有能力在能见度较好的情况下于朝鲜上空对联合国军白天的空中行动发起强有力的挑战。它还有能力把共产党空军的空中行动扩大到联合国控制的区域及其附近水域。在过去的六个月期间,通过将满洲的两个轻型轰炸机团转换成伊尔-28轻型喷气式轰炸机团,共产党在华空军的能力似乎有了大幅度的提高。估计伊尔-28的最大作战半径是从共产党在华空军能发起进攻的南满基地直到南朝鲜及日本的一部分地区。①

22. 不过,共产党在华空军目前没有能力在能见度较差的条件下,向联合国军的空中行动发起挑战。而且他们只具备有限的全天候作战能力。朝鲜缺乏喷气式战斗机可使用的军事设施。这一点制约着目前共产党在华空军打击联合国地面部队和设施的能力。毕竟,一旦拥有那些军事设施,共产党军就可以使用炸弹或燃烧弹发起近距离的进攻。此外,他们还没有展示出用喷气式飞机实施有效的空对地支持行动或有效的高空轰炸的能力。

23. 作为紧张工作的一个结果,过去的一年里共产党空军在朝鲜、满洲以及在中国境内的防御能力有了大幅度的提高。共产党已经建立了视觉观察站和/或空中雷达预警网。其覆盖面完全涉及从海南岛直到满洲再到苏联边界的整个中国海岸。朝鲜-满洲地区已发展了广泛的雷达网。不过,虽然共产党的空中防御取得了相当大的进展,但我们认为目前他们的雷达管制和通讯设施没有能力有效地应付大规模突袭或饱和袭击。过去的一年,共产党在北朝鲜高射炮火力的密集度和准确度都在继续提高。现在其高射炮火力还包括利用一些雷达管制的探照灯和机枪。估计共产党在北朝鲜-满洲地区拥有1 000架喷气式战斗机,同时有能力在白天和能见度较好的条件下于该地区进行有力的战斗以抵御联合国的空中进攻。不过,黑暗和糟糕的能见度严重限制了这些战斗机的防御能力。在共产党中国的其他地方,共产党在华空军能够部署足够的飞机来保卫经挑选的特定地区免遭对手的空中袭击。但是目前共产党军队部署得太分散且空防系统的其他部分有太多缺陷,因而在对手同时进

① 原注:我们认为伊尔-28作战的最高飞行限度是37 000英尺,最快飞行速度约为每小时450海里,并且最大载弹量为6 600磅。

攻几个地区的情况下不能防止对空防系统的饱和袭击。现在尚无迹象表明共产党在华空军获得了空中雷达拦截设备。

24. 空军和地面部队的联合作战能力。

如果共产党在一场大规模的地面进攻中同时动用空军的最大能力,却又把他们的空中活动限制在共产党控制的地区,那么他们将至少在一开始就干扰了联合国军的空中封锁行动和空中对地面的密切支持行动。联合国这种打击敌人前进及后勤运输的空中行动的减弱,将在很大程度上增加敌人获得有限胜利的机会。不过,在这些情况下,共产党军队也许将没有能力把联合国军逐出朝鲜。如果共产党在整个朝鲜战场和联合国军后方的基地上空锻炼空军最大能力的同时,用令人吃惊的空中攻击来支持一场大规模的地面进攻,①那么,敌人将极大地破坏联合国军在前方地区的喷气式飞机机场的军用设施。此外,这种攻击还将使联合国军的一些飞机和反飞机武器转为纯粹的执行防御任务。

因此,共产党地面部队的能力将得到强化,因为他们的部队调遣及后勤支援活动都将处于相当轻微的空中攻击之下。尽管我们尚未对这些情况下局势最终如何发展做肯定的评估,但是,如果共产党通过在整个朝鲜战场及联合国军后方基地上空锻炼其空军的最大能力,用以支持一场大规模的地面进攻并在这些行动中获得最有利的胜利。那么敌人很可能把联合国军置于危险的境地。

25. 海军:除了布雷之外,北朝鲜的海军能力依然让人不足为虑。如果中共海军参加朝鲜战争,那么它将有能力对北朝鲜海军作出如下援助:

(1)内燃机式鱼雷艇对联合国在黄海海岸水域的运输发动令人吃惊的攻击。

(2)在海上布雷并扫雷。

(3)提供总数高达1 000名的训练有素的潜艇人员。

(4)在黄海海岸水域,动用常规登陆艇,有条不紊地运送3至4个师的两栖作战部队。从事这种行动需要制海权和制空权。

26. 预计敌人军事能力在朝鲜的发展趋势。②

(1)假若朝鲜的拉锯战持续存在。在这种情况下,在本次评估期间,共产党的能力也许将继续得到稳步提高。敌人有能力通过调入额外的步兵、大炮及装甲部队来继续增强地面

---

① 原注:以我们获得的并不充足的信息为基础,就可以对共产党在华空军投入到一场大规模空中进攻中第一波攻击的飞机总数作出准确的评估。不过,假定共产党在华空军各部队调用"组织及装备实力表"中飞机总数的约80%,同时假定在一场大规模的空中进攻之前就进行了解除戒备的侦察,那么在没有重新部署飞机的情况下,敌人也许能够在目前投入大约700架喷气式战斗机、120架活塞发动机式战斗机、40架轻型喷气式轰炸机以及25架轻型活塞发动机式轰炸机。如果重新部署了飞机并作出了上面那样的相同假设,那么这些数字将增加到大约950架喷气式战斗机、150架活塞发动机式战斗机、40架轻型喷气式轰炸机以及150架轻型活塞发动机式轰炸机。我们估计在第一波空中打击后能够保持的飞机出勤率为每架喷气式战斗机每月18架次以及所有其他类型的飞机每月15架次。

② 原注:1953年3月9日SE 37号文件"针对共产党中国的内外商贸业制定的某些行动措施对苏联集团可能造成的影响",讨论了联合国/美国的某些行动措施对共产党在朝鲜的能力造成的影响。

军队的实力。敌人还有能力改善火力状况、提高对部队的战术利用并强化对后勤的支持。如果苏联继续支持共产党在华空军,那么共产党的全部能力也许将得到实质性的提高,而且,将会对联合国在朝鲜的军事设施构成极大威胁。我们认为,和苏联现在正供应的海军装备相比较,中共海军显然有能力大规模地接纳更多的海军装备,包括小型岸基潜艇或岸基驱逐舰。无论苏联的这种额外支持能不能兑现,在第25段中描述的中共海军的作战能力都将继续得到提高。北朝鲜海军能力提高的程度不是很大。

(2)万一在朝鲜实现停火,这种情况下预计敌人能力发展的最重要趋势将是重建并重新装备北朝鲜的机场。

苏联干涉朝鲜战争的能力

27. 地面部队:如果苏联决定公开干涉朝鲜战争,那么在做出决定动用大批军队后,预计当前它必须在30～60天之内投入到朝鲜13～15个师(21.5万～25万人),我们尚未对一旦苏联远东全部动员的情况下用于朝鲜的苏军数量做准确的评估。在这种情况下,全部军队也许在实际上将越过13～15个师。

28. 空军:预计当前苏联远东空军拥有5 600架[①]飞机,包括1 760架喷气式战斗机,320架轻型喷气式轰炸机,1 150架轻型活塞发动机式轰炸机和220架图-4中型活塞发动机式轰炸机。我们认为,现有设施只允许不到上述总数20%的飞机部署进朝鲜战场,不过苏联空军在保持对苏联领土的空中防御的同时,能够动用150架轻型喷气式轰炸机,820架轻型活塞发动机式轰炸机和130架中型活塞发动机式轰炸机,从在南方沿海及旅顺港地区的现有基地出发,发动针对联合国在朝鲜和日本的军事设施的空中打击。苏联远东空军也能够空运6 700～7 500人的伞兵部队,或者它能够在一次扩大行动中于五天内运送1.5万～1.8万人的伞兵部队。

29. 海军:估计目前苏联在太平洋地区的海军拥有321艘水面舰艇,其中最大的是两艘重型巡洋舰和31艘驱逐舰;另外,它还拥有93艘潜艇,其中的64艘配备了各种现代化的装置。苏联能迅速地在朝鲜地区使用这支军队。估计苏联在远东的海军航空兵拥有1 540架飞机。(所有这些海军兵都是岸基航空兵,其拥有的飞机数已包括进上面提到的苏联远东空军的飞机总数中。)此外,苏联利用目前已知的42艘两栖作战舰船,估计能有条不紊地运送2个师的军队攻打朝鲜东海岸和日本。对商船的利用也将增强这种运送能力。

30. 预计苏联军事能力在朝鲜地区的发展趋势。

我们预测在本次评估期间,苏联远东地面部队或海军的能力不会出现重大变化。苏联远东空军继续为现有部队重新装备喷气式战斗机和轻型喷气式轰炸机,并且其飞行员在能见度比较好但又受一定限制的条件下,不断熟练地掌握编队飞行、高空轰炸和长途飞行的技术。这一切都将可能提高苏联远东空军的战斗力。

---

① 原注:组织与装备实力表,见附录三。

共产党在朝鲜可能采取的行动措施

苏联的全球利益

31. 根据共产党的全球利益，朝鲜战争既有利也有弊。从积极面来看，战争使美国军队陷入朝鲜，在美国和其盟国间制造紧张源，同时为共产党的宣传和其他方式的政治战提供有用的信息源和起激励作用的因素。从消极面来看，战争消耗了苏联和共产党中国的许多资源且为保持西方再武装的行动提供了刺激因素。而且，共产党可能会认为，通过向联合国做出让步来结束战争，将鼓励西方在东西方冲突的其他问题上保持坚定的立场，还将使自己威信扫地，或许在将来会助长共产党军队中的叛逃行为。

32. 到底克里姆林宫认为延长朝鲜战争能够促进苏联在远东的利益还是结束朝鲜战争才能达到此目的，在很大程度上取决于苏联的世界战略。克里姆林宫也许将倾向于通过避开全面战争来不断地实现它的目标。当共产党在朝鲜的侵略已在各方面都涉及全面战争的内在风险时，克里姆林宫都主动限制它自己在朝鲜战争中的作用，而且不打算利用战争来作为发动更广泛冲突的借口。克里姆林宫似乎期望在朝鲜问题上避免全面战争的爆发。正是由于这个理由，它也许将宁愿使目前局势继续下去或达成停战协定，而不愿扩大战争。毕竟，在它看来，扩大战争势必会导致不体面战争的爆发。

共产党中国和北朝鲜的国内状况

33. 共产党中国：在朝鲜战争期间，中共强化了在政治上的控制。为了从财政上支持战争和该政权的国内项目，中共建立了强制集中资金的制度。这种强迫措施可能在总体上降低了人们支持政权和战争的自愿度。但是该政权越来越有效的专制措施几乎肯定会足以控制可能发展起来的任何憎恨情绪。

34. 朝鲜战争强加给共产党中国的经济和政治负担，目前很可能比他们在1950年和1951年时的负担要少。共产党中国工农业产量的增长以及政治和经济管制的强化，都使该政权自行支配的资源得以增加。因此我们认为，国内经济或政治因素不可能使中共政权直接面临在朝鲜缔结停战协定的压力。只要苏联继续为战争提供大批军事装备和补给，而且提供经济援助，那么在当前战争的程度上，或者甚至在战争稍微扩大的程度上，中共为战争所做的努力不可能使其面临严重的经济压力。

35. 北朝鲜：北朝鲜显然存在着严重的食品危机。尽管该政权宣称在1952年获得了特大丰收，但是食品生产及分配显然没有满足平民和军队的需要。北朝鲜十分需要来自共产党中国的大量援助。联合国军的行动使北朝鲜人的住宅、生产和电能急剧减少。此外，在消费品和农业人手上存在着严重的短缺。相应地，平民中间的士气继续低落，并且有一些证据表明在该政权内部存在着宗派主义的现象。不过，没有证据表明北朝鲜政权的决心和北朝鲜武装力量的士气得到了实质性的削弱。延长战争几乎肯定会对北朝鲜的国内状况造成越来越大的负面影响。无论如何，这对共产党在朝鲜的行动措施几乎不可能造成什么影响，因为北朝鲜政权的利益将继续从属于苏联的全球或地区利益。

中苏在朝鲜的合作

36. 尽管有证据表明近来中共在北朝鲜的影响有所增长,但是我们相信苏联依然支配着北朝鲜的事务。对北朝鲜的主要支配力的问题也许最终会对中苏关系造成负面影响。但是在本次评估期间,这种较量对共产党在朝鲜的行动措施将不会有任何重要的影响。

37. 朝鲜战争继续下去几乎肯定会在中苏伙伴关系中制造一些紧张因素。战争无疑在两国之间增加了负担分配的问题。而且,斯大林之死很可能在中苏制造一些未定因素。此外,共产党中国在军事和经济上不断地依赖苏联也许会造成最终使中苏关系面临严重压力的其他困难。不过,至今存在于中苏伙伴关系中带有冲突性质的特有利益和矛盾——事实上的和潜在的——都没有妨碍敌人在朝鲜的有效合作。目前并没有证据表明两国中某一国的对朝鲜政策出现了变化。共产党中国也许认为其安全正和苏联安全紧密联结在一起,而且已经表示它愿意使其直接利益从属于和苏联分享的更广泛的目标。因此,我们认为,至少在本次评估期间,中苏在朝鲜合作的效果将不会得到实质性的减少。

目前共产党在朝鲜意图的一些外在迹象

38. 军事迹象:目前共产党在远东的军事行动表明他们打算坚持在朝鲜所作的军事承诺。由于共产党在朝鲜的军事行动的性质意味着他们直接打算继续防守型的行动,所以持续增强地面和空中的各种实力,似乎是预见到大规模地面战斗重新开始以及空战扩大的可能性。

39. 来自共产党外交活动的一些迹象

虽然苏联和中共的外交活动并没有最终显示出共产党行动措施的一些迹象,却暗示着打算继续将朝鲜战争进行下去。特别是,共产党拒绝在战俘问题上做任何让步。自1952年10月8日板门店停战谈判无限期推迟以来,共产党并没有在其"全部遣返"战俘的要求上表现出任何妥协的意愿。这种顽固态度在苏联粗暴拒绝联合国大会梅农决议案①的行动中得到证明。在苏联军队享用旅顺港问题上,莫斯科中苏会谈和1952年9月中苏互致照会,亦没有最终表明共产党在朝鲜的意图。不过,这些事情的确表明共产党期望使中苏联盟的牢固性给西方人以深刻印象。

40. 宣传迹象:近来共产党的宣传表明他们只倾向于接受以其自己的条件为基础的停战。最近共产党宣传的主要负担涉及被指控的美国扩大战争的计划和共产党阻止这些计划的能力。不过,在共产党的宣传中,并没有迹象表明他们打算在朝鲜发动一次大规模的进攻。中共的宣传强调他们国内的经济计划并未受到干扰,且朝鲜战争继续下去的确能激励国内经济计划的推行。

---

① 指1952年11月17日,印度政府驻联合国代表团团长梅农向联大政委会提出的解决朝鲜战俘问题的方案:建立一个遣返委员会来处理朝鲜战争中的战俘问题,该会由四个中立国组成,并由该四国推一公断人,遇到不能解决的问题由公断人裁决;朝鲜停火90天,尚未遣返的战俘由高一级政治会议解决。30日后,如仍有未回家和未做处理决定的战俘,交联合国"收养"。这次提案经过修改于12月2日在联大政治委员会以53票对5票得以通过。3日,联合国大会也通过了该案。——译注

可能采取的行动措施

41. 共产党可能会认为,朝鲜战争对西方国家造成了一定的负面影响,使他们的关系趋于破裂,而且至少在本次评估期间,联合国/美国不可能在远东投入必要的军事力量,把共产党赶出朝鲜。与此同时,共产党还可能认为,联合国/美国将在本次评估期间采取行动,使共产党参加朝鲜战争的代价和风险有所提高。

42. 我们认为在本次评估期间,共产党将寻求在主要维持防御姿态的同时,在朝鲜保持强大的军事压力。同时,共产党为了坚持利用其获得的任何优势去反击联合国/美国可能强化或扩大战争的行动,将会继续增强他们在朝鲜-满洲地区的军事实力。

43. 我们认为,只要朝鲜的军事僵局继续存在,那么共产党就不可能在战俘问题上作出让步,从而确保停战。[①] 我们还认为对共产党中国的海上封锁,以及对中共运输线的大规模且持久的海空轰炸,都将不会促使共产党去接受目前联合国解决朝鲜问题的条件。

44. 我们认为,共产党获得对整个朝鲜控制的目标依然未变。不过,我们还认为,共产党期望在朝鲜问题上避免全面战争的爆发,而且共产党在朝鲜的行动措施将由共产党的全球利益来决定。

附录一

共产党在华空军组织及装备实力预测表

飞 机 种 类	1950 年 7 月	1951 年 7 月	1952 年 7 月	当　前	1953 年 7 月	1954 年 7 月
喷气式战斗机		400	1 300	1 400	1 750	2 100
活塞式战斗机	200	200	240	240	300	300
地面攻击机	87	170	140	200	250	300
轻型喷气式轰炸机				100	100	160
轻型活塞式轰炸机	20	130	260	240	250	350
中型轰炸机					?	?
运输机		100	160	170	150	240
侦察机						50
总　数	307	1 000	2 100	2 350	2 800	3 500

① 原注:SE 37 号文件,"针对共产党中国的内外商贸业制定的某些行动措施对苏联集团可能造成的影响",1953 年 3 月 9 日。

附录二

共产党在华空军组织及装备实力预测表

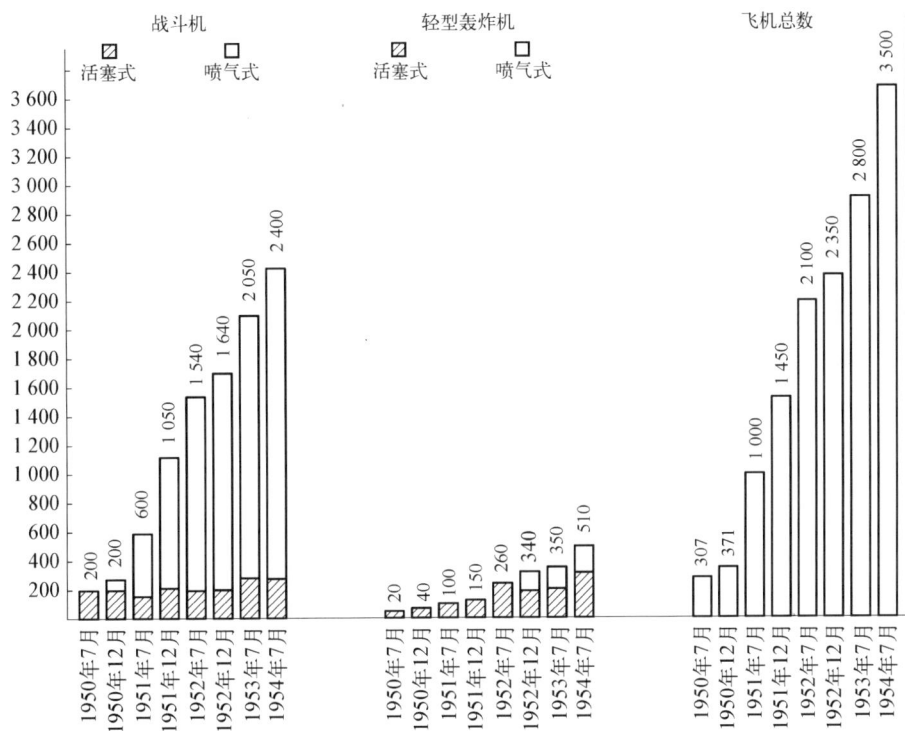

战斗机：活塞式、喷气式　　轻型轰炸机：活塞式、喷气式　　飞机总数

（纵轴刻度：200、400、600、800、1 000、1 200、1 400、1 600、1 800、2 000、2 200、2 400、2 600、2 800、3 000、3 200、3 400、3 600）

战斗机：1950年7月 200，1950年12月 200，1951年7月 600，1951年12月 1 050，1952年7月 1 540，1952年12月 1 640，1953年7月 2 050，1954年7月 2 400

轻型轰炸机：1950年7月 20，1950年12月 40，1951年7月 100，1951年12月 150，1952年7月 260，1952年12月 340，1953年7月 350，1954年7月 510

飞机总数：1950年7月 307，1950年12月 371，1951年7月 1 000，1951年12月 1 450，1952年7月 2 100，1952年12月 2 350，1953年7月 2 800，1954年7月 3 500

附录三

苏联远东空军组织及装备实力预测表

飞 机 种 类	1952.7.1	1953.1.1	1953.7.1	1954.7.1
战斗机：				
喷气式	1 370	1 760	2 000	2 500
活塞式	1 200	750	550	……
歼击机：				
喷气式	……	……	……	160
活塞式	630	630	630	450

续　表

飞 机 种 类	1952.7.1	1953.1.1	1953.7.1	1954.7.1
轻型轰炸机：				
喷气式	30	320	610	1 140
活塞式	1 600	1 150	860	260
中型轰炸机	130	220	220	390
运输机	470	470	470	470
侦察机：				
喷气式	……	……	……	150
活塞式	310	300	310	180
总　　数	5 740	5 600	5 650	5 700

附录四

中共空军飞机的技术性能

飞 机 种 类	最佳飞行高度时的最大作战半径（海里）	最高飞行限度（英尺）	武　器　装　备
喷气式战斗机：			
米格-15	225* 360**	50 500	2 挺 23 毫米口径、一次可射击 80 发子弹的机枪； 1 挺 37 毫米口径、一次可射击 40 发子弹的机枪
米格-9	330	42 000	1 挺 37 毫米口径、一次可射击 100 发子弹的机枪； 2 挺 23 毫米口径、一次可射击 75 发子弹的机枪
雅克-15	300	31 500	2 挺 20 毫米口径、一次可射击子弹数未知的机枪； 6～8 架 55 毫米口径火箭发射器

续 表

飞 机 种 类	最佳飞行高度时的最大作战半径(海里)	最高飞行限度(英尺)	武 器 装 备
喷气式战斗机:			
雅克-9	540	30 500	1 挺 20 毫米口径、一次可射击 120 发子弹的机枪; 2 挺 12.7 毫米口径、一次可射击 180 发子弹的机枪
拉-7	300	33 500	2 挺 20 毫米口径、一次可射击 200 发子弹的机枪
拉-9	440	30 500	4 挺 23 毫米口径、一次可射击 100 发子弹的机枪
轻型喷气式战斗机: 伊尔-28	590① 690***	37 000****	4 挺 23 毫米口径的机枪; 可携带 4 400/6 600 磅重的炸弹
轻型活塞式战斗机: 图-2	400	23 000*****	2 挺 20 毫米口径、一次可射击 150 发子弹的机枪; 3 挺 12.7 毫米口径、一次可射击 250 发子弹的机枪; 可携带 3 300 磅重的炸弹
地面攻击机: 伊尔-10	170		2 挺 23 毫米口径、一次可射击 150 发子弹的机枪; 2 挺 7.62 毫米口径、一次可射击 750 发子弹的机枪;
地面攻击机: 伊尔-10	170		1 挺 12.7 毫米口径、一次可射击 150 发子弹的机枪; 2 架 132 毫米口径火箭发射器; 可携带 880 磅重的炸弹
中型轰炸机: 图-4	1 700 2 150******	37 000*******	8 挺 2.7 毫米口径、一次可射击 500 发子弹的机枪; 2 挺 20 毫米口径的机枪; 可携带 10 000 磅重的炸弹(标准携带量); 可携带 20 000 磅重的炸弹(最大携带量)

* 仅使用机内燃油。
** 外附两个装有 66 加仑燃油的油箱。
*** 外附两个装有 220 加仑燃油的油箱。
**** 最高飞行限度将视总重量而有所变动。
***** 最高飞行限度将视总重量而有所变动。
****** 需检修的轰炸机。
******* 最高飞行限度将视总重量而有所变动。

DDRS,CK 3100402737 - CK 3100402752

邓峰译,高恒建、邓霜、赵继珂、郑波校

---

① 同 * 。——译注

中情局关于共产党方面对联合国军行动反应的特别评估报告

（1953 年 4 月 8 日）

CIA SE 41

绝　密

预测共产党对联合国/美国军队在朝鲜战争中可能采取的某些行动措施所做的反应

（1953 年 4 月 8 日）

问　　题

评估共产党中国和苏联也许将对联合国/美国军队在朝鲜战争中可能采取的下列行动措施所做的政治和军事反应。

第一种措施——联合国/美国基本上在现有水准上在可预见的将来继续对敌人施加军事压力，同时强化韩国军队，并希望对驻朝美军予以有限度的重新部署。

第二种措施——联合国/美国保持目前在军事行动上的克制，但通过增加地面行动加大对敌人的军事压力，同时继续发动攻击性的海空行动，希望使敌人在战争中付出更大代价，也希望敌人或许会达成可为美国接受的停战协定。

第三种措施——联合国/美国保持目前在军事行动上的克制，但继续在朝鲜发动攻击性的海空行动，同时在发动一次大规模进攻从而确立在朝鲜蜂腰部的战线之后，沿着现有战线发动配合地面行动的协同作战，使敌人在朝鲜的军队和物资遭受最大程度的打击，并实现对朝鲜战争诸问题的解决。

第四种措施——联合国/美国分阶段扩大并强化对敌人的军事压力，包括空中攻击以及直接对满洲和共产党中国的海上封锁，而且，如果需要的话，增加在朝鲜的地面行动，希望使敌人在战争中付出惨重代价，从而实现对朝鲜战争诸问题的顺利解决。

第五种措施——联合国/美国向朝鲜蜂腰部发起一次协同进攻，且直接对满洲和共产党中国予以海上封锁和实施海空攻击，希望与在蜂腰部建立战线的行动相一致，使敌人在朝鲜的军队和物资尽可能的遭受最大程度的打击，并实现对朝鲜战争诸问题的顺利解决。

第六种措施——联合国/美国在朝鲜发动大规模的协同进攻，且直接对满洲和共产党中国实施海上封锁和予以海空打击，希望击败并摧毁共产党驻朝鲜的大批军队，同时以一个统一的、非共产主义的朝鲜为基础解决朝鲜战争诸问题。

探 讨 的 范 围

本次评估的目的就是考察共产党对联合国/美国在朝鲜的某些行动措施可能做出的反应。在没有对目前在很大程度上依然模棱两可的共产党提案作出预先判断的情况下，为了本次评估的目的，假定共产党提案将不会导致停战局面的出现。

评 　 估

前言：朝鲜与苏联、中共的总体目标的关系

1. 为了实现削弱并打击西方国家的总体目标，以及为了实现巩固、加强且保护本国基地的总体目标，苏联和共产党中国联合起来，力图把西方人赶出亚洲。在朝鲜，过去的一年他们似乎无可奈何地接受了现存的军事僵局，同时可能认为联合国/美国将最终厌倦这种紧张关系，接着就可获得一种解决办法，最后使共产党控制全朝鲜。

2. 我们认为共产党最终实现对全朝鲜予以控制的目标依然未变。不过，我们还认为，共产党在朝鲜问题上期望避免全面战争的爆发，并且共产党在朝鲜的行动措施将由共产党的全球利益来决定。①

3. 共产党对联合国/美国在朝鲜的军事主动权在政治和军事上所做的反应受如下一些利益的影响。

（1）基本上保留三八线以北朝鲜的所有地域。

（2）共产党政权在北朝鲜的生存。

（3）保持共产党在军事和政治上的威信。

（4）中共武装部队在朝鲜战场上的安全。

（5）满洲工业联合体的安全。

（6）满洲和苏联边境地区的安全。

4. 如果在联合国/美国开始采取任何一种军事行动措施之前，共产党认识到他们正面临着一个十分明确的选择，要么作出必要的让步达成停战协定，要么接受可能会发生的事情：联合国/美国的军事行动将危及满洲和苏联边境地区的安全、摧毁满洲工业联合体或中共武装部队，那么，共产党可能将同意缔结停战协定。不过，在这种行动开始之前，向他们显

---

① 原注：中情局局长、美国空军认为本段应作如下改动："我们认为共产党最终实现对全朝鲜予以控制的目标依然未变。我们还认为，共产党中国目前期望把联合国/美国军队的战争局限在朝鲜问题上，并且苏联期望避免战争扩大，使得苏联的主力部队冒风险。"

示这种明确的选择将是极端困难的。而且，一旦联合国/美国开始进行这种行动，则共产党的权力和威信将进一步牵涉其中，因此会大大增加在同意停战或继续战争间作出选择的困难。

预测共产党对联合国/美国不把战争扩大到朝鲜以外的行动措施所作的反应

第一种措施（见最前面）

5. 共产党中国和苏联在一开始可能将不能理解联合国/美国强化这种行动措施的意图。共产党或许认为联合国军要么在逐步加剧战争的激烈程度，要么只是在加强韩国的实力，以便于美国可以从朝鲜撤出其军队。

6. 无论如何，共产党几乎肯定会继续增强他们在朝鲜-满洲地区的军事实力①并且一旦看清是美国正在撤军，那么他们将可能寻求在朝鲜施加额外的军事压力。共产党人可能会认为，联合国/美国的这种行动措施将不会威胁他们在朝鲜的任何重要利益，因此，他们几乎肯定将不会被迫做出让步，以确保缔结停战协定。尽管共产党也许期望迫使美国继续使军队留驻于朝鲜，但他们还有其他目标，最重要的是最终要置全朝鲜于共产党的掌控之下。韩国取代美军也许会被共产党认为是为他们实现这个目标增加了机会。

7. 第一种措施对中苏在朝鲜的合作几乎没什么影响或没有直接的影响。

第二种措施（见最前面）

第三种措施（见最前面）

8. 共产党在一开始也许将不能理解联合国/美国选择这些行动措施的意图。他们也许使其评估以联合国/美国的这些激烈军事行动的规模和构成为基础，而且还使其评估以美国国内的动员程度为基础。除非联合国/美国驻朝军队的援军有显著增加，否则共产党可能将认为，联合国/美国为这些挑选过的行动措施准备的军队不够多、所下的决心也不够大，以致使这二者都将不足以使军事行动持续下去，因而就不能对他们在朝鲜战场上的重要利益构成严重的威胁。

9. 一旦开始这些军事行动，共产党的最初反应将是予以积极反击。中共将尽最大努力组织地面防御工作抵抗联合国军的这些行动，同时还将发动最强大的反攻。他们将尽最大努力在共产党控制的地域上空组织空中防御工作，同时可能将发动对联合国军两栖作战行动的空中打击。我们没有把握来判断在行动的第一阶段，共产党是否将投入共产党在华空军部队。在联合国控制的地域上空执行大规模的作战任务。他们几乎肯定不会在朝鲜投入苏联地面军队或在联合国控制的地域上空投入苏联空军。我们认为共产党在反击或遏制联合国军的这些行动时将会接受人员和物资所遭受的大量损失。我们不能判断，无论这些损失有多大，是否都将会促使共产党打算去缔结停战协定。

10. 正如第三种措施中考虑的，如果联合国军发动一场全面进攻，那么共产党也许将认

---

① 原注：见 1953 年 4 月 3 日，NIE 80 号文件，"1953 年共产党在朝鲜的能力和可能采取的行动措施"，讨论共产党在朝鲜的军事能力。

为联合国/美国决心把共产党军队从全朝鲜赶走。如果共产党预计他们在没有扩大战争的情况下将不能阻止联合国军的推进,那么他们也许会接受全面战争的风险,在联合国控制的地域上空无限制地投入其空军部队或者甚至是调入苏联地面部队以强化共产党的防御。不过,在接受这些风险之前,他们可能将力图确保使北朝鲜处于共产党控制的停战局面。

11. 另一方面,如果共产党在没有扩大战争或打算缔结停战协定的情况下撤退,而且联合国/美国军队在蜂腰部停止前进,那么他们可能将重组军队并继续使战争进行下去。

12. 第二种措施和第三种措施都将不可能影响中苏在朝鲜的合作。

预测共产党对联合国/美国扩大朝鲜战争的行动措施所作的反应

第四种措施

第五种措施

第六种措施

13. 如果在这些军事行动真正开始之前,共产党相信联合国诸大国的实力和决心足以危及他们在朝鲜战场的主要利益,而且,只有冒全面战争爆发的巨大风险,才能避免这些危险的发生,那么,他们可能将做出必要的让步来缔结停战协定。

14. 如果作为共产党对联合国/美国的能力和意图作出错误判断的一个结果,或者由于共产党不愿做出必要的妥协以实现停战,战争因而扩大到满洲和中国境内,尤其是如果联合国地面部队在朝鲜发动大规模的进攻,那么,共产党几乎肯定会设想联合国/美国为了把共产党赶出朝鲜,而准备接受更大的风险。另外,共产党几乎肯定会设想,联合国军对满洲或中国的任何空中进攻将过早包括针对中共工业联合体的空中打击。

15. 我们认为,作为对这些行动措施中任何一种措施的反应,共产党将做出最大限度的抵抗,包括苏联大规模地参加对满洲和中国的空中防御,以及共产党在华空军攻击驻远东的联合国军队和基地。只要他们预测他们能够维持其军队在朝鲜的安全,使进攻中国和满洲的联合国空军遭受严重损失,并且能保护满洲的工业,那么我们认为,共产党将不会为了实现停战而愿意牺牲他们在朝鲜的任何一种重要的利益。[①] 在这些情况下,如果他们在政治和心理上的反击措施似乎非常有效地影响了联合国/美国在远东扩大战争的决心,那么他们在朝鲜不愿妥协的立场将得到加强。

16. 不过,在实施上述任何一种行动措施的过程中,共产党不能够对联合国/美国打击满洲的空中行动予以反击,而且如果对共产党来说,满洲工业联合体似乎遭毁灭性打击的威胁,那么我们认为共产党将愿意为了实现停战而牺牲他们在朝鲜的一些利益。如果联合国/美国军队在北朝鲜行动的同时动用空军进攻满洲和中国,那么共产党在寻求通过谈判缔结可以确保共产党继续控制北朝鲜的停战协定的同时,或许会在联合国控制的地域上空投入苏联空军部队,并且或许会把苏联地面部队调入朝鲜。无论如何,苏联将把战争的责任推给

① 原注:1953 年 3 月 9 日的 SE 37 号文件,"针对共产党中国的内外商贸业制定的某些行动措施对苏联集团可能造成的影响",认为对中共重要运输线实施大规模持久的海空轰炸,拼命进行海上封锁,将不会促使共产党接受在联合国条件下对朝鲜问题的解决方案。

联合国/美国，因为后者视苏军的介入为开战的借口。

17. 尽管我们认为联合国/美国的这些措施将会给中苏关系造成一定的压力，但是这些行动措施将不会使中共领导层实质性地改变和苏联的联盟关系。

动用原子武器

18. 我们认为，如果在上述可供选择的任一种行动措施中，联合国/美国军队动用原子武器，那么共产党将视这些武器的使用为西方决心胜利结束朝鲜战争的信号。我们不能够判断是否这种认识会自动地使共产党做出必要的让步，从而缔结停战协定。我们相信，共产党的反应将在很大程度上由其所受伤害的程度来决定。

联合国诸大国拒不参与

19. 如果联合国诸大国拒绝参加这些行动措施，那么这将会鼓舞共产党的抵抗行动。他们希望使美国和其西方盟国间的关系进一步紧张化，同时希望动摇美国独自坚持战争的决心。共产党还将认为，全面战争的风险将会得到减少，因此，在针对美国的行动所作的军事反应中，他们也许将更不受限制地展开行动。

沈志华、李丹慧收集、整理：关于冷战史的美国档案（美国国家安全档案馆），第 21 卷，No.01352，华东师范大学国际冷战史研究中心收藏

邓峰译，赵继珂、郑波、邓霜校

参谋长联席会议关于朝鲜战争的总结报告

（1954 年 3 月）

绝 密

1950 年 9 月 15 日至 10 月 30 日的朝鲜战争①

（1954 年 3 月）

当麦克阿瑟将军命令军队向边境地区发起最后的攻击时,他似乎相信,只要猛攻北朝鲜人的部队,就能够取得彻底的胜利。10 月 22 日,有人建议应防止中共出兵干涉去保护他们在鸭绿江上重要的水丰联合发电厂。但是麦克阿瑟拒绝了该项建议。国务院通过参谋长联席会议要求他宣布联合国军不打算改变战前有关电能分配的安排。毕竟,满洲的工厂正在使用其中的大部分电能。然而,麦克阿瑟的答复表明,他并不分担国务院的忧虑。他说,他认为在做任何决定之前应明智地等待,直到发电厂被武力攻下,因为他不希望联合国为将来的政策做出承诺。

在华盛顿,参谋长联席会议正努力完善文官事务。它指示文官们要准备去管理被占领的北朝鲜。当这个指示于 10 月 29 日发到联合国军司令部时,首长们除了解决一些不怎么紧急的问题之外,都在为朝鲜战争的结束做准备。但是,令他们感到意外的是,大批十分锋利、足以刺破美国乐观主义泡沫的新刺刀已经出现在朝鲜东北部的崇山中。在 10 月份的最后一天,麦克阿瑟将军通过电报发回了这个令人讨厌的信息。属于中共部队的士兵们已经在鸭绿江南岸被俘！根据这些俘虏们提供的情报,中国至少两个团的红色军队早在 10 月 16日就越过大江了。中国的干涉——自战争爆发以来的不祥阴影——开始成为令人担忧的新因素。

当然,我们不可能确定联合国军的哪些行动本来应当能防止中共参加战争。北平没有公布和它的决定有关的任何值得信赖的文件,它也不可能这么做。麦克阿瑟将军派遣非朝鲜裔的军队前往边境的命令本来就不是造成中国干涉的因素,因为当他发布该命令时,中国人已经在朝鲜出动了。在联合国方面,它做的重要决定就是面对周恩来的警告而越过三八线。对于这种行动,参谋长联席会议应像美国政府或联合国一样承担责任。但是我们尚无证据说明,如果联合国军在三八线前停止,则干涉就不会发生。在许多高级官员中,由麦克阿瑟将军提出的建议——对中国人的领土予以报复性打击的威胁将阻止他们采取行动——甚至更被大家认为是应忽略的一种"假设"。

---

① 挑选了本文中与中国有关的部分译出。——译注

无论如何，干涉在 10 月底已是既成事实，尽管它的范围尚不为人所知。随着干涉的情况愈来愈严重，参谋长联席会议在前几周所做的大量工作亦归于无效，留给他们的仅仅是没有答案的一些新问题和取代几乎是胜仗的一场新战争。

DDRS，CK 3100371823－CK 3100371828

邓峰译，赵继珂、郑波、邓霜校

第十三编　中国与印度支那战争

目　　录

导　论

赵学功

本编共收录有关文件 38 份,时间跨度从 1950～1975 年。其中,涉及第一次印度支那战争的有 6 份;1961～1963 年肯尼迪政府实行"特种战争"的部分有 2 份;约翰逊政府时期 27 份;尼克松政府时期 3 份。从此也可以看出,到了 1964 年,随着越南战争的升级,美国中央情报局对中国的关注程度也越来越高,特别是担心中国的出兵参战。就类别而言,大体上可分为 3 类:情报报告、国家情报评估报告和特别国家情报评估报告。

一

在第一次印度支那战争中,中国是唯一向越南提供大量无偿援助的国家。1950 年 1 月,新中国承认了胡志明领导的越南民主共和国。4 月,应越南方面的要求,中共决定派遣顾问团前往越南,从第二、第三、第四野战军选调了具有一定实战经验和政治水平的军事、政治、后勤营以上的干部和其他工作人员,组成了援越抗法军事顾问团,共 281 人。同时,中国开始向越南方面提供军火、粮食、油料、药品等。在中国军事顾问团的协助下,越南方面先后发动了一系列战役,取得了重大胜利。

第一次印度支那战争时期,美国最担心的是中国是否会出兵干预。对于美国来说,印度支那的战争已经成为东西方冷战的一个重要组成部分,而不再是一场反对殖民主义、争取民族独立的战争,特别是在中国、苏联分别承认越南民主共和国之后。美国国务院提出一份要求向印度支那提供军事援助的报告,认为目前美国面临的形势是"要么支持在印度支那的法国人",以阻止这一地区"落入共产党手中",要么"面对共产主义扩展到东南亚的地区,并可能继续向西扩展"。2 月 27 日,美国国家安全委员会制定了第 64 号文件,明确提出"印度支那是一个关键地区,正处在迫在眉睫的威胁之中",倘若失去它,则泰国、缅甸等邻国也将落入共产党的控制之下,"东南亚地区的力量均势就会被打破"①。这一判断实际上是艾森豪威尔政府"多米诺骨牌"理论的先声。

6 月 1 日,美国中央情报局提出分析报告,即本编 13 – 1 文件,正确地估计到,中共是影响未来印度支那事态发展的一个"主要变量",并称最近有迹象表明,中国作为亚洲共产主义运动的中心,将逐渐发挥日益重要的作用,"北平政策的意义将仅次于苏联在亚洲的共产主义战略"。对于中国采取何种政策,文件认为有三种选择:中立;直接军事干预;有限的援助。经过权衡各种利弊,中情局得出结论:第三种选择对中国最为有利,既可以保持未来行

---

① 《美国对外关系文件集》,1950 年,第 6 卷,第 747 页。

动的灵活性和主动性,同时也不会对越南的民族主义造成伤害,并阻止其他国家采取协调一致的行动。因而,文件认为,在今后一段时期内,"中共很可能继续其目前的政策,通过秘密的和商业渠道逐渐增加对胡志明的援助,而不采取公开的军事干预","中共的援助可能包括向胡志明提供训练设施、物资、顾问人员和游击基地,并在外交上给予支持"。

1950年6月朝鲜战争爆发后,美国非常担心中国会对印度支那采取行动。6月27日,杜鲁门在下令美军介入朝鲜战争的同时,宣布增加对法国和越南保大傀儡政权的军事援助。在朝鲜战争的背景下,美国决策者认为苏联很可能会利用中国这一"矛头"刺向印度支那,并断定共产党下一个进攻目标就是这一地区。9月,本编13-2文件认为,"中共正在训练1万～2万北越军队",并提供了相当数量的物资,包括轻武器、弹药、迫击炮等,"使得北越在较早时期内有潜力对法国发动一场大规模的进攻"。不仅如此,该文件指出,"中共目前有能力成功入侵印度支那",其在其他地区的军事承诺并不能妨碍对印度支那的行动,"因为中共拥有单独或同时对印度支那、朝鲜、台湾、西藏、香港和澳门采取行动所需要的军事力量"。中国已经在南部边界地带集结了10万军队,一旦发生战争,15万人的后备队可以在10天之内抵达边界地区。但是,另一方面,在中情局看来,尽管中国具有进攻印度支那的能力,并且其军队已在印度支那边界地区集结,但在1950年中国采取行动的可能性不大,而是继续扩大对越南的军事援助。

事实的确如此,中国在援助越南方面做得非常谨慎。6月27日,毛泽东、刘少奇、朱德等在中南海接见了顾问团的干部,告诫说,军事顾问团的工作对外是保密的,要注意使用代号,不要张扬,强调"顾问团的名字不要随便叫,要搞个代号",要多穿便服或者越军的军服,"我们的军衣一律不要带去",在越南不要随便外出,作战时要十分慎重,不要太靠前;要多想点办法,严守机密。[1] 在中国军事顾问团的帮助下,越南人民军从9月中旬开始发起边界战役,取得了较大胜利,打开了与中国的交通线,也打破了法军对北越根据地的包围。

1951年6月,随着朝鲜停战谈判的开始,美国对中国可能干预印度支那的前景愈发担心,本编13-3文件认为"大量迹象表明,中国准备向越共提供更多的军事支持,可能包括中共军队的直接干涉",估计"中共可投入大约10万人的野战部队和后勤保障力量入侵印度支那",同时正在修缮通往越南东京湾地区的公路和铁路运输线,扩建边界地区的飞机场,其发动进攻的后勤供应能力正逐渐提高。

该文件认为,朝鲜战争与中国干预印度支那密切相关,未来朝鲜局势的发展无疑会对中国决定是否干预印度支那产生较大影响。只要中国仍在朝鲜投入大量的力量,则其不大可能直接干预印度支那;倘若朝鲜停战,美军重新发动进攻的威胁基本消除,则中国干预印度支那的可能性随之增大。特别是"朝鲜停战两个月后,随着空军力量的极大提高,中国入侵印度支那的能力将会明显增强";中国和苏联那时或许会认为,印度支那为迅速取得决定性

---

[1] 文庄:《风雨同舟话越南》,《国际政治研究》2002年第3期,第126～127页;钱江:《在神秘的战争中:中国军事顾问团赴越南征战记》,郑州:河南人民出版社1992年版,第61页。

的胜利提供了一个更为有利的机会,因为美国和联合国对印度支那干涉的危险比朝鲜要小,它们不再愿意打一场朝鲜那样的战争,一些联合国成员国也不愿意为法国在印度支那的殖民主义而战。故此,中情局认为:"如果朝鲜冲突结束,中共尽早干涉印度支那的可能性将会增加。"但是,在中央情报局看来,也有一些因素制约着中国干预印度支那局势,因而在公开干预问题上"可能会犹豫不决"。这些因素包括:朝鲜停战谈判或许会旷日持久;中共通往越南的交通运输线还不完善;法国军队力量得到不断增强;外国干涉的危险存在;中国并没有迅速占领整个东京湾地区的把握,有可能卷入另外一场代价高昂的战争。基于这些原因,该文件确信,在1951年中国不会公开干预印度支那局势,而是继续向北越提供顾问、物资和技术援助,印度支那局势有可能仍陷于僵持状态,越共和法国方面都不会取得任何重大的胜利。

到了1952年初,本编13-4文件对中国是否干预印度支那的判断并没有发生变化,基本看法仍然是:尽管中国可以不受朝鲜战争的影响,有能力向该地区投入15万军队,但到1952年中期,中国不会武力干预,而是逐步扩大其目前援助的规模和性质,提高对越共的技术和后勤支持的水平。中情局做出这一判断的主要考虑是:目前共产党的战略在印度支那已经获得了巨大的成功,削弱了法国和越南继续抵抗的决心和能力;中国和苏联显然认识到,如果中国进入印度支那,西方国家特别是美国将会把亚洲的战争扩大到中国大陆,"对亚洲战争可能的扩大和对中国大陆可能会遭受猛烈报复行动的担心,仍然是阻止中国公开地以武力干涉印度支那的一个主要因素";尽管在战略上和经济上印度支那地区对共产党国家来说是非常重要的,但"还没有大到足以让中国冒着触发一场全面战争的风险进行大规模入侵"。

1954年日内瓦会议召开前后,法国在印度支那的局势岌岌可危,特别是5月7日奠边府战役后,法国国内政局动荡,民众要求结束战争。此时,美国则展开了积极活动,先是试图阻挠日内瓦会议的召开,继而又设法破坏会议达成任何协议。与此同时,美国一直在与英国、法国等策划所谓的"联合干涉行动",组建一支由美国、英国、法国、澳大利亚、新西兰、泰国、菲律宾及越南、老挝、柬埔寨军队构成的联合作战部队。根据中央情报局6月15日本编13-5文件的评估报告,联合行动可包括:(1)美国空军、海军与法国、越南军队以及象征性的泰国、菲律宾军队发动联合海空行动,旨在摧毁在印度支那的共产党军事力量,如果认为在军事上有好处,可以使用核武器,但要避免将平民作为袭击目标;(2)联合行动的空袭扩大到中国境内那些支持共产党在印度支那军事行动或间接威胁到该地区盟国军队安全的军事目标,"如果认为使用核武器在军事上有利,则可以使用核武器,但要避免将中国平民作为核打击的目标";(3)将联合行动扩大到中国境内更多的军事目标,必要时可使用核武器,同时封锁中国海岸,夺取或使海南岛中立化,台湾的国民党军队对大陆采取军事行动。

报告估计,对于第一种情况,中国可能的反应是"极大地增加对越共的后勤支援,向其提供大量武器、装备和技术援助",包括防空武器,并派遣中国防空炮兵部队前往越南,在中越边界地区部署地面部队和空军,但不会公开介入战争。与此同时,还将加强政治宣传活动,谴责美国是"侵略者"，并试图通过谈判实现停火，"以保持共产党的地位和机会"。如果美国采取第二种行动，则中国"将尽其所能，在印度支那进行地面战争，攻击盟军的空军基地、航空母舰和其他直接支持该地区联合军事行动的设施"，但是，中国会将自己的行动集中在印度支那地区，将打击对象仅限于直接支持盟国行动的基地和设施。同时，为了避免遭受进一步的破坏，尤其是避免美国对整个中国的无限制的打击，中国将努力诱使美国谈判解决问题。对于第三种情况，中央情报局认为，中国会尽其所能进行防御，并努力争取苏联的全面参与，同时力图通过谈判结束战争。倘若不能达成停火协议，则中国接受与美国进行无限制战争这一现实，用自己的全部力量来进行战争。

但是，令美国人大失所望的是，法国、英国对联合行动并不积极。特别是法国，虽然希望美国能够提供更多的援助，但不希望美国实质性地卷入印度支那事务，以免危及其自身地位。美国决策者也逐渐认识到，法国人不过是想让美国作为"小伙伴"参与战争，为其提供支持。这显然是美国政府所不愿意答应的。美国国务卿杜勒斯在国家安全委员会会议上无可奈何地表示，"现在潮流是逆我们而动"。

尽管美国对日内瓦会议设置重重障碍，但最终未能如愿。经过各方共同努力，7月21日，与会各国就在印度支那停战达成了协议，确定以北纬17度线为越南南北方的临时军事分界线；法国承认越南、老挝、柬埔寨的独立，并从三国领土上撤军；三国将分别举行自由选举，实现各国统一，并承担义务不参加任何军事同盟；与会各国保证尊重三国的独立、主权和领土完整，不干涉其内政。日内瓦协议的达成标志着第一次印度支那战争的结束。从此，法国势力开始从这一地区退出。美国政府拒绝在协议上签字，仅发表了一纸声明，表示将不使用威胁或武力来干扰日内瓦协议。在7月21日的记者招待会上，艾森豪威尔表示，美国不是日内瓦会议上做出决议的一方，也不受会议决议的约束。美国的行动为其日后干涉印度支那事务埋下了伏笔。

本编13-6文件则对中国和越南夺取城市后的政策进行了比较，以此说明两者之间的内在联系。1954年7月6日，越南民主共和国就占领中心城市发布了8点指示，中央情报局认为其内容与1948年12月23日中国共产党所发布了的指示相同，除个别条款外，基本上照搬了中国的方案。中情局的此报告旨在说明，中国与越南革命的相似性和中国对越南革命的影响。

二

1961年肯尼迪上台后，在东南亚面临的问题首先是老挝问题，并在越南展开所谓"特种战争"。同时，美国政府有关部门也在考虑扩大战争。在本编13-7文件中，中央情报局设想了三种行动方针：第一，空袭老挝境内共产党的供应基地及从北越到老挝主要陆上供应线的老挝境内部分；第二，空袭北越；第三，对北越进行两栖行动，派一个师的兵力在荣市登陆，随后向西推进到老挝边界，与老挝境内的美军会合。中情局认为，在第一种情况下，共产党方面可能采取的措施包括：加强北越在老挝的防空部队，中国或许还有苏联会派遣少量的战斗机进入北越机场，并试图对美国在老挝的阵地采取报复性行动；加强地面部队的行动，袭击美国的哨所、巡逻艇和交通线，中国会进一步加强边界力量，可能派遣一些军队进入老挝北部，并增强对北越的后勤支持；采取强有力的政治行动和宣传攻势，敦促停火，并进行谈判。如果发生第二种情况，则中国势必会用自己的空中力量来保护北越，其军队进入老挝的可能性也明显增加，但共产党方面会避免冲突的扩大，把自己的行动限于保护北越，同时展开政治攻势，促使美军停止空袭。在第三种情况下，共产党方面会认为这是对北越政权的直接挑战和对中国安全的威胁，中国和北越的反应要强烈得多，中国可能会提供更多的地面部队，以帮助北越击退美军的进攻，在老挝、南越和泰国的美军供应基地和军事行动基地也可能遭到共产党军队的空袭。实际上，恰在此时，中越两国领导人在北京举行会谈，对美国袭击北越的可能性进行了充分估计，决定由中国立即向越南无偿提供可装备 230 个步兵营的枪炮。①

随着中苏分裂的日益明显，中央情报局也认识到对于老挝战争中苏的反应不一。莫斯科距离印度支那遥远，不如中国卷入得那样深入，因而它更为关注的是老挝战争会导致美苏之间发生冲突，主张采取风险较小的手段，主要是政治途径。但是与苏联不同，中国在东南亚有着广泛的利益。美国出现在老挝或老挝附近，会引起中国极大的担心。本编 13－8 文件设想了三个阶段的行动方针：在第一阶段，加强老挝王国军队，向其提供作战飞机，以打击共产党在老挝境内的集结地和运输线；在第二阶段，除了上述行动外，还应取消对老挝王国政府军进行地面和空中行动的限制，派遣"志愿"作战飞机，在临近地区大量部署美国空军和海军力量，并对老挝和北越进行空中侦察，骚扰越南民主共和国的海上运输；到了第三阶段，则除了采取前两个阶段的行动外，还包括使用美军占领老挝某些关键地区，对北越实施海上封锁，并轰炸老挝和北越的某些目标。中情局认为，在第一阶段，中国不会做出多大反应。在第二阶段，中国肯定会发出威胁性声明，并做好军事上的准备，但"中国军队目前不会直接干预老挝和北越"。但是在第三阶段，中国可能的反应包括：增加在老挝的军事存在；进一步加强对美国警告的力度；提高老挝和北越的防空能力。但是，中情局判断，中国不会公开派遣军队进入老挝与美国进行大规模作战。

在 1964 年 7 月本编 13－10 文件中，中情局就中国在东南亚的防空能力提出特别报告，称最近中共和北越召开了一次高层会议，主要讨论东南亚的防空问题。由此可见，中情局的情报来源还是比较可靠的。事实上，正是在 7 月份，中国、越南、老挝三国党的领导人在河内举行会议，这是越南战争升级前三国党的领导人召开的"一次最重要的会议"，不仅确定了中、越、老三国、三军共同抗击美国的基本方针和原则，而且确定了中国应对美国战争升级的基本方针和原则。② 周恩来在会上指出，战争形势的发展有两种可能：一是美国强化特种战争，二是美国把特种战争扩大为局部战争，在越南南方和老挝直接出兵，轰炸或进攻越南北

---

①　《当代中国外交》，北京：中国社会科学出版社 1990 年版，第 159 页。
②　章百家：《"抗美援朝"与"援越抗美"》，《世界经济与政治》2005 年第 3 期，第 12 页。

方。他表示，不管美国采取哪一种方法，中国人民必将出面支持东南亚人民的斗争；"我们的斗争方针是，尽一切可能把战争限制在目前范围之内，同时积极准备应付第二种可能的情况。"在发生第二种可能的情况下，中国的方针是："美国走一步，中国走一步；美国出兵，中国也出兵。"①同时，中情局也注意到中国外交部长陈毅的讲话，他警告美国如果进攻北越，中国将采取相应措施。

根据本编 13 - 10 文件的分析，中国最早在 1960 年开始在西南地区部署空中力量，构筑了早期雷达预警系统，并调遣一个喷气式战斗机团进驻昆明。直至 1963 年 7 月，北越军方代表团访问北京之后，中国又向中越边境增派了一个战斗机团，同时采取措施，进一步加强预警系统的构筑，装备了中国最先进的远程预警雷达系统和地面控制拦截系统。美国情报部门估计，在中越边境地区，中国部署了大约 185 架喷气式战斗机，有大约 37 个雷达站装备有早期预警系统和地面控制拦截系统，空中行动可以从第一线的 5 个机场和几个位于昆明和华南的后备基地展开实施。

但是，该文件认为，中国的空中力量和防空系统还存在着诸多缺陷。尽管中国"有很好的能力来对沿着中老、中越边界飞行的少量亚音速飞机在晴朗的白天进行的渗透行动进行监测、追踪，并及时采取防御措施"，但应对大量入侵者的能力明显不足，"大规模的空袭将很快穿越中国的防御系统"。文件还估计："应对人工驾驶、在中低空飞行的亚音速轰炸机的威胁，如果是白日、飞行状况良好的情况下，中共喷气式战斗机可以发挥有效作用。但是，要对付 B - 58 这类超音速飞机的威胁，也只有米格 - 21 可以进行有限的拦截。在夜间进行渗透或许不受任何干扰，因为部署在华南地区装备有空中雷达系统的截击机的数量很有限。在很低和很高的高度，武器的有效性也是有限的。"

关于中国与北越的防空合作问题，该文件认为，尽管目前还没有发现双方在防空系统上合作，但考虑到它们之间越来越紧密的政治和军事合作这一总体发展趋势，建立这种联系是很有可能的。特别是美国最近的威胁"也许使得中国和北越制定防空合作计划变得更为迫切，至少是相互交换早期预警信息"。文件推测，在 6 月 20 日中国和北越领导人的高层会谈中，防空合作是一个重要议题；中越或许已经拟定了应急计划，一旦形势需要可以在北越使用中国的飞机；也可能已经采取了相关措施，如果军事行动扩大到北越，中国将尽快派遣喷气式战斗机予以援助，但此前中国"或许会向北越提供有限的、报复性战术空中援助"。

1964 年 8 月 5 日"东京湾事件"发生后，中国方面立即做出反应。周恩来总理和罗瑞卿总参谋长致电越南胡志明主席、范文同总理和文进勇总参谋长，建议"查清情况，议好对策，以利行动"。中国人民解放军总参谋部命令有关军区和军兵种进入战备状态。6 日，中国政府发表声明，指出："越南民主共和国是中国唇齿相依的邻邦，越南人民是中国人民亲如手足的兄弟，美国对越南民主共和国的侵犯，就是对中国的侵犯，中国人民绝不会坐视不救。"

---

① 童小鹏：《风雨四十年》，第二部，北京：中央文献出版社 1996 年版，第 220～221 页。

同时,中国各地 2 000 余万人举行了声势浩大的集会和游行,谴责美国对越南的侵略。[①] 美国情报机构对中国的反应特别关注,认为受这一事件的影响,中国开始在云南和北越集结空军,并加强了在云南、广东等地的长期后勤基地的建设,这样,"既可以增加对美国空袭的防御能力,也可以通过提高在老挝和南越的地面军事行动水平进行报复"。情报部门估计,"尽管中国还没有进行大的地面部队部署行动,但目前在这一地区的中国和北越军队已经足以胜任上述任务",并且在数周之内也可以从中国内地得到增援。

本编 13-11 文件对中国地面部队的行动尤为关注,认为自 1960 年以来,昆明军区一直在进行军事设施的建设工作,包括修建机场、兵营和后勤供应基地,改善交通运输线路等。在中越、中老边界地带部署了大约 25 万军队,一旦得到命令,可以很快进入指定区域。不仅如此,还可以在数周之内从中国内地得到大量增援。在另一方面,文件估计,虽然中国军队能够直接干预越南或老挝,但只有在北越不能保卫其具有共同利益的地区时,中国或许才会派遣地面部队予以干预。一般而言,中国通过向北越军队提供支持来实现自己的意图。情报部门也注意到"东京湾事件"后中国的空军部署行动,估计中国已在北越部署的喷气式战斗机从 8 月初的 150 架增加到目前的 350 架,其中包括不少米格-21 战斗机。同时中国方面还加强了防空设施的建设,增派防空炮兵,装备有中国最先进的远程预警雷达系统和地面控制拦截系统。在海军部署方面,中国将南海舰队的司令部从广州移至湛江,并在东京湾北部建立了一个新的海军基地。该文件认为,尽管南海舰队缺乏大型舰艇,但它拥有大量的巡逻艇和鱼雷艇,对美国在东京湾地区的海上军事行动还是构成了一定的威胁。除了这些军事部署之外,情报部门认为,中国将继续加强宣传攻势,并重申自己的承诺,即一旦遭受美国攻击,他们将援助北越。

三

1965 年是美国侵越战争大规模升级的一年,也是美国对越南战争政策发生重大转变的时期。自此以后,越南战争逐渐"美国化"。值得注意的是,在这一时期,美国中央情报局尤为关注中国对美国行动的反应。本专题共收录了这一年的有关情报备忘录、评估报告等 16 份,几乎占到了本专题所有收录文件的一半。

1965 年 2 月本编 13-12 文件注意到中国将所有军队的服役期延长一年,认为这将使军队的规模有大幅度的提高,但此举"并不表明中国打算近期内在印度支那发动攻势",而是其加强军队建设长期计划的一个组成部分。同样,中国增加驻印度支那边界地区的空军力量,"是对美国在该地区加强空中力量所做出的反应"。尽管中国具有有限的突袭老挝或南越北部地区的能力,但中情局认为中国不会这样做,因为这样"美国进行大规模报复的风险实在太高了","并有与美国发生空战的危险,而这种形式的冲突对北越和中国来说都是最为不利的"。因而,中情局估计,中国和北越将继续奉行它们目前在老挝和南越的政策,支持在南越

① 郭明主编:《中越关系演变四十年》,南宁:广西人民出版社 1995 年版,第 73 页。

的"反叛力量"，同时"准备利用在老挝或南越出现的任何新的机会"，但不会展开一场全面的军事进攻。

同时，该文件也对赫鲁晓夫下台后苏联对越南战争的政策进行了分析，认为苏联新的领导层将改变原来的做法，开始积极地介入这一地区，以此"希望重建其对河内的影响，阻止美国扩大冲突范围"。为此，苏联可能会增加其对北越的军事和经济援助，包括提供喷气式战斗机、地对地导弹等装备。的确，中情局的这一分析非常准确。就在1965年2月初，苏联部长会议主席、苏共中央主席团委员柯西金率领苏联党政代表团访问河内，与越南领导人讨论了苏联援越问题，并签署了相关协定，据此苏联将向越南提供地对空导弹、坦克、大炮等武器装备。但中情局怀疑苏联会采取军事行动或是愿意冒很大的风险来保护北越。

美国情报部门注意到，自1964年中期以来，中国在华南一直集结兵力，这充分表明中国正"准备应对印度支那战争的扩大将导致中国直接介入这样一种可能性"。本编13-13文件特别提到1964年6月底、7月初在北京、河内、昆明举行的一系列中越高层会谈，认为这些磋商是因为越南的压力而进行的，因为美国已经发出警告，要将战争扩大到北部，对此北越感到震惊，要求中国明确承诺，一旦美国进攻北越，中国应保证提供军事援助。这一系列会谈的重点就是如果美国直接攻击北越中国将做何反应。"东京湾事件"发生后，中国的军事准备步伐进一步加快，包括召开多次高层军事会议；加强华南地区的防空能力和海军力量；大量扩建军队；加强民兵建设；进行民防准备等等。中情局认为，总体而言，中国所采取的这些措施是防御性的，没有迹象表明中国领导人计划在东南亚采取新的军事行动，他们将继续鼓励和支持南越的共产党进行"叛乱活动"，中国所做的军事准备活动"很可能反映出他们的这样一种担心，即在南越的持续胜利将增加美国对北越或中国不断进行猛烈打击的危险"。

1965年2月，美国对北越实施轰炸后，本编13-14文件继续坚持认为，虽然中国肯定会鼓励北越采取更多的军事行动，但自身不会运用实质性的军事力量介入越南，更不可能在中国周边其他地区制造另一场重大危机。对于苏联的介入，中情局分析说，这对中国产生的影响是"复杂和矛盾的"。一方面，苏联试图扩大在越南的影响令中国感到不安，另一方面，中国则又欢迎任何能威慑美国的力量。3月初，美国在扩大对越南北方袭击的同时，出动地面部队进入越南南部，发动了局部战争。中国政府再次发表声明，谴责美国的战争冒险，重申侵犯越南就是侵犯中国，表示将采取一切可能的措施支援越南。3月29日，周恩来宣布，中国准备"给南越人民以一切必要的物质支援，包括武器和一切作战物资"，"我们还准备在南越人民需要的时候，派遣自己的人员，同南越人民共同战斗"。4月2日，周恩来总理请巴基斯坦方面向美国传话：中国不会主动挑起对美国的战争；中国人说话是算数的；中国是做了准备的，如果美国把战争强加于中国，不论它来多少人，用什么武器，包括原子武器在内，可以肯定地说，它将进得来，出不去；战争打起来，就没有界限。①

很显然，中央情报局对中国的这些警告并没有给予足够的重视。在4月初本编13-15

---

① 《当代中国外交》，第160～161页。

文件中,中情局就美国对中国进行非核打击提出评估报告,它至少表明美国政府正酝酿将越南战争扩大到中国境内。报告认为,经过几个星期的空袭,美国没有达到预期目的;越共在中国的大力支持下,似乎决心要经受住美国的空袭,中国和北越对于谈判的态度变得更为强硬,显然,北京和河内都认为,"美国现在炫耀武力的目的是挽救脸面和寻求政治妥协",面对国内外的反对,美国继续战争的决心将受到削弱。总之,在中情局看来,仅对北越进行轰炸并不能迫使其就范,必须打击中国的军事目标,如机场、供应基地和通讯设施等。中情局估计,即使如此,不会导致中国派遣更多的地面部队进入老挝和越南南部,中国希望将冲突限制在一定的范围内,其反应或许将限于保护中国免受美国的攻击,同时最大限度地向美国施加压力,并可能对美军基地或航空母舰采取报复措施。

中情局还认为,苏联在此情况下会向中国提供一些军事装备,包括防空导弹和先进的战斗机,但却不会直接卷入冲突,更不会在东南亚之外采取军事行动。而且,美国的有限打击将加重而不是弥合中苏之间的分歧,双方对应对美国的战略和战术的争论将进一步激化。倘若美国对北越的打击力度进一步加大,则河内可能认为"自己的命运正变得从属于更大的战争,而这可能成为北越与中国发生分歧的缘由之一"。显然,这种情况对美国来说是非常有利的。

在4月28日本编13-18文件中,中情局进一步将美国可能对中国的打击行动划分为三个阶段。第一阶段是对从中国基地起飞攻击美军的战斗机进行报复性空袭,美国的打击目标将是战斗机的基地或发动进攻的基地,目的是使中国停止攻击正在北越实施轰炸任务的美军。中情局认为,美国最初的报复性攻击不会使中国停止攻击轰炸北越目标的美国战斗机,如果美国继续采取报复行动,中国将通过各种压力迫使美国停止所有的轰炸行动。同时,中国还将通过发出新的威胁和进一步的军事部署使美国人确信,他们已经做好应对大规模战争的准备。中情局判断,在这一阶段,中国将避免战争的进一步升级,他们攻击美国航空母舰或行动基地的可能性很小。

第二阶段是中国继续攻击美国的战斗机,美国的打击目标扩大到华南其他重要军事目标。中情局认为,这将迫使中国做出新的决定,通过各种军事行动使冲突升级,包括北越对南越的进攻。同时,美国轰炸的扩大或许使中国领导人确信,美国很快就会攻击中国北部,因而,中国可能会打击美国的航空母舰或行动基地,其正规部队也有可能进入南越或老挝,但中国在东南亚之外挑起大规模战争的可能性不大。台湾海峡局势或许会出现紧张,但除非是国民党率先攻击大陆,否则中国将不会主动对台湾采取行动。

第三个阶段就是美国将空袭目标扩大到整个中国境内的数百个重要军事目标。中情局估计,届时中国将面临做出重大抉择:"要么与美国发生大规模冲突,要么公开地走向至少是暂时的和解。"美国将空袭目标扩大到整个中国大陆,无疑使中国领导人得出这样的结论,"美国决心发动一场全面战争,或许包括最终使用核武器"。因而,这将促使中国感到有必要停止冲突,转而通过政治行动谋求问题的解决。在另一方面,中情局认为,中国领导人也有可能做出与美国进行全面对抗的选择,因为他们感到,既然美国已经表示准备轰炸中国北方地区，估计全面摊牌的时刻已经来临，只能全力与美国进行对抗。

　　但是，如果美国对北越进行持续空袭，包括动用战略轰炸机，旨在摧毁北越的战斗机、轰炸机和地对空导弹基地，也将会进一步增加中国领导人的担忧，害怕美国可能会最终用来轰炸中国，特别是对中国的先进武器设施进行核打击。虽然如此，本编13-19文件估计，中国将敦促北越不惜一切代价坚持战斗，并向其提供更多的帮助，如地面设备、防空部队或工程部队。如果使用北越的基地，中国可能会提供北越所需的战斗机。同时，为了阻止美军的进一步轰炸，中国可能进行威胁性的部队调集。应当说，该文件的后一判断基本上是准确的。

　　1965年4月初，越南劳动党中央第一书记黎笋、国防部长武元甲等率领代表团到北京，就中国派遣支援部队入越问题进行磋商，正式要求中国政府向越南派出支援部队，配合越南部队作战。在会谈中，黎笋提出"我们想要一些志愿的飞行人员，志愿的战士"，"其他方面的人员，包括公路、桥梁等方面的人员在内"。越南希望中国支援飞行员起到四个方面的作用：一是把美国的轰炸限制在20度线或19度线以南；二是保卫河内的安全；三是保护几条主要的交通干线；四是鼓舞民心士气。应越南方面的要求，中越两国政府和军队陆续签订了一系列关于中国援助越南的协议。在4月8日举行的会谈中，中国方面明确表示，援助越南进行抗美斗争是"中国应尽的义务"，"我们的方针就是，凡是你们需要的，我们这里有的，我们要尽力援助你们"，"你们不请，我们不去。你们请我们哪一部分，我们哪一部分去"。为了统一和加强对越南援助工作的领导，中国政府专门成立了以总参谋长罗瑞卿为组长的中央援越领导小组，同时还成立了由中央、国务院和军队有关部门组成的"中共中央、国务院支援越南工作小组"。6月初，罗瑞卿同越军总参谋长文进勇在北京会谈，具体商定人民解放军支援越南的方式和时机。自6月9日起，中国开始陆续向越南派出防空、工程、铁道、后勤保障部队。①

　　根据本编13-19文件的分析，美国对北越机场和地对空导弹基地的轰炸，特别是使用战略空军司令部的轰炸机，可能会引起苏联的政策危机，因为苏联一直在追求三个并不一致的目标：与中国竞争对北越的影响力；威慑美国；避免过分卷入北越与美国的对抗。因而，在美军轰炸北越之后，苏联一方面会加大对北越的援助力度，同时敦促北越进行谈判，并向美国施加压力，以便停止轰炸，通过政治途径解决问题。但是，如果北越反对谈判，坚持继续进行战斗，则苏联"会面临古巴导弹危机以来最严重的困境"。届时苏联可能除了增加对北越的援助外别无选择，因为"我们怀疑苏联是否愿意付出脱身的政治代价，把一场主要的政治胜利拱手让给中国，从而削弱自己在全世界的威望和影响力"。

　　随着战争的逐步升级，本编13-20文件认识到，共产党国家对于谈判的态度更加强硬，特别是中国的立场始终如一，要求美国从印度支那撤军，停止侵略行动，甚至拒绝暗示进行任何谈判的可能，除非美国接受共产党提出的谈判条件。越南方面在4月8日提出进行谈

---

① 郭明主编：《中越关系演变四十年》，第69页；李可、郝生章：《文化大革命中的人民解放军》，北京：中共党史资料出版社1989年版，第417页。

判的四点建议后,中国立即表示赞成,称其为"解决问题的唯一正确和可行的方案"。与中国不同,苏联在美军轰炸一开始,曾表示愿意就东南亚问题进行某种谈判,但"随着战争趋于激烈和中国大力攻击苏联勾结美国,致使苏联逐渐放弃了这一立场"。4月17日,苏联和北越发表了联合公报,明确指出双方同意解决越南问题的办法是立即结束美国对越南民主共和国的侵略行动;美国政府必须从南越撤出军队、人员和武器装备;停止对南越的侵略和对越南民主共和国领土完整和主权的侵犯;越南的和平统一应该在没有外部干涉的情况下由越南人民自己来实现。苏联方面同样赞成北越的四项建议,认为这构成了解决越南危机"最坚实的基础"。

在7月本编13-22文件中,中情局就美国扩大越南战争共产党国家会做出何种反应提出报告。报告设想,美国采取的行动包括:向北越增派美军,到11月初将驻南越的军队增加到17万多人;继续或扩大对北越的空袭行动,包括攻击通往中国的陆上交通线,轰炸河内—海防地区的军事目标。在中情局看来,美国的这些行动对中国的政策并不会产生多大影响,中国领导人依然确信,只要北越保持强硬,"美国最终将在越南遭到全面失败",美国采取扩大战争的措施不过是推迟了最终的失败。中情局估计,在这种情况下,中国不会派遣作战部队公开地介入战争,而是进一步增加对北越的军事援助,包括派遣后勤部队进驻北越,同时加强其在华南地区的力量,并展开政治宣传攻势。情报部门提醒美国决策者,如果空袭扩大到河内、海防地区,尤其是轰炸通往中国华南的交通线,有效断绝中国向北越运送主要物资的公路和铁路,则中国空军进行空中干预的可能性将会增大;尽管中国可能不愿意与美国发生空战,以免美国对其军事基地采取报复行动,但双方在北越全境发生空战的可能性还是存在的。情报部门警告,无论如何,如果大量飞机在靠近中国边境地区活动,对抗将很有可能发生。

中情局认为,与中国不同,苏联一方面希望维持并增强其对北越的影响力,因而扩大了对北越的承诺,同时又想把越南战争对东西方关系的损害减低到最小程度,更愿意通过谈判解决问题。但是,美国扩大空袭使其除了支持北越并进一步扩大军事援助外别无选择。对于北越,美国的行动无疑会给其后勤供应造成严重困难,并对其在南越的行动带来一定影响。北越势必会采取各种手段扩大在南越的军事行动,并向苏联、中国提出更多的援助要求。

1965年2月7、8日,美国飞机连续空袭北越后,中国和苏联都向越南提供了大量援助。对于中、苏各自对越南的援助,本编13-23文件认为,这并非是双方相互合作的结果,"而是反映了他们关系中越来越明显的竞争性"。中国本来不希望苏联卷入印度支那事务,但是它无法向北越提供苏联那样的先进装备。苏联提供的援助主要是相对先进的空中防御装备,包括地对空导弹、精密雷达设备、全天候米格战斗机、伊尔-28轻型喷气式轰炸机等,并于3月开始取代中国为北越训练飞行员,表明苏联更深地卷入了这场战争。文件估计,有大约1 500~2 500名苏联军人正在北越帮助训练操纵地对空导弹,同时还有150名苏联飞行员和维修人员,另有300名技术人员从事管理、通讯和后勤保障等活动。

　　在苏联提供现代化装备的同时，中国方面仍继续并扩大了对北越的常规援助，向北越提供了其所需的小型武器和大多数装备，特别是已经进入北越的地面部队在后勤支持和工程建设方面发挥了作用。该文件认为，"越南人民军主要是通过中国的物质援助组建到目前的规模"。根据中情局掌握的资料，在"东京湾事件"发生后，中国立即向北越运送了36架喷气式战斗机；1965年4月又提供了8架。中情局并没有具体的中国向北越提供援助的其他装备类型的情报，只是说"中国可能正在提供大部分的小型武器、弹药和个人装备以及某些运输设备"。但是，在中情局看来，更为重要的是，中国向北越派驻了地面部队，而且在6月情报部门第一次确认了中国地面部队的出现，并确定中国这些部队"可能是与提高越南人的后勤支持有关"。中情局的这一判断非常准确。1965年6月，人民解放军铁道兵第1支队进入了越南，开始了修筑铁路、桥梁的艰巨任务。而且，中情局确信，如果北越要求外国军队给予帮助的话，毫无疑问"这些部队将来自中国"，中国可能已为最终出兵越南制定了应急计划，尽管尚无迹象表明中国已经在北越部署了主要的作战部队或者在边境地区集结了地面部队。

　　该文件认为，在中、苏竞相援助的情况下，"使得河内处于更为有利的位置"，能够采取独立的立场在两个共产党大国之间左右逢源，利用这种局面提高两国对北越的援助水平。7月中旬，在一个北越高级代表团访问北京之后，中国向北越又做出了新的承诺，决定向其提供新的无偿经济和技术援助。苏联则指责中国没有采取"协调一致的行动"来抗击美国，"为了获取国际共产主义运动的领导权，并诋毁苏联的政策，宁愿牺牲越南民主共和国的利益"。文件认为，只要美国仍对北越进行空袭，苏联就会继续提供包括地对空导弹和战斗机在内的更多的先进装备。因而，中情局做出判断说，北越固然希望得到中苏联合支持，"但是他们大概也从目前的中苏竞争中看到了一些好处"。

　　到了9月底，美国考虑扩大对北越的空袭行动，打击目标包括：靠近河内、海防的4个飞机场；对河内—海防之间、河内—海防和中国之间的铁路、公路和通讯线路；4个主要的火力发电站；保卫上述地区的地对空导弹发射台。本编13-24文件估计说，北越对美国的这一行动进行报复和中国进行空中干预的可能性尽管存在，但可能性不大，中国也不可能派出地面部队进行大规模的干预，但会鼓励北越方面继续这场战争，为此可能承诺提供更多的装备和人员，以加强北越的防空能力，特别是保卫和修复被切断的通往中国华南的交通线，并或许会向北越派遣飞机和飞行员。毫无疑问，中国将反对进行谈判。

　　与中国的反应有所不同，该文件认为苏联面对美国空袭的升级，"会进一步加大促使停止冲突的努力"，他们会向美国施加压力，并敦促北越进行谈判。同样，文件估计，美国的行动"更有可能及时地推动北越采取政治和外交的主动，而不是使他们加剧战争"。显而易见，在中情局看来，扩大空袭行动对美国是非常有利的，有助于促使中越之间在谈判问题上的矛盾进一步尖锐化。

　　10月中下旬，中央情报局提出本编13-25、13-26两份文件，分析中国的援越行动，认为自1965年6月中国向北越派出的数量有限的部队只是一些后勤援助部队和防空炮兵部队,人数在 1.5 万~2 万名之间。文件称:"中国铁道工程部队是高度专业化的部队,已证实他们有能力进行铁路线的快速建设和修复。"在美国持续轰炸北越交通线后,将会有更多的中国工程部队到越南,帮助其维护公路和铁路的畅通。同时,中国可能从 4 月开始一直在制订应急计划,尽管还没有发现中国作战部队在边境地区集结的迹象,但中国可能会在边境地区部署几十万人的部队,这样一旦战争升级,"使其能够迅速派遣更多的部队进入越南"。

四

本编收入 1966~1967 年间中央情报局的有关报告共计 8 份,内容涉及中国对越南战争的政策、中苏分裂对苏联援越的影响、中苏对美国扩大战争的反应、中越分歧等。

1966 年 6 月底,美国对北越的轰炸进一步升级,开始袭击越南首都河内和第二大城市海防。7 月底,美国轰炸北越的燃油设施。对此,中国通过公开和私下渠道发出了一系列警告,表示对河内和海防空袭的不断升级以及对北越的入侵将使中国卷入战争。中国国家主席刘少奇明确指出:"为了支持越南人民夺取抗美战争的彻底胜利,中国人民准备承担最大的民族牺牲";"中国人民下定决心,做好了各种准备,随时随地采取中越两国人民认为必要的行动,共同打击美国侵略者"。[①] 本编 13 - 28 文件认为,中国的警告尽管言辞激烈,但实际上"一直小心翼翼地回避做出直接行动的任何承诺,并努力把自己描述为一个提供支援的角色而非直接参与者";目前还没有中国军队向南调动的迹象,而且也没有威胁要在老挝、台湾或朝鲜采取军事行动。因而,中情局判断,中国对越南战争的政策很可能"主要是服务于一些政治意图":既然北越拒绝进行任何和谈,并重申决心要进行长期作战,中国希望向北越方面做出明确的承诺;同时为了增加美国的担心,中国领导人也认为需要在言辞上再激烈一些,"希望以此阻止更大规模的对北越的攻击"。中情局估计,中国已开始扩大其对北越的援助,驻在北越的中国部队已有 2.5 万~4.5 万人,包括防空炮兵部队、工程兵和大量其他后勤支援部队,而且中国还将提供更多这类的援助,但是这些情况"并不能说明中国业已做出扩大战争、公开使用军队反击美国的决定"。中情局据此得出这样的结论:"中国不会因为最近美国对北越的空袭而改变其基本政策。我们估计,如果北越遭到入侵或者共产党政权有可能垮台的话,北京将几乎肯定会进行干涉。但是除了发生这些极端的事态,我们继续确信中国将不会派遣地面或空军部队同美国作战。"

8 月 4 日本编 13 - 29 文件再次就中国对美国空袭北越能源设施的反应进行了分析,认为中国国内进行了多次声势浩大的示威游行活动,表明中国再次保证对北越予以全面支持,并准备向越南派遣更多的后勤和工程部队,甚至可能会派遣部分步兵部队,"作为应付突如其来的入侵的防御措施"。但是中情局的结论仍然是,中国的基本政策并没有改变,"如果美国对北越的行动保持在目前水平上,中国还不至于承诺派遣地面部队卷入战争,也不会派出

---

① 王泰平主编:《中华人民共和国外交史》,第二卷,北京:世界知识出版社 1998 年版,第 40 页。

空军力量对美国军队进行有预谋和持续性的军事打击"。

第二天,本编13-30文件就中国在北越的地位进行了分析,实际上是揭示了中越之间在战争问题上的分歧和矛盾。应当说,这份情报备忘录的一些论述还是有一定道理的,主要论点包括:中国并没有因为向北越提供了大量援助或者利用输送援越战争物资中介的地位来主导或控制北越的重要决策;1965年以来,随着苏联在越南战争问题上的态度变得强硬起来,北越在中苏论战中也从原来的支持中国转而采取了中间路线;在所有的基本决策方面,北越继续独立于北京和莫斯科而行动。中情局认为,1964年10月赫鲁晓夫下台之前,中国在越南问题上是主导性的影响力量;但当苏联新领导人上台后,越南终于找到一个可以平衡中国力量的因素,因而迅速打开了与莫斯科改善关系的大门,公开寻求苏联的援助。在北越看来,唯一能有效反击美国持续轰炸的手段是获得先进的武器装备,"苏联对北越提供的军事援助可以平衡中国的军事援助,有助于确保中国的援助不会成为北京制约北越战争决策的决定性因素"。中情局估计,在今后,"北越将继续努力平衡苏联和中国的影响",尽管这对北越来说是一条狭窄而又艰难的道路,但对他们而言这是最为有利的政策,不仅"可使苏联和中国的援助源源不断而来,同时使河内保留了进行战争的最终决策"。因而,中国对北越的政策明显地表现出不满。尽管如此,本编13-31文件认为,中国仍继续向北越提供了大量援助和后勤支持,包括修筑和维护公路、铁路交通线,保卫机场等。同时,双方的海军部门也加强了联系。

不出一年,在1967年6月本编13-34文件中,中央情报局又提出了"中越摩擦"的情报备忘录,进一步分析了中越两国之间所存在的矛盾,指出自1964年赫鲁晓夫下台以来,中越关系"已经大大地恶化了"。中情局认为,中越之间的问题在于,莫斯科不断增加对越南的援助,而河内渴望获得苏联的先进武器装备,并时常表现出独立性,特别是在谈判问题上,使中国方面感到不安,因而"在最近几个月中中越之间新的摩擦不断",双方关系"开始变得日益紧张起来"。尽管如此,中情局认为,中国对北越的援助并没有发生什么变化,物资援助一直在不断增加。

本编13-32文件对中苏分裂给苏联援助北越所带来的影响也进行了分析,认为苏联可以通过陆上、空中和海上向北越运送援助物资,但是空运的风险较大,而且并不可行;海运是最为经济和最为简便的途径,但是苏联并不愿意这样,担心在公海上与美国发生冲突。在另一方面,苏联则试图将其对北越援助的减少归咎于中国的干扰。

1967年5月底,美国又开始计划战争升级,本编13-33文件提出了几种方案,并逐个分析中国、苏联和北越可能做出的反应。这些方案包括:美国向越南增兵20万人;加强对北越军事、工业、交通目标的轰炸;通过轰炸和其他措施有效地封锁北越港口的运输;以上措施混合使用。中情局分析说,在任何情况下,北越都将选择继续战斗,而不愿通过谈判或其他方式结束战争,认为只要没有大规模的入侵或核打击,战争就可以进行下去,而且北越确信能够维持在南越的战争,在中苏的援助下也可以经受住美国不断加强的轰炸。只要北越不改变自己对战争的基本政策,中国和苏联的政策也不会有任何重大变化。中国将继续敦促北越坚持战斗，苏联虽然有可能建议北越寻求谈判结束战争，但不会为此向北越施加任何大的压力。轰炸的加强将使北越从中国和苏联获得更多的援助，中国可能增加在北越的驻军，苏联也可能会派出一些"志愿人员"，中国和苏联援助的增加将进一步增强北越坚持战争的决心。中情局认为，将各种方案混合使用，有可能使北越认识到其总体军事和政治态势尤其是在南部取得胜利的前景正严重恶化。在此情形下，中国会继续敦促其坚持战斗，或许会建议在南部重新开始游击战；而对于苏联来说却是"一个绝好的机会"，"可以强烈敦促河内寻求政治解决"。对于北越来说，则有两种选择。一是兼采中苏的建议，谈判与坚持在南部开展游击战同时进行；二是可能会对美国展开报复性行动，攻击美国的航空母舰和其他船只或美军基地；在老挝或泰国增加军事压力；在南越进行一些"恐怖"袭击活动等。

1969年尼克松上台后，提出从亚洲实行战略收缩的"尼克松主义"，而其中最主要的任务就是结束旷日持久的越南战争，因而，美国开始从越南逐步撤军，并推行所谓"越南化"计划。但与此同时，尼克松政府为了"体面地"地从越南脱身，又不断地使战争升级。1970年4月底美军大举入侵柬埔寨即是典型一例。中国对此做出强烈反应。毛泽东发表讲话，强烈谴责美国扩大战争。全国有4亿多人举行示威游行，声援印度支那三国人民的抗美斗争。不仅如此，中国还决定暂时中断中美大使级会谈。尼克松和基辛格都对中国的反应感到有些震惊。本编13-36文件认为，中国在越南战争问题上一直是谨慎行事，避免直接动用地面部队，减少与美国发生严重冲突的危险，因而美国入侵柬埔寨不会改变中国的这一基本政策。"只要与其安全相关的重要领土不遭受威胁或者北越也没有遭受威胁，北京将不会选择在印度支那战争中投入其军事力量"。尼克松扩大战争的行动在美国国内和国际上都遭到了强烈反对，迫使其不得不很快宣布从柬埔寨撤军。

1971年初，继入侵柬埔寨之后，美国又在老挝采取了重大升级行动。本编13-37文件对中国的反应予以高度关注，认为中国的反应要比对入侵柬埔寨的反应更为强烈。文件估计，中国可能的做法包括：继续敦促北越坚持战斗，并允诺提供更多的物资援助；配合北越的军事行动展开宣传攻势，向美国发出威胁，但避免卷入战争，其目的在于增加中国将出兵干预的威胁，使美国等国家在老挝南部的联合行动无果而终；也可能派遣顾问团到作战区域，并使他们的出现公开化。中情局的结论依然是，中国无意出兵干预，避免与美国发生冲突。

本专题收录的最后一份即13-38文件也很重要，是关于1970~1974年间中国、苏联对北越的军事与经济援助情况。根据中情局的统计数字，1972年，中苏向北越提供的军事援助最多，达到7.5亿美元；1974年提供的经济援助最多，接近12亿美元。五年来，中苏对北越的军事和经济援助大约56亿美元，其中军事援助20亿美元，经济援助为36亿美元左右。该报告还揭示出，在1973年，中国第一次成为北越经济援助的主要供应者；1970年，随着美国停止对北越的轰炸，使得北越对苏联防空设备的需求减少，中国对北越的军事援助也超过了苏联。中国冷战史研究专家沈志华、李丹慧教授的研究证实，1971~1973年间，是中国向越南提供援助最多的三年，经济、军事援助协定的金额超过了 90 亿元人民币，单就军事援助而言，这两年的援助即超过了过去 20 年的总和；"如果把 1971～1975 年的援助项目与 1965～1970 年逐一进行比较，可以看出，中美和解以后中国对越南的援助不是少了，而是更多了"。[①]

<h2 style="text-align:center">五</h2>

综合起来看，中央情报局关于中国对印度支那战争的基本政策、中苏越三方之间错综复杂关系等问题的分析、判断还是有一定道理的，大体上符合历史的实际发展情况。从一些情报报告中可以看出，中情局在收集资料方面确实是采用了各种手段，做了很多工作。例如，在 1965 年本编 13－27 文件关于北越和中国进口与战争相关药品的报告中，对各类药品的进口数量（甚至是每个季度的数量）、药品来源、运输手段、交货时间等记载得都非常详细。还有，在 1975 年本编 13－38 文件提出的关于 1970～1974 年间中苏对越南的军事和经济援助情况的报告中各种统计数字也比较全面，包括各年度的军事、经济援助数额、中国和苏联所提供各类援助数额的比较、军事援助的各主要项目（空军装备、地面军队装备、军火、燃料、零部件、交通设备、运费等）的数量及所占比例等。中情局的情报收集能力由此可见一斑。

但是，对于中情局的报告必须审慎地分析、鉴别，因为错误的推断、臆断的确很多，应该与其他资料相对证。如 1950 年 6 月本编 13－1 文件提出，"如果中国形势继续恶化，中共有可能会采取孤注一掷的军事行动，转移对国内困难的注意力，或者是希望缓解粮食短缺问题"；"中国可能会向印度支那推进，并同时进军缅甸和泰国"；"中国领导层希望通过对外战争"来恢复党内的团结。这些判断显然是错误的。再如，本编 13－13 文件认为 1964 年 6 月底、7 月初中越领导人的一系列高层会谈是出于越方的压力而举行的，越南旨在促使中国对美国可能扩大战争做出明确承诺。这一说法也是没有根据的。在分析中苏分裂给苏联援助北越所带来的影响时，本编 13－32 文件认为"北京明显地嫉妒苏联通过对越南的援助而增加了在河内的影响力，因而宁愿减少或者有可能的话完全消除苏联对北越的援助"，为此甚至希望完全断绝与苏联的外交关系。这一看法未必公允。实际上，自 1965 年苏联开始向越南提供援助到 1966 年 4 月，中国免费转运的苏联等国家援越物资已达 8.5 万吨，中国方面为此花费了大量人力和物力。1966 年 6 月中旬，越南政府授权越南通讯社发表声明："苏联和其他东欧兄弟国家的援助物资，都得到中国尽力帮助，按照计划转运过境。"1967 年 2 月，越南方面发表声明，重申"中国全心全意地提供援助，把苏联和其他国家的援越物资妥善地并且按照预定的时间运到越南"。[②] 从 1965～1968 年，通过中国铁路转运至越南的物资共计

---

① 沈志华、李丹慧：《中美和解与中国对越外交（1971～1973）》，《美国研究》2000 年第 1 期，第 114 页；李丹慧：《中美缓和与援越抗美》，《党的文献》2002 年第 3 期，第 76 页。

② 郭明主编：《中越关系演变四十年》，第 75～76 页；李可、郝生章：《文化大革命中的人民解放军》，第 414 页。

179 列火车 5 750 个车皮。中国严格按照协议,全部、及时、安全地转运了苏联的援越武器。①

从一些情报报告中也可以发现,尽管中央情报局的情报来源很多,统计数字有时也比较准确,但在有些情况统计数字还存在不小的误差。对于中国在北越的军队数目,中情局 1966 年估计的数字为 2.5 万~4.5 万人;1967 年 6 月的数字为 2.6 万~4.8 万人。显然这是非常不准确的。仅 1965 年至 1968 年 3 月,中国援越防空部队共计 15 万余人。中国支援部队主要由防空、工程、后勤等部队组成,一些部队实行轮换,平均每年在越南执行任务的部队有 13 万~14 万人,最高年份为 1967 年,达 17 万人。从 1965~1969 年 3 月,中国先后派出防空、工程、铁道、后勤等各类援助部队 23 个支队、95 个团和 83 个营,共计 32 万余人。② 同样,在关于 1970~1974 年间中苏对北越的经济和军事援助情况的报告中,中情局明确承认,"关于共产党对北越军事援助的估计存在着较大误差",甚至有"严重的缺陷","缺乏运送物资的直接数据"。

---

① 参见李丹慧:《中苏在援越抗美问题上的冲突与矛盾》,《当代中国史研究》2000 年 4~5 期。
② 曲爱国、鲍明荣、肖祖跃:《援越抗美》,北京:军事科学出版社 1995 年版,第 12 页。

中情局关于影响中国对印度支那
军事政策的各种因素的报告

（1950 年 6 月 1 日）

OIR 5222

秘 密

影响中共对印度支那军事政策的各种因素

（1950 年 6 月 1 日）

一、序　　言

在对未来发生在印支事件的估计中，中共的政策是一个主要变量。中共在大陆和海南的胜利使得他们可以将军队驻扎在印支边界，待命干涉越南。大量的战争剩余物资可满足中国人的需要，并有可能供给胡志明。共产党中国和苏联等东欧国家对胡志明政权的承认，美国、英国和其他西方国家对保大政府的承认，进一步加强了印支争端的国际因素。最近有迹象显示，北平作为亚洲共产主义运动的中心，将逐渐发挥日益重要的作用，北平政策的意义将仅次于苏联在亚洲的共产主义战略。本报告旨在考察 1950～1952 年间，将会决定中共对印支特别是对越南政策的主要因素。

二、目前的形势

中国和印支的目前局势及各国共产主义者的目标概括如下：

（一）中国

1950～1952 年间，我们认为中共主要是巩固共产党在中国的胜利。这种巩固行动包括"解放"福摩萨①、舟山群岛，可能还有西藏；消灭游击队抵抗力量、土匪、农民暴乱；解决其他国内主要问题，尤其是饥荒和经济停滞问题。防止共产党自身分裂成为共产党关注的主要内容。

中共第二个目标是在苏联远东政策的框架内，实施并扩大其在亚洲共产主义运动中的

---

① 指台湾。——译注

领导地位。中共试图赢得在亚洲的领导地位是出于国内和国际声誉的原因,旨在影响亚洲发生的事件向着有利于中国的方向发展,但中共决不容许其国际上的目标损害其更为紧迫的国内问题的解决。

在中共看来,目前中越关系不是主要问题。没有重要的边界问题,在越南的国民党军队不会构成直接威胁。经济上的考虑,比如获取交趾那大米,是胡志明和保大(Bao Dai)目前较量的主要目的。中国在印支唯一重要的问题,是法国军队支持的亲西方政权出现在中国南部边界,对中国构成潜在的军事威胁,尤其是一旦爆发一场世界大战。中共对越南的政策是中共在共产党冷战战略的框架之内对东南亚政策的一部分。

(二) 越南

在印支争端中,胡志明得到中共、苏联和其他苏联集团的支持;保大得到法国、美国等西方国家支持。由于中共取得了胜利,使得其有可能向胡志明提供援助,再加上中共、苏联及其他共产主义集团国家的承认,胡志明最近在冲突中的地位得到了加强。胡志明已宣布要对法国和保大政权发动全面进攻。得到美国和其他西方国家承认的保大政权在军事力量方面弱小,需要依靠外国的军事支持。在目前的形势下,胡志明的军队不可能全部被消灭,除非美国进行全面援助,美国或法国采取大规模的军事行动。胡志明主要面临物资上的问题,而不是人力。即使中国增加物资援助,胡志明也不能在近期赢得对法国和保大的决定性胜利,除非美国不再支持保大政权。

胡志明目前处于越南反法联盟的领导地位,并建立了共产党政权领导下的武装力量,他所实施的这些战术最近得到了克里姆林和国际共产主义运动的赞成。然而,尽管胡志明目前在苏联集团得到了承认,他继续标榜自己是一位不受外来控制的民族主义领导人。他能够这样做,是由于克里姆林并没有规定"人民民主"在远东的准确作用。越南经济、政治发展落后,中国的"人民共和国"强大的吸引力,在东欧国家看来,胡志明政权并不是一个完全的"卫星国"。只有在亚洲"人民民主"的地位以及共产党中国在苏联体系中的地位被确定之后,共产党才能最终决定对印支的政策。同时,印支共产主义者希望继续倡导建立北越共产党领导下的民主"联合阵线"。

中越关系对胡志明的重要性要远远大于对中共的重要意义。对中共而言,越南问题只是东南亚冷战战略的一个阶段,但对印支的任何政权而言,与中国的关系极端重要。中国的军事力量,胡志明对中国物资援助的依赖,促使胡志明要与共产党中国密切合作。然而,胡志明希望维护"民族主义"联合阵线,并坚持目前共产党的方针,又使得他用民族主义的面纱和独立于外来控制的外表,掩盖其对中共的依靠。

三、预　测

分析中共就越南问题可能会采取多种方案,我们假定,在1950～1952年间,其他国家的政策如下：

1. 美国的政策：美国将为保大政权提供经济援助和军事物资；法国将依旧控制着美国的军事援助；在外交上，美国将尽可能地支持保大政权。

2. 苏联的政策：苏联将在外交上支持胡志明，并尽力促使其他国家给予同样的支持；但苏联不将直接援助，不愿卷入印支争端中。苏联要防止胡志明出现"背离"，否则这将会丧失其对北越和中国共产党的影响和控制。

3. 法国的政策：法国将继续以美国的援助对保大政权进行军事上的支持，但如果出现独立的迹象，法国不会妥协。

4. 其他国家的政策：印度和大多数亚洲国家会继续保持中立，直到越南任何一方取得胜利。

我们进一步假定，尽管所有国家都认识到美国和苏联可能会交战，但目前没有一个国家制定了应对战争很快爆发的政策，也没有一个国家希望因印度支那问题而触发一场战争。

四、中共面对的政策选择

鉴于上述假定，在中共看来，最为有利的行动方针是在对胡志明善意的中立和直接军事干预这两个极端之间找到一种选择。每一种极端方案的优缺点如下。

（一）善意的中立

中共不向胡志明提供援助或者进行军事干预，而是通过施加外交压力，使事态的发展朝着有利于胡志明的方向发展。他们以军事行动相威胁，试图使法国和美国减少援助，阻止亚洲其他国家支持保大政权。该方案有下列有利之处：

1. 中共能减少对国外的干预，将注意力集中于国内问题。

2. 美国、法国、印度、泰国、缅甸、印度尼西亚等非共产党国家对共产党中国的敌视将不会增加。

3. 不会危及胡志明表面上独立的"民族主义者"领袖的地位。

4. 无论冲突结局如何，共产党中国与印支可能将继续保持经济联系。

在中共看来，采取善意中立的政策有以下不利之处：

1. 亲西方的保大政权继续在中国南部边界存在，对中国构成潜在的威胁，严重影响共产党在东南亚的攻势。

2. 减少了中国领导亚洲和亚洲共产主义运动的机会。

（二）直接军事干预

从中共的角度看，为了胡志明而直接进行军事干预有下列有利之处：

1. 一场全面的军事进攻有可能消灭保大政权。不只是在亚洲，而且在欧洲，这样的胜利在军事上和心理上会对美国和法国支持的政权造成巨大影响。

2. 中国干涉可能会消除北越内部"背离者"或"铁托"等危险因素。

3. 中共的干涉为不安宁的中共军队或野心勃勃的军事指挥官提供了机会。

从中共的角度看，军事干涉印支会有许多不利之处：

1. 中国干预可能会超出其目前的能力。

2. 严重阻碍中共国内生产计划、复员工作和社会改革。

3. 越南人民对1945年卢汉占领时期的经历记忆犹新，这会增加对中国人的敌对情绪。

4. 敌对期间，中共和西方国家之间和解的可能性将会丧失。

5. 其他亚洲国家更加警惕中共对它们的威胁，可能会联合起来反对中国。

6. 公开的军事干预与共产党在亚洲宣称的政策不一致。胡志明在维护民族联合和以独立面目出现问题上遇到困难。

7. 中国的军事干预会加深中国和东南亚国家的敌对状态，这不符合苏联的利益。

8. 随着中国的军事干预，共产党在越南的领导权会分为中共和越共，有可能造成分裂。

（三）有限的援助

根据上述情况，中共进行有限的援助会比任何极端的方案更为有利。中共可以向胡志明提供训练设施、物资、顾问人员、潜在的游击队基地，以及外交上的支持，但不会公开地进行军事支持，除了偶尔的小冲突或边界事件之外。采取这样的政策，以善意的中立作为伪装，会减少上述两个极端的不利之处。中共采取这样的政策有利之处如下：

1. 中国能够在亚洲共产主义运动中保持主动，并在行动中享有完全的灵活性。

2. 不会严重损害胡志明的"民族主义"和表面上的独立。

3. 对于共产主义在亚洲的目标及其实现方法，其他亚洲国家继续受到欺骗，不大可能采取协调行动。

4. 中共军队能继续转向非军事性的生产活动，大量剩余物资能够供印支使用。

对胡志明进行有限的援助，符合共产党当前宣称的政策，而且中国可以继续逐渐增加对胡的援助。

五、中共政策改变的可能原因

在所设想的状况下，中共有可能继续向胡志明提供有限的援助。然而，一旦假定情况发生变化，特别是美国或苏联政策、或者是中国国内形势发生变化，可能会使中共采取更为极端的政策。下面是一些可能发生的变化：

（一）苏联政策的改变

苏联强烈要求在印支采取军事行动，会迫使中共对越南进行公开军事干预。苏联政策发生改变的原因可能有：(1)苏联希望在美国的援助发挥效用前消灭保大政权；(2)苏联认为第三次世界大战已经临近；(3)苏联希望中国采取进一步反对西方的政策。

(二) 美国政策的改变

向保大政权提供超出本文件设想之外的援助，将会减少胡志明在越南维持甚至是有限的游击行动的机会，中共会增加对胡志明的援助，包括公开的军事行动。然而，如果在美国这样的援助下，能注定打败胡志明，中国对胡志明的政策也许会较目前更为隐蔽，因为中国要避免与失败一方发生不必要的联系。

(三) 中国国内形势的改变

如果中国形势继续恶化，中共有可能会采取孤注一掷的军事行动，转移对国内困难的注意力，或者是希望缓解粮食短缺状况。中国可能会向印支推进，并同时进军缅甸和泰国。然而，在作出这种估计的同时，应当注意到，中共也许不能及时获得印支的剩余粮食来缓解当前的短缺状况，这些剩余物资不足以满足中国的需要。

如果中共领导人断定世界大战即将临近，并且不可避免，中国入侵印支的可能性将会大大增加。

中国党内派系活动可能造成的影响难以估计。中国铁托主义的趋向使苏联反对中国干涉东南亚，因为会出现中国"铁托分子"与东南亚共产党领导人联盟的危险。然而，中共领导层希望通过对外战争，抵抗"帝国主义侵略"，恢复党内的团结。似乎更为可能的是，中国领导层要避免对国外事务不必要的干涉。因为国内的民族主义者要求将更大的注意力放在国内问题方面，而较少强调世界革命的问题。

六、结　论

在上述第二、三部分所阐述的情况下，中共很可能要继续其目前的政策，通过秘密的和商业渠道逐渐增加对胡志明的援助，而不采取公开的军事干预。中共的援助可能包括向胡志明提供训练设施、物资、顾问人员和游击基地，并在外交上给予支持。中国军队偶尔参与小规模的边界冲突。中国与越共的关系可能会被善意的中立所伪装，旨在防止亚洲其他国家联合反对共产主义或结成反华联盟。

如果目前设想的状况发生变化，中国可能会进一步干预。如果胡志明政权存在的前景减少；如果苏联对中国施加压力；或者如果中共领导人确信世界大战临近，中共军队有可能会对印支展开公开的军事活动。目前中共不大可能放弃对胡志明的支持。

李昀译，赵学功校

中情局关于印度支那抵御
中国"入侵"前景的报告

（1950 年 9 月 7 日）

ORE 50－50

秘　密

印度支那抵御中共入侵的前景

（1950 年 9 月 7 日）

问　　题

本报告就以下问题进行分析：中共入侵印度支那的能力；影响越南人抵抗此种入侵意志的态度；用来激发越南人抵抗入侵的外援。

概　　述

在目前的形势下，如果中共入侵印度支那，几乎可以肯定地说，法国领导的防御力量将很快失去除交支那以外的所有越南地区。只要目前的政治、军事状况继续保持不变，单靠美国的物资援助并不能决定性地改善这一前景。

目前，大约有 10 万中共军队部署在靠近印度支那的边境地带，足以发动一场突然袭击。另有大约 15 万中共军队在 10 日内可以抵达边境支援入侵。一些增援部队或许由海路到达反抗力量控制的印支沿海地区。中共也有能力对入侵行动实施空中支援。

越共拥有 9.25 万人的正规军和 13 万的非正规军组成的反叛力量，这使其有能力扩大游击行动，增加目前的军队开支和因抵抗法军而造成的装备消耗。中共正为胡志明军队提供援助，这增加了其尽早大规模攻击法军和进行常规战争的潜力。

法军（大约 15.05 万正规军）的军事行动表明其缺乏攻击力，这部分是由于缺乏足够的物资造成的。法军大部分的地面部队可以得到总共约 6.67 万人弱小的地方武装的支持，目前能够摧毁敌人的供应线，以此暂时延缓越共的进攻。法国在印支的空军力量很弱，其有限的力量严重地被越共军队所牵制。法国海军有能力在一场小规模的两栖登陆行动中对陆军予以支援，但是无力对武器走私实施全面封锁。

　　显而易见,鉴于双方的力量,在目前的形势下,由越共支持下的中共的入侵,能够很容易突破东京湾的法军防御,迫使法军退居南部。具有战略意义的东京湾平原可能在 6 周内失守,法国在西贡地区的据点要依靠海外援军而得以维持。如果中共增加对越共的援助,而国外对法国的援助停留在目前的程度,法国将无力支援越南人,胡志明无需中共军队的介入,最终能够将法国人赶出印支地区。

　　分析越南对中共入侵的反应,必须考虑到越南人从总体上说对共产主义持冷漠态度而对法国非常反感这一事实。越南由法国控制,还是由国际共产主义统治,甚至连一些同情共产主义的越南人都将可能为获得国家认同而去冒险。尽管越南人对中国人并无好感,对中国人的意识形态也没有兴趣,但是中共军队迅速占领越南将不会激起越南人积极的抵抗,越南人也不会大量倒向法国人或保大。越南人或是顺从中共,或是投机与中共合作。

　　越南知识分子和普通民众关注的首要问题是独立。外援对越南人抵抗中共入侵意志的影响必须要考虑到这种民族主义诉求。倘若法国能对越南民族主义精神做出较为满意的让步,制定一项经济援助计划,明显地改善越南普通民众的生活,同时所提供的军事援助不只是维护法国军队,而且是要建立一支有效的越南国家军队,这样会激发越南人的抵抗意志。这种援助的渠道应通过越南人自己。尽管受法国某种程度的影响,这种援助渠道会使供应问题变得复杂化,但有利于鼓励越南人去保卫国家。在中共入侵前宣布这样的援助计划会更为有效。不管怎样,如果法国不事先宣布单方面做出让步,并迅速提供大量的援助,那么这种援助计划的宣布在效果上将受到严重削弱。

结　　论

　　在目前的印支政治、军事局势下,中共的军事入侵将迅速占领东京湾地区,严重威胁法国在南部的统治。紧靠美国的军事援助并不能改变这种局势。

　　一旦入侵发生,有效的军事抵抗将有赖于目前大量反法的越南人至少要改变对法国人或外援的态度。如果法国承诺越南独立,并立即扩大、装备越南本地军队,将会鼓励一些越南人进行抵抗。但是,即便是法国对越南的民族主义做出了适当的让步,越南抵御中共入侵的成功有赖于越南人建立一个受到普遍支持的地方政权的时间,以及建立一支有效的越南军队的速度。

中共的军事实力

　　中共很可能与胡志明武装合作入侵印支。数量庞大的中共军队正待命干涉印支。尽管有报告称某些中共野战部队正在或是计划北进,但是大约 10 万人的军队仍部署在印支边境,这些部队有能力对印支发动突然袭击。虽然可靠的情报并没有说明装甲部队在印支边界的存在,实际上,一支装甲师和一个属于第四野战军的坦克营驻扎在中国南部,距离边境700 英里。另外,约 15 万人的中共军队能够在 10 日之内到达印支边界,支援最初的入侵部队。即使中国同时攻打台湾，这些援军也能到达，这样就使中共至少拥有25万人的入侵部队。鉴于中共正在提高其水运能力，很可能某些入侵部队会乘船抵达越共控制下的印度支那海岸。然而，尚无证据显示中共准备采取这样的行动。

尽管尚无迹象表明中共空军在中国西南部集结，空军也没有在战斗中出现，但中共有大约200～250架各种型号的作战飞机（包括战斗机和轻型轰炸机），能够在印支战役中提供有效的空中支援。在距离东京边界170英里之内，中国拥有6个机场。除此之外，据称中共正在东京-广西边界和海南岛新建和改建几个机场。

越共的军事实力

自1945年9月起，胡志明领导的部队就一直进行抵抗法国的活动，他们能够扩大军事行动。胡的组织通常称为越共，拥有约9.25万人的正规军和估计为13万人的非正规军。越共的武装力量还包括位于柬埔寨的2 000高棉人和在老挝的500以萨拉卡人（Issarak）。

越共军队主要从事游击战。一些特种部队显示出了自己的作战能力，每支有3 000～5 000人，装备了足够的步兵武器和一些大炮，有能力进行常规作战。在目前的形势下，越共在大部分印支地区的行动保持了相对的行动自由，同时支持法国占领区的小股抵抗力量，继续骚扰法国交通运输线。另外，越共有能力夺取一个或多个法国边哨，并且至少能控制一段时间。

中共和苏联在事实上承认越南民主共和国后，中共和越共建立起更为密切联系的计划或许正在制定之中。中共正在训练1万～2万北越军队。有证据表明，中共已经向越共提供了相当数量的物资，可能是轻型武器、弹药、迫击炮和轻炮。北越得到了中共的训练装备，扩大了物资供应渠道，有可能加快招募军队，这就使北越在较早时期内有潜力对法国发动一场大规模的进攻。

法国控制的军事力量

法国远征军最高司令部负责掌管法国在印支的地面部队、海军和空军。1950年7月1日，法国拥有正规地面部队15.05万人，约6.67万人的附属国军队，尽管这些军队名义上服从于这些国家，实由法国远征军最高司令部控制，另外还控制着12.25万的准军事和各种杂牌军。这些地方武装目前力量弱小，缺乏战斗力，但具有成为一支重要力量的潜力。法国地面部队有能力渗入到越共控制区，但需要调动在其他地区承担安抚任务的力量。法军已经显示出缺乏攻击力。法国控制的地面部队有双重任务：消灭越共力量和防御中国边界。各种迹象表明，法国人目前更重视前者。在这样的状况下，他们最希望进行的行动是在不久的将来能摧毁敌方的供应仓库，推迟北越发动大规模的进攻。

法国空军在行动中受到越共力量的严重牵制。在印支的法国空军目前拥有84架战斗机和侦察机，68架运输机，50架联络机。有大约55％的战斗机能够使用，但由于无力维护，这一比例可能还会明显下降。法国空军的装备落后，数量不足，很容易遭受越共的破坏甚至是直接袭击。

法国海军能够支持陆军展开一场小规模的两栖登陆行动，并袭击反叛力量控制的印支沿海地区。但是,法国海军没有能力对武器走私活动实施全面的海上封锁。法国驻守在印支的海军力量包括166艘小型舰只和21架飞机,共有8 750人。目前驻守在印支水域的最重要的力量包括1艘旧式的驱逐舰、11艘扫雷艇、2艘登陆艇、9艘各类潜艇驱逐舰。空中力量包括9架巡逻轰炸机和12架侦察机。

与对手力量的比较

中共能够很容易地渗透到法国控制下的东京湾地区,并迅速击败防御力量。一旦发生入侵,尽管法国空军能够采取有限的防御行动,但中共若使用空中支援,法国空军会有全军覆没的危险。在地面,只有在具有战略地位的东京湾平原沿海地区,法军依靠纵深防御能有效抵抗中共的攻击。甚至在这个地区,法军由于前线力量不足,储备匮乏而不可避免地被迫撤退。可以估计,10万~15万人的中共军队能够在六周内占领整个东京湾平原,法国人可以据守海防附近的临时滩头阵地。中共成功地发动向南推进的第二阶段行动需要更长的时间和更多的军队。在这种情况下,法国需要在海外援军的援助下,维持海防周围一个牢固的立足点。

尽管目前在印支的法军停滞不前,在大量外部的援助下,法军要在东京湾发起攻击,或许能穿越边界,甚至能有效地切断中共对北越的援助。然而,这样的攻击并不能摧毁越共军队。如果中共对北越的援助继续增加,这是很可能的,如果法国没有得到所计划的外援,也不能得到越南人的支持,没有中国公开入侵的帮助,越共依然最终能够击败在印支的法军。

越南关键人物的态度

越南关键人物的态度将决定着他们在中共入侵时所采取的行动,他们要考虑到:国际共产主义,当地中国人,胡志明领导的北越和法国。

总的说来,越南人对国际共产主义知之甚少。越共和法国人支持的越南政权是越南人主要关注的政治对象。北越是国际共产主义的工具,越南民众对此并不了解或者漠不关心。尽管大部分受过教育的越南人意识到拥护共产主义有受苏联控制的危险,但要在法国的实际控制和苏联可能控制中做出选择的话,大部分越南知识分子情愿尝试一下共产主义。

越南各阶层对在越南构成小商人集团主体的当地中国人并无好感。先前在越南解放战争中越南人反抗中国霸主,1945~1946年间中国曾占领东京,这都给越南人留下了痛苦的回忆。对越南人而言,无论中国人持何种意识形态,中国人都不受欢迎。

越南各阶层广泛地将胡志明视为使越南摆脱法国枷锁的潜在的解放者。大部分越南知识分子,甚至一些保大政府的人,都认为武装反抗法国具有合理性,在某种程度上赞成越共的行动。尽管在东京一些地区,越共曾采用过焦土政策,农民生活更为凄惨,但是这种行动也没有能产生重要结果。

由于长期的殖民统治,法国历来是越南人憎恶的对象。战后法国的政策并未能减轻越南人的这种敌对情绪,越南人争取独立的愿望愈发强烈。现在,几乎所有的越南人都认为法国是他们实现民族抱负的最大障碍。

一旦入侵可能采取的行动

中共非常有可能会迅速攻占东京湾地区。虽然东京湾地区的大部分知识分子基本上反对中国军队的入侵，但他们没有机会进行有组织、有效的反抗活动。目前站在胡志明阵营一边的人也许继续效忠他，其他人则尽可能默默地等待事态的发展。

在越南其他地区，越南知识分子的态度主要受到以下影响：法国的防御注定会失败和美国有可能进行干预，或是局部干预，或是作为美中对抗的一部分。如果法国没有采取强有力的防御行动，或是美国对干预缺乏兴趣，这些越南人尽管对共产主义心怀恐惧，也会认为顽强抵抗是徒劳的，并接受共产主义的统治。

与知识阶层形成对比，越南普通民众缺乏有效的、受人拥护的反共领导层，可能会像过去一样接受中国占领给他们带来的负担。与中共签订一项条约显然能够使胡志明掌管越南政府，大多数越南人至少在初期对此也许会表示欢迎。只要胡志明政府不积极反对这样的行动，大多数越南人甚至会认为中国入侵是合理的。

外援和越南人抵抗侵略的决心

通过外援加强越南当地民众抵抗中共入侵印支的决心，这与越南的民族主义问题相关联。总体而言，越南知识分子和普通民众大都非常关注民族独立问题。

由于目前法国人和越南人互不信任，因而在近期内无论什么样的援助都不会对越南人产生多少影响。只要法国人继续垄断着越南行政和军事力量的关键部门，越南民众可能会认为国外军事援助实际上是旨在加强法国霸权的一个手段，他们或者对中共入侵视而不见，或是对入侵的军队表示欢迎。越南人也许会因健康、农业、运输、重建等经济援助而心存感激，但如果法国人掌握了这些援助的分配，就会减弱越南人抵抗中共入侵的意志。

设想如果法国和越南人民之间的不信任得以消除，要激发起越南人抵抗中共入侵的意志，外援应该具有以下性质：（1）经济援助要使大量普通民众的生活有所提高；（2）军事援助除维持该地区法军的基本需求外，要有充足的援助来建立起一支初具规模、装备完善的国家军队。应该认识到，由于缺乏受过训练的人员，由于法国当局担心他们将无力控制强大的本地军队，因而要建立一支有效的越南军队将是一项长期的任务。尽管如此，如果宣布并尽快实施创建这样一支军队的计划，将会立即激发越南人抗击侵略的精神，并减少对法国的憎恶。

利用法国的管理经验来有效地管理外援是十分必要的。然而，如前面谈到的那样，越南人心存疑虑，除非当地的越南政府明确授权负责外援的分发，否则越南当地民众会做出消极的反应。如果法国愿意在形式上作出完全的让步，越南人有可能愿意做出实质性的妥协。在此情形下，在越南政府的框架之下，由法国（或许有第三方和联合国监督）顾问和技术人员实际行使管理外援的职能，这可能是一种令人满意的妥协方案。通过越南人分配外援，在一定程度上还要受法国的影响，这种做法有利于越南人对保大政权产生尊重，同时还能鼓舞他们帮助保卫国家。

激发越南人民抵抗入侵意志的最后一个因素是时机。援助是重要的，而法国对越南独立的态度无疑也很重要。如果宣布援助是在中共入侵之后，而不是之前，会对越南人抵抗意志产生较小的影响。此外，除非是根据实际运输日期宣布提供援助，否则即便是许诺帮助他们反对法国，并确保其独立，越南人也会感到沮丧和失望。

1950 年中共在印支行动的前景

一、绪论和结论

中共目前有能力成功入侵印支。如果中共是作为世界共产主义运动的参与国而被号召入侵印支的话，很可能是被说服而发起军事行动的。中共在其他地区的军事承诺并不能妨碍其对印支的入侵行动，因为中共拥有单独或同时对印度支那、朝鲜、台湾、西藏、香港和澳门采取行动所需要的军事力量。

尽管中共具有这种能力，并且其军队已经在印支边界集结，有足够的能力完成入侵任务，但据估计，中共不大可能在 1950 年发动公开入侵（很可能是突袭），因为从胡志明、中共和国际共产主义的角度考虑，支持不采取行动的人要超过支持采取的。然而，极有可能的是，中共继续扩大对越共的军事援助（不采用公开入侵的手段），使其有能力实现 1950 年的重大但是有限的目标。假定法国没有获得目前所设想的援助，越共能够在没有中共入侵的帮助下最终将法国人赶出越南。

二、中共行动的类型

中共主要采取两种行动来公开支持北越：（1）以入侵的形式公开干涉；（2）援助而不公开入侵。

（一）公开入侵

1. 迹象：近来，中共在广西和云南边界修建和改善公路、铁路、机场设施等活动可以视为是即将发动入侵的先兆，同样也可以将这些活动看作是中共增加对北越、老挝和柬埔寨的援助。

目前在印支边界地区有约 10 万人的中共军队，这也是一个先兆，他们能够在事先不发出警告的情况下实施入侵。也可以将这些军队部分视为是平定华南地区的力量，因为在那里有数千人的反共游击队一直在活动。值得注意的是，目前中共在印支边界的军队只是今年 5 月报告的三分之一。

2. 有利于干涉的因素

下列因素有利于中共在 1950 年入侵印支：

（1）中共对印支的入侵是集结反法军事力量的最快途径。

（2）而且，法国不大可能在充足的时间内加强其在印支的部队来抵抗入侵。

（3）西方国家在印支大力加强军事力量之前，1950 年中共在印支采取的决定性行动将会驱逐法国，并控制这一地区。

（4）另外，越南落入共产党之手会加速缅甸、泰国与共产党的和解。

（5）另一方面，假如中共 1950 年对印支的入侵行动在短期看来并非决定性的，假如美国或其他西方国家的军队随后进行干预，那么入侵行动有助于在远东这场没有决定性意义的边缘战争中牵制西方国家的大量军事力量。

3. 不利于干涉的因素

下列因素减少了目前中国入侵的前景：

（1）如果法国及其支持者缺乏重要的外部援助，那么越共可以在无需借助中共的公开干预下最终"解放"印支。胡志明目前拥有约 9.25 万人的正规部队，13 万非正规部队，还有大量后备人力。为了达到驱逐法国人的目的，他需要而且或许宁愿选择要中共的物资和技术-顾问援助，而不是中共的直接干涉。

（2）中共军队在印度支那的出现，除了会削弱越南民族主义者对越共领导的运动的吸引力之外，还将激起当地的反华情绪，并导致北京和越共领导层之间在指挥权问题上发生严重冲突。

（3）国际共产主义迄今都是试图以当地内战的伪装进行侵略行动。

（4）共产党的入侵将会对目前亚洲的中立国，尤其是印度，产生严重的负面影响。

（5）中共加入联合国和联合国所属组织的前景将会消失，与中立国建立外交关系的机会也将减少。

（6）苏联也许不愿意敦促或赞同中共入侵印支，因为这样将冒中共的影响取而代之的危险，中共在占领区将得到越共力量的支持，而苏联目前只能遥控胡志明政权。

（7）除了上述提到的各项具体因素外，共产党公开入侵印支将大大增加爆发全面战争的风险。

（二）援助而不公开干涉

中共支持胡志明的第二种方式是扩大对其军事援助，而不公开干涉。过去的六至八个月内，中共已经以提供物资、技术-顾问援助、训练以及派遣人员等方式向北越提供了大量支持。他们有能力增加这种援助。

1. 据说现在有大量物资正运往印支，不仅是从边界运入，还有从中国各港口通过海南运抵北越。中国西南和东京湾之间的交通正在改善，而且中共已经控制了很多原来为国民党所占据的沿海岛屿。这些事态的发展大大促进了中共物资进入印支。越共缺乏大炮等重型装备，不久中共会将提供大量这样的物资，尽管数量目前尚不能确定。

2. 技术-顾问方面的援助将会有明显扩大，主要通过增加向印支派遣人员的数目和扩大对印支人员在华的训练项目。

3. 至于人员，少量的志愿兵已经不事张扬地加入了越共的军队。尽管中共会鼓励更多志愿兵加入，由于语言等问题，所占比例不会很高，只是一个有限的因素。将中共一些小部队合并到北越军队，由越共指挥，使用志愿军的问题可以部分得到解决。越共最愿意接受的是自身有限或者没有的专业化部队，例如炮兵、装甲兵、工程兵、信号兵、医疗等部队。中共营以上的部队并入越共军队的可能性不大，担心这会暴露出直接干涉，因为增加这些装备减少了中共公开干涉的可能。

三、中共行动成功的前景

在目前形势下，如果中共公开入侵印支，几乎可以肯定，法国防御部队将失去除交趾那以外的整个越南。10 万～15 万人的中共军队可能在战争的头 6 周占领东京湾平原,将法国在北部的阵地挤压到海防周围的临时滩头。中共第二阶段的进攻是进一步向南部推进,尽管需要更长的时间和更多的军队,北平能够从长江以南地区提供所需要的军队,并且对其他可能的军事行动不会很快造成影响。

现有情报并不能准确估计越共手中所掌握的物资以及目前或未来从中国运来的物资数量比例。中国的援助目前主要是通过第二条陆上通道和海上偷运而来,因为法国军队已经控制了陆上的主要供应线路。另外,目前没有迹象证明北越有能力发动大规模的正规战役,将东京湾地区的法军消灭掉。但这并不能排除越共军队已经大规模地装备并训练使用重型武器的可能性,据目前估计,越共在 1950 年还不具备发动一场持续进攻并将法国人赶出印度支那的能力。

虽然如此,据估计,在 1950 年秋,越共有能力发起第一阶段的进攻,夺取或摧毁法国几个重要的边界据点。中立法国人的这些要塞,并通过消耗战进一步削弱法军力量,这样就可以使中国运往越共的重型装备数量大大增加。一旦越共得到了这些装备,而法国没有获得比目前计划的更多的援助,这将使越共军队在几个月内超过法国的军队,占据优势地位。与此同时,在即将到来的几周内,越共将发起目标有限的战役,其实际的军事力量将在战斗中尽早得到可靠的检验。

DDRS,CK 3100294473 – CK 3100294485

李昀、赵学功译,赵学功校

中情局关于 1951 年印度支那
局势可能的发展的评估报告

(1951 年 8 月 7 日)

NIE 35

1951 年印度支那局势可能的发展

(1951 年 8 月 7 日)

问　　题

估计印度支那目前的局势和 1951 年可能的发展趋势。

结　　论

1. 目前印支的军事僵局似乎有可能至少持续到 1951 年底,除非中共派约 3 万或者超过 3 万人的"志愿军"直接干涉,这些志愿者是以个人或者是小型部队的形式加入越共军队,是目前对越共援助的继续。

2. 如果中共大规模直接干预,派出的军队人数超过上述规模,法国人或许会被赶回海防周围的滩头据点。除非中共取得了空中优势,否则法国人能够控制这些据点一段时间。

3. 只要中共仍在朝鲜承担重担,直接干预印度支那的可能性就不大。

4. 如果朝鲜冲突结束,或是在朝鲜的行动大量缩减,那么中共直接干预印支的可能性就将增加。然而,经过权衡,我们认为 1951 年间中共不大可能进行这样的干预。

讨　　论

目前的局势

5. 目前印度支那正处于军事上的僵持状态。塔希格(De latter de Tassigny)将军担任指挥的这段时期,法国和越南军队击退了越共试图攻占东京湾地区的进攻,并牢牢控制着河内和海防周围的红河三角洲地带。法国成功的原因在于：（1）塔希格将军的积极领导，试图恢复法军的士气；（2）共同防御援助项目（MDAP）的援助；（3）法国援军的到来；（4）越共游击队对大规模战役缺乏经验；（5）中共的支持有限。越共军队人员不足，武器缺乏，而法军及时得到了美国的军事援助，包括飞机、凝固汽油弹、巡逻艇和登陆艇以及地面作战物资，军事力量大大加强，使越共军队在与法军激战中处于严重劣势。越共主要依靠中共提供后勤支持，中共供应了弹药、轻型武器和一些大炮。大约 1 万名中国人在越共担任干部、技术指导和顾问。这一数字正在增加。然而，中共将物资援助明显保持在去年 12 月的水平上，没有直接干涉，也没有派遣大量的"志愿军"，武器援助也没有大幅度增加。在这种情况下，塔西格将军可以从印支其他地区调遣援军，巧妙地使用机动的后备部队，从而能够保持法国和越南的现有军事阵地，并给越共军队以重创。

6. 然而，政治上的发展不容乐观。尽管法国逐渐移交某些权力，但是越南政府发展缓慢，仍然缺乏强有力的领导。必须承认：（1）法国不愿意放弃对越南政治、经济事务的最终控制；（2）越南人对法国支持的任何政权存有疑心，广大民众对政治漠不关心，使得政府缺乏广大民众的支持；（3）任何新建立的、缺乏经验的政府都面临同样的困难，要培训必要的人员，建立一个高效的管理机构；（4）分裂的地方势力未能团结起来，共同努力。

7. 1951 年 1 月，在越南出现了建立一个有着广泛基础、可以代表大多数非共产主义团体的内阁的时机。胡（Huu）总理组建了内阁，其成员主要是亲法派。尽管他显示出了一些行政管理才能，但他的政府效率低下，力量软弱，被称为"法国傀儡"，这使它在越南民族主义中失去吸引力，疏远了势力强大的民族主义者，包括在东京湾颇具实力的大越（Dai Viet）集团。共产党人控制了越南的大部分地区，越共渗入到大片名义上是由法国控制的地区，这都严重影响了许多人公开支持政府的积极性。

8. 建立一支越南国家军队是提高越南政府政治地位并最终消灭共产党的必要前提，在这方面已经取得了一些进展，越南军队在最近的交战中表现良好。法国人也打算推进越南国家军队的建设，派遣了相当数量的干部和代表团，帮助组织和训练越南军队，计划将越南军队从目前的 5.4 万人扩大到 10 万人。然而，要把计划中的如此规模的军队以营的建制组织、训练并装备起来需要较长的时间，把这些军队以师的建制投入到战场上则时间更长。由于缺乏有能力的各级指挥官，装备匮乏，民众漠然，致使军队的组建步伐停滞不前。与此同时，越南领导人和法国人意见不一，尤其是在谁将控制越南军队这一问题上分歧严重，妨碍了他们之间的充分合作和军队建设最大程度的发展。在建立一支由越南人控制的军队方面的延缓进一步限制了民众对越南政权的支持。

9. 在对手方面，北越的政治结构是遵循其他共产党国家的通常政治发展模式，依据更为开放性和进攻性的共产党的原则重新组建的。共产党的地位得到加强，严格的党派原则被置于突出地位,胡志明显然居于次要地位。这些发展说明旨在防止越共出现任何民族主义的背离倾向,也表明中共参与并指导了这一运动。如果越共不能取得进一步的胜利,将不会得到更多民众的支持。但我们不能确定是否越共正在实际上失去对民众的吸引力,这个政权显然越来越依赖共产党的牢牢控制。这种严格的控制可以防止出现背叛,有利于利用越共控制区内的民众。

越共和法国-越南能力

10.　随着法军士气的提高和力量的加强,以及越南军队的不断发展,共同防御援助的到来,到1951年10月,法军有能力发动一场有限的进攻,并收复一些失地。然而,法国和越南军队在评估期间的这段时间并不能决定性地击败北越。

11.　另一方面,我们认为,即使目前中共继续向越共提供援助,北越攻占河内、海防地区的可能性极小。随着中国的援助源源不断地到来,越共的军事力量在10月雨季结束时将会有些增强。今后几个月,法国-越南军队也将得到共同防御援助项目的大量援助,还有至少承诺给塔西格将军提供的1.5万～2万援军(其中四个军据说已经到达)。未受任何损失的法国空军力量会进一步得到增强。法国海军增加了一艘航空母舰,这样可以进一步拦截通过海运提供给越共的物资,并且有助于法国实施两栖作战。而且,到12月,法国在红河三角洲的固定防御圈将完工。在此情形下,法国在战斗中便能取得优势,固定防御圈能使他们调遣机动的后备力量,充分发挥他们进行常规作战而非游击战的优势。

中共的能力和意图

12.　中共和苏联的基本政策是,促使共产主义控制东南亚。鉴于印支在东南亚的战略地位和这里已经成熟的革命形势,北京和莫斯科将印支视为东南亚的关键地区。北京已经承认胡志明政权,并向越共提供技术和军事上的援助。大量迹象表明,中国准备向越共提供更多的军事支持,可能包括中共军队的直接干涉。

13.　中共有能力大量增加目前他们向越共所提供的援助,特别是将大量人员或干部加入越共军队。我们确信,即使北越得到了多达3万渗透人员的支持,北越或许能取得一些局部胜利,力量得到加强的法国-越南军队能够守住东京湾周边地带的大部分地区。然而,随着中共力量大规模渗入,法国的阵地会逐渐变得岌岌可危。

14.　至于中共使用其军队进行大规模干涉的能力,我们估计,中共可投入大约10万人的野战部队和后勤保障力量入侵印支。落后的交通和边界地区复杂的地形使得中共不可能使用更多的军队。他们的后勤支持一次只能维持大约一周的短期进攻行动。在间隔期间转向防御,补充供给。然而,中共正改善通向东京的公路和铁路供给线,改善边界地区的飞机场。因此,中共发动进攻行动的后勤供应能力正逐渐提高。

15.　中共有能力对法国人实施短期密集空中打击外,法国飞机集中在东京三个易受攻击的飞机场。中共这种空袭的成功能够大大提高共产党大规模地面进攻的能力。共产党在东京地区占据空中优势,也极大地阻碍了法国人对东京湾的侦察和海上封锁,从而使得对越共的海运援助增加了。

16. 如果 1951 年底之前中共使用 10 万军队进行干涉,他们或许最终能够将法国赶到海防的滩头据点。除非中共取得了空中优势,法国能够控制这一滩头阵地一段时间。

17. 朝鲜未来局势的发展毫无疑问会影响到中共决定是否直接干涉印支。只要中共仍然在朝鲜投入大量的力量,我们认为他们不大可能直接干涉印支。尽管中共有可能将法国赶出东京湾,但是并不能保证能取得这么大的胜利。一场非决定性的持久战将使中共愈发感到力不从心。

18. 如果朝鲜战争结束,联合国军重新发动攻势的威胁基本消除。边界地区交通运输的困难仍旧限制地面部队援助东京,但是来自朝鲜和满洲地区的物资能够确保为早期的军事干涉行动提供持续不断的物资。我们估计,朝鲜停战两个月后,随着空军力量的极大提高,中国入侵印度支那的能力将会明显增强。中共和苏联那时或许认为,印度支那为迅速取得决定性的胜利提供了一个更为有利的机会,因为美国和联合国对印支干涉的危险比朝鲜要小。他们或许考虑到,美国和联合国不愿意再打一场朝鲜那样的战争,一些联合国成员国也不愿意为法国在印支的殖民主义而战。因而,如果朝鲜冲突结束,中共尽早干涉印支的可能性将会增加,尤其是在 10 月底雨季之后。

19. 在另一方面,中共在公开干涉印支问题上可能会犹豫不决,因为他们正在谈判谋求朝鲜问题的全面解决,包括联合国军撤离问题,这些谈判无疑要花费很长时间。而且,如果共产党接受了朝鲜停战协定,就表明他们愿意寻求世界紧张局势的暂时缓和,不大可能尽早干涉印支。我们还认为,鉴于中共交通运输线还不完善,法国军队力量得到不断加强,外国干涉危险的存在,使得北京确信自己并无迅速攻占整个东京湾地区的把握,而是可能会卷入另一场旷日持久、代价高昂的战争中,国外干涉的威胁也会增加。最终,中共或许期望通过向越共增加干部、物资和技术的援助,仍可以击败法国,取得胜利,而无需尽早实施大规模干涉。

20. 我们认为,中国增加在东京地区的准备工作,也许是为运输志愿军和援助北越物资提供便利,同时准备可能的大规模干涉,而并不是试图在 1951 年进行干涉。

21. 因此,如果中共不直接干涉,到 1951 年底,印支可能会继续处于军事僵持状态。越共政治控制的加强,其军队的进一步发展以及中共援助的增加,将会由于法国援军的到来,更多的共同防御援助项目援助,以及在建立越南军队方面不断取得进展等而使双方的力量达到平衡。或许某些领土会易手,但至少在 1951 年底,我们不认为某一方会取得任何重大的胜利。

附录

1951 年 7 月 1 日在印支军事力量

法国-越南军队		越共军队	
法国地面部队	150 500	正规军	120 000（估计）
联系国军队	70 700	地方民兵	40 000（估计）
辅助军队	70 000	非正规军	85 000（估计）
半军事部队（铁路护卫等）	80 000	合计	245 000
法国空军	6 858		
法国海军和海军所属空军	10 000	东京湾地区各方地面部队	
总　计	388 058	法国-越南军队	80 000
		北越军队	85 000

DDRS，CK 3100355713 – CK 3100355723

李昀、赵学功译，赵学功校

中情局关于至 1952 年中期印度支那
局势可能的发展的评估报告

(1952 年 3 月 3 日)

NIE 35－1

秘 密

至 1952 年中期印度支那局势可能的发展

(1952 年 3 月 3 日)

问 题

估计至 1952 年中期印度支那局势可能的发展,特别是中共在那一地区可能的行动。

结 论

1. 我们认为,在评估的这段时期内,法国将继续在印支作战。然而,在坚持保护法国利益的同时,法国将限制其在印支的投入,却要求美国增加财政援助,并寻求美英对防御印支提供军事支持。

2. 目前法国财政面临紧张状况,这使法国政府更为担心其保持在印支现有地位的能力,以及同时支持其在欧洲承担的军事义务。我们认为,这种担忧将在越南引起对法国在印度支那意图的疑虑,并给越南人的士气带来负面影响。在估计的这段时期内,这种忧虑不会影响法国在印支的活动,但以后可能会影响法国继续在印支抵抗的决心。

3. 不受朝鲜战争的影响,中共有能力向印支投入 15 万军队,并向其提供后勤支持。在有效的援助到来前,这些中共军队或许能迫使目前法国-越南军队撤离东京湾地区。

4. 然而,我们认为,在估计的这段时间内,中共不会武力干涉印支。

5. 我们认为,中共将逐渐扩大其目前援助越共的规模和性质,可能派遣数目不多的中共"志愿军"。在奉行这一政策时,他们将停止向越共提供任何他们估计会招致西方国家对中国内地作出反应的援助。

6. 到 1952 年中期,印支可能的前景是法国人和越南人的军事地位可能会逐渐恶化。我们认为越共将会夺取一些领土,但在估计的这段时期不会取得决定性的胜利。

7. 较为长远的前景是越共的战斗效能继续增强,对法国人和越南人的防御造成更大压力。除非目前的趋势能够改变,否则持续增加的压力以及法国同时支持欧洲和印支军事努力的困难,将导致法国最终撤出印支。

讨 论

目前的形势

8. 自从 1951 年 8 月 7 日 NIE 35"1951 年印支可能的发展"发布以来,法国人将河内和海防周围的红河三角防御地带向西扩展到了和平①,但是在两个多月北越的猛烈进攻和渗透进三角洲地区的越共部队的骚扰下,法国从和平地区撤军。在河内-海防三角地带,11.5 万名法国-越南正规军与估计 9 万人的北越正规军进行较量。在印支其他地区,游击战仍在继续,越共依然控制着东京北部,安南海岸和南圻、柬埔寨和老挝的大部分地区。

地图②

9. 最近越共对东京湾地区法国的防御圈发动了进攻,在战斗力、协调性和效能上都有很大提高。越共已经能够持续正面进攻西部三角地带,有一个师渗透到中部和南部三角地带的法国-越南阵地后方,他们在那里正实施骚扰性军事活动,并对河内、海防交通线构成威胁。最近几个月,越共的防空能力也显著提高。尽管越共伤亡巨大,他们继续袭击,迫使法国投入东京湾地区几乎所有后备力量沿三角洲西部边缘作战,并打击已经渗透进其他地区的越共军队。

10. 越共这种能力的提高反映了中共在顾问、训练和后勤支援方面对越共的显著增加。尽管没有确凿的证据表明中国人,无论是以部队还是个人形式参加越共军队,有约 1.5 万名中共人员在越共部队从事技术、顾问和防御工作。中国南部到印支的交通线路和设施不断改善。中共由这些线路向北越提供的后勤援助居高不下,在他们边境两侧聚集的物资超过了目前越共军事行动的需求。

11. 尽管法国损失严重,法军仍保持很高的作战效能。联系国军队的作战效能目前还不足以单独采取军事行动。这些部队主要是原地防御,有些部队和法国一起进行过进攻性的军事行动。在最近的军事行动中,美国共同防御援助项目对法国正规部队起到了至关重要作用。尽管法国装备的损失率很高,共同防御援助项目的后勤援助弥补了这些损失。

12. 越南内部的政治局势没有明显改变。塔西格将军的去世给越南人的士气带来不利影响,越南人担心法国防御印支的决心和能力可能会被削弱。

13. 我们认为,由于最近塔西格(De latter)将军的去世,中共援助规模的扩大,越共持续

---

① 越南一地名。——译注
② 地图略去。——译注

进攻给法国人造成的冲击，以及从法国人手中重新夺取和平地区，都大大提高了越共的战斗精神。共产党对越共地区的控制继续加强，有效地抵制了内部的反对力量。从法占区获得的大米缓解了粮食短缺的问题。越共和中共之间没有出现严重摩擦的证据。

越共和法国-越南的能力以及可能的行动

14. 我们认为，越共或许能够继续渗入到东京的法国防御地区，但在估计的这段时期不会取得决定性胜利。然而，越共的总体战斗效能将几乎肯定会继续提高，或许能够对在东京的法国阵地发动一系列的骚扰性攻击。在印支其他地区，越共将增加其恐怖性活动和游击战。

15. 法国政府日益担心其在维持印支地位的能力。法国官方正在滋生一种情绪，即没有美国更多的援助，法国不能在欧洲和亚洲同时支持目前投入的军事力量。法国估计，就目前美国的援助来说，1952年在政治和经济上可能的最大限度的军事预算也比他们在北约和印支的需求少数亿美元。如果要法国在欧洲和印支间做出选择，法国会认为印支不重要，但在目前估计的这段时期不会出现这种决定。而且，还有一种倾向认为，即使打赢这场遥远并且耗费巨大的印支战争，也不会有什么回报。因而，要求减轻法国在印支负担的政治压力正在增加。法国寻求减轻这种负担的方法有：（1）坚持防御印支的主要财政上的负担转向美国；（2）一旦中共更为积极地介入，美英承诺参与印支的防御；（3）将印支问题置于由朝鲜谈判而引发的解决整个远东问题的总体框架之内。如果这些方案不成功，法国将认真考虑从印支撤军。

16. 但是，在估计的这段时期内，尽管法国面临日益严重的财政困难，在议会中出现一些提议法国撤军的要求，我们认为法国不大可能从印支撤军。更为有力的因素支持法国维持目前军事上的投入，包括：（1）无形的却强有力的声望因素；（2）从印支撤军给其他地区的法国联盟带来的冲击；（3）对法国在印支的公民和投资命运的担忧；（4）官方认为，不可能与北越或共产党中国达成协议，以维护法国在印支的利益。

17. 在估计的时期内，我们认为，越南人的士气和政治力量不会提高。一些人对法国和保大政权抵制共产党压力的行动继续持冷漠态度，他们并不认为战争和他们个人利益有关系，显然对法国动机的不信任要高于对共产党危险的认识。如果法国采取军事手段，镇压兴起的那些反对越共和法国的"第三势力"的运动，他们将对法国的意图更为不信任。

中共的能力和可能的行动

18. 共产党国家仍认为印支是实现共产党最终控制整个东南亚这一理想目标的关键所在。对于莫斯科和北京来说，印支直接的重要性在于，有共产党支持的越共的存在，将迫使法国将大量的资金和军事物资转移到印支，阻止联系国获得国际社会的广泛承认，防止在中国边界建立一个稳定的非共产党国家。同样，印支潜在的重要性是巨大的：印支的陷落将会给共产党阵营以心理上的胜利，削弱缅甸和泰国政府和人民抵抗共产主义侵略的决心，促使共产党进一步夺取东南亚，阻止非共产党国家对共产党中国的包围，使共产党集团能够控制更多的粮食和战略物资，使西方国家丧失了在印支的战略地位和资源。

19. 中国南部进入印支的交通设施继续得到改善,大量迹象显示,中共军队已集结在印支边界。这些局势增加了中共武力入侵或向越共提供军事援助的能力。

20. 如果中共决定直接干涉印支,估计在中国南部有30万军队可供使用。我们认为他们实际用于作战并能提供后勤支持的部队有15万人。后勤和交通上的困难使这些部队只能进行一系列有限的进攻,在每次进攻的间隔需要补充供给,整修交通设施。朝鲜战争的加剧可能会大量减少向印支的物资供应,除非苏联向中共提供物资补充。如果中共武力入侵印支,苏联很可能向中共提供这类援助。可以假定,长江以南的中共步兵装备有普通的轻武器,他们所受的训练足以完成入侵。朝鲜停战将会增加中共军队在印支的数量,也能为印支军事行动提供更多的后勤支持。尽管利用中共空军的设施可以使后勤支持的水平有某种提高,但是交通运输方面的不足仍是一个限制性因素。

21. 这些中共军队,再加上越共军队,能够在法国获得任何有效援助之前,迫使法国和越南军队撤出东京。只要朝鲜冲突继续下去,中国就不可能向印支派遣喷气式飞机。然而,中国空军的活塞式飞机可能有能力压制东京的法国空军。当然,朝鲜停战将会大大增强这种能力。

22. 各种情况都有可能促使中共入侵印支:为了反击西方国家和(或)中国国民党筹划的打击;一旦在远东或世界发生全面战争进行牵制性行动;如果共产党认为西方会不顾中共在东南亚的政策而攻击共产党中国;或是一旦中共领导人认为西方政策的潜在变化会给共产党中国造成现行战略不能应对的严重威胁。

23. 然而,我们认为,在估计的时期内,中共不会入侵印支。尽管在华南中共能力的加强表明其准备入侵印支,但目前并没有证据表明入侵迫在眉睫。另外,其他因素也影响到中共的直接干涉:

(1)目前共产党的战略在印支获得了巨大成功,削弱了越南和法国继续抵抗的决心和能力,为共产党加深西方国家之间的分歧提供了潜在的工具。

(2)最近西方国家的行动也许使国际共产主义领导者意识到,如果共产党中国入侵印支,西方特别是美国将会把亚洲的战争扩大到中国内地。共产党认识到,西方在进行报复的价值和时机上存在着分歧,这就部分抵消了上述想法。尽管如此,对亚洲战争可能的扩大和会对中国内地采取猛烈报复行动的担心,仍然是阻止中国公开地以武力干涉印度支那的一个主要因素。

(3)尽管前面讨论的印支的重要地位,但是,对北京和莫斯科而言,印度支那目前的经济和战略重要性还没有大到足以让中国冒着触发一场全面战争的风险进行大规模入侵。

24. 我们认为,中共不采取公开干涉,而是逐渐扩大其目前援助越共的规模和性质。尽管在朝鲜的投入仍很大,但在提高目前对越共的技术和后勤支持的水平方面,中共并没有难以克服的困难。后勤支持的援助将主要包括轻型武器、弹药、车辆、大炮、通讯和医疗设备。

25. 中共还将继续向越共派遣技术和顾问人员,可能还有"志愿军"。但是,在估计的这一时期内,我们认为中共不会为确保北越取得决定性胜利而派遣大批的"志愿军",他们认为这会导致西方对中国内地采取大规模的报复行动。

26．因此，在1952年中期，印支可能的前景是法国-越南军事地位逐渐恶化。我们认为越共会获得一些领土，但在估计的这一时期内不会取得决定性的胜利。

27．更长远的前景是，越共的战斗效能继续增强，对法国人和越南人的防御造成更大的压力。除非扭转目前的局势，否则持续增长的压力，再加上法国继续面临在支持欧洲和印支军事努力上的困难，可能会导致法国最终从印度支那撤出。

DDRS，CK 3100365197 - CK 3100365208

李昀译，赵学功校

中情局关于中国和苏联对美国在东南亚某些行动的反应的评估报告

（1954 年 6 月 15 日）

NIE 10－4－54

绝 密

共产党对美国在东南亚行动的反应

（1954 年 6 月 15 日）

问　　题

估计中共和苏联对如下行动和局势的反应。

第一部分　评　　估

假　　定

（1）法国和其附属国签订独立条约。

（2）组建一个至少包括联系国、泰国、菲律宾、澳大利亚、法国和英国在内的区域性安全集团。

（3）联系国公开要求这一区域性集团的成员国直接参与印度支那战争。

（4）法国继续至少维持目前在印度支那的军事义务。

必 要 条 件 一

美国空军和海军与法国联军以及象征性的泰国、菲律宾军队发动陆海空联合作战，旨在摧毁在印度支那的共产党军事力量，估计中共和苏联对这一行动的反应。空中打击的目标限于印支。如果认为在军事上有好处，可以使用核武器，但要避免将印支平民作为袭击目标。

中共的反应

1. 美国和盟国干涉印度支那,也许要使中共迟早做出是接受越共的失败还是出兵干涉以避免这一结局的决定。他们的决定主要取决于以下考虑:越共失败所带来的危险和不利;卷入与美国进行一场大战的可能性;这场战争给共产党中国可能造成的后果。现有证据并不能准确无误地说明中共将采取何种决定。然而,经过权衡,我们认为,可能性较大的是:中共决定采取他们认为所需要的一切军事行动来防止越共被消灭,包括必要时在印度支那公开使用中共军队。

2. 美国在采取假定的行动之前,几乎肯定要发出大量警告。目前,中共有能力迅速干涉并将法国联军赶出红河三角洲。中共可能会选择在美国干涉前采取行动。

3. 然而,我们认为,更有可能的是,即使中共决心不接受越共的失败,他们也不会在紧随美国干涉之后就立即公开干涉。他们也许估计到,由于缺乏地面部队,美国空军和海军并不能决定性地改变战争进程,因而他们或许认为此时干预没有必要,从而推迟最终的行动决定,直至他们看到联合军事行动的初步规模和胜利,并估计在冲突中美国目标可能的性质和限度。

4. 美国在印支使用核武器将加速中共作出是否干涉的最终决定。这也许让中共确信,美国决心在在印支冒任何风险、采取任何手段,甚至对共产党中国实施核打击,来获得决定性的军事胜利。这种观念是促使还是阻碍中共干涉,取决于当时印支的军事形势,使用核武器在军事、政治和心理上特别是对地区安全集团和大西洋联盟的团结所产生的影响。

5. 不管怎样,中共将几乎肯定会极大地增加对越共的后勤支援,向其提供大量武器、装备和技术援助。中共也许会增加提供防空武器,并派遣中国防空炮兵部队。而且,中共可能会在靠近印支边界地区部署地面和空军部队,目的是:(1)警告美国及其盟军;(2)准备为了越共而进行干涉或保卫中国南部边界。

6. 在保持军事准备态势的同时,中共将加强政治和宣传活动,旨在利用印支当地民众反对西方和反对殖民的情绪,以及亚洲中立国家和某些美国盟国的战争恐惧。他们也将试图给美国贴上"侵略者"的标签。在整个军事行动过程中,共产党将几乎肯定煽动和宣传"停火",主张政治解决,以保持共产党的地位和机会。

苏联的反应

7. 在假定的形势下,苏联可能认为,尽管美国的行动仅限于空军和海军,但会极大增加美国和共产党中国发生无限制战争的危险。苏联也许更希望印度支那的局势不会引发这样一场战争。虽然如此,苏联确信中共将继续进行军事援助。苏联将给中共和越共以完全的外交和舆论支持。

必 要 条 件 二

估计中共和苏联对上述设想军事行动成功的反应(例如,即将有效地摧毁印支的共产党军队）。

中共的反应

8. 如第 1 段所说，在设想的情况下，我们认为中共将很可能实施军事干涉，防止越共被消灭。如果他们决定这样做的话，我们认为他们行动的具体时机和性质将取决于各种因素，但主要是他们应对美国及其盟军军事行动的范围和特点。

苏联的反应

9. 在设想的情况下，苏联也许继续支持中共。如果中国公开干涉以援助越共，苏联将很快增加对共产党中国的军事援助。苏联将继续向美国发动大规模的外交和宣传攻势，苏联或许会要求联合国谴责美国为侵略者。依照 1950 年中苏条约，苏联参战的威胁将成倍增加。

第二部分　设　　想

（1）法国和其附属国签订独立条约。

（2）组建至少包括联系国、泰国、菲律宾、澳大利亚、法国和美国，或许还有新西兰和英国在内的地区安全集团。

（3）联系国将公开要求地区集团成员直接参与印支战争军事行动。

（4）法国至少在目前的水平上继续承担在印支的义务。

（5）中共将对印支进行公开的军事干涉，以抵制必要条件一所说的美国的直接参与。

必 要 条 件 三

估计中共和苏联对以下军事行动的反应：盟国的空袭扩大到在中国的那些直接支持共产党在印支军事行动或间接威胁到该地区盟国军队安全的军事目标。如果认为使用核武器在军事上有利，则可以使用核武器，但要避免将中国平民作为核打击的目标。

中共的反应

10. 我们认为，在干涉印支之前，中共或许已经认识到美国空袭中国军事目标的可能性。因而，他们不会仅仅因为上述设想的空中军事行动而被迫从印支撤军。同时，我们认为，为了避免中国的这一地区遭受进一步的破坏，尤其是避免美国对整个中国的无限制的袭击，中共将努力诱使美国谈判解决问题，以保持共产党在印度支那的地位和前途。

11. 同时，中共将尽其所能，在印支进行地面战争，攻击盟军的空军基地、航空母舰和其他直接支持该地区联合军事行动的设施。但是，他们也许会努力把战争集中于印支，将其攻击对象限于直接支持盟军行动的基地和设施。

12. 在上述限定的条件下,使用核武器会极大地增加中共对美国意图的忧虑,但此时也许不会使他们采取新的军事行动。然而,他们将威胁实施核报复。他们会充分利用由此带来的心理方面的机会,谴责美国对平民使用大规模杀伤性武器。①

13. 中共会用各种方法使其他亚洲国家相信,美国要消灭中共政权的目的是阻挠中共支持当地独立运动的努力。如果中国以前没有这种做,他们会诉诸联合国,指责美国的行动是对和平的威胁。

苏联的反应

14. 在设想的形势下,苏联会大大增加对共产党中国的军事援助,尤其是提供现代化的飞机和小型海军船只,可能包括潜艇,并派员训练、指导中国人,也许会参与防空行动。苏联可能不会公开派遣陆军部队参战,也不会向中共提供核武器。

15. 克里姆林会继续对美国进行外交和宣传攻势,如果以前还没有尝试,还将在联合国中谴责美国是侵略者。苏联将支持中国人关于美国对平民使用核武器的指控。同时,苏联也许会建议中共在现有基础上举行谈判,结束冲突,努力使自己担当调解者。

必 要 条 件 四

估计中共和苏联对下列联合行动的反应

(1) 将联合空中行动扩大到在共产党中国所选择的更多的军事目标,包括在上述条件下使用核武器;

(2) 对中国海岸实施海上封锁;

(3) 夺取或使海南中立化;

(4) 中国国民党对中国内地采取军事行动。

中共的反应

16. 盟国扩大战争,中共也许会得出结论,美国准备对他们展开不受任何限制的战争。他们将继续尽其能力进行防御,并努力争取苏联全面参与。同时,他们将努力通过谈判结束战争,为了停火,最终表示愿意从印支撤军。如果不能达成停火协定,中共将接受和美国进行无限制战争这一现实,尽其全部力量进行战争。

苏联的反应

17. 在这种设想的情况下,苏联将如上面所言,对共产党中国继续提供军事援助,但或

---

① 原注:参谋长联席会议情报处副主任认为这段应该读为:毫无疑问,中共对使用核武器袭击共产党中国的反应要远远大于在印支战场上使用这类武器。另外,这样的袭击或许会向中共表明,美国愿意利用其核武器的优势和运载能力强迫他们从印支撤军。既然设想的核攻击具有有限性,中共将继续控制着政府和国家。在最初的袭击中,他们可能会紧急呼吁苏联提供核武器和更多的军事援助。他们还会加快军事行动的节奏,毫无疑问会努力诱导美国谈判,以阻止进一步的打击。中共决定撤军与否将主要取决于美国是否会继续或扩大核打击、美国其他的行动以及苏联的反应。然而,我们认为,中共愿意从印支撤军,而不是使其本土遭受进一步的破坏。

许会拒绝中共提出的苏联全面参战的要求。克里姆林将强烈督促中共进行谈判，在从印支撤军的基础上结束冲突。如果中国未能达成停火协定，苏联将以各种方式向共产党中国提供军事援助，但不会在共产党控制的领土之外动用苏军力量公开地与美国和盟国军队交战。苏联将向中国提供军事资源和装备，使其能攻击美国在远东其他地区的基地或美军。在冲突的这一阶段，苏联或许会向共产党中国提供核武器以及使用核武器的技术人员。①

18. 苏联将继续对美国展开外交和宣传攻势，坚持认为苏联的目标仅仅是保卫中国免受外来侵略。苏联也将开始至少是部分动员其军事力量进入战备状态。同时，苏联还会发出含蓄的威胁，表示要攻击西欧和美国大陆。但是，只要美国不攻击苏联本土，苏联或许会将其军事行动限于保卫中国。

必 要 条 件 五

估计中共和苏联对前述军事行动胜利的反应（例如：有效地摧毁共产党中国在其边界之外采取军事行动的能力）。

中共的反应

19. 除非苏联为防止美国和联军取得所设想的胜利，愿意无限制地投入苏联军队，我们认为在假设的情况下，中共将接受美国的任何条件，以维持其统治下的领土完整。

苏联的反应

20. 在此假设的情况下，我们认为，苏联将督促中共接受美国提出的任何解决条款，以维持中共统治下的领土完整。但是，只要战争继续，苏联将继续援助中国。

DDRS，CK 3100393286 - CK 3100393301

李昀译，赵学功校

---

① 原注：参谋长联席会议情报处副主任和美国空军情报主任认为这一句应该读为：我们认为苏联不会让中共使用核武器；陆军助理参谋长认为，应用下面的话代替最后一句：据信，苏联将认真考虑提供大量军事援助，包括核武器以及使用这类武器所需要的人员。

中情局关于中共与越共
在各自国家夺权指示比较的报告

（1954 年 10 月 8 日）

中共与越南在各自国家夺权指示的比较

（1954 年 10 月 8 日）

摘　　要

1954 年 7 月 6 日，越南民主共和国就占领越南城市中心颁布了 8 点指示，本质上与 1948 年 12 月 23 日中共方面在类似形势下公布的指示相同。

该指示要求占领区的官员：(1) 惩罚抵抗分子；(2) 保护贸易和工业；(3) 夺取前政府控制的企业和公共设施；(4) 学校、医院、卫生机构及其他公共机构继续开放；(5) 继续雇佣那些调整到新政权的公务员，同时惩治顽固不化分子；(6) 对交出武器的那些驯服了的敌方军队要宽大处理，对继续反抗者严惩；(7) 依法保护外国人；(8) 保护宗教自由。

尽管这些指示听起来宽宏大量，但据中国的经验，执行起来未必如此。

导　　言

1954 年 7 月 6 日，越南民主共和国中央委员会颁布了表面宽宏大量的计划"关于新解放的城市或主要城镇的新八项政策"。该文件主要是共产党在新解放的东京湾地区所奉行的政策。除宗教上的条款外，该文件与 1948 年 12 月 23 日中共在占领中国城镇前所宣布的类似。除第 7 项有关外国人及其财产的规定外，中共的方案几乎被完全照搬。

……①

1. 保护个人和财产

越南民主共和国：所有居民维护革命秩序，安心工作。反革命活动的策划者、破坏分子、抢劫者、制造是非者将受到严惩。

共产党中国：城市中所有人的生命和财产将受到保护。希望所有居民维持并继续目前

---

① 此处一段略去未译。——译注

的生活秩序。如果反革命分子或其他破坏分子借机制造混乱、抢劫或进行破坏活动，一旦罪行败露，严惩不贷。……①

2. 保护贸易和工业

越南民主共和国：工厂、商店、银行、所有个人房屋受到保护，不受任何侵害。工厂工人和公司雇员要求正常生产和工作。商店继续像过去那样进行经营活动。

共产党中国：国有工业和商业受到保护。保护私人工厂、商店、银行、店铺等不受侵犯。希望工人和所有行业雇员继续生产，所有商店正常营业。

3. 接管从前帝国主义及其傀儡的企业和公共服务

越南民主共和国：从前法国殖民者或其傀儡手中的发电厂、水厂、公司、银行、仓库、邮局、船舶、车辆等，由越南民主共和国政府所有并管理经营。如果有个人部分投资，经调查情况属实，承认其所有权。

共产党中国：没收官僚资本。国民党反动政府经营的工厂、商店、银行、仓库、铁路、邮电、电报、电话、电力照明、供水等由民主政府接管。如果上述部分属于个人的投资，经调查情况属实，承认其所有权。

没收先前属于国民党的所有资产。如果有私人资本，企业组织可以是公私联合所有的形式，国家的部分要占主导地位，从而与"共同纲领"中国家领导的概念相符合。

4. 保护学校、医院、文化与教育机构、体育馆及所有其他公共建筑

越南民主共和国：学校、医院、文化和公共教育机构、公共健康服务等其他公共机构中的人员，继续为民众服务。他们受到保护。

共产党中国：学校、医院、文化与教育机构、体育馆以及所有公共建筑受到保护。任何人不能破坏。学校教职工、文化、教育、医疗及其他公共福利机构的人员继续工作。军队保护其免受任何破坏。

该条款要求保护对中共政权有利的机构。就目前所知，这些机构没有遭受民众或军事上的破坏。短期内，学校和医院的活动没有受到干扰。然而，中共很快控制了学校和学术研究机构，并置于中共教育部领导之下。强迫教师进行批评和自我批评，在教学中严格遵守党的方针。思想自由和教育自由全部消失。……②

5. 关于敌人和反叛的公务员

越南民主共和国：在殖民者警察局和傀儡政权各机构工作的公务员，包括造反的公务员，如果他们没有拿起武器进行抵抗和从事破坏活动，将不逮捕。他们必须坚守原来的岗位，遵守新政府的命令，保护好从前机构的财产，等待人民委员会接收。那些没有对越南民主共和国从事过破坏活动的人，将依据其能力雇用。那些自愿进行过破坏活动或逃跑的人，盗用公共资金的人，掠夺、反抗的人，将依法受到惩罚。

---

① 以下一段略去。——译注
② 以下一段略去。——译注

共产党中国：各省、市、县或其他各级政府机构及区、镇、村的国民党官员、警察将不会被逮捕，除非他们武装抵抗或者计划进行破坏活动。（唯一例外的是重要战犯和有严重罪行的反革命分子。）上述人员保留原职，遵守军队和民主政府的命令，担负起保护各机关所有资料、文件等责任，等待移交和处理。

民主政府将斟酌雇佣所有有能力的人员，条件是如果他们不进行反革命活动，没有严重的犯罪行为。

任何趁机破坏、掠夺、盗用公共资金和公共物资、档案的人，或拒绝移交上述物资的人，将依据适当的法律程序受到惩罚，决不姑息。

将所有人员留下办公，维持正常的秩序和必要的服务，直到共产党巩固了权力，这符合其利益。因此，只要前国民党行政人员对北平有用，他们将被保留职位。然而，当中共培养出足够的干部来代替他们，就会逐渐消除其职位。

6. 对待新敌人和反叛士兵

越南民主共和国：为保证城市安全，要求所有藏匿的新的敌人和反叛士兵，到城市政治军事委员会或抵抗管理委员会自首。自愿投降，上缴武器者免于惩罚。拒绝者将受到严惩。

共产党中国：为了维护社会秩序，所有分散的国民党残余力量和落伍者必须向附近的人民军队或军队指挥部或公安局投降。自愿投降并上缴所有武器者将不予追究。延迟报告和藏匿者将予以逮捕，毫不姑息。藏匿或知情不报者将受应有惩罚。……①

7. 保护外国人员及其财产

越南民主共和国：保护外国人员及其财产，包括法国国民。后者必须遵守政治军事委员会和越南民主共和国的法律。不能从事任何反革命的间谍活动。不能窝藏破坏分子或反革命分子。触犯上述规定者将依照越南民主共和国法律受到惩处。

共产党中国：保护所有外国人的人身和财产安全。所有外国公民必须遵守军队和民主政府的法律和规章。不能从事间谍活动。不能从事有悖中国革命事业的活动。不能藏匿战犯、反革命分子或其他犯罪分子，否则将依照军队和民主政府的有关法律和规章进行惩处。……②

8. 保护宗教自由

北越：宗教自由受到保护。不得侵犯宗教圣地的财产和艺术品或亵渎圣地。每个人有责任确保城市秩序，避免任何破坏活动。保护公共设施的人应当受到奖励，破坏分子将受到惩罚。政府公务员和越南人民军队的条例严格但合理公正；平等买卖；不偷人民一针一线。希望人民能恢复正常工作，遵守并支持新政府，不去注意错误的宣传。

共产党中国：无论是军队进城之前还是之后，所有各行各业的城市居民都有责任共同

---

① 以下一段略去。——译注
② 以下一段略去。——译注

维护秩序,反对任何破坏活动。有功者应受到奖赏,引起混乱者将受到惩罚。

OSS China and India Supplement,Reel - 2 - 0168

李昀译,赵学功校

中情局关于共产党对美国在老挝和北越的其他行动的反应

(1962 年 6 月 12 日)

SNIE 58 - 5/1 - 62

绝 密

共产党对美国在老挝和北越的其他行动的反应

(1962 年 6 月 12 日)

问 题

评估共产党对美国及其盟国军队在老挝的行动方针可能做出的反应,对 1962 年 5 月 31 日题为《共产党对美国可能在老挝采取的某些行动可能做出的反应》(编号 SNIE 58 - 5 - 62)的文件做一补充。这些行动方针由国务院和国防部制定。

评 估

一、美国空袭老挝境内共产党的供应基地及从北越到老挝主要陆上供应线的老挝境内部分。空袭可能与在泰国军队支持下的 8 000~10 000 名美军占领老挝湄公河主要地区的行动联合进行,或在其后进行。

1. 共产党几乎肯定会得出这样的结论,即美国正为扩大在老挝的军事行动做准备,特别是如果在泰国集结增援部队和增加供应。他们将会试图运用消极的和积极的方式对付美国的空袭,并在他们现已控制的老挝地区保留他们的力量。北越在老挝的防空部队因此可能会得到加强。此外,少量由中国共产党,也许还有苏联飞行员驾驶的战斗机可能会进入北越的机场,飞行员可能会伪装成北越人。只要可能,苏联的空运几乎肯定会继续。在其有限的能力范围内,共产党的飞机可能会试图对美国在老挝的阵地采取报复性行动。然而,只要美国的空袭限制在老挝境内,共产党几乎肯定不会将他们的空中行动扩展到老挝边界之外。

2. 我们认为,共产党的地面部队很可能会加强行动。根据我们估计,他们将会对美国占领湄公河谷地区做出反应:他们将部署军队控制美国所辖地区,并袭击美国的哨所、巡逻船以及交通线,北越几乎肯定会进行增援。中国共产党将会增强他们的边界守备部队,并且一些军队可能进入老挝北部。莫斯科和北京几乎肯定会增加他们对北越的后勤支持。

3. 同时,我们认为,共产党会将冲突限制在老挝境内,并采取强有力的政治行动,包括加强宣传努力,以期实现停火和重开谈判。

二、美国空袭北越。美国的空袭目标应扩大到包括通往老挝的主要供应线的北越部分,但不会包括河内等主要人口中心。这一行动方针可以是由 4 500 名美军占领老挝狭长地带这一美军攻势的组成部分,或仅与占领湄公河谷这一较小规模的行动联合进行。

4. 对北越地区的空袭将会被共产党视为形势的一个主要转折点。苏联和中国将公开声明他们对河内的全力支持。为了使美军立即停止空袭,他们将在联合国以及其他场合采取政治、外交和宣传活动,反对那些被他们称为直接侵略的行为。

5. 北京和莫斯科几乎肯定会使用空中支持以保护北越地区。中国共产党军队进入老挝的可能性将明显增加,但我们相信,在现阶段他们不会认为有必要将其军队派进北越。共产党将会避免冲突的扩大,他们首先会把自己的行动限制在保护北越上。然而,如果美国的空袭是猛烈而持久的,特别是如果把空袭和美国对老挝狭长地带的封锁同时进行,共产党很可能将其视为对北越进行全面军事进攻的先兆。在这种情况下,他们几乎肯定会试图扩大空袭的范围,包括在泰国的基地,可能还有南越的基地及美国的航空母舰。我们认为,就援助越南而言,莫斯科和北京之间不会有重大的差异。

三、对北越进行两栖行动。这种形势要求一个师的力量在荣市地区登陆,随后向西推进到老挝边界,与老挝境内的美国军队会合。这一行动方针应和由 4 500 人组成的美国部队占领老挝狭长地带的进攻行动联合进行。

6. 对北越的公开入侵会被共产党集团看成是对北越政权完整性的直接挑战和对共产党中国安全的威胁。河内将会采取迅速而有力的行动以打退这种进攻。[①] 如果他们需要,共产党中国几乎肯定会提供另外的地面部队。为了使美国在国际压力和谴责下退兵,共产党集团还会发起一场猛烈的宣传运动,向世人警告核战争的危险。如果美国没有受挫,仍继续推进侵略行动,在邻近地区的地面和海上部队几乎肯定会遭到共产党空中力量的打击,或许会伪装成北越军队进行。此外,共产党将可能使用潜水艇。在老挝、南越和泰国的供应基地和军事行动基地也可能会遭到共产党的空袭。就美国目前的行动规模而言,共产党极不可能首先使用核武器。

FRUS,1961 - 1963,Vol. 2,pp. 445 - 447

杨与肖译[②],赵学功校

---

① 原注:北越部队包括 280 000 名正规军,100 000 名民兵进行支援。
② 译文参照陶文钊主编:《美国对华政策文件集》,第三卷,下册,北京:世界知识出版社 2005 年,第 803～805 页。——译注

中情局关于共产党国家对美国
在东南亚行动的反应的报告

(1963 年 6 月 18 日)

SNIE 58 - 63

绝 密

共产党国家对美国在东南亚行动的反应

(1963 年 6 月 18 日)

......①

3. 共产党国家对美国行动的反应集中在四个中心：莫斯科、河内、北京、老挝。它们各自从不同的角度观察老挝的局势，而且卷入的程度不同。因而，各自对美国承诺的看法不一，反应程度也有所不同。

(1) 莫斯科距离遥远，不如其他共产党国家卷入得那么深入。它直接关注的是老挝出现新的危机可能导致美苏冲突。苏联似乎宁愿采取风险较小的策略，主要是用政治手段颠覆老挝政府，但也乐于看到最近共产党在军事上取得的胜利。总之，莫斯科几乎肯定会对其盟友施加约束性影响，以免战争波及其势力范围。

(2) 在莫斯科和北平存有分歧的指导下，自从河内颠覆老挝政府以来，越南民主共和国是最重要的共产党国家。越南民主共和国在老挝依然扮演很重要的角色，苏联的作用相对较小。河内几乎肯定比苏联更赞成采取军事路线，但同时不愿招致美国的军事干涉。

(3) 中国在东南亚有着广泛利益，其目前在老挝的活动中部分体现出来：中国向越南民主共和国提供物资援助，鼓励老挝走军事路线，在老挝北部与中国接壤的省内筑路，这些地区是中国的势力范围。强大的美国出现在老挝或老挝附近，引起了北平极大的注意。在美国对越南民主共和国即将采取的军事行动中，中国会起到关键性的作用。

(4) 巴特寮似乎至少进行某种程度的独立军事活动，发挥当地人的主动性，至少在短期内会给苏联或中国的政策带来一些麻烦。

4. 尽管中苏分歧并没有明显地严重影响共产党对老挝的政策，但将使共产党国家对美国或美国支持的军事行动的反应变得复杂化。今年夏季的中苏分歧也许会使这一问题变得更为严重，使共产党国家更难以协调一致作出反应。

---

① 原文缺此前面部分。——译注

（1）一旦东南亚的危机发展到与美国摊牌的地步，中苏间的疏远将变得更为尖锐，苏联会寻求脱离共产党中国和遥远的越南民主共和国。然而，即使如此，苏联也不会抛弃越南民主共和国或共产党中国。

（2）如果没有这样的危机，中苏间的分歧继续保持目前的状态，莫斯科会参与并似乎比以往更多地考虑在老挝采取军事行动。

共产党国家的反应

5. 总体而言，我们认为共产党国家对未来的反应和过去一样：美国军事干涉的威胁增大，它们就会减弱；威胁减小时，它们就会增强。因此，我们认为这是个好机会，下面所讲的第一或第二阶段的行动，将会导致或者是重新建立国家联盟政府，或是事实上处于分裂状态。但我们认为，这些发展都不能确保老挝持续稳定，某些共产党国家继续从事颠覆活动，老挝的国内形势仍旧显得很脆弱。

第一阶段

美国不会使用其军队，基本上是在日内瓦公约的框架下行动，包括加强老挝王国军队、贡勒的中立军队、部落非正规军；向老挝王国军队提供飞机，打击共产党军队在老挝境内的集结地和运输线。这些行动的主要目标是签订停火协议，在日内瓦公约框架下恢复联合政府。要使共产党国家明白，如果美国支持的行动没有引起他们对日内瓦协议中有关老挝问题承诺的尊重，美国准备并愿意进一步增加压力。

6. 共产党最初的反应将是，巴特寮开始走向地方性谈判。很可能基于对老挝形势发展的估计，巴特寮的盟友建议就老挝问题召开一次新的国际会议。不管怎样，共产党国家大概会发动国际舆论，谴责美国的行动。

7. 与此同时，越南民主共和国会进一步为巴特寮输送骨干力量，以应对老挝王国军队不断增加的地面威胁。有证据表明，老挝王国军队或贡勒军队在一些地区的集结遭到了巴特寮/越南民主共和国军队的有限进攻，使得这种集结被迫中断。这可能导致共产党决定尽快行动，以彻底消除贡勒在平原地区的地位。

8. 如果老挝王国军队使用美国提供的飞机攻击巴特寮，共产党会加强对美国的政治攻击，并促使其首先进行地面攻势，包括动用越南民主共和国或许还有共产党中国的防空部队。如果他们的这一努力不能奏效，并且老挝王国军队的空中打击使其遭受重大伤亡，那么，共产党可能会使用"志愿"战斗机。

第二阶段

美国军队不参加行动，但在某些情况下采取超出日内瓦协议所规定的行动。除第一阶段的行动外，这些行动还包括，取消现存的对老挝皇家武装力量或贡勒部队进行地面和空中进攻行动的限制，引入"志愿"作战飞机，在邻近地区大量增加美国空军和海军，并对老挝和北越进行空中侦察，骚扰越南民主共和国的海运。这一阶段的目标与第一阶段相同。

9. 共产党更为担心战争升级。我们认为，在这一阶段，苏联将劝说美国、越南民主共和国、巴特寮和中国不要采取进一步行动，以免冲突升级。在多大程度上让巴特寮、越南民主共和国、中国、苏联认为美国准备采取更为重大的行动,这要取决于美国在这一地区兵力部署的性质和范围。美国在邻近地区,例如在泰国,缺乏地面部队,会影响美国目标的实现。中国要比苏联更不相信美国的决心,可能会对苏联施加某种压力,称美国的行动是"讹诈"。

10. 在第二阶段,我们认为,共产党比第一阶段更倾向于通过谈判来控制住局势。如果他们还没有做到这样,他们将要求召开国际会议,并试图通过达成一项停火协定来巩固其军事成果。他们最初提出的停战协议将包括给予他们控制更多地区的条款。如果不被接受,他们也许会恢复地方军事压力,并希望基于当时的状况下最终达成停战。在任何停火中,共产党或许都期望美国几乎不可能长久地维持高度准备状态。而共产党则在等待时机,一旦出现有利的局势,就重新开始行动。

11. 一旦美国骚扰越南民主共和国的海运,派遣美国海军进入东京湾,中国几乎肯定会增加威胁性的声明,并做好军事准备。但是,我们认为,中国军队目前不会直接干预老挝和北越,尽管我们并不排除中国可能已经正式承诺保卫越南民主共和国,以此试图阻止美国的行动,并对苏联增加压力,促其扩大在这一地区的义务。

第三阶段

采取的行动包括动用美国军队。除第一、二阶段的行动外,还包括美国军队占领老挝仍在非共产党手中的关键中心地区;对北越实施海上封锁;轰炸老挝和北越的某些目标。美国和东南亚条约组织军队扩大作战义务被认为是有利的。这些行动的目标是正式分割老挝。

12. 正如我们在第一、二阶段所指出的,由于存在着许多不可估计的因素,共产党的反应会发生变化。由于不清楚他们的准确反应,也没有估量这些反应的意义,我们就不能有把握地预测共产党对第三阶段行动的反应如何。假如前两个阶段没有达到预期目的,我们可以断定:(1)苏联不会相信美国会对东南亚真正采取极端行动;(2)苏联不能控制局势或他们准备冒更大的风险来援助共产党。

13. 我们估计,对第三阶段最初的反应大体如下:

(1)在老挝的共产党军队也许会试图骚扰美国军队和美国人的行动,但或许避免与美国军队直接冲突。他们可能会频繁地出没于非美军防御的地区。

(2)越南民主共和国将提高其在老挝军事活动的程度。

(3)共产党中国将增加在老挝的存在,进一步加强对美国的警告,但不会公开派遣中共军队。在老挝用老式落后的战斗机对付美国空军,中国也许对此并不在意,但中国也许要进一步提高老挝/越南民主共和国的防空能力。

14. 美国对北越的空袭,使得美国很有可能与共产党中国发生冲突。我们倾向于认为,如有必要,中国会派遣军队支援越南民主共和国抵抗袭击,在老挝和南越的共产党军队会最大限度地利用所保存的军事能力,防御越南民主共和国。很明显,中共飞机不能与美国空中力量相抗衡,在越南民主共和国和中国的强大压力下,苏联或许会提供先进飞机。

15. 目前,我们不能估计在我们提到的地方性军事反应之外,共产党会在其他地区作出何种反应。在这一阶段,共产党是否会走向谈判桌并准备达成某种解决方案,主要有赖于他们对局势的判断。在另一方面,中国感到已经深深地卷入东南亚,愿意与美国军队在该地区进行大规模的较量,我们并不能排除这种可能性。无论如何,如果苏联准备承担更大的冒险,局势会变得相当严峻,可能出现苏联支持下的中国与美国对抗以及美苏对抗。

Fiche 103,Item 385,SNIE 58 - 63,The National Archives,U. S.

李昀译,赵学功校

中情局关于法国对印度支那政策的特别备忘录

（1964 年 2 月 5 日）

Special Memorandum 4－64

法国对印度支那的政策

（1964 年 2 月 5 日）

1. 1954 年的奠边府战役结束了法国以武力维护其在印度支那地位的企图。从那时起，很多法国人，各级官员和非官方机构，一直在寻求各种方法以保持法国在该地区的存在。几乎没有人认为美国的军事行动能有机会在法国失败的地方取得成功，很多人有意或无意地对美国的行为表示厌恶。尤其是自从吴庭艳政权开始衰落以来，法国人的想法开始逐渐转向某种形式的"中立"。

2. 法国没有一个始终如一、确定的政策。在法国政府内外，人们对"中立"的实质、是否有利等存在着分歧。在柬埔寨，这种政策常常意味着支持或鼓励西哈努克自己所称的在美国和苏联集团之间寻求平衡。在老挝，法国强烈要求建立中立性质的政府。在越南，大部分非官方的法国居民反对任何中立计划。

3. 着眼当前形势，我们应当牢记法国在印支长期统治而带来的两个结果。首先，目前大量的法国人，既有官员也有平民，他们在那里的活动已经同这一地区紧密地联系起来，有了印支妻子等等。同样地，很多印支显赫与法国有着密切的联系，一些人有了法国国籍。在休假或是流亡期间，法国成为他们许多人的港湾。

4. 在谈到"法国人"赞成中立时应当谨慎，因为官方论调、报纸、广播和电视评论相互混杂，各种各样的人有不同的主张。

5. 总之，我们非常怀疑法国是否有或曾经有过任何长期的官方政策，或是"宏大的构想"来使法国过去统治的印支实现中立。另一方面，在过去九年中，各种倡议中立的法国人进行了大量的活动。在过去两年内，这些活动的步伐加快。在最近几月内，情况变得越来越明显，这种活动与戴高乐思想的总体趋势合拍，否则的话，这种活动就不会得到官方的怂恿或明确的赞成。

6. 戴高乐渴望法国在世界上的地位和利益得到确认，而美国目前在东南亚的困难为他坚持法国的独立、对抗美国的影响提供了又一机会。戴高乐仇视美国有其个人原因。因为在 1945 年日本投降后，美国反对法军立即返回印度支那；自 1955 年以来，又是美国在印度支那取代了法国的地位。但戴高乐之所以赞成"中立化"，或许主要是因为在他看来，此举有助于维护包括法国在内的西方国家的利益。

7. 法国人所采用的"中立"一词是一个没有明确定义、含糊不清的概念，似乎包括：

（1）西贡政府决心停止对越共的战争，试图寻求与越南民主共和国保持正常的联系。

（2）减少或结束美国的军事存在。

（3）南北联邦之间展开某种形式的谈判。

8. 法国"中立"政策在老挝体现得更为明确：（1）阻止中立主义者与富米之间的合作；（2）以其他人来取代"贡勒式"的中立主义者；（3）实施1962年日内瓦协议；（4）减少美国在该国家存在和影响。

9. 目前，在有关柬埔寨的"中立"问题上，法国没有一个明确的官方立场。

10. 法国之所以做出各种努力，是基于以下判断，有些是出于实际的，有些则是感情用事：

（1）印支地区问题是不能依靠军事途径来解决的，美国人并不能完成法国未竟之事。

（2）在过去几年中，南越的安全形势不断恶化，尽管美国作了大量的、持续的努力，但越共取得最终胜利的机会很大，除非美国轰炸河内或者采取其他极端行动。

（3）越南谈判拖延时间越长，西方国家在那里的地位就会越发虚弱。

（4）结束战争和尽快达成谈判协议将会加强：① 越南南北方的民族主义者而非共产党的力量；② 越南民主主义共和国抵制中共压力的能力。其结果是，一个越南民主共和国统治下的越南将沿着铁托路线成为一个民族主义者的共产党国家。

（5）法国没有大量的人力、物资和资金来负担印支地区，因而必须最大限度地利用它的"特殊优势"，即历史和文化联系、人员交往等等有利因素。

（6）没有共产党中国的同意和参与，越南谈判解决方案就不能奏效。

① 这无疑是戴高乐承认北平政权的一个主要原因。其他原因也许包括：接受共产党控制大陆这一事实；确信法国的承认有助于将不太正常的中国局势重新拉回到国际政治中；显示法国独立的行动；利用中苏分裂的机会；通过增加中法之间商业上的联系和技术合作来获得经济上的回报。

② 我们并不知道在解决越南问题上或法国在对印支影响问题上，中国给了巴黎何种承诺（如果有的话）。如果存在某种谅解，其内容无疑是含糊不清的。然而，法国可能认为，中国会接受法国在印支地区的存在，如果这能保证减少美国在那里的影响，以及苏联在越南民主共和国的影响。

11. ……①

12. 我们假定法国将在南越继续推动中立主义情绪，在美国赞成谈判解决越南战争的方案中回旋。法国这种努力将会在南越产生令人不安的影响，正如法国和共产主义中国和解所造成的影响那样。但是，只要使南越领导人确信，美国决心阻止共产党占领南越，我们并不认为法国的行动会妨碍南部提高战争努力的所有希望。

---

① 此处一段略去未译。——译注

13. 虽然如此,越南的局势并不平静,接连发生政变,最近法国主动采取行动,对美国的意图产生一些怀疑。在接下来的几个月中,如果新的阮庆政权不能令人信服地证明在政治上和军事上是有效的,南越的厌战情绪增长,随之将可能接受法国中立主义思想。

DDRS,CK 3100344601 - CK 3100344608

李昀译,赵学功校

中情局关于中国在东南亚
防空能力的特别报告

（1964 年 7 月 17 日）

绝　密

中国在东南亚的防空能力
（1964 年 7 月 17 日）

最近北越和中共召开的高层会议或许主要是讨论要采取行动,保卫共产党控制下的东南亚地区免遭空袭。也可能讨论了如何应对在老挝最近出现的反共空中行动,包括美国的侦察飞行。北越没有战术空军,需要获得共产党中国的一些空中支援。现在还没有迹象表明喷气式飞机很快会采取行动,但中共外交部长陈毅最近警告美国,如果美国攻击北越,中国将采取相应措施。目前,巴特寮和越共主要是通过引进更多先进的防空武器来应对低空飞行的飞机,提高其防空能力。

北　　越

1954 年日内瓦协议规定河内禁止建立空军,虽然如此,但它仍拥有一支有限的防空力量。从 1957 年开始部署早期预警雷达系统起,到目前已经拥有大约 21 个雷达站,向河内的防空司令部提供情报。这一网络覆盖的范围西达泰国东部,南至 15 纬度线,东抵海南岛。其装备除一或两个在河内附近是平面雷达外,其他大都是中国和苏联生产的早期型号的雷达,在确定目标高度上存在着严重的缺陷。

对敌机的积极防御要依靠各类轻型和中型高射炮。这些装备大多是第二次世界大战时期的,但在最近几年,增加了一些相对先进的 57 毫米大炮。中型高射炮（85 毫米、88 毫米、90 毫米）主要用来防御城市等关键性目标,有效射程高度大约 3 万英尺。

自去年 2 月以来,越南防空机构大大提高了其预警能力,建立了新的指挥部,加强了对人口稠密的红河三角洲地区炮兵部队的控制。……①6 月底,还专门召开了一次关于"人民防空"的党的会议。

尽管北越还没有战斗机,但创建空军的基础已经奠定。自 1956 年起,越南飞行员已经

---

① 原文此处一段未解密。——译注

进行了全国范围内的民航飞行活动。至少在 1959 年中期,就已经建立了一个指挥和管理机构,负责制定空军长期的发展计划。

1960 年底到 1962 年 10 月苏联向老挝实施空运期间,北越的空中能力获得了惊人的发展。这一时期,整修了跑道,扩大了燃料和货物储备仓库,有了装卸、维护、通讯设施。当空运结束时,苏联留下了足够的飞机,使得河内拥有的飞机数量增加了一倍多。

这些年来,法国留下的大量机场得到了改善和扩大。目前大约有 20 个机场可以使用,包括在河内-海防地区的至少三个机场,这三个机场据说有能力支持有限的喷气式战斗机进行军事行动。

自 1962 年初,在河内附近的富安,在中国人的监督下,一个具有 8 700 英尺跑道的现代机场正在建设之中。该机场显然主要是服务于国际航班,但它有能力接纳几乎各种类型的军用飞机。包括中国涡轮式喷气式运输机等民用飞机,已经从 6 月 26 日使用该机场,尽管该机场一些加油、维护和电力设施尚未完工。

除了实际拥有的飞机,培训设施的缺乏成为限制当地空军发展的最为严重的障碍。北越只能提供基本的飞行训练,只有大约 15 架雅科-18 活塞式发动机的飞机可以使用。不断有一些低层次的报告说,越南飞行员正在中国,东欧卫星国并且最近在苏联接受先进的飞行训练。迄今只有在中国训练民用飞行员的消息得到证实。

只要北越缺乏战斗机作战能力,面对空袭它将仍然是极为脆弱的,不得不依靠部署在中国西南地区的战斗机来弥补这一缺陷。

共 产 党 中 国

北平最早是在 1960 年在中国西南地区开始部署空中力量,那时与昆明军区建立的同时还成立了一个防空区,构筑了早期预警雷达网络,并调遣一个喷气式战斗机团到昆明(一个团相当于美国拥有 25～30 架飞机的空军中队)。到 1963 年夏,基本再没有什么更多的行动。7 月,北越军方代表团访问中国后,又向蒙自(Mengtzu)的一个新机场派遣了一个喷气式战斗机团,该地在北越边界北部约 45 英里处。

大约与此同时,北平开始缩小中国西南地区雷达站之间的间隔。自 1963 年底,中共将四个雷达站移到更靠近中越边界的地带,装备了中国最先进的远程预警雷达系统。今年年初,增加了一个地面控制拦截站,引导战斗机锁定目标。

自从在蒙自增加了一个战斗机团后,该地区大约有 185 架喷气式战斗机。在越南边界 200 英里范围内有大约 37 个雷达站装备有早期预警系统和地面控制拦截系统。空中行动可以从第一线的五个机场以及几个位于昆明和华南的后备基地展开实施。

这使得中国有很好的能力来对沿着中老、中越边界飞行的少量亚音速飞机在晴朗的白天进行的渗透行动进行监测、追踪,并及时采取防御措施。在应对大量入侵者方面,他们的能力因地面控制拦截系统和部署在该地区实施拦截任务的飞机数量的不同而有所变化。目前地面控制拦截系统匮乏,尤其是在南宁西部,表明大规模的空袭将很快穿越中国的防御系统。

应对人工驾驶、在中低空飞行的亚音速轰炸机的威胁,如果是白日、飞行状况良好的情况下,中共喷气式战斗机可能发挥有效作用。但是,要对付 B-58 这类超音速飞机的威胁,也只有米格-21可以进行有限的拦截。在夜间进行渗透或许不受任何干扰,因为部署在华南地区装备有空中雷达系统的截击机的数量很有限。在很低和很高的高度,武器的有效性也是有限的。

中国的喷气式战斗机从蒙自这样的前沿基地起飞,可以在老挝和北越的大部分地区,以及缅甸和泰国的部分地区进行活动。但是,这些飞机的效能很低,除非飞行员的训练有了极大的提高。目前派往一流部队的喷气式飞行员并没有受到适当的飞行训练,以保持一支现代空军所必备的高标准的能力要求。……①

中国南部的防空在任何时候都有可能扩大,但有几个限制性的因素。在五个前线空军基地中,只有南宁机场还有空余地方。其他几个前沿机场都不能轻而易举地转为战术使用。若在中国西南地区的几个二级基地部署更多的部队,也许会令中国的后勤设施更显紧张。所有运往那一地区的大型物资,比如飞机的燃料补给,都必须通过北越的单轨循环铁路来运输。

中国和北越的防空合作

目前还没有发现中国和北越在防空系统上有联系,但考虑到双方越来越紧密的政治和军事合作这一总体发展趋势,建立这种联系是很有可能的。

美国最近的威胁也许使得中国和北越制定防空合作计划变得更为迫切,至少是相互交换早期预警信息。自6月20日在北平和河内举行的高层会谈中,防空合作成为会谈的重要议题。中越之间的磋商显然自去年夏天向蒙自部署喷气式战斗机之前已经开始,但是在合作范围和重要性方面还很有限。

中越或许已经制定了应急计划,一旦形势要求可以在北越使用中国的飞机。可能也已经采取了相关措施,如果军事行动扩大到北越,在得到通知后尽快派遣喷气式飞机前往北越。

在富安的新机场,喷气式飞机的燃料储存设施已接近完工,但还没有迹象表明喷气式飞机即将进驻。在飞机进驻之前,还需要建立地面控制拦截雷达站、军用飞机服务和战斗机行

---

① 原文此处数行未解密。——译注

动机构,……①以及中国人直接参与北越的防空系统。

在决定派遣喷气式飞机前,共产党中国或许会向北越提供有限的、报复性战术空中援助,如合适的活塞式发动机地面进攻飞机。

老 挝 和 南 越

共产党在南越以及一定程度上还有老挝的防空效能,取决于进行作战地区的地形和战争类型。游击队在茂密的丛林地区行动,只有通过低空侦察才能发现,飞机很容易遭受小型地面炮火的攻击。

最近几个月,巴特寮的防空系统明显扩大。经过拍照已经确认,自5月中旬,老挝中部和南部地区装备有50座37毫米防空高射炮,并且很多都装备有雷达。据地面观察报告,在上个月,装载着14.5毫米防空机枪的卡车由北越进入老挝。……②两架美国喷气式飞机在该地区被击落,很多老挝空军的T-28飞机也遭到高射炮的破坏。

在南越,鉴于政府更多地使用空中支援,河内指挥的越共对此制定了一套战术。大口径机关枪装备了特殊的底座和瞄准器,游击队也接受了防空技能的训练。去年,越共对政府飞机的攻击是前一年的十倍之多。

考虑到老挝空军会继续使用T-28飞机,巴特寮也许会继续通过从北越获得更多的高射炮和火力控制雷达来提高其防空能力。越共已经明显提高了应对低空飞行的飞机和直升机。毫无疑问,他们也会得到大量轻便、机动的自动化武器,这将进一步提高其作战效能。……③

DDRS,CK 3100547484－CK 3100547492

李昀译,赵学功校

---

① 原文此处数词未解密。——译注
② 原文此处数行未解密。——译注
③ 原文此处数词未解密。——译注

中情局关于共产党的军事态势、
能力与东南亚的特别备忘录

（1964 年 12 月 31 日）

绝 密

共产党的军事态势、能力与东南亚

（1964 年 12 月 31 日）

摘 要

最近几周,我们在老挝观察到大量共产党军队的活动,包括平原地区和南部临近 17 纬度地区。这些兵力部署使敌人处于一种更为有利的地位,既可以从平原发动进攻,也可以进攻湄公河。伴随着河内渗透组织的不断发展,这使得在南越北部省份本已强大的越共力量得到进一步发展。

从 1960 年起,中共在昆明和广东军区不断建立长期的后勤基地。由于受到东京湾事件的影响,他们也开始在这些地区和北越进行空中力量的短期集结。这样,共产党既可以增加对美国空袭的防御能力,也可以通过提高在老挝和南越的地面军事行动水平进行报复。尽管中国还没有进行大的地面部队部署行动,但目前在这一地区的中国和北越军队已经足以胜任上述任务。而且,他们能够在数周内从中国内地得到增援。

北平的地面威胁

1. 长久以来,中国一直对建立一个旨在向东南亚采取军事行动的基地抱有兴趣。至少自 1960 年起,尤其是在昆明军区,他们一直在进行军事设施的建设工作,如机场、兵营、供应点等。与这些活动相联系的是,他们还开始了全面的筑路工程。一条北起昆明、连接中国主要干线的铁路线已经开始修建。最近,这一工程受到更高的关注,但仍需几年才能完工。

2. 随着相关设施建设的不断推进,北平在昆明和广州军区驻扎了相当数量的地面部队,五年前军队的力量基本保持至今。在老挝和北越边界地区 200 英里范围内,有大约 25 万军队,可以在得到命令较短的时间内进入指定区域。而且,在数周之内,可以从北方进一步增加后备力量。这些军队虽然能够直接干涉老挝或越南,但只有当北越发现其不能保卫其具有共同利益的地区时,中国或许才会派地面部队进行干涉。北平通过向有相当数量的北越军队提供支持来实现其意图,北越方面则将物资援助和人员用来帮助巴特寮和越共。

共产党的空中部署和防空措施

3. 北平在 8 月初就认识到，美国会使用空中力量打击共产党的目标，因而迅速作出了军事反应。中国立即将一个喷气式战斗机团调往北越的福安（Phuc Yen）机场，并且在随后的四个月中，将该地区的空中力量翻了一倍多，喷气式战斗机从 150 架增加到 350 架，包括大量米格-19 战斗机和一些米格-21 喷气式战斗机。在加强战斗机力量的同时，中国还增加了雷达装备，许多雷达装备了最新的中国远程早期预警和地面控制拦截装置。另外，一个防空炮兵师的主体力量从华东转移到位于中越边界的宁明（Ning Ming）地区，在那里，一个新机场最近已开始建设。自 12 月中旬起，在福安机场的喷气式战斗机数将进一步增加到53 架。

中国的海军力量

4. 北平的南海舰队是其三支舰队中力量最弱的舰队，最近开始采取措施以增强在东京湾的活动能力。南海舰队司令部从广州迁至雷州半岛的湛江，在东京湾北部的龙门（Lungmen）建立了一个新的海军基地。尽管南海舰队没有大型舰艇，但它有大量的巡逻艇和鱼雷艇，对美国在东京湾的海军军事行动构成了一定的威胁。

北越的军事力量

5. 河内在东南亚拥有最大的地面部队。这些部队在其进行的军事行动中受到了良好的训练，同时还有一个具有献身精神的领导层，他们将东南亚的冲突视为长期的目标。他们准备进行长期的战争以实现其目标，并准备冒与美国对抗的严重风险。

6. 河内主要的军事力量是地面部队，现在大约有 22 万人。其主要部队中有几支曾长期驻在老挝。自 1960 年起，为了支援巴特寮，北越将其部队的一部分调往老挝。这些部队在对抗老挝军队方面显示了自己的效能，这在某种程度上主要是心理上的影响。但是毫无疑问，这些部队训练有素，在战场上充满了信心。

7. 河内的战术空中力量目前包括在福安的 53 架喷气式战斗机，但是尚不清楚中国和北越各控制多少。由于北越的防空系统拥有了地面控制拦截装备和高空雷达，提高了这些飞机的有效封锁能力。另外，河内的防空系统现在与共产党中国的两个无线电站相连接，一个从河内到昆明，另一个从河内到广州。

越南民主共和国对越共的支持

8. 在过去几年里，很明显，北越加快了将人员和物资运往越共手中。最近有证据表明，至少在南越的某些地区，共产党向越共提供了中国制造的大量轻型步兵武器，都使用相同口径的炮弹。这不仅使他们减少了对战利品的依赖，而且也无需再向越共提供很多不同类型的弹药，从而简化了后勤供应问题。

9. 今年，北越军队对南越的渗透保持在一个较高的水平，甚至可能还会加快。

10. 在渗透人员中，今年首次出现大量土生的北方人，这表明河内决心进一步推动南部的暴乱，甚至这意味着更公开地认同越共。最近有其他的证据表明，河内公开招募北方人到南部服役。

老挝的共产主义力量

11. 自 10 月份雨季结束以来，共产党在老挝的力量有了稳步增加，旨在加强共产党在平原地区的地位。自 9 月底，北越的供应干道 7 号公路重新开通，平均每天有 15～20 辆卡车进入平原地区。虽然大多数的观察报告说没有发现货物，但现在很清楚那是在运送军队和物资。

12. 目前，巴特寮没有在平原地区采取任何大的行动。但是，老挝政府最近发动的两次攻势均告失败，已经证明了巴特寮力量的增强。尽管有老挝空军的 T - 28 飞机支援，但两次进攻都遭到顽强的抵抗，未能取得任何重大进展。

13. 最近，共产党已经加强了其在老挝南部和中部的力量。据北越报道，在 12 月中旬，估计有 500～600 人的军队沿 12 号公路转移到他曲（Thakhek）东部的容马-马哈赛（Nhommarath Mahaxaty）地区。与此同时，大量军队，或许有几支部队，沿着 23 号公路步行向南朝车邦（Tchepone）和孟番（Muong Phine）地区推进。在第二周，卡车开始通行，在雨季的六个多月中这条道路不能穿行。有目击者说，12 月 23～26 日，在车邦西北 35 英里处，有大量车队向南行驶。

14. ……①越南人民军第 325 师，或者是该师的一部分，可能已从其原来在东海（Dong hoi）的基地移至靠近老挝边界甚至越过边界的某个地方。我们怀疑 325 师的部分军队在过去几年一直在老挝中部活动，在那里他们负责保护为在老挝可能还有在南越的共产党军队提供供应的重要运输线。

15. 总之，尽管共产党迄今并未采取大的进攻行动，但是这些部署情况意味着，他们突袭靠近共产党控制的平原地区以及湄公河流流域的政府军据点的能力已经有了提高。

共产党的宣传

16. 共产党的宣传继续表明，河内将不顾美国对老挝走廊空袭的加强以及西方媒体关于美国打算把战争扩大到北方的谣言，决心继续向南越推进。12 月 20 日和 22 日，分别是解放阵线和北越军队建立的纪念日，北越重申了其傲慢立场。在他们的宣传中，没有任何关于其谈判条件的暗示。12 月 19 日，北越的一份党报声明，河内不会和平谈判，"除非侵略者放弃其阴谋"。

17. 莫斯科和北平继续大力宣传，支持河内，并重申了先前的承诺，即一旦遭受美国攻击，他们将援助北越。中国重申了以前的警告，美国借老挝领土扩大在越南的战争，将"战火"烧遍印支。莫斯科也同样提醒梭发那·富米。

DDRS, CK 3100099699 - CK 3100099709

李昀译，赵学功校

---

① 原文此处两行未解密。——译注

中情局关于共产党的军事能力与
近期在老挝和南越的意图的报告

（1965年2月1日）

SNIE 10-65

绝 密

共产党的军事能力与近期在老挝和南越的意图

（1965年2月1日）

问　　题

估计共产党最近在老挝、北越、华南军事力量部署的意义，预测今后四、五个月内共产党在老挝和南越采取军事行动的范围和时机。

估　　计

1. 目前的形势。

经过几年的逐步发展，共产党军事力量为期数年的逐渐聚集，使共产党中国、北越、巴特寮和越共在老挝、南越或者是接近老挝、南越的地区拥有潜在的军事能力，包括尚未发挥的进攻能力和尚未经受考验的防御能力。自1964年8月东京湾事件发生以来，共产党采取的各种措施和军队的部署使得其进攻、防御能力都有了显著提高，特别是在华南和北越的防空能力。同一时期，共产党军队在老挝一些地区的部署也增强了在那里的力量。在南越的越共实力一直在稳步提高。这种实力的增强有些是因为得到了北越的大力支持，但由于目前可以得到的证据是零星的和模棱两可的，因而难以进行详细的分析判断。

2. 我们认为，这些情况表明，共产党近期的目标是旨在加强那些面对美国和美国支持的压力大幅增加地区的军事力量。例如，在老挝的潘汉德尔（Panhandle），政府军在T-28飞机支援下发动了地面军事行动；在北越，进一步加强了空中侦察和空袭。共产党大概也希望，通过这些部署行动将有助于阻止美国把战争扩大到北越。共产党空中力量的加入使中国/印度支那边界地区本已令人生畏的地面力量得到进一步加强，有助于提高中国和越南民主共和国的防御能力，以应对美国可能不顾共产党的警告，对北越甚至中国发动战争这一紧急事态。

3. 我们所观察到的共产党的部署行动现在似乎并不像我们原来所预测的那样,即共产党在老挝或越南可能采取新的重大攻势或其军事行动的性质发生了重大变化。我们注意到,共产党在华南和越南民主共和国的地面军事力量没有明显增强,在老挝增加的地面力量估计至多不超过数千人;也没有发现大规模有组织的部队进入南越。

4. 北平最近将所有军队的服役期延长一年,这可能是通过保留训练有素的人员来提高其能力,这也会使军队的规模有大幅度的增加。我们认为,此举连同其发展和生产更为现代化的武器系统,乃是北平加强军事建设这一长期努力的一部分,并不表明中国打算近期在印度支那发动攻势。

5. 提高防空能力。

中国将50多架喷气式战斗机部署到北越,并把边界地区的空中力量从150架喷气式战斗机增加到350架,这是对美国在该地区加强空中力量所做出的回应。这一举措使共产党具有有限突袭老挝或南越北部地区的能力,尤其是在心理上将产生较大影响。然而,我们并不认为他们会如此行事,因为这样做,美国进行大规模报复的风险实在太高了,并有与美国发生空战的危险,而这种形式的冲突对北越和中国来说都是最为不利的。到目前为止,共产党没有在老挝使用飞机来保护军队免受 T - 228 飞机攻击的破坏。我们认为,他们在老挝将依靠高射炮、地面火力和被动防御。但是,他们几乎肯定会试图使用战斗机来反击对北越的空袭。如果中国受到袭击,他们将肯定这样做。

6. 在老挝的进攻能力。

最近,由于北越军队的加入,也使共产党在老挝的进攻能力有了某种程度的提高。自1962年以来的每个春季,共产党都会发动一些地面行动,旨在改善他们在干旱季节的状况。我们认为这种军事行动今年还可能会发生。

7. 共产党的行动可能是试图重新占领7号公路和13号公路的汇合点,这两条公路去年夏季失守。共产党可能认为,这样做不会招致战争升级的危险。共产党也可能会对位于芒绥(Miong Soui)附近贡勒的司令部采取行动。在潘汉德尔(Panhandle)地区,共产党可能试图将老挝政府军赶出其最近沿9号公路实施“胜利之箭”行动所占领的阵地。虽然他们有能力夺取湄公河流域的任何城镇,例如他曲(Thakhek)、沙湾拿吉(Savannakhet)或者是塞诺(Seno),但是我们并不认为他们将如此行事,因为他们考虑这样会冒美国扩大报复行动的危险。

8. 在南越的军事潜力。

在过去几年,共产党已经明显扩大了越共军队特别是其正规主力部队的规模、武器装备和总体能力。最近的战役表明,当越共认为形势对他们有利时,他们愿意动用大规模的正规部队来作战。他们一般不愿意同越南政府的正规军进行过较量,除非在某个攻击点他们的人数超过了政府军。他们或许会在滨加(Binh Gia)进行更多的试探和行动。但是,我们认为,除非越南政府的正规军实力急剧下降,在今后四或五个月,他们动用大量军队进行持久攻势的可能性非常小。

9. 越共的军事行动将肯定要经过精心策划,以利用并增加南越的政治和士气问题。由于心理战的因素,除非并且直至共产党认识到这样的行动将带来不可接受的后果,否则他们可能会尝试进一步攻击美国的设施和人员。共产党也将继续提高他们的常规作战能力,如果南越正规军中的分歧导致其分裂,那么他们将能够占据完全的军事优势。

10. 虽然河内和北平仍旧担心美国可能攻击北越,但他们的担心也许要比1964年秋末减少了一些。例如,他们在8月对"德索托"巡逻艇的袭击立刻就遭到了报复,美国军舰后来停止了巡逻。他们在11月对边和(Bien Hoa)的攻击,12月对单身军官宿舍的轰炸,都没有遭到任何军事报复。他们似乎准备接受目前水平下美国和美国支持下的活动,甚至要冒某种升级的危险。美国国内反对扩大战争的呼声可能会使共产党相信,美国并不打算使战争重大升级。

11. 在这些情况下,我们认为,河内和北平决心继续他们目前在老挝和南越的政策。虽然共产党也许还没有准备展开一场全面的军事进攻,但几乎可以肯定的是,他们将继续支持叛乱力量,并准备利用在老挝或南越出现的任何新的机会。

12. 苏联的作用。

在赫鲁晓夫倒台后,苏联就开始直接介入这一地区。柯西金计划出访北越表明苏联更深地卷入了印度支那事务。苏联新的领导人显然认为,赫鲁晓夫错误地将危险的局势主要交给北平去处理,他对过去所发生的事件做出的有限反应可能促使美国更具侵略性。我们认为,苏联目前希望重建其在河内的影响,阻止美国扩大冲突的范围。为此,苏联或许会增加其对北越的军事和经济援助,包括更多的防空装备,还有喷气式战斗机、地对空导弹。但是,我们怀疑苏联会采取军事行动来保卫越南民主共和国或是冒很大的风险来保护它。

13. 苏联几乎肯定希望北越避免采取可能招致美国报复和促使冲突进一步升级的行动。柯西金在河内可能会强调这一观点,但是中国-苏联-北越关系的错综复杂要求他慎重行事,以免苏联被认为是对越南民主共和国的事业缺乏热情。

14. 不太可能发生的紧急事件。

我们对近期共产党可能会采取的军事行动所做的估计,若没有考虑到他们对没有得到外部增援的当地力量的行动,那么这种分析是远远不够的。仅靠使用在老挝的军队,共产党也许有能力采取下列行动:重新占领7号和13号公路在老挝的交汇点,并随后对万象(Vientiane)和琅勃拉邦(Luang Prabang)发起进攻;夺取他曲(Thakhek)和阿速坡(Attopeu),骚扰塞诺(Seno)和沙湾拿吉(Savannakhet)。与此同时,由于在老挝潘汉德尔地区一些越南人民军的加入,越共的力量得到进一步增强,使他们能够对南越的几个北部省份发动攻击。然而,这种行动的可能性不大,除非河内和北平愿意冒至少是越南民主共和国领土遭受直接的、惩罚性攻击这样的风险,或者是河内、北平逐步认识到,自由世界的敦促连同美国国内的压力已强大到足以能够阻止美国进行这样的报复行动,并迫使美国在谈判中作出妥协。

DDRS,CK 3100365445 - CK 3100365454

李昀、赵学功译,赵学功校

中情局关于中国支持扩大
印度支那战争的特别报告

（1965 年 2 月 12 日）

中共支持扩大印度支那战争

（1965 年 2 月 12 日）

自 1964 年中期起，中共一直在华南集结兵力，这充分表明北平正准备应对印度支那战争的扩大将导致中国的直接介入这样一种可能性。总体而言，北平所做的努力是防御性的。没有迹象表明中国领导人此时计划在东南亚采取新的军事行动，但从他们的行动可以清楚地看出，他们决心继续鼓励和支持共产党进行叛乱活动。中国的准备活动很可能反映出他们的这样一种担心，即在南越持续的胜利将增加美国对北越或中国不断进行猛烈打击的危险。……①

北平当然希望避免与美国军队发生直接对抗，它所采取的措施或许部分是出于这样的考虑，即通过加强威胁性的宣传，以阻止美国采取可能与中国进行直接对抗的行动。但是，如果美国对越南民主共和国进行全面进攻，中国可能会做出某种反应，而不会坐视不顾。2月 9 日北平官方的声明重申了先前援助北越的承诺，并宣称中国"在这方面已经做好充分准备"。

1964 年 6 月底、7 月初，在与越南民主共和国高层官员进行的一系列秘密会谈中，双方就计划采取联合行动以击退美国可能的进攻开始进行磋商。有证据表明，自那时起，中国便着手进行军事准备。1964 年 8 月东京湾危机之后，这种准备的步伐进一步加快。中国的行动包括召开了异乎寻常之多的高级军事会议；提高华南地区的防空能力和海军力量；大量扩建军队；加强民兵组织；进行民防准备。

早期的军事计划

在防卫越南民主共和国方面，中国与北越进一步合作的这种联合计划显然早在一年前就已经开始，这可能是北平长期战略的一个组成部分，包括逐步加强在华南地区的军事力量，准备应对出现的敌对行动。1963 年夏，中国和越南军方官员在中国交换了意见。此后

---

① 原文未解密。——译注

不久,在 8 月份,中国一个喷气式战斗机团被部署到越南边界北部的蒙自机场。

6 个月后,双方可能又召开了一次会议。鉴于越南民主共和国的活动,以及自 1964 年 2 月初中国开始向昆明、蒙自、苏茂(Ssumo)运送了大量军用物资,预示着双方有可能再次进行磋商。如果会谈得以进行,他们的意图很可能是拟定应急计划的总体方针。在此期间或稍后一段时期,在华南没有发现异常的军事行动。

1964 年春天,为了应对美国可能采取的军事行动,使得这种应急计划的制定突然变得紧迫起来。从 5 月初起,美国向北平和河内的共产党领导人明确表示,老挝和南越局势的持续恶化是一个非常重要的问题,对此华盛顿深感担心。美国这一信息的核心是发出警告,如果共产党拒绝在东南亚减轻压力,印度支那战争可能会扩大。

美国可能会对越南民主共和国采取行动的威胁显然在共产党阵营引起了极大的关注。在 6 月底至 7 月初,中国和越南领导人进行了秘密会谈。在此之前的 6 月 16～17 日,毛泽东亲自主持召开了一次中央委员会特别会议,主要审议军事问题,很多军方和党内的高级官员都参加了会议。

在公开展示军事力量之后,北越高层领导人抵达北平,参加了这一 6 月 20 日开始、为期五天的会议。6 月 25～29 日,会议在河内继续进行。之后又转到昆明,在 7 月的第一个星期举行了最后的会议。关于这些会谈,共产党方面从来没有透露任何信息。……①但是,毫无疑问,他们主要是围绕着如果美国直接攻击越南民主共和国,中国将作何反应这一问题进行讨论。

似乎很可能的是,这些会议的召开源于越南的压力,要求中国给予更坚定的支持。美国警告过要将战争扩大到北部,河内对此感到震惊,要求一旦美国进攻,中国应保证提供军事援助,并要求为此制定明确的计划,以备不测。越南也许要求北平公开宣布其意图,从而阻止美国扩大冲突。7 月 7 日,中国外交部长陈毅要美国注意,任何对北越的攻击将会冒共产党中国进行反击的严重危险。

就在 8 月份东京湾危机爆发后,有证据表明北平决心帮助防御越南民主共和国,并为此开始进行准备。华盛顿的官方讲话清楚地说明,这只是对特定挑衅行为做出的反应,不是重大升级的第一阶段。然而,这一事件证明,在某些情况下,美国愿意对越南民主共和国实施有限的打击,进行直接干涉。

空军和海军的集结

美国空袭北越目标后,北平做出的反应是展开了好战的宣传攻势,并采取一系列措施加强在北越和华南地区的防空能力。反应的速度表明,准备好的应急计划正在付诸实施。8

---

① 原文未解密。——译注

月,中国一个喷气式战斗机团进驻北越的福安(Phuc Yen)机场;12月,又有一个团进驻。华南地区的战斗机力量增加了一倍多。自8月以来,大约有200架喷气式战斗机进驻该地区,使部署在那里的飞机总数达到350架。此次集结包括一些米格-19和米格-21喷气式战斗机。部署战斗机的同时,在华南还大量增加了雷达设施和高射炮。

自10月以来,在越南边界北部10英里的宁明(Ning Ming),一个适合战术喷气式战斗机的机场一直在建设之中。今年春季将可以投入使用。最近,中国人从靠近老挝的一个小型机场苏茂(Ssumo)进行了试飞。有迹象表明,他们已改善该机场4 700英尺。在靠近缅甸边界的北屯(Peitun),有另外一个机场,已经能够停落喷气式战斗机,也正在改善之中。

更多的迹象显示,中国可能打算利用在该地区的不断增强的空中力量来防御北越和华南地区。1月2日,中国的米格战斗机从南宁起飞,跟踪美国的"雄蜂式"战斗机飞越越南边界,在北越将其击落。……①各种迹象表明,中国准备在某些情况下对北越承担防御责任。

自8月以来,北平的南海舰队增强了在东京湾的力量。南海舰队司令部从广州移至海湾要塞,在东京湾北部沿岸的北海地区,建立了一个规模较小的海军机关。尽管南海舰队没有大型舰艇,但有大量的巡逻艇和鱼雷艇,对美国在东京湾的海上行动构成了一定的威胁。

军 队 的 扩 大

有迹象表明,中共已决定扩大其本已庞大的陆军。两次大规模的征兵行动和最近延长服役期的规定使其陆军从250万人增加到300多万人。首次征兵活动是从7～10月。……②这看上去是不过是三年来每年夏季征兵的重演。从1955～1959年,征兵和复员工作一般都在冬季进行,与农业的周期相吻合,因为大多数参军者是来自农村。由于从农村招募的士兵缺乏技能,并且在1959～1960年的灾年变得越来越不可靠,因而从1961年起,征兵主要转向城市。尽管1964年夏季征兵的具体数字尚不清楚,但从广东的高窑(Kao-yao)地区招募了4 000人,由此可以推断出全国总目标大约是70万人,与每年通常的数目持平。

1964年12月,第二次全国范围的征兵活动开始。很多新兵都是来自那些夏季已经完成征兵名额的地区。这是自1959年以来首次大规模的冬季征兵,同时也是第一次一年进行两次大规模的征兵活动。尽管缺乏征兵和复员的数字,在过去的一年所征集的新兵总数要比正常年份大得多。

1月19日,北平发布命令,将陆军、空军和海军的服役期分别延长到四、五、六年。这一命令意味着与第二次征兵活动同时进行的复员工作停止了。因而,去年两次征兵活动,再加

① 原文此处数行未解密。——译注
② 原文未解密。——译注

上这次应该正常复员但仍留在军队中的那些人,使得军队的规模有了大幅度的增加。强制延长服役时间使其能够保留得到最佳训练的军队的时间又增加了一年,这对提高军事准备特别重要。与此同时,从未经过训练的新兵在军队中所占比例将会减少。事实上,今年的比例明显减少,因为参军的大部分是民兵,他们在入伍前已经进行了基本的军事训练。

民 兵 建 设

在正规部队悄悄扩大的同时,人民民兵的建设也在大张旗鼓地进行。在大跃进时期,民兵的数量最高可达 2.3 亿人。1960 年民兵人数锐减,几乎被解散。直到 1964 年初期,民兵的活动仍然是有限的。7 月,随着中共的政策趋于强硬,招募、训练民兵的步伐突然加快。根据零星的证据,现在民兵的力量可能已经恢复到 2 000 万～3 000 万人。目前对民兵的训练涵盖了大部分基本的军事技能,包括大规模使用实弹训练,这是过去四年中第一次这样做。

北平打算将民兵作为控制国内不满情绪的新工具,特别是与"社会主义教育"运动紧密结合。虽然如此,北平也重视民兵作为防御后备力量的潜力,减轻正规军在其他地区的负担。但是,尽管中共希望达到这样的目的,是否能够大规模组织起一支可信赖的民兵力量仍值得怀疑。

民 防 准 备

在过去的几年中,第一次有迹象表明华南开始进行民防准备。据 11 月逃离的一个难民讲,在海南岛,正在挖掘防空袭壕沟,进行防空训练。……①有证据显示,在华南与老挝、越南接壤的边界地带,地方政府一直在准备战争紧急撤离计划。

不 远 的 将 来

中共努力全面加强军队建设,尤其是在中越边界地区提高其空军和海军的力量,总体来看显然是防御性的。北平似乎是为了准备阻止外部的攻击,而不是准备发动大规模的攻势,以尽快结束战争。与此同时,北平希望通过自己的行动来支持其好战的宣传,从而阻止美国使战争升级。

_____

① 原文未解密。——译注

中国似乎确信,数月之后,越共将在战斗中取得新的胜利,从西贡政府手中夺取对南越农村的控制,最终建立一个中立政权,该政权将坚持要求美国从这一地区撤离。北平或许同样对老挝局势的发展感到欢欣鼓舞,在那里,尽管为梭发那·富马的军队提供了空中支援,共产党的军队仍占据支配地位。

……①

北平的宣传称,美国在东南亚的地位陷入了严重的危机。尽管一些中国领导人毫无疑问认识到共产党的胜利被过分地渲染了,但他们大概在某种程度上也被他们自己的虚构所迷惑。1月24日,周恩来在欢迎印度尼西亚副总理苏班德里奥(Subandrio)的宴会上,对"帝国主义"的软弱性进行了不遗余力地嘲讽,就表明了中国领导人的自信。中国总理称,尽管美国"这只纸老虎正张牙舞爪",中国人民认为这是"极为可悲和荒唐的"。

尽管如此,北平的防御准备表明了其继续尊重美国在战场上的实力。中国人可能在战略上轻视美国,非常怀疑美国对中国发动全面进攻的可能性,但准备应对美国向越南民主共和国的战术推进。他们强调空防和海军力量的增强,表明他们认为美国最有可能采取有限的行动。在随后的六个月左右,他们采取措施全面加强了地面部队的力量,这也许是为了防范美国的全面攻击,尽管中国人认为有这种可能,只是认为可能性不大。

DDRS, CK 3100361242 - CK 3100361250

李昀、赵学功译,赵学功校

---

① 原文此处一段未解密。——译注

中情局关于共产党对美国针对北越的军事行动可能做出的反应的评估报告

(1965 年 2 月 18 日)

SNIE 10-3/1

共产党对美国针对北越的军事行动可能做出的反应

(1965 年 2 月 18 日)

问　　题

评估共产党对美国针对北越的持续空袭方针做出的反应。

范　　围

这份评估是对 1962 年 2 月 11 日同样关于这个问题的评估(编号 SNIE 10-3-65)的补充,而非替代。例如,关于共产党可能运用空中军事力量的问题就是在那份而非这份文件中进行的讨论。

评　　估

1. 美国针对北越的空中打击为已经错综复杂的局势又增加了一个新的要素。因此,共产党对于这些军事打击的反应不仅是这些军事打击的产物,而且还受着诸多因素的支配:苏联、共产党中国、越南民主共和国之间的关系状况;自由世界国家的态度和行动——尤其是法国;联合国的发展;南越事件的进展;美国空袭的进展方式和速度;美国政策本身,这些政策不但会被当局宣布,而且共产党可以看到报纸、国会声明及其他各种观点对它产生的影响。我们无法自信地或精确地预测以上因素在未来几周里将如何相互作用。

对 2 月上旬的轰炸以及更多类似行动的反应,19 度纬线以南

2. 在南越建立共产党政权并在河内政权的领导下统一整个国家,是越南民主共和国领导人的首要目标。然而,自从南方叛乱以来,这些领导人就不断告诫其追随者,要做好长期

战斗的准备。仅仅在最近这几个月，他们才会不时说到胜利即将到来。但过去一周美军更加强硬的行动在一定程度上削弱了这种情绪。

3. 越南民主共和国的一些领导人可能更愿意谨慎行事。他们极力主张，尽管它拥有众多的外国支持，但南越政府的抵抗的适时崩溃是不可避免的；冒险摧毁越南民主共和国艰难取得的现代经济成果仅仅用以加快胜利的步伐是愚蠢的。然而，目前河内情绪高涨，他们将很可能犹豫是否表达上述想法。

4. 大多数好战者认为，美国近期的空袭看起来很可能是为防止失败而做出的敌对性努力。这些领导人很可能做出推断，如果越南民主共和国/越南共产党态度强硬，或者甚至增加其在南方的压力，他们将不得不经受住美国更多的此类攻击，但是美国/南越政权继续进行战争的意愿将会削弱。这些领导人看来，在轰炸面前展现出的任何明显的软弱都将会给美国人这样一个信号：他们已经知道该如何得到他们在这个地区想要的东西。

5. 由此我们相信，大约就在近几周，越南民主共和国对更多类似 2 月上旬这样的空袭的反应将很可能会继续他们在南方的压力——他们总是关注第 1 段中提到的那些因素。目前，共产党无法确定美国的行动是预示着一场持续的空袭，还是对一些特定挑衅行为"一报还一报"式的有限报复性行动。在随后的一两周内，他们有可能会避免对美国军事设施进行直接打击，但我们无法评估他们避免这样做的可能性。

6. 中国共产党几乎肯定会鼓励越南民主共和国进行更多的军事行动。我们相信，在这一阶段他们不会运用实质性的军事力量干涉越南。虽然我们并不完全信任自己有能力侦查到中共在为干涉而准备，但目前我们没有证据表明中共在为干涉进行准备。

对美国公开声明和持续进行的针对北方轰炸计划的反应

7. 在过去的 10 年，越南民主共和国投入了大量的时间、精力和资本用以发展工业、交通和相对现代化的军事设施。他们不会轻易牺牲这些通过艰苦工作才取得的成果。针对美国对这些资产进行持续轰炸的威胁，河内很可能既感到恐慌又充满怀疑。最初，共产党将不会相信美国真的会贯彻执行这一计划。他们肯定会施加一系列压力试图使美国打消这一念头。他们将竭尽全力开展外交努力和宣传攻势，以期运用国际影响力来对抗美国的政策。他们很可能威胁将会对美国在此地区的利益造成可怕的后果。中国共产党的威胁将更为强烈，中共的军事部署也很可能更具威胁性。尽管未必是以稳定的步伐，但越南共产党的攻击将会继续。

8. 如果美国并不顾及这些压力，继续强力实施攻击并损毁一些重要的经济或军事资产，那么越南民主共和国的领导人将不得不做出决定。他们几乎肯定相信，虽然美国的空袭可以摧毁他们国家的许多国土，但单凭这些是无法导致其政权的垮台或阻止其继续支持在南方的叛乱。同时他们可能会认为，如果他们成为美国持续空袭的目标，他们的国际政治地位将会提高。因此，他们可能会决定使战争变得更加激烈并接受北方被摧毁的结果，以期尽早取得在南方的胜利。

9. 然而，对我们来说，也许有一种更具可能性的情况，那就是他们将会决定进行一些努力使美国暂时停止空袭,尤其是如果美国暗示在越南共产党的活动大量减少后空袭将会暂停。① 我们不知道他们会做出多少让步,不知道美国是否会接受他们提出的条件,也不确定那时的国际形势会是怎样。然而,我们认为河内决不会放弃对南方叛乱的支持,也不会放弃在共产党的领导下统一越南的主张。

10. 中国共产党几乎肯定会愿意支持越南民主共和国实施比在第 8 段中提到的更多的军事行动方针。我们已经在《特别国家情报评估 10 - 3 - 65》(SNIE 10 - 3 - 65)(第 16~18段,并注明了国务院的不同意见)中提到中国将可能如何运用其军事力量。

有可能,但未必会产生的反应

11. 共产党领导人可能会采取实际行动改变战争的规模和性质,而不是暂时地减弱或增强现在所施加的压力的程度。以下是更为危险和更具进攻性的方针,虽然我们认为,从逻辑和常理上来说他们不可能这样做,但这种可能性也是不能被忽视的:

(1)他们可能会发动一场越南民主共和国对南越和老挝或者仅是南越的大规模入侵。我们认为这不是他们对轰炸北越所做出的反应。他们将会感到这个摧毁性的政策最多只能加速在老挝和越南的胜利,而对于这一胜利,他们自信会在不久后以更小的代价取得。该入侵事实上需要中国更大规模地介入越南事务,而这件事本身对北越人也是灾难性的。共产党将会认识到,发动如此规模的入侵会引发对越南民主共和国,可能还有中国,更进一步的巨大破坏。②

(2)我们认为中国或者越南对于美国空袭的报复将不会是空袭美国的航空母舰或南越的空军基地。这样做将会造成对共产党志愿军基地的报复性攻击,并促使空中战争开始升级,而这正是北越和中国军队最不擅长的作战方式。我们更难以预测我们的航空母舰是否会受到无法辨明身份的中国潜水艇的偷袭,但我们倾向于这种可能性是微乎其微的;这对中国来说是极大的冒险,而且中国也非常没有信心运用其经验贫乏的潜艇力量攻击美国的航空母舰。

(3)我们并不认为中国共产党会在中国周边的其他地方制造另一场重大危机。面临东南亚爆发全面战争的可能性,北京会希望将可能调动的最精锐力量集结于此地。事实上,中

---

① 原注:隶属于国务院的情报研究处处长认为该行动方针实现的可能性不如第 8 段描述的方针实现的可能性大。他认为河内将会认为由暂停空袭所得到的利益比失去即将胜利的契机、在越南共产党面前丢脸以及随后美国/南越士气的鼓舞所得到的补偿更有价值。河内将考虑在此种情况下的让步,只会使美国再次进行对越共重开的军事活动的打击。

　　而且,美国对主要目标假设性的袭击将可能会引起中国空中防御力量从中国基地飞往越南民主共和国。如果这样的话,美国将不得不承认其对中国基地的庇护特权或者猛烈攻击这些基地,但这会招致中国方面更进一步的军事行动。无论怎样,河内都会更加坚持不懈。

② 原注:隶属于国务院的情报研究处处长认为第 11 段(1)只适用于对北越轰炸的最初阶段,更好的是轰炸河内-海防这一复杂目标。一旦美国的打击摧毁了后者的主要工业和军事目标,不管怎样,随后河内便将失去它的保障,并遭到可能来最空中的最大规模的摧毁。在这种情况下,已经遭受主要军事设施和经济工业部门破坏的越南民主共和国很有可能继续战斗并继续向南越和老挝输送大批军队。河内方面可能推断美国不愿意进行大规模的地面战争,或者即便战争展开,美国也会被其运用成功对抗法国的方法打败。

　　而且,如果越南民主共和国继续坚持这样做,北京将很有可能派出数量有限的中国共产党军队作为"志愿者"进入越南民主共和国,这既为战争的进一步升级做好了准备,又阐明了北京援助北越人的责任。

国已宣传说，美国驻亚洲的"无能的军队"零散地分布在"从南朝鲜到印度支那一条长长的弧线上"，如果冲突范围扩大，"美国将无法控制战争的时间、地点和规模"。然而，我们认为这只不过是对扩大战争危险的宽泛的警告。不过，北京可能想要继续谈论战争的"漫长战线"，甚至可能试图在其他地方挑起恐慌以保持美军力量的分散，同时遏制美国在东南亚的势力。例如，中国共产党可能会明显增加在朝鲜的军事威胁，炮轰沿岸岛屿以增强台湾地区的紧张局势，或者可能在印度边界开展威胁性行动。

　　苏联因素①

　　12. 我们曾经估计苏联的介入是极其有限的，苏联的政策也不会对越南民主共和国和中国的政策产生决定性的影响。然而，事实上苏联已经全面介入，并且几乎肯定已经对越南民主共和国和中国的决策产生了一定的影响。苏联的介入会怎样影响越南民主共和国的反应取决于苏联会给予何种程度的承诺。如果苏联敦促谨慎行事，那么越南民主共和国在对来自美国的压力做出回应时，可能在某种程度上会比我们估计的更为克制和灵活。然而，我们相信，苏联将对越南民主共和国的防御进行援助的承诺，加上苏联重新介入的事实会使得越南民主共和国的领导人在某种程度上更加自信和具有攻击性。他们可能希望，通过利用中苏竞争中对他们的支持，而在与美国的战争中获利。

　　13. 苏联加强介入对中国的影响一定是复杂和矛盾的。一方面，苏联试图攫取部分共产党在越南取得的认可及试图取代北京对越南民主共和国的某些影响的明显举动几乎肯定会使中国感到不安。另一方面，中国又欢迎任何能威慑美国的力量，在这种情况下，苏联的介入也不显得那么令它厌恶。他们又欢迎苏联在这种情况下的介入所带来的任何对美国的妨碍。更为重要的是，他们遇到了一个机遇迫使苏联或者支持中国战线对美国的政策，或者暴露自己在履行共产主义义务时的懦弱。无论莫斯科做出何种选择，北京都希望在国际共产主义运动中，苏联的权威受到削弱、中国的影响得到加强。

　　FRUS，1964 - 1968，Vol. 2，pp. 320 - 325

　　　　　　　　　　　　　　　　　　　　　　杨与肖译，赵学功校②

---

① 原注：苏联可能做出的反应已经在《特别国家情报评估 10 - 3 - 65》（SNIE10 - 3 - 65）中进行了讨论。以下两段我们仅会考虑苏联政策对越南民主共和国和中国共产党反应的影响。

② 译文参照陶文钊主编：《美国对华政策文件集》，第三卷，下册，第 838～843 页。——译注

中情局关于共产党对美国可能的行动的反应

（1965 年 4 月 6 日）

SNIE 10-5-65

共产党对美国可能的行动的反应

（1965 年 4 月 6 日）

议　　题

评估共产党国家特别是苏联和中国对美国向中国发动非核空中打击而做出的可能反应。

议 题 说 明

此评估的目的是假设美国对中国的空中打击是针对中国卷入越南冲突的一种回击。比如说，大量中国军队不管是以正规军还是志愿者的形式进入了北越；中国的空军也进入了北越，并参与了对美军的军事行动；中国出动战斗机参与了在北越针对我们的空战。

另外，我们假定，在行动初期，美军的行动将有选择地针对与中国的军事行动联系密切的军事目标，如机场、供应基地和通讯设施等。在此阶段，我们还假定，美国行动的目标是结束南越叛乱的外部援助。偶然情况将在第二部分讨论。第三部分我们将讨论下述情况，即一旦空袭随后扩大到华南的其他目标，并最终上升为对中国所有的目标进行持续空袭的水平。

评　　估

一、目 前 局 势

1. 自波莱古事件和美国开始空中打击以来的几星期内，卷入越南危机的共产党国家的政策和战略已基本上有了一种相对明确的模式。可以看出，越共在中国的大力鼓励下，似乎决心要经受住美国当前的空袭。越共和中共现在对于谈判的态度变得更加强硬，虽然没有完全排除谈判的可能。显而易见，北京和河内都认为，美国现在炫耀武力的目的是挽救脸面和寻求政治妥协。他们显然认为，越共能够承受我们进一步的惩罚，而与此同时，面对战争进一步扩大的威胁，以及国际压力和国内舆论的反对，美国坚持的决心将受到削弱。而且，他们认为，南部的局势正朝着有利于他们的方向发展。

2. 形成对比的是，苏联或许对局势能否得到控制有诸多疑虑，他们倾向于谈判，但河内却拒绝了这一选择，结果导致苏联处于进退两难之中。他们承诺为越共提供物质和政治支援，但却在总体战略上没有任何重要的发言权。而且，中苏关系又进一步恶化了。中国人正努力阻止苏联对越南战争影响的增长。中国通过宣称他们将与美国在亚洲进行一场毫不妥协的斗争以证明自己的革命性，苏联人被中国人发出的这种日益增大的刺耳声音所困扰。

二、美国有限度的空中打击

3. 根据以上的假定，中国人直接卷入越南战争将使局势发生重大变化。此种干涉将是共产党全面进攻的开始，旨在将美国赶出印度支那。这样的话，形势很快就会变得明朗。对于中国初步的军事行动，美国有限的轰炸将不会改变中国人的政策。另一方面，中国人可能试图将其行动限制在一定的规模，以支持越共的战斗决心，并恫吓美国。针对后一种情况，我们在下面将会讨论。

中国的反应①

4. 我们认为，中国人或许认识到，他们的干涉将会冒美国空中打击其军事设施的危险。他们一定非常关心，美国在此种情形下决不会将中国视为一个享有特权的避难所。然而，也存在这样一种可能性：中国人没有估计到我们可能进行报复。例如，或许中国人没有料到，鉴于其地面部队进驻越南，美国做出的反应是轰炸中国。但无论中国人是否已经预料到美国对于其干涉印支可能的反应就是对中国实施空中打击，我们认为中国的直接反应大概将是同样的。然而，我们认识到，在此形势下，我们的判断也可能是错误的，中国的反应较难预测，中国人采取重大军事行动的可能性也是很大的。

5. 中国战略的主要原则是这样一种信念，即在历史的这一阶段，只要采取了正确的革命战术而不是全面战争，就能在东南亚将美国打败。因此，在开始阶段，尽管中国人担心美国更大规模的进攻和使用原子弹的可能，但或许他们并不过分地担忧。他们的主要目标是提高全面战争的可怕性，并向美国发出他们已经为此做好准备的信号。他们希望通过此种方式阻止美国扩大进攻，并以此显示美国是一个"纸老虎"。

6. 如果这种估计是正确的，那么美国针对中国在越南的行为而发动初步打击将不会导致北京派遣更多的地面部队进入老挝和越南南部。在此阶段，中国希望将冲突限制在一定

① 国务院的代表，情报研究处主任，对这一部分持保留态度。——原注

的范围内,其反应或许将限于保护中国免受美国的攻击;同时,中国试图缩小美国空中打击所带来的不利,并最大限度地向美国施加压力。北京可能会为谈判提出一些试探性的建议,但不可能同意美国提出的开始谈判的任何条件。

7. 中国人可能会对我们的基地或者航空母舰采取报复措施,但在我们看来,中国人成功的机会似乎非常渺茫,因为这无疑是在刺激美国扩大战争的规模和增加空中打击的力度。同时,北京可能会对在亚洲其他地区发生战争的可能性保持警惕之心,为了应对这些威胁,他们或许将重新部署地面和空中力量。

8. 在越南南部,中国或许赞同冲突的激烈化;实际上,它最初的干涉可能就是与河内所达成协议的一部分。作为冲突激烈化的一部分,共产党对越南南部的渗透将增强,或许包括更多的越南民主共和国的正规部队和一些中国人员进入越南南部。他们的目的是在美国的空中打击产生重大破坏之前获得对南部的有效控制。

9. 中国人在此阶段的考虑将不会受苏联立场的重大影响,他们不会反对苏联对东南亚的支持。几乎可以肯定的是,他们可能要求苏联以进行军事干预威胁我们。北京可能将放弃其自尊,请求苏联给予更先进的装备,但它可能乐意利用苏联的犹豫不决以使莫斯科难堪。中国人可能或者希望得到苏联的支持并使美苏关系受到严重破坏,或者希望摧毁莫斯科在其他共产党国家和亚非国家心目中的形象与地位。

10. 美国的行动将使世界大多数舆论感到十分震惊,卷入危机的各共产党国家自然会努力利用这种惊慌。他们看到制约美国行动的机会越多,他们准备改变政策的可能就会越小。

11. 得出上述判断时,我们主要需要考虑的是对中国南部实施第一阶段轰炸中国的最初反应。若轰炸持续一段时间,即使限于一定的地理范围和目标之内,那么局势将明显地发生变化,我们将在第三部分进行讨论。

苏联的反应

12. 对苏联来说,苏联领导人极为担心中美之间的战争可能会扩大到他们身上,将苏联卷入其中。他们主要的目标是阻止冲突的升级,他们或许希望能对美国而非中国施加更大的影响。我们预料,苏联会发出威胁和警告,同时也会提出停火或者谈判的建议。一方面,他们将试图给美国这样一种印象,即苏联除了支持其共产党盟友之外别无选择。另一方面,莫斯科也将努力使中国人消除这种观念,即苏联将使用其军队或核力量来支持中国目前的冒险。

13. 苏联很可能会同意向中国提供一些军事装备,包括防空导弹和先进的战斗机。虽然苏联人承担不起拒绝中国人这种要求的政治代价,但他们或许将与中国就某些条款讨价还价,以及在援助方面附加一些政治条件,要求在东南亚共产党的行动政策方面有更大的发言权。我们认为,苏联人员直接卷入冲突,或者在东南亚之外采取军事行动都是极不可能的。

14. 我们相信美国有限打击的政治影响或许将加重而非愈合中苏之间的分歧。中苏关于反击美国的战略和战术的基本争论将进一步激化。假使美国加大对越南民主共和国的打击,虽然河内为中国扩大其支持的承诺而受到鼓舞,但它也可能认为自己的命运正变得从属于更大的战争,而这可能成为北越与中国发生分歧的缘由之一。

美国打击的扩大

15. 对中国人来说,与美国的空战将是一场最为不利的战斗。他们已经多次警告,如果美国扩大印度支那战争,他们将会在他们选择的时间、地点与我们开展一场地面战争。在我们看来,这或许准确地反映出中国的政策。但他们或许不希望迫使美国走得太远。因此,如果美国坚持空中打击的话,即使仅限于华南,或者对整个中国的一些目标采取一定规模的空中打击,中国人将不得不面对他们所不希望看到的局势的出现。他们只想让在越南的战争继续进行下去。在某种程度上,由于我们没有摧毁他们的军事-工业设施,中国人很可能感到需要做出选择:发动地面攻势还是采取政治行动以阻止美国的袭击。

中国的反应

16. 在考虑发动地面攻势时,中国人可能估计到,如这一威胁将迅速摧毁美国在印度支那的整体地位,美国实际上可能不会实施其扩大轰炸的计划。但中国人担心,由于美国的空袭行动牵涉到中国的声望和安全,若不能做出积极的回应或者是其立场的任何软化,都将被视为是一种耻辱的败退。他们可能也相信,即使美国发动大规模的空中打击,也不能对中国造成致命的破坏。因此,他们可能得出结论,即为了在东南亚的利益,这些打击是可以接受的代价。

17. 在另一方面,中国人可能考虑到同样的这些因素,却得出了相反的结论。他们可能认为美国的决心很大,尤其是他们或许认为美国并不真正关注来自苏联的重大军事反应。现在中国已经拥有了军事工业中心,它可能比以前更为关注其易受空中打击的弱点。中国人可能相信,如果美国在印度支那遇到大规模的地面进攻,战争将很快升级为对中国实施核打击。他们可能认为,如果南越人的叛乱暂停的话,美国将停止轰炸。

18. 我们不知道中国人将如何权衡这些考虑。对我们而言,北京选择有限的行动以促使美国不再继续轰炸的机会稍大一些。但是,中国做出更具进攻性反应的可能几乎一样大。①

19. 我们认为,中国人不会将在印度支那之外挑起大规模的冲突以反击美国的轰炸行动。然而,朝鲜可能是一个例外。毛泽东在最近的一次采访中宣称,如果东亚的战争中涉及北朝鲜,几乎可以肯定苏联必须干预。如果毛泽东的确这样认为,那么北京有可能在美国的沉重打击下重新挑起朝鲜战争,作为迫使苏联卷入的一种手段。但并不能完全确定中国的策略一定会成功,像其所希望的那样,在朝鲜重启战端。在此情形下,北朝鲜或许将寻求劝阻中国。然而,如果朝鲜冲突重新开始,我们认为苏联不会长久地袖手旁观。或许莫斯科将限制自己的积极参与,但是,它将会提供一些特种部队并配备先进的常规武器。

① 国务院的代表,情报研究处主任,对我们讨论的结果持保留态度。——原注

苏联反应

20. 美国扩大对中国的空中打击将引发一场全面的世界危机,并使苏联承受巨大的压力。然而,我们认为美国的打击行动,即使是大规模的进攻,都不会导致苏联和中国改变引起双方分裂的基本态度。事实上,我们认为,苏联领导人将会非常乐于看到中国人的错误路线充分暴露在世人面前。虽然如此,他们也感觉到非常有必要在社会主义国家遭到攻击时展现出一种团结精神。相应地,苏联人将通过强大的宣传以回应此种要求,在某些事件上或许会展示一番,但他们的行动或许将是有分寸的。几乎可以肯定,他们感到被迫向中国提供防空装备,包括地对空导弹和战斗机,如果中国要求的话,他们或许将派遣相关的军事人员。只要苏联领土没有遭到直接的威胁,或者中共政权的存在没有受到威胁,我们认为苏联人将不会与美国交战。

21. 苏联人很可能考虑到,通过将美国或者西方在世界其他地方的利益置于危险的境地,就能够迫使美国暂停或者改变我们在越南和中国的行动方针。然而,我们认为美国对中国的空中打击计划不可能导致苏联蓄意引发一场危机。在我们看来,苏联人认为目前的形势非常微妙和危险,任何新的压力都可能促使美国产生一种摊牌的感觉。

DDRS, CK 3100361242 – CK 3100361250

王娟娟译,赵学功校

中情局关于共产党国家就柬埔寨问题举行
日内瓦会议态度的报告

(1965 年 4 月 26 日)

共产党国家对关于柬埔寨问题举行新的一次日内瓦会议的态度

(1965 年 4 月 26 日)

1. 所有与东南亚有关系的共产党国家都公开支持就柬埔寨问题举行一次新的日内瓦会议。但是,莫斯科、河内和北平的态度显然不同,它们对会议的期望也不一样。苏联最近一直在谨慎地推动会议的召开。北越显然认为,会议的召开不会危及其利益,还可能获得一些潜在的好处。然而,中国人似乎持反对意见,因为他们认为这会给苏联以扩大其影响的新机会。

苏联对柬埔寨会议的态度

2. 莫斯科 4 月 3 日赞同西哈努克 3 月中旬关于召开国际会议的呼吁,这反映了苏联试图通过谈判使美国在越南行动的进一步升级付出政治上的代价。苏联的态度反映在 4 月 22 日苏联大使多勃雷宁(Dobrynin)和美国《华盛顿邮报》的穆雷·马德尔(Murrey Marder)的谈话中。多勃雷宁称,柬埔寨会议的举行是诸多商谈办法中唯一可行的方案,美国将冒遭受"宣传轰炸"的危险。

3. 最近有一些迹象,包括 4 月 17 日苏-越联合公报和苏联总理柯西金的 4 月 19 日的讲话,表明苏联领导人认识到,为停火、美国停止轰炸和就越南问题进行谈判而进行任何努力的时机尚不成熟。也就是说,虽然苏联的主要目的是诱使美国停止对北越的轰炸,但没有迹象表明苏联愿意为此向越南民主共和国施加影响,以促使越共停止在南方的军事行动。

4. 事实上,最近黎笋到莫斯科的访问清楚地表明,现在苏联甚至承诺采取进一步的措施帮助保卫北越。作为回报,河内似乎向苏联领导人承诺,在最终谈判问题上将奉行较为灵活的政策。然而,眼下任何一方都没有缓和自己的僵硬立场。

5. 莫斯科也许希望,如果美国能出席柬埔寨会议,这次会议的政治压力将阻止美国决策者使危机进一步升级,不管是对越共军队发动一场大的进攻的反应还是美国更大的战略的一部分,迫使北越停止对南越的侵略。

6. 莫斯科一直等到 4 月 3 日才同英国人进行接触,就 3 月中旬柬埔寨方面提出的召开一次国际会议问题提出了一份联合主席照会草案。重要的是,莫斯科于 4 月 8 日发表了草案,也就是约翰逊总统在巴尔的摩发表讲话的次日。苏联的行动是精心筹划的。鉴于约翰逊总统在讲话中表示美国愿意参与"无条件讨论"越南危机的会议,这就使得美国难以拒绝有关柬埔寨问题的谈判。

7. 在本月早些时候,苏联政府和党的代表团访问波兰期间,苏联外交部长葛罗米柯告诉波兰外交部官员,柬埔寨的提议是"认真的"。……①随后,莫斯科在苏联与越南民主共和国的联合公报和 4 月 23 日苏联-蒙古公报中都重申了其对柬埔寨倡议的支持。

8. 葛罗米柯目前对巴黎的访问可能会就苏联对柬埔寨会议的看法和越南谈判的更广泛问题进一步加以说明。

北越对柬埔寨会议的反应

9. 3 月 15 日,柬埔寨呼吁召开一次会议,以保证它的"主权、独立、中立和领土完整",河内在 3 月 19 日发表的外交部的一份文件中就此做出回应。在这份文件中,河内宣布对召开这样一次会议予以"毫无保留的支持"。4 月 17 日,北越一个党和国家的高层代表团结束了对莫斯科的访问。在双方发表的联合公报中,北越重申了其对召开柬埔寨会议的支持。

10. 在河内看来,就柬埔寨问题召开一次国际会议不可能危及任何越南共产党的重大利益,只能有利于共产党的事业。河内也许认为,如果会议最终能够召开,如果美国参加会议,美国代表团将面对大多数对其越南政策持反对态度的国家。如果美国拒绝参加,河内将以此作为美国在东南亚推行帝国主义行径的证据。

11. 河内获得的另一好处是得到柬埔寨完全的外交承认。柬埔寨可能更为公开地支持解放战线。例如,如同印度尼西亚、苏联和共产党中国那样,接收解放阵线的常驻代表。

12. 北越人也对在柬埔寨会议上展示其理性的形象很感兴趣。他们参加柬埔寨会议或许部分就是为了提高这一形象。他们或许想给人的印象是一个受到伤害的政党,屈从于外国侵略,正力图帮助邻国摆脱同样的命运。

13. 目前尚无迹象表明,除了进行反美宣传和试图对美国在北越的进攻施加政治压力,河内是否对非正式的"走廊会谈"感兴趣。目前也没有迹象表明,为谋求问题的解决,河内将放弃其强硬的基本要求。

中国对柬埔寨会议的态度

14. 从一开始,北平就支持西哈努克关于就柬埔寨问题举行会谈的行动,但中国的兴趣在于赢得政治资本而非促进任何真正的谈判。

15. 中共立即赞同金边 3 月 15 日关于召开国际会议的倡议。北平对柬埔寨政府的正式答复反映了中国为了宣传目的而利用这一问题。他们的官方文件宣称北平"完全赞同"召开一次国际会议,以"制止美帝国主义及其走狗对柬埔寨的侵略、干涉和颠覆行动"。

16. 私下里,中国人已经试图利用柬埔寨会议的机会对美国攻击北越的行动制造政治压力。周恩来在至少两个场合向外国官员暗示,关于柬埔寨问题的协商将导致整个印度支那危机的谈判解决。

17. 中国对西哈努克 4 月 24 日强硬讲话的最初反应表明,北平为会议近期举行的可能

---

① 原文此处数行未解密。——译注

性减小而感到宽慰。中国可能估计到,柬埔寨会议将为莫斯科增加对河内的影响带来更多机会,并可能破坏北平为确保继续武装反对美国而做出的种种努力。

18. 中国并未公开表示其观点,但是新华社国际部立即广播了金边 4 月 24 日社论的部分内容,并称赞西哈努克的声明说"我们明确拒绝举行一次关于柬埔寨问题的会议,这个会议只是谈判解决越南问题的借口"。

19. ……①

20. ……②西哈努克的讲话明显反映了周恩来和陈毅为破坏会议而进行的广泛努力。他们说服柬埔寨首相没有必要进行谈判。他们宣称,南越的情况将在今后两年内按照越共的条件得到解决。

DDRS, CK 3100355209 - CK 3100355212

张世轶、赵学功译,赵学功校

---

① 原文此处数行未解密。——译注
② 原文此处两行未解密。——译注

中情局关于苏联未来
在越南行动的特别备忘录

（1965 年 4 月 27 日）

Special Memorandum 11 - 65

苏联未来在越南的行动

（1965 年 4 月 27 日）

1. 苏联将会一步步越来越深地卷入越南。最近的情报清楚地表明,尽管赫鲁晓夫的继任者们并没有一个明确解决危机的计划,但却发现为了摆脱危机它愿意付出的代价将是非常高昂的。他们感到不能被动地忍受中国人对他们的冷嘲热讽,指责他们准备放弃在越南的斗争。目前阶段的斗争有两大重要特征——社会主义国家的领土统一和反对帝国主义者的"民族解放"运动。由于这两大特点与苏联在共产党世界和不发达国家中的地位紧密联系,赫鲁晓夫之后的苏联领导人感到不得不采取行动,即使冒着赫鲁晓夫曾经规避的危险。

2. 但苏联处于一种极为复杂的处境当中。中国决心阻止苏联重建其在河内的影响或者由于苏联支持北越而获得种种声望,除非从根本上改变其政策,苏联承认中国的战略正确。仅仅为了得到一席之地,莫斯科不得不将赫鲁晓夫开创的美苏缓和政策抛到一边,将更多的筹码放在越南以获取游戏权。

与北越的关系

3. 本月,北越代表团访问了莫斯科,并与苏联人进行了为期一周的会谈,这使得苏联赢得了一次发球权。苏越联合公报表达出越南人对苏联过去给予援助的感激之情,这与中国对苏联的指控形成了鲜明对比。双方微微开启了谈判的大门,而北京则试图通过赞成拟议中的柬埔寨会议来关闭这扇大门。柯西金随后的讲话宣称,双方就斗争方法的各种形式和进一步加强社会主义越南的防御能力达成了一致,认为应该在日内瓦协议的基础上解决印度支那问题。中国对此明显地感到不悦。北越代表团回国途经北京,短暂停留了几天后离开北京,但双方并没有发表联合公报。

4. 莫斯科的政治得分明显地是以某些军事上的代价换来的。苏越公报谈到,"两国就采取进一步措施以保卫越南民主共和国的安全和主权达成了谅解"。它还称,双方为此已同意采取适当的措施。这表明双方正在筹划新一轮的军事计划。事实上,这些言论明白无误地表明,先前关于"加强越南民主共和国防御潜力的谅解"正在以一定的规模和某种程序实施。

一些可能性

5. 苏联新的对北越的军事援助会采取何种形式? 北越最需要的,而苏联肯定会比中国能更好地提供的是防空设施的援助。几乎可以肯定的是，苏联会向北越提供大量的防空武器，特别是向那些处于美国持续攻击的地区。雷达同样可能出现在援助武器清单上。苏联人或许已经同意弥补北越人的损失，并满足北越为提高其总体防空能力而提出的任何武器援助要求。

6. 地对空导弹显然包括……①在2月份的协议中，苏联为北越提供了一些援助。在4月的会议上，苏联还允诺将在北越的北部地区部署一定数量的地对空导弹，并完全由苏联技术人员完成。通过覆盖一定的防御区域，北越使得美国至少在目前不能发动进攻，这样苏联便以极少的危险获得了相当大的声誉，并对美国在越南北部的空袭和高空飞行侦察构成一定的威慑。

7. 战斗机问题使情况变得更为复杂。几乎可以确定的是，中国不可能允许苏联使用其基地来实施战术空中行动。而北越的空军基地设施是非常有限的，即使共产党侥幸逃脱了美国对这些基地的报复行动，苏联也很难将足够的飞机部署到这些基地以与目前美国的空中力量相抗衡。

8. 基于这些原因，我们怀疑苏联人是否会派遣战术空军进入北越。他们可能将移交一些新的战斗机给北越，并提供一些飞行员和技术人员，但我们认为这一行动并不是初步与美机交火的前奏。相反，此举是苏联援助北越的又一具体明证，增加对美国打击北越北部地区增加的军事威慑，使美国更为担心，如果将进攻扩大到北部地区，事态或许很快就失去控制。

9. 另一个决定涉及携带着各种装备进入北越的苏联人员的身份问题。我们已经估计到，为了在有伤亡的情况下保持灵活性，这些人员将是以"志愿者"或者技术人员的身份出现，大概没有任何官方的身份。但是，随着苏联更深地卷入越南，这一估计愈发值得怀疑。如果莫斯科希望以新的承诺来动摇美国的地位，并且也愿意接受冒险的话，它可能发表一个声明，承认这些人员的存在，并警告美国，对他们的攻击将导致苏联以武力来做出回应。

更为激进的行动

10. 有一种看法认为，苏联可能会采取比上述所言更为激进的措施。苏联新的领导层没有体验过此种危机，将发现自身处于可能是自朝鲜战争以来最为复杂的处境当中。苏联试图影响如此遥远的危机，而危机中的主要角色是由以下三者扮演：一个决心占领越南南部地区的北越；处在苏联和战场之间的敌对的中国；一个不断强化自己所承担义务的美国。故此，危险仍然很大，超出了苏联的控制。而更为糟糕的是，他们可能必须在一段不确定的时间内继续忍受此种局面。这些因素为苏联的政策增加了矛盾性和压力，并最终迫使苏联在两者之中做出抉择。

11. 一种选择将导致在越南发生最初的军事对抗。苏联人可能推断，此种选择要比长时间接受风险较小但仍有足够的危险的方案更好一些。因此，他们可能会以一定的形式在越南部署一定规模的军事力量，旨在向美国表明，若继续轰炸北越，则会冒相当大的危险。

---

① 原文此处一句未解密。——译注

苏联的军事力量可能包括上面所提到的防空部队、地面部队和各种技术人员,以及海岸舰只。潜水艇也可能部署在南中国海。可以确信,他们可能部署包括轻型轰炸机或地对地导弹在内的军事装备,但这并非为了它们的军事效用,而是为了加强苏联扩大自己承诺的形象,给人以震撼作用,从而达到要求美国立即撤退的效果。

12. 这将是一种非常危险的行动方针,苏联也可能走向另一方面。在这种两难的处境中,或许情势会被美国的新行动所激化,新的苏联领导人或许得出这样的结论,赫鲁晓夫毕竟是正确的,苏联不可能在东南亚承担庞大的义务而不冒不可接受的风险。因此,他们可能选择逐步脱离的方针,为了河内和越共的利益而只采取强有力的外交和宣传攻势,以此来掩盖其军事上的不支持。

13. 这些方案——一种是冒险的,另一种是代价昂贵的——都非常缺乏吸引力。苏联人希望尽可能长时间地采取一种中间路线,并且这一中间路线可能在4月份的莫斯科会议上已经显现出来。但是,如果目前的危机继续下去或者风险增大,犹豫不决和复杂的局势或许使中间路线不可能走下去。

DDRS, CK 3100409495 – CK 3100409501

王娟娟译,赵学功校

中情局关于共产党国家
对美国某些行动的反应的评估报告

（1965 年 4 月 28 日）

SNIE 10 – 5 – 65

绝　密

共产党国家对美国某些行动的反应

（1965 年 4 月 28 日）

问　　题

评估共产党尤其是苏联和中国对美国发动针对中国的非核空中打击的可能的反应。

议　题　说　明①

为了考虑各种不同的情况，出于评估目的，我们对美国的空袭和共产党国家的反应进行了一些假设。在第一部分我们假设，从中国基地起飞的中国战斗机，对在北越实施轰炸行动的美国空军进行了直接的、公开的攻击，美国最初的空袭是对中国这一行动的报复。另外，我们还假定，美国第一次对中国的空中打击将针对战斗机的基地或者中国发动攻击的基地，美国的目标是，就如同我们所强调的那样，是限于使中国人停止他们的袭击。

第一部分评估了共产党对最初交锋的反应，以及美国对中国进一步空中袭击的有限反应。

第二部分，我们假设中国对我们的攻击仍继续下去，美国的打击将扩大到包括中国南部其他重要军事目标，美国的目的仍保持不变。

第三部分讨论，如果美国的空袭扩大到整个中国的数百个重要军事目标，中共可能的反应，并假定美国在此阶段的目标已经超出最初的范围。

---

① 此评估报告中的判断是基于目前的证据和到 4 月 26 日的局势而作出，可随着情况的改变而不断修正。——原注

评　估

导言

1. 卷入越南危机的各共产党国家的政策和战术已经有了一个相对固定的模式。可以看出北越在中国的大力鼓励下,目前似乎决心要经受住美国的轰炸。北越和中共对谈判的态度已经变得强硬起来,虽然并没有完全排除进行谈判的可能性。他们显然认为,美国的攻击旨在迫使其按照美国的条件达成协议。他们考虑到,越南民主共和国能够承受住我们进一步的惩罚,而与此同时,由于越南民主共和国防空能力的不断增强,冲突扩大的威胁,以及美国国内舆论和国际压力,美国坚持的决心将受到削弱。而且,他们认为,在越南南部,事态的发展正朝着有利于他们的方向发展。因而,只要目前的局势继续下去,中国人或许认为,没有必要采取行动,从而以免促使美国攻击其领土的巨大风险。

2. 相反,苏联人或许非常怀疑局势能够得到控制,并表示倾向于进行谈判。但是迄今,河内拒绝了这一方案,结果使苏联陷入了困境。他们一直在向越南民主共和国提供物质和政治上的支持,却无力影响其总体战略。尽管在支持越南民主共和国家方面苏联和中国有着共同的利益,但苏联和中国的关系却再次恶化。中国人正在尽力阻止苏联对越南冲突影响力的增长。但与此同时,他们又要苏联对亚洲这场不可调和的反美斗争中承担义务,通过自己的日益强硬态度来证明其革命性,并以此向苏联挑战。

一、美国最初的空中打击

中国的反应

3. 中国空军对在北越执行轰炸任务的美国空军发起攻击可能是共产党展开全面攻势的开始,目的是要将美国赶出印度支那。如果这样的话,其性质很快就会变得明朗,美国采取有限的报复行动并不能改变中国的政策。

4. 在另一方面,中国人的进攻也可能仅仅是一个孤立的插曲,旨在试探美国是否认为中国是一个庇护所,或者是为了警告美国在北越进一步轰炸的危险性。不论是何种情况,若是这些情况中的一种,北京在美国做出初步反应之后可能会暂时停止自己的行动,权衡美国的政策,并试图利用这一事件所包含的危险性向美国施加各种压力。

5. 然而,我们并不认为,中国人采取了公开攻击美国轰炸机组这种如此明显的挑衅性的行动,在美国进行报复之后就会停下来。他们或许已经预料到美国报复的危险很高,并在总体战略上决定应对美国针对中国的打击,并在这些新的局势下在越南南方进行一场战争。的确,他们决定进行空中干预或许是旨在支持北越和恐吓美国。如果中国人能够完全清楚美国最初的打击是有限的报复行动,那么他们就会明白,如果停止进一步干预美国轰炸北越的努力,就能避免其领土遭受美国的攻击。然而,他们也肯定意识到,一旦与美国的飞机在北越发生冲突,对他们而言就很难停下来,因为中国的领土已经遭到攻击,他们对其帮助河内防御这一总体立场的怀疑就会消失。我们认为,美国最初的报复性攻击不会使中国停止攻击轰炸北越目标的美机。

6. 假定中国在越南的空中袭击继续下去,而美国继续对其战斗机基地进行报复,中国人将试图做出反击以保卫自己,并通过施加各种新的压力迫使美国停止所有的轰炸行动。他们或许尝试进行谈判,但不会答应美国的条件。与此同时,他们将试图通过发出新的威胁和进一步的军事部署以使美国得出这样的印象,即他们已经做好应对大规模战争的准备。我们认为,在最初的阶段,中国仍将试图避免战争的进一步升级。故在我们看来,他们攻击美国航空母舰或者行动基地的几率甚至更小。

7. 之所以估计中国会做出此种反应而非美中冲突立即扩大的一个重要理由是,中国领导人显然确信,在东南亚,通过正确的革命战术就可以应对和击败美国,而无需打一场全面战争。共产党主要的反应将是大大加强越南南部的斗争。的确,在某种情况下,中国最初的空中打击可能是与河内协议中为此目的的一个组成部分。作为加强越南南部攻势的一部分,共产党将加强对越南南方的渗透,这或许包括越南民主共和国的正规部队,如果需要的话,还将包括一些中国人。他们的目标是获得对南方的有效控制,摧毁美国在那里的政治基础。

8. 虽然如此,对中国人来说,与美国进行空战是最不利的战斗。我们认为,在中国人决定采取何种必要的政治措施以阻止冲突,或者转入他们最为有效的地面攻势之前,空袭不可能持续很长时间。因此,我们认为,美国一连串的空中打击将使中国人考虑这些选择。我们不能确定在中国人做出选择之前,他们能够承受多长时间的美国轰炸。这主要依赖于中国人和北越对在南部目前获胜的前景与美国对其打击的有效性之间的权衡。

9. 考虑到进一步的军事行动,中国人或许担心,美国的进攻已经使中国的声望和安全卷入其中,如果不做出更具决定性的反应,在他人看来即是一种耻辱的撤退。他们或许也考虑到,如果美国遭遇一场威胁到其在印度支那整体地位的地面攻势,那它就不能实施扩大轰炸的计划。或者他们相信,甚至美国大规模的空袭也不会对他们的国家造成无可挽回的损害。因此,他们可能得出结论,在东南亚值得进行冒险。

10. 在另一方面,他们可能考虑到这些同样的因素,但却得出了完全相反的结论。他们可能确定美国的决心很大,尤其是他们看到美国并不十分害怕苏联会做出重大军事反应。现在中国已经获得了生产先进武器系统的设施,这使他们比以前更为关注其面对空袭的脆弱性。中国人或许相信,如果大规模地面入侵印度支那,美国将很快用核武器来对付中国。而且,他们可能估计到,美国的轰炸已经减少或者很快就会大大减少了中国人南侵的能力。最后,他们或许认为,通过采取各种政治措施,可使美国停止对中国和北越的轰炸,至少是暂时停止,这可能会放慢越共在越南南部发动叛乱的步伐,但不会危及最终的胜利。

11. 如前所述,我们认为,如果中国最初的空中行动并非其全面攻势的一部分,美国第一轮的报复或许不会促使中国在这些选择中立即做出决定。如果美国对华南的战斗机基地继续轰炸,则中国作出选择的压力也将增大。尽管不可能估计出这种促使中国作出决定的报复行动的准确规模,但我们认为,北京可能会在其南方支持空中行动的能力被彻底摧毁之前作出选择。

12. 中国的确有可能选择终止空战,并采取政治行动,旨在敦促美国不再轰炸北越。然而,经过权衡,我们认为,中国人更可能会对美国的持续轰炸或扩大轰炸作出重大军事反应。① 两者之间准确的关联性和军事行动的时间难以估计。如果他们还没有行动,中共军队或许将进入北越。中国军队或者另外的北越力量可能进入老挝北部。在中国人的支持下,北越军队可能会对南越发动一场攻势。泰国将受到威胁,特别是如果它的基地被美国用来对中国进行空袭。共产党在采取这些军事行动的同时也可能会对谈判做出一些试探。事实上,北京可能认为,随着战争进入一个新阶段,美国将寻求结束冲突的方法。

13. 在美国轰炸的最初阶段,中国人的考虑将不会受到苏联立场的重大影响,因为中国在东南亚将不依赖苏联的支持。他们几乎可以肯定要求苏联以军事干预威胁美国。北京或许呼吁苏联人提供先进的装备。中国人希望或者得到一些苏联的支持,并严重破坏美苏关系,或者利用苏联在提供支持方面的犹豫不决来摧毁苏联在其他共产党国家和亚非国家心目中的地位。

14. 美国对中国领土的空中打击将使世界大部分民众感到极为震惊,卷入危机的各共产党国家当然会极力利用这种情绪。他们看到以这种方式制止美国的机会越多,它们准备改变政策的可能性也就越小。

苏联反应

15. 苏联领导人非常担心中美之间的战争会殃及到苏联。他们的主要目标是阻止升级,并希望能对美国而非中国施加更多的影响。我们预料到,苏联在提议停火或进行谈判时,将会发出种种威胁和警告。一方面,他们试图给美国以这样的印象,除了支持共产党盟友之外,苏联别无选择。在另一方面,莫斯科将努力约束中国人,私下向他们表示,不要指望苏联在东南亚会使用自己的军队或核力量来支持中国的战争。

16. 美国的打击行动将使苏联和中国在应对美国的战略和战术问题上的争论尖锐化,并使苏联越发陷入进退两难的境地。尽管如此,苏联有可能同意向中国提供一些具有战略防御性质的军事装备,包括防空导弹和先进的战斗机。尽管他们承受不起拒绝中国人的要求所付出的政治代价,他们或许会在给与援助的类型、数量和条件方面同中国人讨价还价。他们将为他们的这些援助附加一些政治上的要求,希望在共产党对东南亚的政策方面享有更大的发言权。苏联人或许会派出人员提供技术方面的援助,并操纵先进设备,这些人可能打着"志愿者"的名义,或者苏联根本不正式承认他们的活动。

17. 苏联可能考虑,通过将美国或者西方国家在世界其他地区更重要的某些利益置于

---

① 国务院的情报研究处处长认为,中国人更可能对美国的轰炸做出军事反应,正如这一段的最后部分所讲的那样,而不是仅仅寻求政治措施阻止美国的轰炸。而且,他还认为,中国人很快就会做出这种反应,即使不是在美国最初的报复打击之后立即做出,就是在美国继续轰炸后很快采取行动。——原注

危险境地,就能迫使美国停止或者改变其在越南和中国的行动。总体而言,苏联人在过去的危机中避免采取此种战术,它显然害怕这种紧张局势的倍增可能会给美国造成一种要全面摊牌的感觉。我们认为这种态度将继续主导苏联的政策,尽管我们不太确定新的苏联领导人是否会坚持此种模式。不管怎样,苏联在东南亚之外采取军事行动的可能性很小。

北越的反应

18. 假设美国对北越的袭击不断升级,河内可能会认为其越来越从属于更大规模的战争,这可能成为北越和中国分歧的一个根源。另一方面,北越将被中国不断增加的承诺所鼓舞。无论如何,我们不认为北京和河内之间的分歧会达到损害其目前战争合作的程度。

二、美国对中国的空中打击扩大到中国南方其他军事目标

中国的反应

19. 假设美国对中国的空袭扩大到包括中国南方其他军事目标,几乎可以肯定的是,这将迫使中国作出新的决定。如前所述,我们认为中国人和北越人可能已经选择通过各种军事行动使冲突升级,包括北越对南方的进攻。如果这一行动现在还没有发生,那么美国对华南其他军事目标的打击将会导致这一行动。

20. 进一步讲,美国轰炸的扩大或许将使中国确信,美国对中国北部的袭击也将很快发生。如果他们还没有攻击美国的航空母舰或者行动基地,他们或许将这样做。如果中国军队还没有进入北越或者老挝,他们或许也将这样做。中国的正规部队也有可能进入南越,中国或者北越军队进驻老挝北部省份。

21. 我们认为中国人不大可能通过在东南亚之外挑起大规模战争来应对美国轰炸的扩大。台湾海峡的局势可能会出现紧张,但中国人此时将不会主动对台湾采取行动,除非国民党军队试图入侵大陆,或者遭遇来自台湾基地的攻击。朝鲜是一个特例。在最近一次谈话中,毛泽东称,如果东亚的战争牵涉到朝鲜,苏联几乎可以肯定会干涉。如果毛泽东确实这样认为,在美国持续的攻击和破坏下,为将苏联带入冲突,北京有可能要在朝鲜发起新的战争,以此将苏联拖入冲突。但是,即使中国人希望在朝鲜重启战端,鉴于目前的形势,北朝鲜也会进行劝阻。虽然如此,如果朝鲜的冲突开始,我们认为苏联不可能长久地袖手旁观。尽管莫斯科不会积极参战,但将为中国提供物资援助和部署地对空导弹等先进的常规武器专门人员。

苏联的反应

22. 美国的空袭扩大到华南其他的军事目标将会使世人感受到一场全面危机爆发的紧张气氛,并将使苏联承受更大的压力。然而,我们并不认为,美国的攻击行动将使中国和苏联结成牢固的统一联盟。事实上,我们认为苏联领导人可能会有某种满足感,因为中国人的错误路线在世人面前暴露无遗。尽管如此,他们同时也强烈地希望阻止美国,并迫切需要在世人面前展示社会主义盟友在面对进攻时的团结一致。因而,苏联将发起最为强烈的宣传

攻势,并通过一些象征性的行动来使美国认识到,美国的行动破坏了以前危机中关于使用武力的基本原则。但是,我们仍然可以预测苏联人的行动。若苏联人没有这样做,他们或许将提供物资供应和装备,特别是防空装备,包括地对空导弹和战斗机,以及必需的相关人员。

23. 苏联人不得不再三考虑为迫使美国停止轰炸而在其他地区制造危机的明智性。我们认为,随着中美冲突的扩大,这种战术上的抑制问题将很快出现。我们尤其相信,只要苏联领土或者是中共政权的存在没有受到直接威胁,苏联就不可能公开地与美国军队直接交锋。

三、美国对整个中国的猛烈轰炸

中国的反应

24. 我们已经估计到,美国对中国南部的持续轰炸,特别是扩大轰炸目标,将迫使中国人做出至关重要的决定。但如果他们不做出这样的决定,我们认为美国对中国其他地区攻击的开始将使中国加快做出决定。在我们看来,在美国对整个中国数百个重要军事目标进行空袭之前,中国人就已经感觉到要被迫做出选择:要么与美国发生大规模冲突,要么公开地走向至少是暂时的和解。

25. 美国倾向采取对整个中国的目标实施轰炸这一关键举措,这几乎肯定导致中国得出结论:美国决心发动一场全面战争,或许包括最终使用核武器。因而,如果中国人还没有做出选择,他们现在仍然有机会决定:有必要停止冲突,转而采取政治行动。

26. 然而,我们认为,中国人的反应或许与它在东南亚的主要军事行动相关联,正如在第12、20段所述。既然美国已经表示准备轰炸中国北方地区,北京或许估计全面摊牌的时刻已经来临,并将用其所有的力量与美国对抗。

苏联的反应

27. 此时,苏联将处于极大的压力之下。一方面,它必须考虑中共政权的存在是否处于危险之中,在另一方面,还必须考虑全面核战争的危险性。北京将会强烈要求莫斯科帮助中国加强防御,并采取某种措施使美国停止进攻。在此情形下,苏联几乎肯定会紧急做出巨大的努力,以维持中国的战争能力。与此同时,苏联也会采取一些政治行动尽最大努力来使战争停止,特别是动员世界舆论反对美国的行动,并敦促中国进行谈判。

28. 除此之外,由于苏联的反应太多地依赖危机的发展趋势,因而很难做出估计。苏联大概仍然认为,美国不会攻击苏联。因此,我们认为苏联不会在中国之外攻击美军,并首先使用核武器,或者是将核武器提供给中国。在我们看来,苏联的行动将旨在限制冲突进一步升级,但我们不能确定莫斯科是否正确地估计到了这些危险。

DDRS, CK 3100066846－CK 3100066863

王娟娟、赵学功译,赵学功校

中情局关于共产党对美国
某些行动可能的反应的评估报告

(1965 年 6 月 2 日)

SNIE 10 - 6 - 65

绝 密

共产党对美国某些行动可能的反应

(1965 年 6 月 2 日)

问　题

本报告的目的是为了估计如果美国对北越发起空袭,包括动用重型轰炸机,旨在摧毁在北越的战斗机、轰炸机及地对空导弹,苏联、共产党中国及北越可能的反应。

预　测

1. 目前共产党对局势的解读。越南民主共和国未能对"暂停"轰炸做出任何有意义的回应,这已经很清楚地表明,它不仅准备接受美国对 20 纬度线以南军事和交通目标的空中打击,而且准备冒美国将空中打击范围向北扩大的重大风险。通过向越南民主共和国提供有限数量的战斗机、地对空导弹和轻型轰炸机,苏联或许希望阻止美国空袭河内-海防地区。苏联人不会把这些武器的实际战斗能力当作首要的威慑因素,威慑效果将依赖于美国认识到,攻击苏联对越南民主共和国的这部分援助可能会使莫斯科更深地卷入冲突。除此之外,共产党可能正试图通过把进攻性轰炸机运入河内"禁区"来考验美国的决心,而且如果此举没有引起什么反应,苏联和越南民主共和国可能的意图是进行一次大规模的进攻性空中威胁,支持越南民主共和国向南越和(或)老挝进行一次重要推进。北平对美国向北扩展轰炸的担忧明显表现在它的宣传、民防设施、对外公开和私人的声明中。但是很显然,北平准备接受这种风险。

越南民主共和国可能做出的反应

2. 在这种情况下,河内会认为,美国轰炸具有起降喷气式飞机能力的机场和地对空导弹基地的行动意味着,越南民主共和国的任何军事目标都有遭到美国袭击的危险。而且,城市中心和/或工业目标以后遭到袭击的可能性大大增加。越南民主共和国的领导人几乎肯定会相信,为了实现其阻止越南民主共和国干预南越这一既定目标,如果需要,美国准备使用更多的武力。此举将会加重他们担忧:美国的目标可能不仅限于已经公开宣布的打击范围。他们认识到,对美国或美国协助的空中轰炸而言,他们的城市和工业非常脆弱,也认识到他们在过去十年为工业化所做的艰苦努力可能在顷刻间化为乌有。

3. 然而,河内的决定很可能一直并将继续受到对南部战争结果判断的影响,并为过去越共打败法国人的记忆和能够进行持久和艰苦的战争的信念所鼓舞,力图证明他们比美国还要强大。河内很可能认为,考虑到目前越共的军事力量和西贡政权政治上的脆弱,共产党在南越正走向胜利,能够摧毁敌人继续战斗的意志。如果是这样,河内可能感到,为了实现自己的政治目标和证实"人民战争"必然胜利的信念,遭受空中打击的代价是可以接受的。

4. 目前的问题是假定以 B-52 轰炸机作为攻击手段,把苏联提供的地对空导弹、喷气式战斗机和轻型喷气式轰炸机(IL-28)作为具体轰炸目标,前者靠近河内,后者在北越北部,我们的评估报告要求预测在当前政治军事条件下可能引起的反应。我们目前估计假定的美军袭击导致越南民主共和国做出和解姿态以获取暂时停止轰炸的几率不大。相反,我们相信越南民主共和国会继续支持南越的叛乱。①

5. 如果河内确要坚持,它不可能修订军事战略或基本时间表以回应美国的打击。然而,出于共产党和反共双方的心理作用,河内可能会下令越共进行报复性突袭、破坏或偷袭在南越的主要军事基地或设施。基于同样原因,河内(也许在北平的鼓励下)几乎肯定会重新考虑从海上或空中攻击美国泊于东京湾的航空母舰的可能性,并且肯定会研究对在南越的美军设施进行空袭的可行性。尽管河内很可能估计到严重伤害美军力量的可能性不大,但是,一次成功的袭击具有很好的心理作用。如果有能力,河内可能还会尝试。

6. 如果美军摧毁了他们的空中进攻能力,北越可能考虑公开侵入南越。然而,因为此举极具风险,我们认为他们不会这样做。河内肯定会尽可能加大对越共的支持,几乎肯定不加掩饰地派更多的北越阵线联盟的人进入越共武装中。美军轰炸所引起的担忧,很可能不会摧毁河内的决心或者动摇其对国家的控制。实际上,轰炸可能起反作用,使民众支持其政权。

7. 中共可能的反应。尽管中共宣称始终相信美军会扩大空袭,对 20 度纬线以北萨姆导弹基地和机场的轰炸仍会被北平视为主要的、严重的战争升级。然而,中国领导人很可能比河内更乐观,而且肯定比莫斯科更乐观地认为,美国在南越正遭受到屈辱的失败,并且将敦促河内不惜一切代价坚持战斗。使用战略空军司令部的轰炸机进一步增加了北平的担

---

① 原注:美国空军负责情报工作的助理参谋长不同意这一段的判断,他想用以下文字代替最后一句:我们目前估计,假定美军袭击大获成功,会明显增加越南民主共和国做出和解姿态以获取暂时停止轰炸的几率。这样的袭击通过消除北越内任何"庇护所"的概念,将给北越施加更多的威胁:城市和工业设施可能是下一步的打击目标。到目前为止,美国的轰炸目标是有选择性的、有限制的,这可能使河内严重低估了美国使用必要力量来迫使越南民主共和国停止支持南部叛乱的决心。莫斯科/河内同意暂停打击的要求可以给两国提供一个能够接受的"借口",他们可以解释为在共产主义信念范围内的"战术"考虑。

忧,害怕这些战略力量最终可能会用来攻击中国的目标,特别是对先进武器设施进行核打击。虽然如此,中国人会觉得非常有必要向北越提供更多的帮助,以防止莫斯科对河内和整个越南局势施加更多的影响。他们将试图利用这一局势进一步削弱莫斯科对国际共产主义运动和欠发达世界的影响。

8. 河内很可能会要求更多的援助,并且中国人也会提供,如地面设备和防空部队或修建机场的工程人员。如果使用北越的基地,中国人可能会愿意提供北越所要求的战斗机。他们不愿意使用中国的基地,因为这样有遭到美军对这些基地进行报复性袭击的风险。① 中国人可能会派地面作战部队到北越,作为维护盟友的一种庄严承诺。但我们认为轰炸机场和地对空导弹基地不至于让河内接受中国出兵。除非并且只有当北平断定河内政权的生存处于危险之中,否则它不大可能单方面派"救援部队"进入北越。然而,为了阻止美军的进一步轰炸,北平可能进行威胁性的部队调集和增加空军的部署。

苏联可能采取的反应

9. 美军对机场和地对空导弹基地的轰炸,特别是使用战略空军司令部的轰炸机,可能会引起苏联的政策危机。到目前为止,苏联一直在追求三个不太一致的目标——与北平竞争对越南民主共和国的影响力、威慑美国使其停止向河内施压,同时,避免过分卷入目前美国与越南民主共和国之间的对抗。如第一段所指出的那样,苏联可能也在考验美国的决心,而且准备在美国不做出反应的情况下,进一步增加越南民主共和国的进攻能力。鉴于南越的局势,他们显然希望美国迟早不得不通过谈判摆脱战争。假定的美军行动将给这种估计以沉重一击,并很可能使苏联确信,他们卷入的风险和成本都会比预想的要高。特别是,忽略任何苏联人员的伤亡会比一个月前对苏联的威信造成的伤害更大。

10. 苏联几乎肯定会觉得不得不尽快答应越南民主共和国的要求,向其提供被美军袭击摧毁的武器系统的替代品,尽管他们可能不会再提供轰炸机。很可能更多的苏联人员被派去操作这些设备。莫斯科甚至可能承认苏联人员的存在,以此希望阻止美国的进一步攻击。但是如果威慑再次失败,苏联的威信将有受到更大损害的危险。

11. 苏联将清楚地认识到战争持续升级的危险,特别是自美国使用战略空中力量之后。因此,他们很可能敦促河内为控制冲突打开政治通道,并向美国施加压力,以便停止轰炸、进行谈判。苏联会通过各种途径施加压力,但是越南民主共和国不愿联合国介入越南事务,这使联合国不可能成为一个主要的政治斗争阵地。美苏关系会进一步恶化。如果危机加深而且河内选择继续战斗,苏联将面临古巴导弹危机以来最严重的困境。

12. 如果河内坚持反对谈判,苏联认识到被迫在印度支那与美国对抗的可能性不断增大,可能会与北平和河内分裂,抽身避免更多的投入。莫斯科几乎肯定认识到,美国在这一

---

① 国务院情报研究处处长认为,假定美军对越南民主共和国的主要目标进行猛烈空袭,很可能促使中国在北越使用空中防御力量,使用中国的基地。目前中国飞机已部署到华南,在靠近越南民主共和国北部边境一个机场似乎已经完成,中国明确声明准备接受美国对中国的轰炸,这些都表明中国做好了准备考验美国的立场:如果北平给予河内重要的支持,对美国而言,就没有必要存在一个庇护所。——原注

地区要比苏联占有军事优势。然而,我们怀疑苏联是否愿意付出脱身的政治代价,把一场主要的政治胜利拱手让给中国,从而削弱自己在全世界的威望和影响力。

13. 因此,我们认为,在美军袭击之后,苏联很可能确定,除了增加对越南民主共和国的援助外别无选择。如果战争继续,看不到美国与越南民主共和国谈判的前景,苏联很可能扩大对河内的新的支持,并增加对美国的压力和威胁。莫斯科会向这个方向采取什么确切行动,在很大程度上取决于越南民主共和国的要求、中国人介入的性质和程度以及苏联如何看待美国的行动和估计美国的意图。

DDRS,CK 3100067095 – CK 3100067106

左晓园译,赵学功校

中情局关于共产党谈判立场变化的备忘录

（1965 年 6 月 21 日）

秘 密

共产党谈判立场的变化

（1965 年 6 月 21 日）

1. 由于越南战争自 2 月初以来愈演愈烈，所有相关的共产党政权都逐渐强化了他们对于谈判的态度，虽然北越对谈判的可能性从来是含糊其辞，但他们却坚定地坚持美国必须从该地区撤军，忠实地贯彻 1954 年的日内瓦协定，允许包括解放阵线在内的南越人自己来解决他们之间的分歧。在美国开始轰炸北越后，他们的立场变得更加强硬。现在他们坚持认为，停止轰炸是解决问题的必要条件。从 3 月 22 日起他们又坚持解放阵线应该在任何谈判中都必须起"决定性"的作用。但是，对于其立场的其他部分仍然模糊不清，包括何时开始谈判。河内一方面称其立场的各项内容是"解决问题的最坚实的基础"，但是却从来没有讲清楚是否所有这些内容都是进行谈判的"先决条件"。

2. 中国的立场始终如一，要求美国撤军，停止"侵略行为"，甚至拒绝暗示进行任何谈判的可能，除非是接受共产党的谈判条件。中国的这一立场并未随着战争形式的变化而有所转变。中国还要求美国必须停止轰炸，并在解放阵线参加谈判问题上支持河内和解放阵线的要求。

3. 美国的轰炸一开始，苏联似乎愿意就东南亚问题进行某种谈判。随着战争趋于激烈和中国大力攻击苏联勾结美国，致使苏联逐渐放弃了这一立场。在 2 月底，他们仍坚持美国应在谈判开始之前停火，但现在他们说河内对战争的立场应当是谈判的基础。他们似乎并不认为采取任何严肃的行动以促成停火、美国停止空袭或就越南问题进行谈判的时机已经成熟。

4. 对三方力量所持态度的简单回顾如下。解放阵线的官方立场与河内所持态度基本相似。

北越

5. 北越并未因为美国的空袭而改变对谈判的态度。河内向来对于谈判的条件故意含糊其辞，而是更愿意提出解决问题的要求。例如，在 1965 年 3 月 5 日的一份党报的社论中，河内声明美国的出路是撤出其军队，尊重日内瓦会议，让越南人自己解决他们自己的事情。范文同总理于 4 月 8 日发表了四点建议，提出了进行谈判的先决条件，这是对 4 月 7 日约翰逊总统在约翰·霍普金斯大学讲话的回应。

6. 当时河内谨慎地指出,这四点建议只是越南问题"政治解决的坚实基础"。自那时起,北越政府官员在与西方人公开和私下谈话中都对谈判的先决条件这个问题模棱两可。无论如何,还没有任何迹象表明北越准备放弃或是强硬推行四点建议。该建议大体上重申了在美国对北越实施空中打击之前,北越就已经提出并一贯主张的要求。

7. 自从空袭开始后,河内在解放阵线参加谈判问题上变得有些强硬。对解放阵线在未来南越联合政府中的地位的承认一直是河内计划的一部分。然而,民族解放阵线于1965年3月22日宣布必须在任何解决方案中起"决定性"作用。自此,河内与解放阵线都不断强调这一立场。即使北越人和民族阵线的拥护者都感觉有些茫然,但是指出任何解决方案,如果没有民族解放阵线在其中起决定性作用,都将"失去它的实际和积极意义"。

8. 河内目前对可能的谈判持漠不关心态度的一个典型事例是在美国5月中旬暂停空袭的5天中表现出来的。北越将其视为一个"骗局",甚至拒绝考虑美国谈判解决问题的方案。最近,6月3日,北越……①又重申了范文同的四点建议,……②但拒绝阐明是否这些就是谈判的先决条件,也没有明确说明"解决问题的基础"的含义。

9. 关于河内将继续对谈判持模糊态度的例子……③是,当范文同被正面问及四点建议是谈判的先决条件还是谈判的内容时,范文同大笑并回答说"都是"。

共产党中国

10. 北平一直坚定地反对就越南问题进行谈判,并猛烈抨击苏联试图推动谈判的做法。1965年3月29日,一份党报的社论声明"如果美国希望谈判,就应该立即停止对越南的侵略,并从南越撤出所有武装部队。只有这样才能就落实日内瓦协议进行谈判"。

11. 中国强调有条件地解决问题,这反映了中国甚至不愿意讨论谈判的可能性。1965年4月12日,北平的一份党报援引了胡志明的声明,"要解决南越问题,首先是美国必须从南越撤兵,让南越人民解决他们自己的事务,并停止对北越的挑衅式攻击"。

12. 北平引用并赞同范文同四点建议,强调接受这些建议将导致问题的解决。4月19日,一份党报称四点建议是"解决问题的唯一正确和可行方案"。中国人的立场目前尚没有任何变化。

苏联

13. 2月初美国对北越进行轰炸,苏联领导人立即寻求谈判解决的可能。美国的连续空袭特别是中国反对谈判的宣传至少暂时排除了苏联提出任何明确谈判建议的可能。2月10日,法国重申,应该在没有任何先决条件下召开会议,这为苏联采取某种行动提供了机会。威诺格拉多夫(Vinogradov)大使……④指出两国政府的意见一致。但是,他坚持美国的轰炸不停止,就不会进行谈判。这是自2月中旬以来苏联政府一直所持的非正式立场。

---

① 原文此处不到一行未解密。——译注
② 原文此处不到一行未解密。——译注
③ 原文此处不到一行未解密。——译注
④ 原文此处不到二行未解密。——译注

14. ……①

15. 面对中国的抨击和战争的强化，苏联在3月份开始从这一谨慎的立场后退。……②

16. 4月3日，莫斯科赞成西哈努克于3月中旬发出的关于召开国际会议的呼吁反映出苏联愿意进行某种谈判。然而，在苏联看来，只要美国继续轰炸北越，4月7日约翰逊总统在约翰·霍普金斯的讲话就没有任何意义。苏联大使多勃雷宁在4月下旬告诉马里·马德尔（Marry Marder）美国关于无条件谈判的主张"事实上是有条件的：特别是美国拒绝承认解放阵线，坚持河内必须对在南方发生的一切负责。这就是先决条件"。

17. 莫斯科的态度或许最为明确、详细地体现在4月17日的苏联-北越联合公报之中，这是在北越一个高层代表团结束对莫斯科为期七天的秘密访问之后发表的。公报指出："苏联与越南民主共和国同意解决越南问题的方法是立即结束美国对越南民主共和国的侵略行动；根据日内瓦协议，美国政府必须从南越撤出军队、人员和武器装备，停止对南越的侵略和对越南民主共和国领土完整和主权的侵害。在越南实现和平统一之前，按照日内瓦协议，越南双方不得与他国缔结军事结盟，不得有外国军事基地和其他人员在其领土上。南越问题必须在民族解放阵线计划的基础上由其自己解决。越南的和平统一应在没有外部干涉的情况下由越南人民自己来实现。"

18. 4月19日，苏联总理柯西金完全赞同范文同4月8日的四点建议，认为这构成了解决越南危机"最坚实的"基础。从4月底开始，苏联的态度变得强硬起来，苏领导人每每表示，他们相信如果再不谈判解决问题，越南战争将变得越来越危险和激烈。虽然苏联人自己并未对停止轰炸北越发表评论，但他们多次引用北越称为"欺骗"的这一说法。

DDRS，CK 3100416982 - CK 3100416987

张世轶译，赵学功校

---

① 原文此段字迹模糊。——译注
② 原文此处不到五行未解密。——译注

中情局关于对美国可能采取的
行动的反应的评估报告

（1965 年 6 月 28 日）

SNIE 10-8-65

对美国可能采取的行动的反应

（1965 年 6 月 28 日）

我们提交以下三种选择（美国的行动）作为"对美国可能采取的行动的反应"这一主题的讨论基础。

注意：我们认为,在目前的考虑阶段,用概括性的措辞表述这几种选择更有助于政策制定者做出决策。最近我们已经在非常具体的假设基础上提出了一些特别国家情报评估报告;用一个更概括的构想可以使我们考察更大的选择范围。在考虑用具体细节来明显区分反应的地方,细节可以作为更概括的标题下的例子。特别指出的是,我们想通过这个评估报告来说明:美国的许多行动并非相互排斥,可以用很多方式将细节组合在一起。

行动 1：美军从南越有序撤军,寻求政治解决问题来减少对美国国际地位的损害。

讨论将包括：

1. 撤军过程中的反应

（1）南越——西贡政权夭折的可能性。

（2）越共/越南民主共和国——同意谈判的可能性以及可能提出的谈判条款和条件。

（3）中国和苏联的反应。

2. 随后的反应

（1）南越——一个长期联合政府存在的机会与共产党早期完全夺取政权的可能性。

（2）对共产党战略的影响——越南民主共和国和中国对东南亚其他国家的政策;中苏争端及莫斯科和北平对民族解放斗争的态度。

（3）东南亚——老挝、柬埔寨、泰国、缅甸、印度和马来亚的反应。

（4）普遍的国际反应。

行动 2：在某种更高水平上持续进行战争,同时增加一些美军地面部队及进攻行动,部分扩大对北越军事目标和相关目标的轰炸,包括萨姆导弹发射点和喷气式飞机机场。

讨论包括：

1. 南越的反应——在军事和政治领域改善或恶化的可能性。

2. 越共/越南民主共和国的反应——可能使用的策略、谈判的可能性。

3. 中国和苏联的反应。

4. 国际上的反应。

行动3：大量增加美军地面部队，同时扩大对北越的海空行动，但排除主要直接针对人口中心的袭击。

注意：我们考虑至少使美军目前驻南越部队的人数增加一倍，对北越的所有军事和经济目标进行猛烈的持续攻击。

讨论包括：

1. 南越的反应——对士气的影响，西贡逐渐把战争看作是美国的事情的可能性。

2. 越共的反应——可能采用的阵地战术；对士气的影响；对谈判的态度。

3. 越南民主共和国的反应——谈判的可能性；加强渗透的企图；越南人民军(PAVN)全面干涉的可能性。

4. 中国的反应——参加空战的可能性；进入老挝或北越进行地面行动的可能性；开辟第二战场的可能性。

5. 苏联的反应——对北越的军事援助；开辟第二战场的可能性；挑起东南亚大规模冲突的可能性。

6. 国际反应。

DDRS，CK 3100067119 - CK 3100067123

左晓园译，赵学功校

中情局关于共产党与非共产党国家对美国一项可能的行动方针的反应的评估报告

(1965 年 7 月 23 日)

SNIE 10 - 9 - 65

绝 密

共产党国家与自由世界对美国一项可能的行动方针的反应

(1965 年 7 月 23 日)

问 题

旨在评估外国的反应,尤其是那些共产党大国的反应,并确定美国关于越南的行动方针。

假 设

为了进行评估,我们假设美国决定到 11 月 1 日把驻南越的部队增加到 17.5 万人左右。我们进一步假设美国做出一些相关的决定:征召 22.5 万预备役人员,按照每月 2 万人次的比率延长其在海外驻军基地的服役期,下一年武装部队的常规力量增加 40 万人,征兵次数翻倍。

我们进一步假设:(1) 在增派部队的同时,发表一项声明,重申我们的目标以及我们准备进行无条件谈判;(2) 部署美军,以使敌方大部队不能威胁或看起来似乎要威胁 17°纬线;(3) 我们可以或者继续执行目前的空袭政策,或者扩大在北越的此类打击,包括攻击通往中国的陆上交通线(但不包括海上交通线),①并打击河内——海防地区的军事目标。

评 估

1. 共产党国家和非共产党国家有可能会把美军介入越南的加深看作美国对早些进行

---

① 原注:可参见附录中关于从中国到北越的陆上和通航的海上路线的地图和相关讨论(附件未登出)。——译注

的谈判几乎不抱希望的强烈信号。如果与此同时美国增加在北越空中行动的次数，这一点看起来就尤为真实可信了。

一、越共及越南民主共和国的反应

2. 目前，越共和越南民主共和国的领导人显得非常有信心，认为他们在南越的方针，可以使其在不做出重大妥协的情况下取得可能会较早到来的最终胜利。他们显然相信能够取得一系列局部的军事成功，这些成功以及南越部队士气和战斗力的日益低落，西贡反共政权的倒台再加上美国斗志的耗尽使得胜利迟早会要到来。

3. 我们不相信美国假设性行动的开始实施会从根本上改变这些预期。越共和越南民主共和国很可能希望美国的行动有所增加，而且他们也可能相信，得到越来越多的北越支持的越共能够找到抵消美军更大作用的办法。我们既不认为对河内和海防地区军事目标的空袭能够显著削弱越共在南方支持下去的能力，也难说服河内政府，让他们觉得坚持下去的代价高昂得难以接受。①

4. 如果空中打击的范围将包括长期阻断通往中国南部的陆上交通线，那么这些行动显然会使苏联和中国援助物资的运输变得更加困难，成本也更加高昂，这将对越南民主共和国国民经济中有限的工业部门产生严重的影响。但它对共产党人坚持不懈的决心不会有关键性的影响，而且至少从短期来看，不会对越共在南越的能力产生严重的影响。

5. 此外，如果河内——海防地区的油料目标在空袭中被摧毁的话，那么越南民主共和国向国民经济提供运输的能力将被严重削弱。他们的军队后勤供应也会陷入混乱之中。如果北越人民军增加在南越的部署并足以抵挡美国力量的增加，那么其在南方对供给的需求就会随之增加。越共也依赖于来自北方的供给以维持他们现在大规模的行动。来自北越的供给长期缩减显然会对共产党在南方的行动产生影响。尽管这很可能不会显著促使越共恐怖的消耗和破坏战略的减少，但它肯定会抑制甚至可以阻止越共军队大规模行动的增加。这些努力，特别是如果这些努力可以严重阻碍越共进行大规模（多兵种部队）行动的能力，那么可能会使越南民主共和国考虑谈判问题。② 但是最终决定是否寻求谈判在很大程度上还

---

① 原注：美国空军情报局助理参谋长不同意这一段中所做出的判断，而用以下的判断来代替它："3. 我们相信，美国假设性行动的开始实施提供了一个能从根本上改变共产党短期期望的合理机会，这一行动强调美国将进一步介入南方的军事行动、消除在北越'避难所'地区概念的意愿和决心。尽管越共和越南民主共和国曾估计到美国的行动会有所增加，而且他们可能相信得到北越越来越多支持的越共能够找到抵消美军更大作用的办法，但是这种信心可以在美军军事行动的有效扩大下遭到迅速削弱。对河内和海防军事目标空袭的扩大将会造成进一步的威胁，城市/工业可能成为下一个目标。美军在确定轰炸目标日期时的选择性和有限性可能会使河内过低估计美军会动用更多必要力量以阻止越南民主共和国对越共的支持这一问题的决心。美军这一假定性计划的行动将会有力地说服河内政府，让他们相信坚持下去的代价正变得非常昂贵而难以接受。"
② 原注：隶属于国务院的情报研究处处长和陆军部情报局助理参谋长相信，尽管对交通线和其他目标的空袭造成损失和消耗更大，但越南民主共和国和老挝的交通线足以支撑在越南进行本评估所拟想规模战争的供给。其他支持这一立场的重要因素包括：无法对交通线造成永久性伤害；现有证据表明共产党的后勤系统是足智多谋的，他们有能力运用原始手段，克服困难的地形，远距离运输大规模的战争物资；对海上渗透的侦察已经十分困难，更不用说对其进行阻止了。

取决于印度支那地区和其他地区的政治发展，也取决于南越战争的实际进程。

6. 作为对美国计划的回应，共产党几乎肯定会采取措施，增强他们在越南的力量，以进行更高水平的斗争。他们已经扩充了越共的部队，并增派北越人民军前往南越；假设性的美国行动很有可能导致这一进程的加快。到1965年底，在南越的北越人民军正规部队可能达到2万～3万人。尽管共产党知道将其部队大规模集结的危险，但是他们可能会企图在未来几个月内，对南越政府军及其阵地展开重大的打击行动，试图在美军力量增加到他们尚可忍受之前击溃越南共和国军队。

7. 我们相信，为了对付较大规模更具进攻性的美军部署，越共将会试图避免可能会暴露出自身严重弱点的交战机会。相反，他们可能会集中于骚乱战，使美军流血，羞辱美军，在可能的地点设下圈套消灭孤立无援的军队。至少共产党肯定会继续目前切断陆上交通线路的努力，加紧派遣小股的、可牺牲的人员进行破坏和暗杀活动，以使美国看起来是虚弱和愚蠢的。共产党也可能增加在老挝的活动。

8. 从长期来看，共产党的战略将依赖于战争的实际进程、他们对南越稳定情况的估计以及美国意志的坚持。他们倾向于把西贡的分裂赋予重要的意义和揭露美国内部对行政部门政策的反对。这些将激发共产党方面的民心，强化共产党领导层的信念——共产党政权具有先天的优越性。

9. 如果将来军事和政治形势的发展使得人们对这一信念产生重大怀疑，越南民主共和国将会对谈判表现出更大的兴趣。然而，在限制美军/南越政府军行动的同时，他们会努力维持自己行动的自由，以期引起西贡的混乱无序，并鼓励美国出现有利于撤军的舆论。

10. 面临着在我们假设中提出的军事力量的增强，越南民主共和国很可能会要求从苏联那里得到更多的空中防御设备，包括萨姆导弹、战斗机、技术人员，或许还有飞行员，特别是如果美国扩大空袭范围的话。从中国那里，河内很可能会要求得到更多的雷达设备、防空火炮、技术人员以及增加步兵武器和弹药的水上运送量。河内也可能要求中国（以及可能会要求朝鲜）提供飞机和飞行员。然而，我们相信，河内会希望在苏联和中国的人员之间保持一定的限制和大致的平衡。

11. 这种规模的假设性部署会促使越南民主共和国考虑美国侵略的问题。即使美军摆出不会进行侵略的姿态，它也会这样考虑。然而，我们相信，越南民主共和国不会请求中国作战部队进入越南以作为对此考虑的回应。只有事实上的侵略真的临近的时候，它才可能发出这种请求。

二、中国共产党的反应

12. 或许中国人比越南共产党人更相信，如果越南民主共和国/越共党保持强硬的话，美国最终将在越南遭到全面失败。重申美国的决心，就像本评估所假设的那样，清楚地表明将会增加军事力量，这会使中国人感到犹豫不决，不过依照我们的观点，产生的影响不会很大。他们会认为，美国的措施仅仅能够推迟失败的到来，并扩大其最终的影响罢了。

13. 我们不相信，中国会以派出作战部队公开介入军事斗争的方式，对包括目前空中打击规模在内的美军假设性行动做出反应。他们已经开始增加军事援助，包括派驻后勤部队进入北越，并且如果越南民主共和国提出要求的话，会给予更多的援助。此外，他们还会试图在非共产党国家尤其是在美国民众中加强宣传，并重申如果遭到来自美国的袭击，他们将会接受这一战争状态的决心，以期增强其恐吓力。他们还很可能会继续增加在中国南部的力量，进一步采取一些公开的措施进行动员。

14. 如果空袭扩大到河内-海防地区，尤其是通往中国华南的交通线，中国共产党的飞机从中国的基地起飞，进行空中干预的可能性将会增强。特别是如果空袭有效切断运输主要物资的公路和铁路线路，这种可能性就尤为真实。尽管我们相信中国不愿意和美国进行空战，或者去冒美国对中国的永久性军事基地进行报复的风险，但是我们认为中国的飞机从中国的基地起飞，审慎地与美军在北越全境进行战争的机会也是存在的。然而，我们并不相信这会极大地增加中国共产党参与这场冲突的可能性。无论如何，如果大量的美国飞机在靠近中国边境的地区活动，充满敌意的对抗将很有可能发生。[①]

15. 在第9段描述的情况中，如果越共和越南民主共和国在某个问题上愿意走向谈判的话，那么河内和北京之间就会出现重大的分歧。中国人自身并没有遭受直接的军事损失，他们害怕谈判会给苏联提高在越南地位的机会。因而，他们会向越南民主共和国施加强大的压力，劝阻他们进行谈判。

三、苏联的反应

16. 苏联希望在南越取得一场共产党的最终胜利，但是相较于河内和北京所冒的更大的军事风险，苏联更关注的是前者。此外，苏联希望维持和增强它对越南民主共和国和在整个共产主义运动中的影响力；它不愿意看到会增强中国威望和力量的共产党的胜利。与北京和河内不同，莫斯科关心的是把对东西方关系的损害减少到最小。在这种情况下，苏联更愿意选择谈判的方针，但它绝不会在对越南的援助中表现出落后，而且它正在加强对河内事业所承担的义务。

17. 在假设的情况中，我们相信苏联除了支持越南民主共和国以及进一步扩大其军事援助外别无选择。因此，它有可能满足越南民主共和国提出的希望得到更多防空设备和人

---

① 原注：国防情报局局长、陆军部负责情报的助理参谋长、海军作战局（情报部门）助理主席、美国空军情报局助理参谋长以及国家安全局局长均不同意这一段中的判断。他们认为应该是这样的："如果空袭扩大到河内-海防地区，尤其是通往中国华南的交通线，中国共产党的飞机从中国的基地起飞，进行空中干预的可能性将会增强。不论怎样，我们相信中国不愿意和美国进行空战，或者去冒美国对中国的永久性军事基地进行报复的风险。因此我们认为，中国的飞机从中国的基地起飞，审慎地与美军在北越全境进行战争是不可能的。"
　　隶属于国务院的情报研究处处长相信，在这些情况下，中国飞机将审慎地与美国作战的机会更大。即便空战的发生属于意外，也会造成极端危险的影响；即便他们谨慎行事，他们也不会放弃制造一场更大规模战争的机会。

员的要求。苏联很可能将不得不满足越南民主共和国提出的更新河内地区被美军空袭摧毁的防空设备的要求。苏联的援助计划可能由于中国限制其通过而受阻。

18. 苏联很可能会指出，如果美国仍然在越南顽固作战的话，那么它将在世界在其他地方面临麻烦，比如说柏林。然而，我们不认为莫斯科会冒着巨大的挑战而与我们对抗。我们也不相信，苏联会在未来的某个阶段放弃进行谈判的可能性；事实上，他们很可能致力于在两方面都保持着可能性。

19. 我们相信，这里考虑的美国的决定会引起苏联政策方面的重大反应。莫斯科几乎肯定会在总的对美立场上更为强硬。例如，尽管苏联已经同意重开撤军会谈，该会议在一定程度上是为了遏制东西方关系的恶化，但是美国在越南假设性的方针可能会使他们将会谈完全变成是对美国的攻击，或者甚至会突然中止会谈。

20. 诸假设性行动总共将会动用总数超过 28 万～29 万的美军士兵，这也是我们对苏联方面做出的估计；这也暗示着美军军费开支下降趋势的逆转，这正是柯西金在 1965 年为证明苏联大规模削减军费预算合理性时所引用的理由。我们相信，苏联公开宣布的限制或是削减军事开支的政策，在最近几个月中正受到军方发言人的攻击，同时也是集体领导层内部辩论的主题。美国的行动，加上日趋恶化的苏美关系，可能会加强那些主张增加军事拨款的人的地位。在那种情况下，苏联大概会以大规模增加军费开支予以回应。

四、非共产党国家的反应

21. 大部分非共产党国家已经认识到，美军已深深卷入越南战争，并会在需要的情况下增加其义务。无论怎样，这里所考虑的措施会引起更大的恐慌，因为与共产党国家所做的回应联系起来看，他们会回想起并强化对升级的冷战紧张状态，甚至发生一场更大规模战争的恐惧。这可能会使一些政府更加不愿意对美国的政策公开表示支持，尤其是那些处于政治困境中的政府，比如英国、加拿大和挪威。明显扩大在北越的轰炸范围会增加这些国家的焦虑。然而从长期来看，更重要的反应取决于随后冲突的进程。

22. 在亚洲的非共产党国家中，日本的问题最为严重。我们相信，尽管有新闻界的疾呼和持反对意见的力量，佐藤政府仍会维持支持美国的政策。但是，如果冲绳，或特别是日本，变成支持美国驻越南军队的重要扩充渠道，或者如果有迹象表明中国将要卷入战争之中，那么佐藤政府的形势将会变得更加艰难。印度会谴责扩大在越南民主共和国轰炸的行为，但还是会继续坚持在公开场合质疑、在私下里却默许美国在南越的行动的立场。巴基斯坦希望在与中国保持良好关系的同时，继续得到美国的援助，它会重申自己的中立和不卷入越南事务的立场。

五、对公告模式的反应

23. 如果以分别发布的形式做出公告，并没有进行多余的高度强调，那么危机气氛的发展可能会得到缓和。美国向苏联私下里保证，它增强全面军事力量只是针对越南局势，并没有增强其与苏联相对的地位的意图，这可能会缓和苏联做出回应时的语调。反过来，这种避免尖锐地相互指责的做法可以在一定程度上减少非共产党国家的负面反应。然而我们相信，共产党国家的反应，尤其是在军事领域的反应，并不会因为发表公告的方式而有根本性变化。我们也相信非共产党国家的焦虑仍然会增加。

FRUS,1964 - 1968,Vol. 3,pp. 224 - 231

杨与肖译，赵学功校①

---

① 　译文参照陶文钊主编《美国对华政策文件集》，第三卷，下册，第851～858 页。——译注

中情局关于苏联和中国
对北越军事援助状况的特别报告

（1965 年 9 月 3 日）

苏联和中国对北越的军事援助状况

（1965 年 9 月 3 日）

苏联和共产党中国似乎已经明确划分了在某些特定领域内各自向北越提供军事援助。这看起来并非是合作的结果，而是反映了他们之间关系中越来越明显的竞争性。每个国家都在提供各自最有能力提供的东西，但没有一个尽其所能。很显然，北越认为他们能够提供并且应该提供更多的援助。

苏联的军事援助大多用于空中防御，主要是在过去两个月里出现在北越的地对空导弹（萨姆导弹）装备。苏联人还提供了防空武器、精密雷达设备、一些全天候米格战斗机、8 架 IL－28 喷气式轻型轰炸机，并且显然已经取代中国人来训练北越飞行员。我们不清楚，是苏联坚持要求作为空中防御设备的提供者，因而要取代中国人来训练飞行员，还是越南人要求替换。苏联人正在训练北越飞行员这一事实表明，他们更深地卷入了这场战争，而且他们在传统上依赖中国军事援助的北越人眼中的地位提高了。

在提供援助的共产党国家中，只有苏联能够提供足量的相对高级的设备。在苏联供应这些设备的同时，中国人继续并增加了他们的常规援助。中国仍然是北越地面部队所需的小型武器和大多数装备的主要来源。而且，最近他们的作用扩大了。在过去的两个月，已经进驻北越的中国地面部队此时至少在后勤支持或工程建设方面发挥了作用。到目前为止，还没有迹象表明中国已经在这里部署了主要的作战部队，或者在边境的中国一侧集结地面部队。但是，如果共产党认为需要外国力量保卫北越，那么地面作战支援是中国人能起到的最好作用。

苏联的介入不断加强

北越萨姆导弹设备数量的不断增加明显地反映了苏联的军事介入。第一个导弹发射点在 3 月下旬开始建造，到现在已经发现了 18 个发射点。我们在 7 月份发现了第一个导弹设备。看起来这个设备在不断被转移，我们不知道现在有多少导弹部署在越南民主共和国。然而，照片侦察和对萨姆雷达系统的电子拦截显示，那里有一到两个萨姆导弹团。每个团通常由四个发射营组成，每营负责一个发射点。

7 月 26 日，萨姆导弹设备由苏联人员操作的情报得到确认。……①这与 1963 年、1964

---

① 原文此处一段未解密。——译注

年发生在古巴的情况很相似。每一个萨姆导弹发射点有苏联全体操作人员和古巴全体操作人员进行了几乎一年的操作培训。有些报告说,预计在今年冬天以前,北越人还不能够独立操作萨姆导弹设备。

这些萨姆导弹设备表现出来的机动性和发射时火力的有效性进一步表明,至少有一些是由苏联人所操作的。它反映出的训练有素和效率是新近接受培训的北越人员不能达到的。

已经有四架美国飞机,包括一架无人驾驶飞机,被萨姆导弹击落。第一架在7月24日被击落,是一架美国空军F-4C鬼怪式(Phantom)Ⅱ型飞机。两天后,一架无人驾驶侦察机被击落。两架飞机都是在河内以西30英里的地方被一个似乎是临时建成的萨姆导弹发射点所击落。飞机被击落的地区在当时已知发射点的正西面,现在我们知道那里有两个发射点。

8月11日,在河内以南52英里处一架美国海军A-4鹰隼式飞机(SKYHAWK)被一枚导弹击落。这也发生在已知的导弹发射点之外。最近一次美国飞机被击落是在8月24日,一架鬼怪Ⅱ型(PHANTOM Ⅱ)飞机在离两周前被击落的那架A-4不远的地方被导弹摧毁。

苏联的萨姆导弹设备以前从来没有在持续作战的条件下使用。几乎毫无疑问的是苏联人在北越以此获得有益的经验。他们已经有效地证明,设备的机动性可以使发现和摧毁它变得比较困难。8月11日和24日击落飞机的发射点还没有被发现,8月9日航拍侦察发现的萨姆导弹发射点8,已经在被发现12小时后的一次袭击中被摧毁。

苏联人显然是在3月下旬某个时候开始替代中国人对越南飞行员进行训练……①5月初,我们第一次发现苏联飞机进入北越。据信苏联人已经向北越运送了25架全天候喷气式战斗机和8架IL-28轻型轰炸机。同中国提供的喷气式飞机一样,所有这些苏联飞机都停在河内北面的福安(Phuc Yen)机场。

北越最近大量增加了防空高射炮的数量。我们还首次发现了两个100-MM防空炮兵发射点。这个防空部队的设备很可能是苏联人提供的,尽管看起来是由越南人来操作和控制。

现在,北越可能有1 500~2 500名苏联军事人员。尽管北越人正在进行强化训练以便自己能够操作防空设备,但在越南人完全训练好之前,苏联的军事人员还会增加。

在北越的大部分苏联军事人员是操作萨姆导弹的。如果在北越的一个或两个团是正常的军队编制,他们的总数应该是1 000~2 000人。

除了导弹人员,在北越还有一些苏联的训练和援助专家。根据推断以及与苏联在其他地方的活动进行比较,我们可以说,在北越的飞行训练队大约有150名苏联飞行员和维修人员,可能另外有300名技术人员从事管理、通讯、后勤保障活动。我们没有发现苏联飞行员

---

① 原文此处不到三行未解密。——译注

参加作战行动。

中国的援助

越南人民军主要是通过中国的物质援助组建到目前的规模。1964年8月美国空袭北越之后,北京几乎立即做出反应,向北越运送了36架喷气式战斗机。1965年4月又运送了8架。

大约在苏联的援助变得日益明显的同时,北京也加强了对北越的军事援助。我们没有具体的关于中国所提供设备和物资类型的证据,但是中国可能正在提供大部分的小型武器、弹药和个人装备以及某些运输设备。

与提供武器同样重要,也许从长远来说更重要的是,中共向北越派驻了地面部队。在6月中旬,我们第一次确认了中共地面部队的出现。……①

到目前我们唯一能实际确认的中国军队是6月底进入北越的铁道兵第二工程师的司令部。我们在6月10第一次注意到另外一个组织机构,怀疑是一个高级后勤机构。最近,我们在越南民主共和国又发现了另外两股部队,但是还不清楚他们的身份。

最近对靠近中越边境的凉山地区的航拍照片显示,那里有大批的卡车频繁活动,在重要的河内-同登(Dong Dang)铁路线上也有新的建设工程。因此,中国在越南民主共和国的大部分部队和机构可能是与提高越南人的后勤支持有关。尽管中国人可能为最终出兵北越做了应急准备,但尚无迹象表明中国已经在北越部署了主要的作战部队或者在边境线的中国一侧集结了地面部队。然而,如果北越要求外国军队来保卫北越,几乎没有疑问,这些部队将来自中国。

中苏竞争

毫无疑问,在北越部署有限然而重要的苏联军队无疑加剧了业已激烈的中苏对越南影响力的竞争。苏联表现出愿意很好地履行自己保护越南的诺言,使得河内处于更有利的位置,能够采取独立的立场在两个共产党伙伴之间进行挑拨。越南人几乎肯定会试图利用这种局面提高北京和莫斯科对越南民主共和国的援助水平。

中国人本来希望在北越建立自己独有的势力范围,最近苏联的闯入引起了中国的强烈不满。更重要的是,中国无法向北越提供苏联那样的先进装备。7月下旬,苏联萨姆导弹在北越的出现,标志着长久以来中国试图把苏联排除在外这一努力的终结。

在这种情况下,北京一直在努力抵消苏联增加的援助。如我们已经提到的,6月中旬,一支很可能与后勤事务有关的中国军队开始出现在越南,并且一直在扩大行动。7月中旬,北京对越南民主共和国做出新的援助承诺。在一个越南民主共和国的高级代表团访问北京后,双方于7月17日发表联合公报,强调为了"共同打败"美国,中国决定向北越提供新的无偿经济和技术援助。

次日,越南民主共和国的党报发表了一篇关于从共产党国家获得帮助的评论文章,对中

---

① 原文此处数段未解密。——译注

国进行了特别热情的赞扬。在对苏联"全心全意"的援助表示感谢的同时,该报特别强调了中国人——"亲爱的兄弟和邻邦"的长期支持,他们一直与越南民主共和国"同甘共苦"。

越共的这些声明很可能反映了对北京支持的真心感谢,也可能是在苏联军队扩大在越南的军事存在之后出于对中国人的安抚。虽然如此,北越方面还没有表现出应有的热情。考虑到其他迹象,这揭示了北越想从北京那里得到更坚定的承诺,进一步从中国获得更多的基本军事和经济援助。

越南民主共和国承受着越来越猛烈的美国空袭,同时也感受到美国在南越直接参与打击越共的压力,河内显然渴望所有共产党国家提供更多的援助。因而,最近越南民主共和国发言人关于苏联援助的热情洋溢的讲话,几乎完全可以与先前对中国援助的赞扬相匹。

尽管北越可能更希望得到中苏联合支持,但是他们大概也从目前的中苏竞争中看到了一些好处。这种竞争反映在中国舆论不断攻击苏联对越南民主共和国的援助不充分也不真诚。例如,7月28日,中共一位高层发言人刘宁一在东京的一次讲话中讽刺说"某些人""做出支援越南的姿态,玩弄几句反对美帝国主义的调子,设计一些小噱头",然而,与此同时却密谋与美国人推动"和谈",并且"交换情报"。

很显然,莫斯科把对越南民主共和国日益明显和有效的军事援助,以及声明苏越在击退"美帝国主义"的措施方面完全一致,来作为削弱中国指控的有效武器。最近权威的苏联社论含蓄地指责中国领导人没有采取"协调一致的行动"来抗击"美国侵略者"。赫鲁晓夫的继任者一直呼吁在越南问题上"共产党国家团结一致",试图以此证明他们对北京的指控,即:北京为了获取国际共产主义运动的领导权,并诋毁苏联的政策,宁愿牺牲越南民主共和国的利益。

苏联已经告诫不要"模仿那些冒险主义倾向"。莫斯科竭力避免让它的援助导致直接的苏美对抗,并且继续强调它对越南民主共和国的援助是防御性的。虽然如此,鉴于苏联领导人决心履行自己的承诺,至少只要美国仍对北越进行空袭,苏联就会继续供应先进的防空装备,包括更多的地对空导弹(萨姆导弹)和战斗机。

DDRS, CK 3100511702 – CK 3100511710

左晓园译,赵学功校

中情局关于共产党对美国行动方针的
可能反应的评估报告

（1965 年 9 月 22 日）

SNIE 10 - 11 - 65

绝 密

共产党对美国行动方针的可能反应

（1965 年 9 月 22 日）

问　　题^①

就美国一项对北越某些新目标进行空中打击计划共产党可能的反应进行评估。

假　　设

为了进行此次评估,我们假设对福安(Phuc Yen)以及靠近河内和海防的其他四个飞机场进行空中打击;对河内和海防之间,河内-海防和中国之间的铁路、公路和交通线进行空中打击;对四个主要的火力发电厂进行空中打击;对保卫上述地区的萨姆导弹发射架进行空中打击。我们进一步假设对所有这些目标的打击应在接下来的几个星期内展开,并对铁路和公路目标进行相应的武装侦察。

评　　估

1. 几个月以来,我们的评估一直在强调这一事实的重要性,即共产党,特别是越南民主共和国和中国相信,他们正在赢得在南越的战争,而且只需要保持现有的势头直至南越政府垮台,以及美军被迫放弃这场战争。在这种自信的影响下,河内一直愿意承受对越南民主共和国的轰炸,承受不断增加的美军行动,并拒绝任何谈判。而且共产党一直期望,国际和国

---

① 原注：国务院的情报研究处处长对这份评估的内容持有完全不同的意见。他的理由已在评估的最后部分列出。

内对美国施加的压力,以及不断增强的河内-海防地区的防空能力,会阻止战争的进一步升级。最后,他们一直非常怀疑美国面对一场持久战的决心,这些想法可能又因为美国反复的谈判试探和建议而强化。

2. 然而,我们认为最近这种信心由于美国/南越政府在军事上的胜利和美国愿意增加其义务的具体证据而被削弱。局势看起来已变得比他们之前预期的更加危险和令人沮丧,胜利对他们来说肯定比几个月以前更加遥远了。因此,我们认为,当越南民主共和国的怀疑增加的时候,就应开始实施美国的假设性行动。

3. 但是,共产党继续战斗的公开宣言和承诺仍然和以前一样坚定。最近,越南民主共和国又一次有力地拒绝了除了符合它的条件之外的任何谈判,这显然是在回应各种不同的调解人。中国强烈地斥责谈判,他们或多或少地公开警告越南民主共和国要抵制谈判。他们的这些警告可能反映了中国对越南民主共和国日趋虚弱的担心;事实上,一些私下的试探性和谈表明,河内的立场可能并不像它在公开场合宣称的那样坚定。

直接的反应

4. 共产党在希望美国不再继续轰炸河内-海防地区的同时,可能已经在充分估计美国对该地发动某种攻击的可能性。因此,他们的反应不会因为袭击的突然性而受到很大影响。

5. 当然,北越会尽最大努力来对付袭击。除此之外,他们可能会迅速采取报复行动。越南民主共和国可能会有应急计划:利用幸存的飞机对美国在南方的军事基地和航空母舰进行袭击。任何有关训练执行这类任务的证据还未发现。他们将预料到此类袭击会引起美国进行范围更广、破坏力更强的攻击。因此,我们认为不可能出现这种报复,尽管不能完全排除。

6. 第二个直接的危险将是中国的空中干预——可能是在越南民主共和国的上空,也可能针对南越或美国的航空母舰。河内和北京可能已经商量好了计划,中国方面从他们自己的基地出发进行干预,以应对在这份评估中美国某种形式的假设性打击。我们对此表示怀疑,中国不大可能会承担如此坚定的、和其能力不相称的义务。他们在做出任何可能会招致美国对华南进行打击的行动之前,会权衡美国主动攻击的有效性和越南民主共和国的反应。然而,如果美国飞机在靠近中越边境的地方行动,其遭遇意外的危险性是很高的。

7. 因此,在最初的几天内,随着美国攻击的展开,将存在着对美国基地或者船只进行打击的可能性,也存在着中国空中干预的可能。但是,我们认为这些可能性是不大的。

8. 当然,也有来自共产党方面的巨大反对和呼声,通常是抗议、威胁和警告。我们也想到可能会在南越出现新的恐怖主义和破坏性行动,特别是针对美军的行动。越共在这方面的能力比它已展现的要大得多。然而,共产党的主要反应会迟滞几个星期,甚至几个月,他们必然会受到正在实施的美国军事方针和政治后果的很大影响,我们在这份评估中已经提到。

随后的反应

9. 中国。中国方面会有力地鼓励越南民主共和国继续这场战争;为达到这个目的,他们可能会承诺提供更多的装备和人员,以加强防空能力,特备是保卫和修复被切断的通往中国华南的交通线。中国可能会同意向越南民主共和国派遣飞机和飞行员,但考虑到所有这些情况,我们认为在越南民主共和国机场的弱点暴露出来后这将是不可能的。① 几乎可以肯定的是,中国会反对谈判,他们可能会警告越南民主共和国,如果它同意停火或以外交形式解决的话,那么就不要指望得到中国的援助。我们认为,中国的看法对河内有很大影响,特别是如果越南民主共和国的领导人对未来的政策产生分歧的话。

10. 某些美国的攻击可能会打破平衡,从而导致中国的干预。中国人可能相信战争已经没有回转余地。美国-中国之间的对抗是在南越继续战争不可避免的代价。中国人已经使这场战争成为他们的"人民战争"信条对付美国的试验场;他们已用其威望下了很大的赌注。如果美国继续在中国边界附近和已被削弱的越南民主共和国进行轰炸的话,我们不敢确信中国是否会继续保持克制,不从他们自己的基地出发进行空中干预。但考虑到各种因素,我们认为他们进行那样的干预是不可能的。② 有一点可以确定,那就是我们估计美国的攻击不会引起中国人派出地面作战部队进行大规模的干预;北京几乎确定,与美国进行战争要冒很大的风险。

11. 苏联。苏联会进一步加大促使停止冲突的努力。他们会向美国施加压力,并敦促河内进行谈判。最近有一些迹象表明,苏联现在更愿意向越南民主共和国施加压力,可能是因为他们相信其军事援助和游击战争的趋势使他们的观点更具权威性。苏联人肯定会同意越南民主共和国替换防空设施的要求,尽管他们愿意那样做更多地是为了取得对越南民主共和国的影响,而不是为了能装备足够的防御设施来对抗美国的军事行动。

12. 苏联可以通过与美国在柏林的对抗来减轻越南民主共和国的压力。我们仍然相信,应该坚决阻止这样一场双重的危机。然而,谨慎而有控制的羞辱和偶尔的挑衅可能会使美国的弱点暴露出来。苏联领导层潜在的不确定性为其立场增添了不稳定因素。

13. 越南民主共和国。在河内,反应可能会沿着两条相互冲突的路线中的一条发展:

(1) 河内可能相信新的美国攻击和随后的封锁战役并没有改变基本形势。北越仍然坚持其信念:根据定义,游击战争是一场长期的对付巨大优势力量的斗争,可能会遭受挫折和失败,但是最后的结果是有价值的。他们可能会觉得在美国的攻击之后停止战争会显得像是投降。他们可能觉得,如果战争停止,越共运动将无法长期保持其士气和团结。据此,他们可能也会得出结论,认为美国轰炸的升级不是无法忍受的损失,并且很可能不会扩大到空袭城市人口,他们可能判定美国对其部队在南越卷入一场长期的战争会感到绝望,而且进一步可能派遣更大规模的北越人民军进入越南,这是击垮西贡政府和美国决心的最好方法。

(2) 另一方面,越南民主共和国对局势的估计可能会相当不一样。美国不断增加其在南越的义务,这可能会使他们相信,游击战将不可能取得最终的胜利。在无法保证最终胜利的情况下,他们可能会相信越共无法长久维持。此外,对越南民主共和国的防空设备及更大

---

① 原注：国家安全局局长认为即便其机场的弱点暴露出来,中国也有可能向越南民主共和国派遣飞机和飞行员。
② 原注：国家安全局局长认为如果美国继续在中国边界附近进行轰炸的话,中国可能从他们自己的基地出发进行空中干预。

范围目标的打击可以使他们相信，如果必要的话，美国会愿意几乎无限地使战争升级。他们因此确定，当其在南方战争中的地位依然稳固而且越共还完好无损的时候，接受谈判或取得一些默许的谅解是更为有利的，这样可以通过政治手段来实现他们的目标，而且可能的话，在未来某个时间还可以重新开始游击战。

14. 我们相信美国假设性行动方针可能会加强上面13(2)段所述想法。即使这样，北越立刻走到会议桌前也是不可能的；他们可能会觉得仍有时间检验越共与美军的作战效力。他们仍然会希望给美国和南越政府的士气以致命的一击，可能是通过在其腹地的某个地方与美军交战达到这一目的。如果失败的话，他们接下来会在一段时间内回到谋杀和战术行动。然而，仍然有一个疑问：中国是否能够防止其政治谋略的转变。

15. 总之，我们认为在美国假设性攻击造成的新形势下，越南民主共和国简单地沿着现在的路线继续进行战争是不可能的。我们认为，美国这一行动方针更有可能及时地推动北越采取政治和外交的主动，而不是使他们加剧战争。

16. 越共。如上所述，越共的士气在越南民主共和国评估如何进行战争中是一个重要因素。我们几乎没有关于越共士气的充分证据，既然其效果是一个逐渐积累的过程，判断美国行动的明确影响是很难的。短期内，美国对越南民主共和国假设性新的空袭行动不可能影响越共的能力和目的。从长期看，如果补给和援军变得愈发困难的情况日益明显的话，越共的士气就可能会削弱，尤其是如果他们遭受类似朱莱①那样的挫折，并同时遭到来自地面和空中的持续性压力。

17. 其他考虑。目前，有可能起到某种作用的因素是印度-巴基斯坦冲突。共产党可能会把美国在越南的新行动看作是美国试图利用它把世界的注意力转移到印度次大陆。美国的攻击可能对使中国不做任何重大卷入有所帮助。北京在面对越南的新战争时，几乎肯定会愈发不愿意把资源用去支持巴基斯坦，越南是其主要关注的地区。总之，我们认为印度-巴基斯坦冲突不会对共产党对美国假设性行动的反应产生太大影响。

下面是国务院情报研究处处长的观点：

1. 国务院情报研究处处长基本上不同意以上的主要估计。他相信，对越南民主共和国的萨姆导弹发射场、飞机场、火力发电站以及主要铁路、公路和交通目标的假设性空袭会被共产党——也会被其他大多数观察家——看作我们使越南战争升级的显著性变化。尽管这类空袭无论如何都是很严重的，但对这些目标分别进行空袭，谨慎地间隔出一段时间，会对减少不利反应有所帮助。从2月份我们对越南民主共和国的轰炸初期形势来看，该假设性联合行动会被视为政治和军事的分水岭。

2. 河内、北京和莫斯科均会把空袭看作开始——在很大程度上被视为部分地开始——在越南民主共和国非地面侵略军事升级的最高水平。即使进行假定精确轰炸，轰炸也会不可避免地波及在谨慎锁定目标之外的工业和平民，也几乎可以肯定会造成苏联人和中国人

———————
① 越南地名。——译注

的伤亡。新的计划显然已将人口排除在(不具有军事意义的)空袭目标之外。共产党和非共产党均会认为这种突然的大规模行动是与先前大量无论是公开还是私下的官方暗示相矛盾,即我们愿意去考虑河内-海防这一复杂地区的特殊敏感性。他们会把这些没有区别的、同时进行的空袭看作我们全面放弃过去逐渐施加压力的政策。他们可能会断定我们已经决定冒险推行一项明智的政治和军事压力相结合的政策,以应付渗透网络,选择了生硬的更广泛的军事攻击政策,攻击越南民主共和国的经济和自我防卫能力的主要目标。我们将会失去关于有限目标声明的可信性,而我们的行动会被合理地认为是要使越南民主共和国遭到完全损失后有条件投降,增加最后可能导致地面侵略的忧虑,而且无论如何都显得是对越南民主共和国的生存构成了威胁。

3. 在这种情况下,河内不可能选择谈判或是妥协;莫斯科不可能承担义务,也不会愿意敦促河内去这样做;北京肯定不可能向河内施加压力,反而会让他们坚持下去。这些立场将是彼此强化的。

4. 越南民主共和国的领导人正如所估计的那样,最近已经表示,他们进行谈判的条件并不像有时看起来那样没有弹性。可是,假设性攻击会直接阻止河内提出任何外交建议,而它有可能曾经这样考虑过。在这种压力下,恐怕任何妥协的迹象都会被朋友和敌人认为是投降,也会削弱未来所有可能的讨价还价的基础,无可挽回地削弱越共的士气,并会使美国在认为适合的任何时候和条件下重新施加这些压力成为可能。无论越南民主共和国怎样犹豫,最好现在就在有利于战争和坚持要求得到更多的中国和苏联的援助之前、我们忧虑较少的情况下加以解决。

5. 越南民主共和国会试图通过加快地面战争的发展来进行报复,这远不只是为了从轰炸中获得喘息。它会在渗透路线允许的情况下,以最快的速度派遣更多的地面部队到老挝和越南去。他们可能会使这些行动表面化,至少会在一定程度上承认派遣了"重新组织的南越人"和"志愿者",从而提高越共的士气,并使美国及其支持者因为看到一场长期的丛林战争而感到沮丧。

6. 越南民主共和国肯定会马上要求从北京和莫斯科那里迅速得到援助,重建它的防空系统。对于压制在越南民主共和国的苏联人和中国人的措施会减弱。河内可能会大大减少它过去不愿使用苏联和中国飞行员的保留做法。它可能会对中国-苏联关于过境权的争议感到非常不耐烦,但是会希望这些过去的障碍在新的形势下能被克服。

7. 尽管河内的反应仍然是最为重要的,但决策的地点仍会从河内转向北京和莫斯科。北京将在决定所有共产党对美国假定性行动的反应时扮演特别重要的角色。考虑到前面对河内反应的评估,这种反应将是一致的。因此,在主要评估中令人沮丧的僵局是不可能出现——尽管考虑到中国反对意见的"重大分量",河内会转向谈判。(与评估中的第9段和第15段进行比较。)

8. 几乎可以肯定的是,河内和北京在讨论防备美国假设性攻击的应对计划,中国和河内在采取准备行动方面会协调一致。中国会强烈要求河内拒绝任何谈判的想法,他们将有目的地表明越南民主共和国坚持下去的意愿。他们会在后勤上援助越南民主共和国，以支持南方的战争，并进一步尽可能提高美国空袭的代价。他们会给任何一架逃过我们空袭的越南民主共和国飞机以避难所，并允许他们使用中国的基地。如果越南民主共和国的设施可以使用时，他们可能会提供中国的飞机和飞行员。

9. 中国会立即增加沿边界线的、甚至可能会在他们的地面部队活动积极的附近、越南民主共和国领土上空的空中巡逻。与美国飞机发生意外遭遇战的危险性将会很高，而随着美国飞机越来越接近边界，这种危险也就越来越大。如果越南民主共和国的飞机场被成功摧毁的话，那么对中国来说，从其基地起飞进行空中干预的机会更大。

10. 无论如何，中国可能会增加他们在北越的地面部队，修建防空设施，提供工兵部队，以及如果被要求的话，提供作战部队以防卫美国可能对北方的侵略，这样就把越南民主共和国的军队解放出来，派到南方去。随着通往中国的铁路线被破坏，向越南民主共和国提供补给的后勤困难会增加。在一定程度上，美国的计划是成功的，中国华南肯定要成为越南民主共和国进一步防空的可用和主要的基地，中国将需要苏联的帮助和保护。苏联进一步的介入可能并不是出于主动去威慑美国。这是有可能促使以前中苏在援助河内和支持中国华南基地的速度、范围和方式方面摩擦得到建设性解决的因素。

11. 我们不相信巴基斯坦和印度的战争可能对北京实施前述反应的意愿和能力形成限制。北京为了应付美国假设性行动而准备其军队和人力已经有一段时间了。《特别国家情报13－10－65》（SNIE13－10－65）描述说，它可能针对印度的行动不大可能因为美国的行动而停止，在印度战场也不会需要中国分散其支持北越和保卫中国华南的空军和地面部队。

12. 事实上，在亚洲两个战场相互作用所产生的压力普遍上升之外，北京会意识到在对美国在北越的行动的过强反应中，能有某种相对的收益。北京明白，越南战场的趋势是使美国同时与苏联和中国进行对抗，而同时印度战场的趋势是使美国仅仅和中国对抗。因此，北京希望通过越南战争破坏美国－苏联的关系，从而减少苏联和美国对中国在次大陆的压力做出反应的自由度。

13. 苏联会由于美国在越南的假设性行动而受到特别公开羞辱。他们几乎肯定会把它解释为对北越生存的攻击，他们承担了保卫北越安全的义务。他们有可能会把美国的行动视为对他们自己的直接挑战，尤其是既然它有可能造成苏联人员的伤亡。他们不可能再相信美国的目标依然是有限的（迄今他们一直准备那样做）。美国主动行为的良好本质与中国和越南民主共和国的固执反应会使苏联的反应变得强烈。

14. 基于这些情况，莫斯科会比以前更少可能迫使河内谈判，而且它会重新怀疑参与保卫越南民主共和国的意义。莫斯科会重新提出它早期的建议，派遣更多的飞机和飞行员，而且会努力增加给予越南民主共和国萨姆导弹和技术人员，为他们配备人手。苏联会重提它上个春天的建议，与中国合作，援助河内。中国人会发现比以前更加难以拒绝使苏联的援助迅速通过的合理的合作，特别考虑到如果越南民主共和国－中国的铁路线被破坏的话。尽管中国和苏联之间的敌对仍然继续着，他们在这场战争中的个别利益可能会导致相互竞争，看谁更可能有效地帮助河内。

15. 对他们来说不幸的是,苏联在提供迅速和有效的援助方面存在的问题会很严重。越南民主共和国的飞机场和附属的设施要么不能使用,要么遭受严重破坏,要么正处于被攻击之中。以前安装的萨姆导弹同样很难得到补充,美国大概不准备放弃对这些发射场的打击,正如它在目前苏联提供的萨姆导弹的安装过程中所做的那样。在这种情况下,苏联会努力争取依靠中国领土增加空中防御,我们相信尽管会讨价还价,但是会达成一些实现这些目标的协议。作为与莫斯科进行讨价还价的条件,北京可能会要求——莫斯科也会满足——得到苏联空中防御的尖端设备(米格-21 和萨姆导弹),以保卫中国华南的基地和后勤补给线。

16. 我们相信,苏联基本上仍然会对结束冲突保持兴趣。尽管我们相信他们将不可避免地增加军事援助,苏联会冒与美国在越南的军队直接交战的风险,但是我们相信,他们不会平静地考虑这些风险,它依然会努力防止风险扩大到无法控制的程度。因此,除军事上越来越多的介入外,可以期待莫斯科会诉诸不同形式的政治压力以威慑美国,包括忍受双边关系进一步的恶化。

FRUS, 1964 - 1968，Vol. 3，pp. 403 - 411

*杨与肖译,赵学功校*①

---

① 译文参照陶文钊主编《美国对华政策文件集》,第三卷,下册,第 869～878 页。

中情局关于中国在北越军事态势
可能的变化的备忘录

(1965 年 10 月 17 日)

SC 11269/65

中共在越南军事态势可能的变化

(1965 年 10 月 17 日)

1. 最近几周事态的发展增加了中国人对美军在北越的行动更为关注的可能性,以及他们在这一地区总体军事态势变化的可能性。事态的发展涉及美国对靠近中共边境的北越东北部的空袭,包括对白马(Kep Ha)附近的一个萨姆(地对空)导弹发射点的袭击,中共另外在海南岛驻扎一个喷气式战斗机团。……①

2. 10 月 16 日,……②中国人把一个喷气式战斗机团从华北基地调到海南岛。过去,中国一直周期性地轮换驻守海南的部队。目前判断现在的调遣只是轮换还是为了加强这一地区的防空能力还为时过早。鉴于现在的轰炸模式是袭击靠近中国边境的北越东北部,很可能中国感到加强自己在东京湾地区的防空能力是慎重的举措。他们可能推断美国有可能正在计划攻击中国的目标。10 月 5 日,美国飞机在非常接近并且很可能就在边境地区的中国领土上进行行动。他们的宣传已经表明,如果美国飞机侵入中国领土,他们将予以回击。

3. 6 月中旬,我们认为是和后勤供应有关的中国军队开始出现在北越,这些部队的大部分驻扎在该国的东北部。在该国南部的中国驻军可能和修路、修桥或者可能是机场建设有关。我们已经注意到……③在这一地区北越人的施工人员有困难。

4. 10 月 16 日对位于北越东北部、靠近白马的萨姆导弹发射点的袭击也可能使北京更加敏感。尽管我们还没能发现北京的立场发生了任何基本变化,也没有迹象表明北京准备把大规模的军事部队派入北越,但我们相信,美国在靠近中国边境的北越东北部的持续空袭会继续造成北京某种程度的不安,因此北京有转变态度的可能。这可能反映在未来中国军队的调动上。

5. 由于上述原因,有必要继续重点观察中国军队的动态,并且我们将这样做。

DDRS, CK 3100447951 － CK 3100447953

左晓园译,赵学功校

---

① 原文此处数行未解密。——译注
② 原文此处近一行未解密。——译注
③ 原文此处数行未解密。——译注

中情局关于中国在北越军事存在的备忘录

（1965 年 10 月 20 日）

SC 11391/65

中共在北越的军事存在

（1965 年 10 月 20 日）

概　　述

1. 1965 年 6 月，中共开始向北越派遣数量有限的军事援助部队，这标志着自 1958 年北京从北朝鲜撤出其最后一批部队以来，中国军队首次在国外驻扎。然而，与在朝鲜的中国军队不同的是，到目前为止，在北越所发现的中共部队只是一些后勤援助部队，也有一些或是维护当地安全的部队，包括防空炮兵。

2. 这些中国军队大多是在严密的安全措施下，从邻近的华南地区进入越南民主共和国的东北部地区，使得确认他们非常困难。然而，根据初步的情报，我们估计目前在北越大约有 1.5 万～2 万名中国军人。

3. 最近的航拍照片已经显示，在越南民主共和国东北部有一些很可能与中国的军事援助部队有关的活动。河内到凭祥的铁路线的北段正在改善，在边境地区已经建起了几个卡车停车场，很可能是为了不断增加运往北越的物资。最近也有证据……① 表明中国对越南民主共和国海军增加了援助，包括在中国维修越南民主共和国的炮舰。

本备忘录已得到情报部门主任的同意。

4. 尽管没有确凿证据表明自 8 月份以来有更多的中国军队进入了北越，但是有迹象显示，有几支部队，大概是铁路工程或常规工程部队，可能正在准备很快进入北越。这些部队在 9 月中旬开始出现在越南边境，或者是新近组建的，或者是从中国的非边境地区调遣的。至少有一支铁道工程部队已经进驻指定位置，从那里他们可以迅速部署到越南民主共和国的西北部。自 7 月中旬以来，那里的河内-昆明铁路线经常遭到轰炸。

5. 没有证据表明中国在向越南民主共和国部署后勤援助部队的同时，在中越边境地区集结了作战部队。在大批中国作战部队进入北越之前，很可能会在边境进行集结。然而，有

---

① 原文此处近一行未解密。——译注

初步的迹象……①表明，很显然，自4月份以来，中国一直在制订向边境地区派遣大量部队的应急计划。因此，根据目前现有的情报，我们认为，中国人正在采取一些必要的步骤，一旦战争升级，使其能够迅速派遣更多的部队进入越南。根据他们到目前为止的做法，我们预计，如果进入北越的中国军队有显著的扩大，我们希望能提前得到警告……②

方　　法

6. ……③

7. ……

8. ……

在北越东北部的中国军队

9. 6月中旬，我们首次在北越东北沿海的先安（Tien Yen）地区发现了中国军队。……④这很可能是一个承担边防保卫/沿海安全任务的特别的师级组织。这支部队拥有一些小型的中国军舰，除了支援中国的安全部队外，也可能正在为北越人提供某种军事后勤援助。……⑤这些中国的海岸防卫舰和河内的"125组"舰队——一个从海上向越共运送武器的特殊海岸货船舰队——在同一范围内活动。

10. 6月下旬，我们发现一个很可能是后勤供应方面的高层专家小组……⑥从华南的广西地区来到先安地区，我们怀疑那里目前还有一个边防/海防师司令部。……⑦

11. 大约与此同时，……⑧我们发现，原来驻扎在中南地区长沙的中国第二铁道工程兵师司令部……⑨进入北越的东北部。……⑩

12. 中国铁道工程部队是高度专业化的部队，已证实他们有能力进行铁路线的快速建设和修复。根据8月17日的航拍照片，在河内-凭祥铁路北部正在进行一些新的建设工程。……⑪。这一新工程看来是通过减少急转弯和陡峭的坡度，努力提高这条重要的窄轨铁路的运输能力和效率。通过使中国和越南民主共和国之间的铁路运输的中断减小到最

---

① 原文此处六及以下七、八段数个词未解密。——译注
② 原文此处六及以下七、八段数个词未解密。——译注
③ 原文此处六及以下七、八段未解密。——译注
④ 原文此处六及以下七、八段数行未解密。——译注
⑤ 原文此处六及以下七、八段近一行未解密。——译注
⑥ 原文此处六及以下七、八段数个词未解密。——译注
⑦ 原文此处六及以下七、八段数行未解密。——译注
⑧ 原文此处六及以下七、八段近一行未解密。——译注
⑨ 原文此处六及以下七、八段数个词未解密。——译注
⑩ 原文此处六及以下七、八段数行未解密。——译注
⑪ 原文此处六及以下七、八段数行未解密。——译注

低,这些提高似乎正在实现。

13. ……①通过对 7 月 14 日和 28 号的航拍照片对比显示,从中国的凭祥到北越的凉山 (LANGSON),在几个看起来是新建成的车库之间,有大量的卡车在活动。……②

14. 8 月 2 日,另一支不明身份的部队出现在北越……③。我们认为,这可能是由华南的广东军区所属的独立部队组成的一支防空炮兵师。

15. 很明显,在 7 月中旬在美国准备轰炸河内北部的铁路线时,中国人可能已经决定沿着河内-凭祥铁路部署防空炮兵部队。……④

在越南民主共和国西北部的中国部队

16. 还是在 8 月,……⑤另一支不明身份的军队……⑥从它在毗邻北越西北部的云南省孟兹(MENGTZU)驻地向南移动。……⑦

17. 这支部队的身份仍然不能确定。……⑧很可能和后勤行动没有直接关系,但是具有某种战术作用。我们认为,这可能是一支特种安全部队,至少有一个团的规模,沿河内-老街 (LAO KAY)铁路线部署,配备有防空炮兵,为铁道工程部队的到来做准备。这看起来是在东北部所沿用的那种模式。

18. 总而言之,我们已经发现至少有五支,可能还有一两支中国军队正在进入北越。这些部队好象包括一个防空炮兵师、一个被怀疑是边境/海岸安全防卫师、一个铁道工程兵师、一个汽车运输团、和另外一个可能至少是团级规模的安全部队。按正常的组织力量,加起来共有约 1.9 万人。可能还有一些司令部和服务人员。

靠近越南民主共和国边境的新的中国工程部队

19. 尽管自 8 月份以来,还没有发现中国军队向北越移动,然而有迹象表明,几支新的中国工程部队可能正在靠近越南民主共和国边境地区集结,可能准备进入北越。我们最早是在 9 月中旬在广州军区所属的广西地区发现了这支部队。……⑨

20. ……⑩

---

① 原文此处六及以下七、八段数行未解密。——译注
② 原文此处六及以下七、八段数行未解密。——译注
③ 原文此处六及以下七、八段数行未解密。——译注
④ 原文此处六及以下七、八段数行未解密。——译注
⑤ 原文此处六及以下七、八段近一行未解密。——译注
⑥ 原文此处数个词未解密。——译注
⑦ 原文此处数行未解密。——译注
⑧ 原文此处近一行未解密。——译注
⑨ 原文此处数行未解密。——译注
⑩ 原文此处 20 及以下 21 段未解密。——译注

21. ……

22. 如果证明这些部队……①是铁道工程部队，他们进入北越会使在北越的中国部队人数增加，估计会达到3.5万～4万人。在美国持续轰炸北越交通线之后，很可能还会有更多的中国工程部队被派往北越，帮助河内政权保持其公路、铁路网的畅通。

中国可能采取的应急计划

23. ……②

24. ……

25. ……

26. ……③中国可能在早些时候（可能是从4月开始）一直在制定应急计划，最终在越南边境地区部署的部队规模要比目前观察到的要大得多……④数目可能会相当高，也许多达几十万人。……⑤目前至少清楚的是，中国已经采取措施来保障中国和越南民主共和国之间的交通线路。因此，一旦越南战争升级为将中国卷入的严重对抗，他们无须从零开始准备。

DDRS，CK 3100417017 - CK 3100417031

左晓园译，赵学功校

---

① 原文此处近一行未解密。——译注
② 原文此处23及以下24、25段未解密。——译注
③ 原文此处近一行未解密。——译注
④ 原文此处数个词未解密。——译注
⑤ 原文此处数行未解密。——译注

中情局关于北越和中国近期
对作战相关药品进口增长的备忘录

(1965 年 12 月 16 日)

SC 13196/65

绝密

北越和共产党中国近期对作战相关药品进口的增长①

(1965 年 12 月 16 日)

概　　要

随着越南冲突的不断升级,北越和共产党中国已经增加了与战争相关药物的进口。北越的进口数量明显大大超过需求,表明正为计划进行长期或更加激烈的冲突做好战时物资贮备。共产党中国的进口相对较少,但是他们进口的时间意味着对越南共产党的更大援助。

在 1965 年的前九个月中,已确定的北越药物进口数额总计价值 153 万美元,或者说几乎是 1964 年此类药品进口数额的 6 倍。重要药品种类的增加情况见表一。

表一　北越有选择的药品进口②

产　　品	单　　位	1964 年以前的 代表性年份	1964 年	1965 年 1 月~9 月
青霉素	十亿国际单位	375(1956~1963 年的平均值)	615	2 084
链霉素	百万瓶	12(1960~1962 年的平均值)	2.0	2.875
氯霉素	千克	N. A.	500	876
血　浆	组	1 100(1962 年)	4 000	36 400
磺胺类药物	吨	80(1962 年)	88	715＋
抗疟疾药物	千克	N. A.	949	5 945

---

① 截止到 1965 年 12 月 15 日,该备忘录中的评估和结论是质量最高、最值得参考的。
② 表一数字不清。另有表二,具体数据不明,未译。——译注

部分增加进口的药品也许供给了南越共产党力量,部分用于治疗北越在爆炸中受伤和疟疾的感染者,还有部分似乎被贮存起来了。以青霉素为例,有证据表明被大量积存。因此,1964 年 11 月至 1965 年 9 月期间,超过每年进口数量似乎已经达到了23 240亿国际单位。① 根据美国的经验,这一数量的药剂可以供给 100 万人的部队在战斗条件下使用一年。② 甚至可能除了全面供应越共并治疗本国伤员之外,北越还有三倍于需求平均数量的药剂供应军队战斗。③ 除青霉素以外,也大量积存了磺胺类药物和血浆。

向北越供应与作战相关药物的主要是共产党国家。在这些国家中,最主要的是保加利亚、罗马尼亚、波兰和苏联。向北越出口药物的非共产党国家主要是日本和西德。在1965 年的前九个月中,日本提供了已知进口血浆的 80%。从西德进口主要是抗疟疾药物,开始于 1965 年 4 月。当北越对这些药品的需求达到一定程度时,共产党国家显然不能满足其需求。

虽然共产党中国已确定的战争相关药品的进口居于次要地位,但是他们选择的时间表明将加强对越南共产党的援助。中国开始大量购买药物始于 1965 年 5 月,1965 年前九个月的进口总量包括下面重要的几项:7 478 组血浆(是 1964 年的 9 倍多),361 250 瓶链霉素(1964 年进口数为 0),还有价值 27 万美元的抗疟疾药物(1964 年为 0)。

虽然中国可能继续像早些时候那样从苏联也许加上波兰购买各种药品,但是这一时期与战争相关的药品的进口几乎都来源于自由世界。抗生素主要从英国和日本购买,血浆仅来自日本公司,磺胺类药物主要来自丹麦,而且丹麦和西德是抗疟疾药物的主要的供应者。

一、北　　越

1. 抗生素

(1) 青霉素

从 1964 年 11 月到 1965 年第三季度,已确定的北越青霉素进口数量明显上升,如表二显示。1964 年最后两个月已知的进口数为 6 150 亿国际单位,超过了前 8 年的年平均进口数量(3 750 亿国际单位)。④ 1965 年前九个月的进口数量最少为 20 840 亿国际单位,是1964 年进口量的 3.4 倍,是 1956 至 1963 年年平均数量的 5.6 倍。

---

① 原注:总进口数量为 26 990 亿国际单位。1956～1963 年间每年平均进口数量为 3 750 亿国际单位。
② 原注:数据来源于美国陆军普通外科办公室,美国 1 000 人的战斗部队每月消耗的青霉素为 1.83 亿国际单位。
③ 原注:截止到 1965 年 11 月 26 日估计越共正规部队和准军事部队(不包括越南人民军)大约在 18 万人左右,1965 年前九个月北越的平民伤亡估计已经达到 3 900～5 400 人。北越的正规部队人数估计在 26 500 左右。
④ 原注:根据 1956～1963 年北越青霉素进口数量资料表明每年平均进口 3 750 亿国际单位。已知的每年的具体数字如下:1956 年,5 500 亿国际单位;1957 年,4 600 亿国际单位;1958 年无,1959 年 1 200 亿国际单位;1960 年 11 750亿国际单位;1961 年无,1962 年 6 040 亿国际单位,1963 年 900 亿国际单位。

表二　北越：已确定的青霉素进口
（1964 年和 1965 年 1～9 月）

（单位：10 亿国际单位）

原产国	1964 年			1965 年			
	1～10 月	11～12 月	总　计	第一季度	第二季度	第三季度	1～9 月总计
总计	0	615	615	586	512	986.2	2 034.2
共产党国家：							
苏联	0	0	0	0	400	40	440
东欧							
保加利亚	0	615	615	135	0	400	535
捷克斯洛伐克	0	0	0	1	0	4.2	5.2
罗马尼亚	0	0	0	450	110	540	1 100
共产党中国	0*	0*	0*	0*	2	1	3
自由世界：							
比利时	0	0	0	0	0	1**	1**
柬埔寨	0	0	0	0	0	N. A. ***	N. A. ***

*　进口数字不详。
**　比利时共产党赠送,于 9 月运达中国并转运到北越。
***　总量不详,估计不超过 10 亿单位。

实际上,1964 年到 1965 年 9 月所有的青霉素进口都来自共产党国家。主要的提供者为保加利亚(11 500 亿国际单位),罗马尼亚(11 000 亿国际单位)和苏联(4 400 亿国际单位)。少量来自捷克斯洛伐克(52 亿国际单位)和共产党中国(大约 30 亿国际单位)。因为中国有相当规模的药物工业并出口青霉素,所以很有可能中国青霉素实际出口到北越的数量远远高于 30 亿国际单位。来自非共产党国家的青霉素数量很少,柬埔寨所提供的可以忽略不计,来自比利时共产党的大约 10 亿国际单位。

（2）链霉素

1965 年前九个月链霉素已确定的进口数量为大约 290 万瓶,相比之下 1964 年为 200 万瓶,1960～1962 年年平均为 120 万瓶。1964～1965 年保加利亚向北越提供了链霉素总进口数额的大约三分之二,罗马尼亚提供了总数的三分之一,如表三所示。

表三　北越：已确定的链霉素进口
（1964 年和 1965 年 1～9 月）

（单位：1 000 瓶）

原产国	1964 年			1965 年			
	1～8 月	9～12 月	总　计	第一季度	第二季度	第三季度	1～9 月总计
总计	0	2 000	2 000	1 175	1 100	600	2 875
共产党国家							
保加利亚	0	2 000	2 000	175	1 000	0	1 175

续　表

原产国	1964 年			1965 年			
	1～8 月	9～12 月	总　计	第一季度	第二季度	第三季度	1～9 月总计
罗马尼亚 自由世界 柬埔寨	0 0	0 0	0 0	1 000 0	100 0	600 Negl. *	1 700 Negl. *

* 无数字详细说明,数字几乎可以忽略不计。

（3）杂类抗生素

为了满足特殊的需求,北越认为有必要利用各种时机进口其他种类的抗生素,以此来补充青霉素、链霉素的进口。如表四所示,1964～1965 年,北越从日本和共产党国家进口的药品进口包括氯霉素、四环素、黏菌素和卡那霉素。虽然早些时候的数据不完全,但是我们认为杂类抗生素的进口在这段时期呈明显的上升趋势。

表四　北越：已确定的杂类抗生素* 进口
（1964 年和 1965 年 1～9 月）

可能的运送时期	抗 生 素	总　计	原 产 国	备　注
1964 年 　上半年 　下半年	 氯胺苯醇(氯霉素) 四环素	 500 千克 10 000 瓶	 捷克斯洛伐克 保加利亚	进口不详 提供可能被接受
1965 年 　一季度	 黏菌素 M 卡那霉素	 5 250 瓶 1 240 瓶	 日　本 日　本	
二季度	黏菌素 四环素	20 706 瓶 N. A.	日　本 保加利亚	用于注射,5 月已签订合同,数量不详
三季度	氯霉素 四环素 氯霉素	776 千克 200 千克 100 千克	波　兰 罗马尼亚 苏　联	

* 除青霉素和链霉素以外的抗生素

2. 血浆

自 1964 年中期,北越对血浆的进口数量急速增长。（见表五）①1964 年已知的血浆进口累计增加到 4 000 组,1965 年前九个月已经达到了 1964 年的 9.1 倍,即 36 400 组。如果加上 1965 年第四季度预计从日本进口的 6 500 组,总进口数量将最少达到 42 900 组(价值 44

① 原注：1964 年前报告的进口数额只有 1962 年的 1 100 组(sets)和 1963 年的 278 组。一组由相当于 250 立方厘米(cc)的血浆稀释液和注射用品组成。

万美元),将是 1964 年进口的 10.7 倍。1965 年,日本提供的血浆可能在北越血浆总进口数量中占 80% 左右;另外一个供给者是东德。现在的谈判意味着血浆持续不断的大量进口。例如,1966 年北越正努力从日本购买 36 000 组血浆。

表五 北越:已确定的血浆进口
(1964 年和 1965 年 1~9 月)

(单位:组*)

原产国	1964 年				1965 年			
	上半年	三季度	四季度	总　计	一季度	二季度	三季度	1~9 月总计
总计	0***	2 000	2 000	4 000	6 000	19 400	11 000	36 400
共产党国家								
东德	0	0	0	0	0	8 400**	0	8 400**
自由世界								
日本	N. A. ***	2 000	2 000	4 000	6 000	11 000	11 000	28 000

* 一组包括 250 立方厘米的血浆稀释液和一个注射单位。
** 对进口瓶装血浆数量的最低估计,总量超过 210 万立方厘米。按每组 250 立方厘米计算,总量超出 8 400 组。
*** 可能进口但未能确定的数字。

3. 磺胺类药物

在 1965 年前九个月中,已知的磺胺类药物进口达到了 71.5 公吨(mt),或者说是 1964 年进口量(8.8 公吨)的 8.1 倍。事实上,所有的进口都来自共产党国家。1964 年中期到 1965 年 10 月的进口,按种类分如下:

(单位:公吨)

磺胺胍	32.3	磺胺	4
磺胺塞唑	30	磺胺嘧啶	2
磺胺甲嘧啶	12		

关于较早时期进口数量的资料零散,包括 1957 年从捷克斯洛伐克进口了 500 公斤的药物,1959 年 800 万片来自保加利亚,1962 年 8 公吨来自苏联。最近进口的药品按原产地分类,见表六。

表六 北越:已确定的磺胺类药物进口
(1964 年和 1965 年 1~9 月)

(单位:公吨*)

原产国	1964 年			1965 年			
	上半年	下半年	总　计	一季度	二季度	三季度	1~9 月总计
总计	0	8.8	8.8	2	62.3+	7.2	71.5+
共产党国家							
苏联	0	0	0	0	0	4.03	4.03

续　表

原 产 国	1964 年			1965 年			
	上半年	下半年	总　计	一季度	二季度	三季度	1～9 月总计
东欧							
东德	0	0	0	0	0	0	0
匈牙利	0	0	0	0	10**	0	10**
波兰	0	8.8	8.8	0	29.3	1.2	30.5
罗马尼亚	0	0	0	0	3	2	5
共产党中国	0***	0***	0***	0***	20＋	0***	20＋
自由世界							
比利时	0	0	0	2	0	0	2
柬埔寨	0	0	0	0	0	N. A.****	N. A.****

　＊ 净重。
　＊＊ 谈判可能导致中止合同但运送的时间不详。
　＊＊＊ 进口数量不详。
　＊＊＊＊ 作为礼物赠送的数量不明。

4. 抗疟疾药物

疟疾是越南的地方病,即使在平常的时候也难以控制。目前,疾病是相当大的威胁,因为势不两立的冲突和战斗部队开进了疟疾最猖獗的地区。相应地,军队和国内民众对抗疟疾药物的需求明显扩大了。

有证据表明自1964年中期开始,北越抗疟疾药物的进口一直呈上升势态。在1965年的前九个月中,已确定的进口药物总共5 945千克,或者说是1964年进口量(949千克)的6.3倍。大规模的购买是在1965年第二、第三季度之间,似乎与疟疾的严重爆发有部分联系,6月份北越的一些地区已经进入了疟疾流行传染阶段。按照数量和原产地划分,进口的情况见表七。

表七　北越：已确定的抗疟疾药物进口
(1964 年和 1965 年 1～9 月)

(单位：千克)

可能的运送时期	抗 生 素	总　计	原产国	备　　注
1964 年总计		949		
上半年				进口不详
下半年	氯杀螨	35	波兰	
	Quinoseptyl [sic]	164	波兰	
	Artrochin(奎纳克林氢氯化物)	750	保加利亚	交货合同到12月份总计达 300 万片,每片 0.25 克

续　表

可能的运送时期	抗　生　素	总　计	原产国	备　注
1965 年 1～9 月		5 945		
一季度	Artrochin(奎纳克林氢氯化物)	375	保加利亚	交货合同为 150 万片,每片 0.25 克
二季度		3 250		
	Artrochin(奎纳克林氢氯化物)	500	保加利亚	交货合同为 200 万片,每片 0.25 克
	Artrochin(奎纳克林氢氯化物)	1 250	保加利亚	补充合同要求 500 万片,每片 0.25 克
	除赘生物药物 Neoplasmocid	N. A.	共产党中国	据传大型装船
	Bigumal(chlorquanide 氢氯化物)	1 000	苏　联	片装
	奎宁和奎纳克林	N. A.	柬埔寨	
	醌环素(类似于首喹)	N. A.	苏　联	合同为 2 亿片。交货的时间期限不明,可能是长期合同
三季度	奎宁 ethylcarbonate	300	西　德	
	奎宁硫酸盐	200	西　德	
		2 320		
	奎宁 ethylcarbonate	100	新加坡	
	奎宁二氢氯化物	730	西　德	
	奎宁硫酸盐	500	西　德	
	Artrochin(奎纳克林氢氯化物)	375	保加利亚	交货合同为 150 万片,每片 0.25 克
	Delagil(氯喹二磷酸)	615	波兰(可能)	

直到 1965 年中期,共产党国家向北越提供了所有的抗疟疾药物。此后,随着需求的不断增加,开始向自由世界国家购买。共产党方面的供应者是保加利亚、苏联、波兰和中国。虽然柬埔寨和新加坡也会向北越船运一些抗疟疾药物,但西德仍是自由世界中此类药物的主要供给者。

有初步的证据表明,北越可能在 1966 年进口了甚至更大数量的抗疟疾药物。保加利亚应北越要求 1966 年提供奎纳克林氢氧化物 3 000 万片剂(大约 7 500 千克)。另外匈牙利 1966 年运送了氯喹二磷酸 1 100 万片和 100 万针剂(用于注射)。

二、共产党中国

1. 抗生素

(1) 青霉素

现有资料表明,1964～1965 年 9 月期间,共产党中国是青霉素净出口者。已确定的共产党中国青霉素的进口只有 1965 年 8 月从英国运来的一船 600 箱(净重不明)的青霉素 G 钾。另一方面,据传闻在这一期间有 30 亿国际单位的青霉素从中国出口到了北越。

（2）链霉素

我们认为共产党中国生产了大量的链霉素满足其日常需要,因此,只在满足特殊需求时才进口。所以,符合其进攻印度的计划,1962 年 6 月中国从日本和英国购进了 216 000 瓶链霉素药剂,而且到 1962 年年底总共进口了 591 500 瓶。此后没有再进口此类药物,直到 1965 年 5 月进口恢复。1965 年 5～9 月期间进口总计 361 250 瓶(价值 20 000 美元)。这些药剂从英国进口,很可能已经由共产党中国转送到了越南共产党手中。

（3）杂类抗生素

也是在 1965 年 5 月,中国开始购买杂类抗生素。购买的此类抗生素总价值 22 000 美元,估计达到了 1965 年第三季度的顶峰。进口的具体情况见表八。供应者主要是日本,其次是意大利和英国。

表八　共产党中国：已确定的抗生素进口
(1964 年和 1965 年 1～9 月)

可能的运送时期	抗 生 素	总　　　计	原产国	备　　　注
	青霉素			
1964 年				进口不详
1965 年				
一季度				进口不详
二季度				进口不详
三季度	(青霉素 G 钾)	600 箱	英　国	八月船运
	链霉素			
1964 年				进口不详
1965 年				
一季度				进口不详
二季度		52 000 瓶+	英　国	五月船运
三季度		309 250 瓶+	英　国	总计两船
	杂类抗生素			
1964 年				进口不详
1965 年				
一季度				进口不详
二季度	卡那霉素	3 500 千克(毛重)	日　本	167 箱,瓶装
	黏菌素	100 千克(毛重)	日　本	3 箱,瓶装
	红霉素	155 千克(净重)	英　国	空运
三季度	(新生霉素)	27.5 千克(净重)	意大利	1 100 瓶,每瓶 25 克包含 100 个胶囊。交货可能包括以前的,总量不详
	卡那霉素	15 000 瓶	.日　本	
	卡那霉素	250 000 瓶	日　本	

可能的运送时期	抗　生　素	总　　　计	原产国	备　　　注
	丝裂霉素	2 000 瓶	日　本	3 600 瓶,也许是片装
	黏菌素	148 千克	日　本	
	黏菌素	2 145 千克	日　本	

2. 血浆

中国只是零星或是为了满足特殊需求时才进口血浆,就像 1962 中印边境冲突期间,从日本进口了 2 000 组血浆。随着越南冲突的加剧,中国增加了从日本的进口,在 1965 年前三个季度中达到 7 478 组(价值 92 000 美元),是 1964 年进口数量(800 组)的 9.3 倍。1964 年的进口参见表九。

表九　共产党中国:已确定的血浆进口
(1964 年和 1965 年 1～9 月)

可能的运送时期	总　　　计	原产国	备　　　注
1964 年合计	800＋	日　本	1964 年唯一确定的进口在 7 月
1965 年 1～9 月	7 478＋		
一季度	2 658＋		
	958＋	日　本	2 月交货
	200＋	日　本	2 月交货
	500	日　本	2 月交货
	1 000	日　本	3 月交货。估计总数为 42 箱将近 1 000 组(每箱 24 组)
二季度	820		
	720	日　本	4 月交货。估计总数为 30 箱将近 720 组
	100	日　本	6 月交货。估计总数为 4 箱将近 100 组
三季度	4 000＋		
	1 000＋	日　本	7 月交货
	1 000	日　本	7 月交货
	1 000	日　本	8 月交货
	1 000＋	日　本	9 月交货

3. 磺胺类药物

中国生产并净出口磺胺类药物。中国的进口来自日本和丹麦,可能包括了中国生产不足的几种种类。进口始于 1965 年 5 月,1965 年第二和第三季度总量为 3 450 千克。(参见表十)然而,已确定的中国向北越的出口几乎是中国磺胺类药物进口量的 6 倍,据传闻 1965 年 6 月的总量为 20 公吨。

表十　共产党中国:已确定的磺胺类药剂进口
(1964 年和 1965 年 1～9 月)

(单位:千克)

可能的运送时期	磺胺类药物	总　计	原产国	备　注
1964 年				进口不详
1965 年 1～9 月		3 450+		
一季度				进口不详
二季度	硫代异唑	100	日　本	船运 5 箱
三季度	磺胺嘧啶	3 350+	丹　麦	

4. 抗疟疾药物

1965 年 5 月中国开始进口抗疟疾药物,9 月后总共至少 3 500 千克(大约 27 万美元)。由丹麦、法国、日本、西德和荷兰提供。(参见表十一)进口时间的选择又一次证明了中国增加了对越南共产党力量的援助。至少,可以肯定 1965 年 4 月曾有一大型轮船的药物到达北越。

表十一　共产党中国:已确定的抗疟疾药物进口
(1964 年和 1965 年 1～9 月)

(单位:千克)

可能的运送时期	抗疟疾药物	总　计	原产国	备　注
1964 年				进口不详
1965 年 1～9 月		3 417.4+		
一季度				进口不详
二季度		1 280		
	奎宁	N. A.	丹　麦	船运 5 月交货
	奎宁氢氯化物	500	丹　麦	船运 6 月交货
	奎宁氢氯化物	180	丹　麦	二次船运 6 月交货
	奎宁硫酸盐	500	丹　麦	
	奎宁硫酸盐	100	法　国	可能船运 6 月交货
三季度		2 137.4+		
	奎宁硫酸盐	N. A.	日　本	空运 7 月交货
	奎宁葡萄糖酸盐	N. A.	荷　兰	船运 7 月交货 180 纸箱
	奎宁氢氯化物	200	西　德	可能船运 7 月交货
	奎宁硫酸盐	300	西　德	可能船运 7 月交货
	奎宁 ethylcarbonate	77.4	西　德	船运 8 月交货
	奎宁硫酸盐	500+	丹　麦	船运 8 月交货
	奎宁氢氯化物	560+	丹　麦	船运 8 月交货
	奎宁硫酸盐	500	西　德	船运 9 月交货

DDRS, CK 3100375987 - CK 3100376012

张世轶译,赵学功校

中情局关于中国在越南意图的评估报告

（1966 年 7 月 29 日）

SNIE 13－66

秘 密

中国共产党在越南的意图

（1966 年 7 月 29 日）

讨 论

1. 北京已经对美国空袭在北越的燃油设施作出反应,发表了一系列公开声明和私下谈话,掀起了关注越南战争的新一轮的宣传行动。公开声明的大部分内容都不是新的,主题就是表明中国对北越的支援不再受任何束缚,而且北京和河内现在将联手对抗美国。另外,中国已经发出警告,不要低估中国支援河内的意愿,并声明中国为此准备作出最大的"民族牺牲"。在私下谈话中,中国外交部长向法国大使表示,对河内和海防空袭的不断升级和对北越的入侵将使中国卷入战争。陈毅说,美国正沿着这样一条路线行事:进一步加强轰炸,然后入侵北越,最后进攻中国。

2. 北京方面可能打算利用这些警告来预示将更直接地参与越南战争,并重申了有权在任何时间、任何地点采取行动。除此之外,还全面谴责了日内瓦协议,中国以此为采取某些公开的军事行动打下政治和法律基础。而且,在一个多月以前,胡志明可能访问了北京,结束时,中国方面可能与他一起拟定了新的立场。

3. 在另一方面,很显然,中国不得不对美国轰炸河内-海防作出强硬反应,特别是如果他们不想让苏联提出的华约声明超过他们的话。而且在中国发表声明之前,北越已经率先发布了动员命令,要求所有共产党国家继续并且更加有力地支持他们。

4. 整体来看中国的这些声明,我们认为中国一直小心翼翼地回避作出直接行动的任何承诺,并努力把自己描述为一个提供支援的角色而非直接参与者。重要的是,中国多次重申毛泽东关于外援不能代替人民斗争的学说,越南人民"应该而且有能力依靠他们自己"来进行战争。中国这样一种无缘无故地提示限制外部援助的做法旨在劝阻河内不要接受华沙条约组织提供的志愿者。但是很有可能,如果中国计划直接参与战争,它将会在外援的价值问题上采取一种较为消极的立场。

5. 判断中国的意图中一个复杂的因素就是最近其国内的危机。中国的局面一直混乱,我们根本不能确定国内危机的意义和蕴涵。在经历了一段大的骚乱时期后，中国领导层正在做出新的承诺，并且对越南战争采取了较为强硬的立场。另一方面，甚至在军队中，"文化大革命"给中国肯定造成了巨大的混乱，似乎反对在越南参战的决定。事实上，这场运动的主题思想是，主要的敌人在中国国内。与六个月以前的局势相比，在国内的宣传中，明显地较少强调准备同美国作战，比如加强民防。

6. 关于军队的迹象，目前还没有陆军或空军向南进行重大调动的证据，也没有其他此类的迹象表明中国领导层是否打算早日调动地面部队参战。而且，也没有采取此类的调动部署，打算威胁在其他地区如老挝、台湾或是朝鲜采取军事行动。

7. 因此，目前中国对越南的政策很可能主要是服务于一些政治意图。既然河内再次拒绝进行任何谈判，并重申其进行长期作战的意图，北京希望向北越作出明确的保证。由于中国的行动一直小心谨慎，北京也可能感觉到，为了增加美国的担心，需要在言辞上再激烈一些，造成中国对任何地区的干预都变得更为紧迫的印象。他们希望以此阻止更大规模地对北越的攻击。最后，中国几乎肯定希望消灭任何通过谈判解决问题的一丝希望。与河内恰恰相反，中国特别强调日内瓦协议已经名存实亡了，不应再视为谈判的基础，除非美国撤出军队。

8. 我们得出结论：中国不会因为最近美国对北越的空袭而改变其基本政策。我们估计，如果北越遭到入侵或者共产党政权有可能垮台的话，北京将几乎肯定会进行干涉。但是除了发生这些极端的事态，我们继续确信中国将不会派遣地面或空军部队同美国作战。在我们看来，中国和北越都不认为目前的局势已经严重到了需要外界参与并从而带来战争扩大的危险，包括最终的核战威胁，中国现在一定考虑到，他们只能在苏联没有明确答应帮助的情况下不得不面对这种威胁。北越在中国和苏联之间仍有相当大的行动自由，胡志明婉言拒绝了共产党的志愿者，这强烈地反映了北越不打算通过这样的方式来扩大战争。

9. 这并不是说中国卷入战争的程度不会加深，或者说是中国将自身限制在口头上。随着河内-海防的被炸和北越部队迅速开往南越，北京和河内或许估计，战争已经进入了一个新的、关键性阶段。他们预料美国会进一步加强兵力，北越打算继续加大对南越的渗透程度。他们可能也估计到美国对北越的轰炸将变得更为猛烈和广泛。在这样的局势下，中国至少可能会相信，过去美国因为种种限制未能及早作出决定，现在可能已经为入侵北越进行了某些准备。

10. 由于数月前同北越谈判的开始，我们认为中国已经开始扩大他们对北越的援助。目前，北越有大约2.5万～4.5万的中国军队，包括防空炮兵部队、工程建筑部队和大量其他后勤支援部队。中国肯定还会提供更多这类援助。除此之外，中国可能会派遣部分步兵进驻北越，最初可能是出于保卫中国人正在建设中的、位于河内西北大约75英里处的一个基地和机场的安全。修建该基地的最终意图尚不清楚，但是河内和北京可能认为，进一步加强中国的援助以应对突然入侵的时刻已经到来。

11. 这些情况表明中国在河内的影响正在加大,北越继续战争的决心得到了加强。然而,我们认为,这些情况并不能说明中国业已作出扩大战争、公开使用军队反击美国的决定。

DDRS,CK 3100127270 - CK 3100127276

张世轶译,赵学功校

中情局关于当前中国对越南局势意图的评估报告

（1966年8月4日）

SNIE 13-66

秘　密

当前中共对越南局势的意图

（1966年8月4日）

结　　论

对于最近美国针对北越的战争能源设施的空袭，以及胡志明7月17日发出进一步援助的请求，中国共产党已以中国全境进行多次声势浩大的示威游行的方式作出了回应。这些情况表明中国再次保证将对河内予以全面支持，同时重申了中国关于战争必须继续直至最后胜利的观点。与此同时，中国似乎准备向越南方面派遣更多的人力用于后勤和军事工程。而且，中国政府可能会前所未有地派遣部分步兵部队到北越，作为应付突如其来的入侵的防御措施。

然而，我们并不是得出了这样的结论，即：中国因为最近美国对北越的空袭而改变了基本政策。我们估计，如果北越遭到侵略，或共产党政权可能垮台，北京方面将几乎肯定会介入。但我们仍然相信，如果美国对北越的行动保持在目前水平上，中国还不至于承诺派遣地面部队卷入战争，也不会派出空军力量对美国军队进行有预谋和持续性的军事打击。

……①

DDRS，CK 3100361289-CK 3100361297

杨与肖译，赵学功校②

---

① 以下的讨论基本与13-28相同，略去。——译注
② 译文参照陶文钊主编：《美国对华政策文件集》，第三卷，下册，第898～899页。

中情局关于中国在北越地位的备忘录

（1966 年 8 月 5 日）

秘 密

中国在北越地位的备忘录
（1966 年 8 月 5 日）

概 述

由于中共和北越都认为战争有必要继续下去,这种观念上的相近性使得中共对北越的影响要比任何其他共产党国家都大得多。然而,北京并没有借助战争援助或者利用输送援越战争物资中介的地位来主导或者控制河内的重要决策。

1965 年的情况清楚地表明,赫鲁晓夫下台后,苏联在越南战争问题上态度变得强硬起来,河内在中苏论战中从原来支持北京转而采取中间路线。北越人很快就将其国家利益置于北京利益之前,并尽最大的可能获取两大国家的支持。

在所有的基本决策方面,越南人继续独立于北京和莫斯科而行动。例如,河内解决战争的四点计划,在美国军队撤出越南问题上,河内比起中国的立场有更大的灵活性。尽管越南人的战争政策看起来更与中国而非苏联的观点相接近,但这来源于河内本身对事态的独立判断,而非强求接受中国的看法。河内如同北京一样,仍然认为只需很少的外部援助,就能遏制美国在越南的力量,越南有足够的资源展开一场持久战。

尽管在北越共产党政治局中有重要的亲华分子,但所有的越共领导人,无论是亲华分子还是亲苏分子,主要还是民族主义者。那些支持中国人关于继续暴力革命观点的人并不听命于北京。他们像其他整个领导阶层一样,机警地避免太过于依赖中国或者苏联。

在某种程度上,北越人或许在关于南越起义的战术行动方面接受了中国人的建议。然而,在重大问题上,北越人虽然听取中国或者其他盟友的意见,但仍独立作出决定。例如,如果北越按照自己的意志决定停止战斗,目前中国施加的压力并不足以迫使越南人继续进行战争。

我们认为,除非中国作战部队大规模进入北越,否则北越人将继续维持战争的基本方向,并控制战争进程。当然,如果中国作战部队大量进驻北越,对北越在战争中独立性的估计将必须重新作出分析。

中国过去的影响

1. 在 1964 年 10 月赫鲁晓夫下台之前,中国在越南问题上已经成为主导性的影响力量。

在中苏论战中,河内在一些重大问题上公开地站在中国一边。由越南共产党第一书记黎笋领导,北越共产党领导人中一些好战成员充当了攻击现代修正主义的先锋。这一群体的领导人包括越共组织部的领导人黎德寿(Le Duc Tho);阮志清(Nguyen Chi Thanh),他可能在1965年初被派往南越指挥战斗;前驻华大使黄文欢(Hoang Van Hoan)等。1964年春末,包括范文同(Pham Van Dong)和武元甲在内的领导层中的温和派也加入到他们攻击赫鲁晓夫政策的队伍当中。

2. 北越对中国的支持和中国对北越的影响并不是北京施加政治压力的结果,而是源于越南人认为,赫鲁晓夫对美国的缓和政策正在破坏南越起义的进行。而且,赫鲁晓夫甚至不愿为河内进行战争提供全面的政治和外交支持,而北京则对北越的强硬政策给予了全力支持。

3. 然而,河内对几乎完全依靠中国来进行战争并不感到高兴,并急于寻找一个可以平衡中国的力量。1964年秋,当新的苏联领导人上台时,这个机会来了。苏联新的领导人认为共产党在南越的前景是相当有希望的,并相信莫斯科不需要冒太大的风险,通过加强宣传和对河内的物资援助就可以提高它在共产党阵营中的地位。

4. 相应地,北越迅速打开了与莫斯科改善关系的大门,并在中苏论战中退回到中间路线。这一行动清楚地表明,尽管北京一直对河内有重大影响,但它的声音不是决定性的。北越领导层中在几个月前还响应北京政策的人现在已经暴露出他们的基本民族感情,公开地寻求苏联的援助。

平衡中国的影响力

5. 美国对北越的空中打击进一步说明河内领导人不顾北京的反对而与苏联保持友好关系是多么明智。河内或许确信,唯一能有效反击美国持续轰炸的手段是获得先进的武器装备。一些装备可以从中国获得,但莫斯科显然是主要的武器装备来源。苏联对北越提供的军事援助可以平衡中国的军事援助,有助于确保中国的援助不会成为北京制约北越战争政策的决定性因素。

6. 1965年初,莫斯科和河内关系的升温激怒了中国人,这可能是北京有意骚扰和妨碍苏联通过中国将军事援助物资运往北越的部分原因,这导致河内防空系统建设的延缓。中国人的行动或许进一步降低了他们在北越人心目中的重要分量。

7. 一方面,中国人通过自己的行动向北越表明,在获取所有共产党阵营援助方面河内对北京的依赖程度。尽管铁路运输受到骚扰,但苏联拒绝通过海运向北越输送援助。最近,由于海防港进口燃料的设施遭受破坏,使得北京对通往北越的援助通道的垄断进一步加强。现在,河内燃料的进口主要是通过中国由陆路运输。

8. 然而,此种形势并没有使中国人可以对北越施加决定性的影响,因为无论是中国人还是苏联人的战争援助都不是北越坚持在南方进行战争的关键因素。即使中国人切断了陆路上苏联和其他共产党国家对北越的援助,并威胁若不遵从中国的建议就切断其对北越的援助,或许河内目前手中仍有足够的战争物资储备以供应南方的叛乱者。

北京援助的限制

9. 然而,没有证据表明,中国人有意停止向北越输送物资、武器和工程兵部队,战争对北京的利益来说是很重要的。中国人认为它是检验毛泽东"解放战争"理论的试金石,即战争可以进行下去,不会招致美国使用原子弹来反击当地的共产党人或他们的支持者。北越的声明透露出这样一种信息:北京为了使战争按照目前方式进行下去,即通过代理人打一场持久战,必要时战至最后一人,它愿意投巨资支持这场战争。只要目前北越政权的存在不受威胁,派遣中国"志愿部队"的问题就可能不会产生。河内毫无疑问欢迎北京的这种支持。

10. 然而,就目前来看,河内似乎已经意识到,将通过利用自己的资源来进行大部分的作战任务,越共政治局委员黎德寿在其2月份发表在越共一份杂志上的文章中已经强调了这一点。他写道:战略路线和革命方法是我们党必须贯彻的一种责任,因为只有我们才能越来越清楚地认识到我们国家的革命问题,

11. 越南人确信,他们必须主要依靠自己的资源来继续革命似乎反映出他们根深蒂固的一种信念。越南共产党在声明中一直倡导"自力更生"这一主题。越共和北越面对日益增加的军事压力,并没有放弃或者削弱该原则。

最近的发展

12. 最近几个月,中国人的几次声明已经明显地反映出对越南一些政策的不满,也表明北京对河内并不具有控制性影响。例如,在5月初,中国共产党的总书记邓小平间接地批评了河内数次出席亲苏的共产党会议,宣称在中苏冲突中没有中间道路可走。然而,越南人向来对中国人抨击苏联人采取听而不闻的态度。河内显然愿意忍受中国的这种隐晦攻击,只要北京不真正采取措施迫使越南人与其结成统一战线。在5月底、6月初,胡志明访问北京可能部分是为了寻求一种保证,即中国人不会完全与莫斯科决裂,否则会使苏联对北越的战争援助更加复杂化。

13. 北越最近的宣传和行动表明,胡志明中国之行的另一大目的可能是确认中国将向南部叛乱者采取进一步行动提供支持。在过去的几个月中,北越人的宣传不断强调河内坚持战争的决心。而且,北越的一些行动包括派遣一个师的兵力越过南北之间的非军事区,并加强了共产党在分界线以北的整体实力,这反映出北越倾向于在不远的将来采取一种更为冒险的战争政策。

14. 北越的行动或许恰好符合北京对战争的看法及其对北越人的建议。同时,该行动或许反映出一种北越人对战争的独立决策,它是基于这样一种估计,即可以通过持续地大量渗透来应对美国在南方的军事力量。

前景

15. 北越将继续努力平衡苏联和中国的影响。尽管这对越南人而言是一条狭窄而又艰难的道路,但在战争期间这是他们能够获得的最为有利和灵活的立场。该政策可使苏联和中国的援助源源不断而来,同时使河内保留了进行战争的最终决策。河内可以正像苏联曾经暗示的那样,能够把谈判作为未来的一种选择;或者像中国公开敦促的那样,继续进行战

争。只要北越领导人决心继续进行战争，中国反对谈判的极端立场有助于强化西方对亚洲共产党决心继续战斗的形象。

16. 然而，假如越南人决定走向谈判或使战争降级，北京的政治压力并不足以迫使他们继续战斗。当然，中国人可以谴责河内。如果他们认为这样可以在河内党的领导层中间制造不和的话，他们或许会采取这一措施。然而，中国人可能除了接受河内的决定之外其他选择余地很小。中国唯一的选择是直接干预，但是目前所有的证据表明，中国人希望避免此种选择。然而，在任何时候，如若为了应对美国地面部队入侵的可能，中国地面部队大规模地进入北越，则对战争中北越独立性的估计就必须重新分析。

DDRS，CK 3100374948 – CK 3100374955

王娟娟译，赵学功校

中情局关于中国在北越军事力量的备忘录

（1966 年 9 月 29 日）

绝 密

中共在北越的军事力量

（1966 年 9 月 29 日）

概　　述

在过去的三个月中,中国共产党在北越的军事力量并没有发生明显的变化。……①中国至少在北越有 7 支主要的部队,每支都相当于师的规模。其中一个是空军的防空炮兵师,另一个是铁路工程兵师,剩余五支一个是陆军防空炮兵部队,其他四支为特种工程兵部队。

这些工程部队是由服役的后备部队供应支持的,据说此后备部队相当于团的规模,他们是从中国南部周边地区招募而来。总之,估计中国援越部队的总数大约为 2.5 万～4.5 万人。

……②中国边界至白马市③的铁路线通过增加第三条铁路线可能已经被转化为标准的轨距。从白马到太原新的标准轨距的钢铁线路正接近完工。……④

在北越的北部地区,两大主要机场的建设正在进行中。通过对其中之一的安沛机场的活动进行摄影分析,确定它是由中国人承建的工程。此外,通讯情报和间接获得的情报也表明,中国自 1965 年 8 月以来就参与了安沛机场的建造。建设中的飞机跑道已超过 1 万英尺。

另一个可能由中国帮助建设的飞机场大约位于山西⑤(之前被认为是东河 Song Tong),在河内以西 20 英里,跑道准备延长大约 8 300 英尺。没有确凿的证据表明中国参与了该机场的建设,但从工程的规模、建设的速度和大量的建设装备上看,该工程可能超出了越南人的能力。

---

① 原文此处数行未解密。——译注
② 原文此处数行未解密。——译注
③ 越南城市。——译注
④ 原文此处一页多未解密。——译注
⑤ 越南地名。——译注

最近俘获的北越海军军官汇报说，中国工程人员正帮助北越在靠近海防的吉婆岛（Cat Ba Island）构筑岸防阵地。通过分析在东北海岸拍摄的照片，这一说法得到了证实。中国在北越的军队可能也参与了从中国南部到北越边界地带的道路修建和维护工作。

所有的证据都表明，中国部队在北越发挥了后勤支持作用。随着建设项目的完工，中国工程兵部队可能要返回中国。有些证据已经表明，有一小部分中国部队已离开了越南。

……①

最近的发展：

1. 在过去的三个月中，中国在越南的部队组织和构成并没有发生重大变化，只是做了一些微小的调整，并以新的实体单位出现，……②但这些变化并没有对中国驻北越部队的力量和任务造成重大影响。……③

2. 有一些新的发展。然而，……④

3. ……⑤

4. ……⑥早在1965年6月，当第一批中国支援部队开始进驻北越的北部地区时，他们的司令部就怀疑已经存在了。……⑦

5. ……⑧

6. ……

7. ……

8. ……⑨这意味着如果中国的一个步兵师中的一部分已经布置在北越，那有可能只是非常小的一部分，或许仅是起到支援作用，如同防空炮兵或者工程部队。

9. ……⑩所以，很可能在安沛驻扎的实际上是第67防空师。

10. ……⑪一些中国部队已经返回。

11. ……⑫这些部队中的一支可能是特种工程部队……⑬。在北越西北部的隆安地区，他们似乎有建设任务，或许已经进行公路的修缮活动。

12. 北越东北部可能存在的特种工程部队或许也已经撤离了。……⑭

---

① 原文此处一段未解密。——译注
② 原文此处一行未解密。——译注
③ 原文此处数行未解密。——译注
④ 原文此处数行未解密。——译注
⑤ 原文此处一段未解密。——译注
⑥ 原文此处近两行未解密。——译注
⑦ 原文此处数行未解密。——译注
⑧ 原文此处5及以下6、7段未解密。——译注
⑨ 原文此处数行未解密。——译注
⑩ 原文此处数行未解密。——译注
⑪ 原文此处数行未解密。——译注
⑫ 原文此处数行未解密。——译注
⑬ 原文此处数个词未解密。——译注
⑭ 原文此处数行未解密。——译注

13. ……①

14. ……

15. ……

16. 我们一直确信,中国在北越至少有 7 支师一级的军队。我们过去对其实力的评估是 30 000~47 000 人,根据最近新获得的关于中国驻越地面部队组织情况的资料,其力量已经调整到 25 000~45 000 人。

地图　中国在北越的工程建设活动②

17. 通过 6 月份低空拍照,中国在安沛进行的行动已被确认是在从事机场建设。摄像显示,机场的面积已经扩大到 10 500 英尺×950 英尺。摄像还显示,自去年秋季以来,700 个储藏/支撑建筑已经在附近建设完毕。自 12 月以来,其中大约 400 多个储藏/支撑建筑已经建设起来。这一数字已超出支持机场的所需建设数目,因而这可能是为了建立一个支持基地。

18. 新的证据显示,安沛机场正由中国人建设。1966 年,有两个在南越不同时间、不同地点俘虏的北越士兵报告说,中国的防空炮兵部队已于 1965 年 8 月抵达安沛。……③

19. 中国防空炮兵部队部署在安沛显然是旨在保卫机场建设工程,这一工程是在 1965 年 11 月开始动工的。最近的拍摄已经发现,在机场工地和支持基地周围,有 50 处防空炮台和 56 处自动武器据点。这些据点需要由中国一个师的防空部队来守卫。

20. 我们没有相应的间接报告来支持中国部队已部署在山西一带,这里正在建设另一大型机场。而且,中国的工程兵部队……④之前被认为是部署在山西,而事实上是驻扎在宣光(Tuyen Quang)地区。但是,山西地区机场建设的总体模式、设备的数量和类型看起来都像是安沛机场的翻版。而且,机场的建设速度和施工技能似乎超出了北越人的能力。

21. 从俘虏的北越海军军官获得的信息已经清楚地说明了驻扎在北越东北海岸的中国部队……⑤所起的作用。该俘虏报告说,一支大约 1 500 人左右的中国工程兵团正在海防附近的吉婆岛构筑海岸防御设施。他还指出,空中拍摄到的中国人的军营和露营地位于新的岸防基地附近。

22. 大部分报告的建设工程都已经被摄像分析所证实,而且这些据报驻有中国工程兵的建筑具有明显的军事性质。它们在设计上也类似于安沛的那种矩形的、尖顶层的储藏/支撑建筑结构,只是更大一些而已。照片分析显示,它们可以容纳大约 1 200 人。

23. 照片分析表明,自去年 10 月以来,在吉婆岛的军事活动有明显的增加,包括伪装建

---

① 原文此处 13 及以下 14、15 段未解密。——译注

② 地图略去。——译注

③ 原文此处数行未解密。——译注

④ 原文此处数个词未解密。——译注

⑤ 原文此处数个词未解密。——译注

筑和帐篷、防御阵地、建筑材料及设备和至少两个新的海岸防御工事。这些工事有四个用石头、水泥砌成的阵地,还有地道出口以及进口。它们看起来同中国南方的海岸防御阵地很类似,比河内南部的阵地更为坚固。

24. ……①然而,最近更多的情报显示,有一个特种工程兵师正在构筑海岸防御工程。

25. 驻在白马市的第二铁路工程兵师的工作仍在继续。第三条铁路可能是河内到凭祥之间铁路线的补充,该铁路是从同登②到白马市。7月2日的照片显示,在白马附近有标准铁轨的仓库。自4月初以来,我们已经注意到从白马市到凭祥的第三条铁路线的部分路段。

26. 铺设从白马市到太原的标准的钢铁混合路轨的工作仍在进行之中,这是中国人援越项目的一个主要工程。在此铁路线上的主要桥梁和隧道大部分已经完工。这将增加北越至中国南方的主要铁路线的运输能力和机动性,加快对越物资的运输速度。如果第三条铁路最终延伸至河内,越南需要的货物可以直接运抵河内,而无需再经过中转。

27. 中国的工程建设部队也可能承担了中越边界附近道路的修筑和维护任务。最近的照片分析显示,中国人大约修建和维护了北越境内的500英里的公路。此工程的大部分工作开始于1965年的中期,现存的公路得到了维护,并新铺设了一些连接点。另外,还有两条公路正在修建中,与从安沛(Yen Bai)至老街(Lao Cai)之间的红河平行。这些公路将为中国人进入安沛地区提供了便利。另外,沿着中越边界,北越与中国南方的铁路网在几个地点都已经连接起来。

地图:北越-中国南部边界道路建设活动③。

前景:

28. 当中国在北越的建设项目完工时,那里的中国军队的角色和构成将可能发生一些变化。在安沛地区建立起的一些建筑表明,该地区计划用来作为中国后勤基地的一个前哨。……④

29. 最近的证据表明,中国的海军部门加强了与北越的联系,……⑤这可能暗示出中越走向更为密切的合作趋势。在东京湾的北部,他们有可能采取海岸和沿海岛屿联合防御合作的模式,如同在防空领域一样。这可能是中国扩大对北越海上支持的一个信号,中国可能以出动更多巡逻艇或在北越水域的北部使用中国海军的形式给予支援。

30. 关于在北越中国军队的未来,随着建设任务的完成,如果并且当中国工程部队开始撤离时,这是发生变化的第一个迹象。如果去年的经验仍可以作为可靠的参考,中国人在北

---

① 原文此处数行未解密。——译注
② 越南地名。——译注
③ 地图略去。——译注
④ 原文此处数行未解密。——译注
⑤ 原文此处数个词未解密。——译注

越角色的任何重大变化那时就可以反映出来……①。中国人在作出任何事关撤离的重大决定之前,他们或许将在边境的中方一侧部署自己的地面力量。然而到目前,尚没有证据证明中国已在边界增兵。

　　DDRS, CK 3100547493 - CK 3100547509

王娟娟、赵学功译,赵学功校

---

① 原文此处数行未解密。——译注

中情局关于中苏分裂对苏联
援助北越的可能影响的备忘录

(1967 年 2 月 10 日)

绝 密

中苏分裂对苏联援助北越可能的影响

(1967 年 2 月 10 日)

概　　述

　　鉴于中国国内形势的发展,未来苏联利用穿越中国的通道将大批军事物资运往北越的可能性值得怀疑。即使没有外交关系,苏联仍可以继续通过陆路向越南提供援助,但苏联显然不想这么做。苏联人正试图向外界展示这样一个事实：如果苏联对北越的援助受阻,这只能归咎于中国人。

　　如果上述情况发生,莫斯科将面临一些艰难的选择,因为其他可供选择的路线或者极为危险或者后勤保障不稳,莫斯科可能寻求拖延和随机应变。这意味着通过海路输送某些军援以考验美国的反应,空运则可以越过中国为北越供应武器的零部件和更新武器。苏联人可能希望通过此种方式(空运)以规避更为困难的选择,即如果苏联人希望尽可能多地向北越提供援助,这将提高了自身危险程度;但如果他们减少援助,就将被人们视为胆怯。面对此种两难困境,我们认为苏联人将使用较为安全的线路为北越提供有限的支援。

　　1. 在过去的两周,中国人的行动已经很明确地显示出,假使苏联受到刺激从而率先采取主动,他们愿意彻底断绝同苏联的关系。我们认为,苏联人一直试图尽可能地拖延此种情况的发生,因为在诸多其他的因素中,苏联人已经预见到,中苏关系的破裂可能使通过中国向北越提供军事援助变得比以往更为困难。苏联一定估计到,根据中国人现在的状况,他们可能会完全阻断苏联通过中国援助北越的通道。若发生此种情况,最低限度这将会迫使莫斯科寻找其他的可供替代的线路,但好的线路并不容易找到。最终,苏联人在兑现其对河内的承诺问题上将面临一些痛苦的选择：要么拒绝扩大自己的承诺,敦促北越寻求战争的政治解决;要么冒与美国发生冲突的危险。

　　2. 对于苏联通过陆路援助北越,现在还没有更好的可以替代中国的线路。绕过中国通往河内的可能的空中线路(经由阿富汗、巴基斯坦、印度、缅甸和老挝,或者直接从海参崴)是非常危险的,而且,无论是从外交还是从后勤考虑,空运作为军事援助的主要供应线路都是不可行的。此种援助方式需要大量的飞机以前所未有的规模实施行动才能接近苏联目前通过中国铁路向北越输送支援物资的运输能力。即便如此,各种各样的技术和后勤问题将使大规模空中援助北越成为事实上的不可能。因此,海运成为运送军事援助最为经济和最为简便的途径。

3. 对中国来说,同苏联完全断绝外交关系可能是拒绝莫斯科通过中国向北越输送军事援助的一个令人信服的借口。如果中国人成功地刺激苏联人率先断绝关系,这样他们就可以更好地谴责莫斯科应对由此引起的后果负责,包括没有能力与中国谈判转运权问题。可以想见,这种考虑部分地说明了北京对苏联前所未有的痛恨。

4. 北京明显地嫉妒苏联通过对越南的援助而增加了在河内的影响力,因而宁愿减少或者有可能的话完全消除苏联对北越的援助。同时,中国人极其有兴趣看到河内继续作战,但绝不想拉紧绳子。北京几乎肯定意识到,阻断苏联对越南的援助线路将会使中越关系出现严重紧张,并且将削弱河内对政治解决方案的抵制。在理性地估算其最佳利益后,北京或许将不会选择冒这个风险。

5. 即使在中苏外交关系完全破裂之后,纯粹的技术性接触也将保持,现存的运输安排将不会被改变,例如,让北越人在中苏边界取走援助装备。因而,中苏关系的完全破裂将不会导致苏联通过中国铁路对北越军事供应的终止,尽管这种可能性非常之大。不管怎样,这为中国对苏联的军事援助进行干扰提供了一个很好的机会。

6. 莫斯科似乎已经在做最坏的准备,小心翼翼地将所有的援助记录在案,这样一旦对河内的援助减少,就可以归咎于中国。2 月 6 日,《消息报》(*Isvestis*)援引"美国资产阶级媒体"称,中国国内局势的动荡为苏联军事援助和专家通过中国领土进入越南增添了障碍,北越的防空能力将会受到削弱。……①苏联媒体称,中国人的此种行为"是针对苏联人民和越南人民的双重挑衅",表明了"中国领导人由反苏正转向反对越南人民"。

7. 然而,通过诋毁中国人的声誉是否能成功地捍卫苏联的政治和宣传立场令人怀疑。很显然,苏联可以选择通过海路向北越输送战争物资。目前,有证据表明莫斯科并不愿意这样做,为的是避免在公海上与美国发生冲突。然而,如果通过中国的运输线被阻断后莫斯科仍继续坚持这一政策,将会发现自己会被指责为胆怯,只是利用中国人来转移视听借以掩饰自己不想与美国发生冲突。

8. 尽管海防时有压港现象,但它仍有能力接收大量的军事物资,不必减少商业货物的进口。只要苏联继续在向北越提供弹药和零部件方面承担主要任务,支持北越的作战,海上运输可以与其他手段并行,而不用大幅减少其他物资诸如交通和建筑设备、机械和食品的供应,这些物资对维持北越的战争努力同样起着至关重要作用。如果苏联希望提供新的武器系统,或者大幅增加米格飞机或地对空导弹的数量,则使得问题复杂化。运送这些体积庞大的武器系统装置要求增加运输能力和更集中地使用海防港口。几乎可以确定的是,这将使

---

① 原文此处数个词未解密。——译注

得海防更为拥塞。

9. 苏联将面临越来越大的要求使用海路的压力，并不得不重新审视自己的政策。我们认为，苏联人的本能做法是试图采取权宜之计而非直接解决问题。在此情形下，苏联将试图通过空运军事物资来弥补供应的不足，绕过中国而用海路来运送那些体积较大的物资。然而，这仅是一种象征性的努力，苏联人需要很快了解到他们使用海路运送大量军事物资是否会受到挑战。为了估计美国的反应，他们预料会采取一些试探性行动。美国的强烈反应将会使苏联人面临痛苦的选择：一方面，这种选择对他们而言充满了政治和军事上的危险，并使苏联陷入中国人的圈套；另一方面，鉴于局势的变化，继续保持谨慎将会被视为胆怯。面对此种困境，莫斯科的领导人可能最终选择调整他们目前的政策，提升危险系数。但是，总体而言，我们认为苏联人将更可能选择一条谨慎的路线，放弃使用海路作为支援北越的主要军事供应线，而试图向河内说明自己力不从心。

DDRS，CK 3100186076 - CK 3100186082

王娟娟译，赵学功校

中情局关于共产党对美国
各种行动的反应的备忘录

(1967 年 5 月 23 日)

秘　密

共产党对美国各种行动的反应

(1967 年 5 月 23 日)

在下面部分中我们将讨论共产党对美国下列行动的反应：将美军增加到 20 万人；加强对北越军事、工业、交通目标的轰炸；通过轰炸和其他措施有效地封锁北越港口的运输。我们同时也将考虑美国军事承诺和轰炸的减少对共产党政策的影响。

共产党对美国扩大军事努力的反应：

1. 最近几个月大量的证据显示，即使冒战争扩大的危险，北越人也宁愿选择继续战争，而不愿通过谈判或者其他方式结束战争。北越人已经预料到在春节期间他们拒绝谈判的行动可能会遭到美国的轰炸，并可能导致战争升级。而且，他们也一定认识到，在南越尤其是在其北部省份的军事努力，势必会导致地面战争升级和美国做出新的反应。北越人在过去的几个月中，显然已经与苏联和中国讨论过要求提供额外的、或许是某种新的援助。

2. 虽然河内不能确定美国的升级战争将采取何种方式以及升级到何种程度，但显示出它正采取措施以应对越来越大的军事压力。首先，从 1967 年到现在，往北越输送的物资有了明显的增加。几乎可以肯定的是，北越人正在苏联人的帮助下计划加强它的防空能力以应对美国不断加强的空袭。而源源不断通过老挝运送的物资表明，他们相信地面战争将会扩大，至少在下个雨季期间如此。

3. 北越的不妥协态度和决心是旨在为此后的谈判谋求更有利的军事态势。但更为谨慎的推断是：河内不希望发生任何不利于它的突发性战争的逆转。因此，看起来它认为战争延长是必需的，相信自己能维持在南越的战争，以及在中苏的帮助下承受美国不断增强的轰炸。

方案一：美国宣布并开始增兵 20 万人。

4. 美国的行动可以清除河内认为美国意志虚弱的观念。但即使我们的增兵已经被共产党预料到，河内的政治-军事考量可能更大程度上是基于这样一种判断，即我们国内的政治压力和在国际承担的义务将限制美国向越南增兵的能力。而且，现在共产党的军事计划是旨在将美国和越南共和国的军队分散开，这样它就可以实施其革命发展计划，并在当地取得对美军的重大胜利，以取得一次重大的胜利。最后，正像共产党定义的那样，消耗战意味着要长时间逐步削弱美国和越南共和国的军事力量，或者至少是取得战争的僵局，这将可以对美国施加更大的压力，在有利于他们的条件下进行谈判。

5. 既然几乎可以肯定的是，河内相信战争的军事和政治结果将主要由在南越战场的进展所决定，那么只要其在南部继续战斗的能力不受伤害，它就愿意忍受美国大量轰炸所造成的破坏。相应地，北越人将意识到，相对于轰炸来说，美国大量增兵对他们的目标才构成了更大的威胁。他们或许看到了此种可能性，即美国有足够的力量应对当地的形势，比如在非军事区，也包括在重要的安全地区增兵保护。

6. 虽然如此，美国增加兵力这一行动的影响而非事实本身基本上决定了河内的反应。河内肯定认识到，美国兵力的增加将决定性地使南越战场形势朝着不利于他们的方向发展。北越人可能确信，他们的主力部队只要稍微增加一些兵力就可以应对美国的行动。他们还可能认为，如果战争持续到下一年的话，战争形势将会进入到一个新的、更高的阶段。从政治上看，形势将对美国更加不利，美国可能面临越来越大的要求结束战争的国内压力，尤其是在总统大选之年。

7. 另一方面，某些不利于共产党的趋势已经显示出来：共产党正遭受严重的损失；在越南南部征募新兵更加困难；有越来越多的迹象显示出越共的军事-政治基层组织处境恶化，士气低落。在某种程度上，如果北越想继续战争的话，可能不得不主要依赖已经渗透到南越的北越人。但是，这些北越士兵并不能有效地接管并担当越共在当地的政治和进行游击战的重任；他们最适合于常规战斗，而且需要一个庞大的后勤供应系统。如果他们被围困在高地，远离主要的人口中心，那么他们在阻止低地的越共处境不断恶化方面无能为力，共产党将处于失去南部政治基础的危险境地。他们必须承认，通过政治或者军事手段谋取成功的前景将越来越黯淡。

8. 莫斯科和北京：只要河内不改变它对战争的基本政策，美国兵力的集结或许不会导致苏联或者中国政策的任何重大变化。北越人或许将收到一些装备南部共产党军队的重型武器。除此之外，在我们集结兵力期间，苏联人可能建议河内寻求结束不断升级的战争，但我们非常怀疑苏联人是否愿意为此而向河内施加任何强大的压力，而北京将继续敦促河内坚持进行军事抵抗。

方案二：美国在现有的规模上继续战斗，在南越增加不超过1个师左右的兵力。

9. 河内：当美国的力量显示出越来越平稳的趋向时，北越的领导人将会感到压力减轻。他们或许将此解释为他们最近的估计是正确的，即美国的越南政策受到了国内政治和国际义务的制约。即使战争对共产党来说进行得并不顺利，他们大概仍然相信，美国不愿大规模增兵为他们提供了一个继续坚持目前战略的绝好机会，认为自己比美国能坚持更长的时间。河内或许认为这样一来他们将赢得决定性的胜利。然而，我们并没有说，美军维持现在的水平就可以确保河内有能力再将战争拖延两年，战争更多的取决于南越形势的发展。

10. 莫斯科和北京：无论莫斯科还是北京都没有理由对美国日趋平稳的兵力部署有过激的反应。中国人将更加确信，美国不能打一场持久战。苏联人可能会因为我们没有使战争升级而感到某种欣慰,但这也会使其没有特别的原因向北越施加更大的压力,要求他们与我们谈判。

方案三:美国加大对越南的军事、工业和交通目标的轰炸,但靠近中国边界的地区除外。另外,我们并不轰炸人口中心地区,但会迫使其关闭港口,或者袭击其未被破坏的防堤和飞机场。

11. 就河内而言,这一计划正在进行之中。而且,对河内来说轰炸并非战争最重要的方面。河内或许已经确定,只要没有大规模的入侵或核攻击,不对北越进行海空行动,战争就可以进行下去,除非到了不能忍受之时战争才必须停止。他们或许估计到美国增加空袭行动不可避免地造成平民伤亡,而要求美国停止轰炸的各种压力也将增大。

12. 我们不能准确地估计这一计划实施时共产党会采取何种对应行动。美国的轰炸级别与在河内的战略核战术,以及北京和莫斯科的反应之间并没有紧密的联系。通过对缴获的文件资料进行分析,北越在越南南部的长远军事计划并没有涉及美国对北越的轰炸。然而,中国人和苏联人的反应是可以看到的,比如说,人力和设备的供应经常在轰炸前或者美国轰炸初期到达。我们认为,北越、中国、苏联三方对轰炸特定目标的反应不如在总体上升级轰炸级别的反应强烈。

13. 我们认识到士气和国民意志难以精确地估量,这次的轰炸计划不可能在摧毁北越人的意志方面发生决定性作用,也不可能单靠轰炸就迫使北越人改变谈判态度。或许对北越而言,关键因素在于它在南方的战争前景和它对美国所承受的、可能不断增大的国内和国际压力的判断。

14. 加强轰炸的计划将导致北越从中苏寻求并获取更多的援助。结果之一是可能导致中国增加在北越的军队,包括在为中国准备的一些基地上投入中国步兵,而我们的空军进入中国领空的事件几乎可以肯定会发生。同时,轰炸的加强为苏联提供了一个向北越供应某些新的火力装备以加强北越的防空能力的良机。我们不能排除一些苏联军事人员可能会以志愿者的名义出现在北越。中国和苏联增加对越援助或许将加强北越坚持战争的决心。

方案四:与方案三相类似的轰炸计划,但同时对北越港口进行有效的封锁。

15. 这一行动最重要的附加影响是对苏联构成了直接挑战。苏联人大体上有三大选择:他们可以试图用自己的海军力量应对美国的封锁;在其他一些地区(比如柏林)向美国施加压力;或者接受主要依赖从中国通往河内的铁路系统来援助北越。苏联人或许认为第一个选择在军事上是不可行的,危险太大。第二个选择有时看起来很有吸引力,但有很高的危险性和不确定性。第三个选择看起来在所有的选择中最为可能。但苏联也可能会采取一些有力的外交行动,在联合国谴责美国以引起国际社会的注意,并以此来说明美国和苏联的关系正走向危险的关口。

16. 由此而带来的一个重要政治后果是将中国置于一种居高临下的位置。北京将不仅控制援助河内的供应线,而且在牺牲苏联的情况下,几乎可以肯定的是增加了对河内的影响力。中国日益增大的平衡作用和影响力将直接导致其劝说河内坚持战斗。为此,中国人仍然必须同意苏联通过其铁路向河内提供援助,他们自身也必须向河内明确说明,如果美国持续的轰炸和布雷严重削弱了北越的经济和政治控制能力,中国将采取怎样的军事行动来支持北越。

17. 可以想见,由于美国加强了轰炸行动和阻断其港口运输,北越的局势慢慢恶化,从而迫使北越感到有必要改变其政策。尽管我们不能事先估计河内愿意改变多少,但是河内不可能因我们的轰炸和布雷计划所造成的压力就选择谈判或者结束战争。无论如何,关键因素是河内对其在南部发展前景的看法和对新升级的布雷行动所引起的国际反应的估计。

某些措施或混合方案的影响

18. 以上所列各项增加军事压力的措施或者是将各项措施结合使用,有可能促使河内认清一个事实,即它的总体军事和政治态势尤其是南部取得胜利的前景正严重恶化。在此关键时刻,北越盟国的态度对北越来说变得异常重要。中国人无疑会敦促他们继续战斗,或许建议他们在南部重新回到游击战。我们认为中国不可能提出由中国军队公开地进入越南南部,越南也不会接受。我们认为,对苏联人来说,现阶段是一个绝好的机会,它可以强烈敦促河内寻求政治解决,尽管我们不认为苏联人会运用任何制裁措施来迫使河内这样行事。至于河内如何回应其盟国提出的建议,我们难以做出令人信服的判断,但倾向于认为河内可能兼采中苏的建议,比如,谈判与坚持在南方开展游击战同时进行。

19. 另一方面,河内也可能选择另外的行动路线。以往,我们曾估计了北越不太可能采取的许多种反应,因为这些反应将招致美国采取进一步的报复行动。然而,如果北越人感到美国决意要消灭北越,他们在某种程度上会抛弃这种克制。因此,河内可能寻求攻击美国的航空母舰和其他海上船只;在老挝北部或许还有泰国东北部增加军事压力,进一步发挥自己的作用;在南越逐步加强暗杀和城市的恐怖行动,甚至可能会用来自北部的武器攻击美军基地。这些行动的目的可能不是为了影响军事形势的发展,而是企图获得更为有利的谈判筹码。

限制美国空袭北越南部的影响

20. 共产党对该行动的反应在很大程度上是取决于美国行动的时机,以及美国同时或随后采取怎样的行动。在某些情形下美国采取这一方案,河内和北京或许会将轰炸政策的转变归结于国际舆论和美国国内的批评,并由此认为,这证明了他们对美国的看法是正确的,即美国不能进行持久战。若美国清晰地表明,轰炸行动的目的乃至使进入南越的人员和物资转入付出更高的代价,那他们的这一解释可能会消除。但如果在美国显示出有意在南越增兵并采取其他行动封锁或减少北越通过老挝对南越的渗透之后再减少轰炸,那么这一行动可能更为有效。

21. 在后一种情况下,河内的反应可能有赖于外交行动,美国已经为谈判进行了准备,特别是确立了谈判方案。我们不能肯定河内是否在事实上准备走向谈判。然而,至少他们必须承认,重新定位的轰炸计划可能将减少美国国内外的压力和批评,这为美国坚持长期作战增加了机会。如果在美国集结了另外的军事力量之后再采取这些行动,北越人可能会将此解释为美国试图允许河内走出军事僵局并迈向谈判桌。在此情形下,我们提供的谈判方案将在很大程度上决定河内的反应。

22. 苏联人或许比河内更倾向于认为美国行动的目的是为了寻求谈判,而决非美国决心下降的标志。相应地,他们或许将建议河内试探美国的立场,寻求可能的谈判。然而,苏联人将不可能向河内施加太多压力以促其做出回应。

DDRS, CK 3100361757 - CK 3100361766

王娟娟译,赵学功校

中情局关于中越摩擦的备忘录

（1967 年 6 月 21 日）

绝　密

中 越 摩 擦

（1967 年 6 月 21 日）

概　　述

自 1964 年赫鲁晓夫下台,北京成为越南共产党唯一有影响的盟友以来,北京和河内的关系已经大大地恶化了。虽然没有明显的证据,但其恶化的关系已经影响到各方对战争的态度。北越人希望撤出战斗,而中国人似乎愿意继续向河内提供物资和技术援助,只要越南人作为中国的代理人继续同美国作战。

河内和北京之间的问题在于,莫斯科不断增加对越南人的援助,而河内渴望获得苏联的援助,并时常表现出独立性。北京对河内走向谈判桌的可能性忧虑不已,因此在最近的几个月中中越新的摩擦不断。

河内现在对北京的态度是明显的憎恶、不信任和不满。北京对战争行动的傲慢说教激起了河内对历史上中国帝国主义的憎恨。而中国日益混乱的"文化大革命"在越南人中间引起了恐惧和不安全感,越南人严重依赖中国的军事援助和食品供应,并通过中国铁路运送来自苏联的军事物资。最近的几个月中,对于北京竭力煽动北越的华人宣传"文化大革命"的行为,北越人或许会更加警觉和愤怒。

河内的态度

1. 在过去的两年半中,河内对中国共产党的态度发生了较大的变化。在赫鲁晓夫下台之前,北越明显地将中国视为他们主要的盟国,形容他们亲密的关系如"唇齿相依"一般。北越的媒体对苏联"现代修正主义"进行了不遗余力地攻击,对北京则不失时机地进行颂扬。很明显,北越的这种态度几乎完全因为中国为其提供了政治和物质上的支持,因为河内正试图夺取南越,而赫鲁晓夫则对此很少提供物质或者政治上的支持。

2. 然而,现在,河内对北京的态度已经改变到这样一种程度,北越共产党的一份杂志在第 5 期刊发了间接但明白无误地针对毛泽东的个人批评和全面批评"文化大革命"的文章。

3. 实质上,河内态度的这种变化是逐步发生的。当赫鲁晓夫之后的苏联领导人开始为北越的战争努力提供更大的支持时,北越人放弃了他们的反苏宣传,开始将苏联和中国置于同等的地位。河内一直坚持与苏联保持紧密关系，不管北京如何努力地鼓噪、劝说它重新回到之前的反苏立场。

4. 随着北越防空需求的增强，尤其是先进的防空设施只能从苏联获得，河内与苏联的关系已变得更加密切了。相应地，北越与北京的关系开始变得日益紧张起来。中国傲慢地拉越南加入它的反苏战线使得中越关系更为紧张，从而进入一个新的低点。

5. 北越也已经发现它自己正被北京不断地、专横地训诫，北京反对其在美国停止轰炸后与美国重新谈判。但当谈判这一策略有利于共产党的事业时，北越人决心选择与美国谈判。中国人甚至坚决反对提及谈判的可能性。目前尚不清楚，河内在1967年1月作出谈判的决定在多大程度上是出于换取美国停止轰炸，还是出于它对中国国内日益混乱的担心。无论如何，这一问题已成为导致中越不和的主要刺激物，而且看起来在一段时间内都可能如此。

6. 在中越两个共产党盟友之间另一摩擦点是毛泽东的"文化大革命"。由中国内部的动荡引发的混乱已经引起了河内的高度关注。北越人已经清楚地意识到：中国的这种混乱严重削弱了中国干预战争威胁的可信度，而这种威胁却是北越人手中持有的一张王牌。中国内部的冲突也可能导致苏联通过中国铁路向越南输送重要物资的终止，而这也是北越人所甚为忧虑的。但是，目前没有证据证明：由于中国的内乱，铁路供应线中断而导致北越遭受了严重的损失。虽然如此，但有一大威胁——中国的"文化大革命"已足以使中越关系恶化。最近，外国人屡次引用几个北越发言人的言论，他们认为北越人诋毁中国的"文化大革命"，并公开藐视中国"文化大革命"的过火行为。

7. 北越对"文化大革命"的憎恶无疑还受到最近几个月某些中国共产党人在北越的所作所为的刺激。1967年2月，中国驻河内的大使馆人员在苏联大使馆外举行游行。而且，中国人还通过在越南的华人社区四处传播"文化大革命"。如一个之前在越南居住的华人所言，……①，中国人要求每个到越南的访问者详细解释其访问越南的目的，是否并给谁传递消息，交换什么货物等等。

8. 北越人已经对中国人的这些行为做出了反应，疏散了示威者，也明确告知中国驻越大使馆人员不允许他们在越南的华人社区散布反苏言论，外国人通过柬埔寨而非中国口岸进入越南。另外，在最近几个月中，北越共产党已经发布了许多长篇累牍的文件，告诫党员要警惕"文化大革命"所隐藏的危险，尽管并没有点名批评。特别是，越南共产党的领导人已经很明确地使每个越南人都明白，越南共产党不会容忍任何团体或个人对党的权力的挑战。这实际上是指中国毛泽东依靠军队和红卫兵作为攻击党的武器。

9. 尽管北越非常明显地对毛表示不满，北越人小心翼翼地隐藏了一个事实，即正是他们所攻击的中国人希望他们尽量避免与北京公开、直接的对抗。只要北京继续为北越的战争努力提供支持，并允许苏联通过中国的铁路线向北越运送支援物资，北越人可能至少会试

---

① 原文此处数个词未解密。——译注

图与中国保持正常的外交关系。而且，当北越认为中国人的建议和施加的压力与其利益相违背时，北越人无疑将继续无视他们的建议和压力，而坚持自行其是。

北京的观点

10. 北京对越南战争的看法和对北越人的态度，从一开始就多少带点愤世嫉俗的味道。中国一直寻求将冲突维持在代理人战争的水平上——以最小的危险和代价来打一场战争。基于此形势，中越周期性的摩擦已是不可避免，去年这种摩擦已经日益严重化。

11. 中国人经常对北越展现出来的独立性和它继续接受苏联的大规模援助表示不满。中国时时对北越可能消退的战斗决心，以及它可能决定走向谈判桌的诸种可能性感到不安。北京对此结果的忧虑看起来暗示着自今年以来它对河内的不满日益增多。

12. 去年12月，我们对由中国共产党国际联络部部长……①率领的访问团的分析表明：即使发生突发情况，北京仍然坚持其原先既定立场。中国共产党的官员坚持，即使胡志明决定与美国谈判，这一形势发展也不能证明毛泽东理论的失败。他暗示中国人将越南人走向谈判桌的行为视为由于苏联的压力而放弃正确路线，中国人宣称将像反对1966年北朝鲜领导人金日成接受苏联建议一样反对北越的错误路线。

13. 1月28日，北越外长阮维桢（Nguyen Duy Trinh）与"左派"新闻记者威尔弗雷德·伯切特（Wilfred Burchett）的会谈报告更增加了北京的疑虑。中国人可能私下里已经向越南人表示，阮维桢在谈判问题上的温和声明不够明确，但北京避免公开提到那次广泛报道的采访。同时，中国人通过抨击苏联人在谈判问题上的立场从而猛烈但间接地攻击了河内的立场，因为他们两者的态度很接近。

14. 北京的这一批评以"观察员"名义非常明确地发表在2月20日中国的权威性媒体《人民日报》上。"观察员"谴责了苏联帮助和支持美国的"和平阴谋"。美国停止轰炸后，苏联就与帝国主义者一起迫使河内谈判。中国人不止一次地强调他们自己的立场：越南问题的解决取决于美国军队完全从越南撤出，而不仅仅是停止轰炸。

15. 3月2日北越代表与联合国秘书长吴丹在仰光举行了会谈，北京的反应是冷冰冰地沉默。3月21日河内方面公开了2月份胡志明与约翰逊的通信，北京的反应依然如此。胡志明与约翰逊的来往信件指出了北京与河内之间在会谈问题上存在着分歧。

16. 4月末美国增大了对北越的军事压力，但北京并没有做出预料中的反应。5天后，中国人才做出反应。4月25日，北京的外交部对美国轰炸海防地区发表了声明，这仅是对此前谨慎谴责美国和许诺继续支持越南的简单重复。美国对河内的轰炸进一步升级，但中国外交部5月21日发布的声明采取了与前面相同的立场，强调了越南人民有力量击败敌人。

17. 在过去的12个月中，从中国政府的声明中可以明显看出它对美国的谨慎和对越南的不满。新闻记者西蒙·麦利（Simon Malley）宣称与周恩来及其他中国领导人进行了会谈，北京对此非常敏感，迅速作出回应，批判了麦利的文章。麦利的文章首次刊发于5月14

---

① 原文此处数个词未解密。——译注

日。在5月16日,新华社就明确否认了麦利曾与周恩来或"任何其他中国领导人"举行过会谈,并宣布麦利的文章纯属无中生有。

18. 北京对麦利系列文章迅速做出反应的原因尚不清楚,很可能是因为麦利在发表的第一篇文章中对中国人关于越南战争的意图作了耸人听闻的报道,从而促使北京采取行动。在文章中,麦利引用了周恩来和"文化大革命"领导人陈伯达的评论,提出了一个新的可能性,即中国将公开参战。麦利宣称,周恩来已经告诉他,如果苏联和美国准备安排一个出卖越南人的协定,中国将派兵赴越。麦利转引陈伯达的话说,"我们将决不允许这样一个和平协定强加给越南人民。如果这意味着我们必须面对战争,我们将自豪和充满信心地参战"。

19. 这一言论若出自周恩来和陈伯达之口,表明中国将扩大自己的承诺,直接参战,因此,这是对北京自1965年秋天以来一向非常谨慎的外交立场的大转变。同时,中国单方面干涉而不顾及越南人的意愿,这也引起了越南人的忧虑。5月28日,北京再次否认麦利的说法,明确谴责这是苏联和美国离间中越关系的"政治阴谋"的一部分。中国人再次努力批驳麦利的系列文章,这说明这些文章在中国外交的敏感区域造成了一些问题,北京正迫切地想减少它与越南的摩擦和紧张。

20. 因为各种各样的原因,中国对北越并非完全满意。但大体说来,北京或许认为目前越南的形势相对说来是好的,希望看到它继续保持下去。中国人已经屡次重申,或许仍然认为,时间在共产党一边。他们清楚地意识到,如果战争长时间持续的话,美国政府难以承受国内和国际政治的联合压力。相应地,对北京而言,关键的因素是保持战争继续下去。只要越南共产党继续战斗,中国人将愿意给予河内所需要的物质援助和技术支持,也愿意忍受河内在意识形态上或民族的刚愎自用,——比如在5月份发表在《人民军队报》①上的文章间接攻击毛泽东,这些北京都能选择视而不见。

中国对战争的军事支持

21. 尽管在北京和河内关系之间已经显示出了不合的迹象,但中国对越南支持的层次或形式并无变化。在过去的四个月中,驻扎在北越的中国部队的力量和构成保持稳定。中国士兵的总数大约在2.6万~4.8万人之间。可以初步辨别出来的部队单位有4个防空炮兵师,1个铁路工程兵师,4个怀疑是特种工程兵师。这些工程部队通过提高和维持交通供应线为部队提供后勤支持。他们也建设了一座大型战术机场。防空炮兵则被用来防护这些建设项目。北京自1966年2月以来一般每六至八个月轮流换防一次。最近的一次换防是在5月30日至6月3日之间,此间,原先驻扎在谅山(Lang Son)和安沛(Yen Bai)的防空炮兵已经被从中国新来的部队所代替。

22. 中国人继续在中国境内为北越的战斗机和其他飞机的藏储和维修提供庇护。北越

① 该报创办于1941年,前身为《北山报》;后更名四次,1957年改名为《人民军队报》,为越南人民军总政治局机关报。——译注

6架米格战斗机在5月末飞往中国的西南地区即云南省的北屯（Peitun）基地。在5月23日，10架战斗机从这一飞机场起飞，此飞机场已成为越南战斗机的维修基地。

23. 除了这一重要服务外，中国人看起来还提供给越南人一些飞机以弥补其损失。北京还不能提供取代超音速米格-21战斗机的飞机，而是从其存货中提供一些老式的飞机。5月27号和28号，由越南人驾驶但或许是归中国所有的12架米格飞机，从中国南部的两个机场起飞进入北越。

24. 中国对北越的物资援助继续增加，苏联通过中国铁路运送到北越的物资也没有被耽搁。铁路运输似乎一直在不断增加，估计今年可能要比1966年超出42万吨。平均每月大约有10艘船抵达北越，大体与1965年和1966年相当。

DDRS，CK 3100019311 - CK 3100019320

王娟娟译，赵学功校

中情局关于柬埔寨与越共关系的备忘录

（1967 年 11 月 16 日）

绝 密

柬埔寨与越共关系
（1967 年 11 月 16 日）

一、军事发展：北越 B-3 先头部队的主体部分于 1966 年在柬埔寨建立基地，但现在已经转移到越南南部的达多(Dak To)地区。其他 B-3 先头部队已经从他们在柬埔寨的活动区域转移到南越(段落 2)。尽管禄宁(Loc Ninh)①地区对于敌人的行动可以起到辅助作用，但还没有证据表明在 10 月底共产党方面从柬埔寨领土向该地发动了进攻(段落 3～4)。有许多关于共产党的医疗、通讯设施在柬埔寨活动的报告(段落 5～6)。柬埔寨已经在东北部建立了一些新的哨所，但目的主要是为了控制部落的分歧与不满，而非为了对付越共(段落 7～9)。金边对在东北部的联合情报行动有所疑虑(段落 10)。

越南共产党继续从柬埔寨处获取食品和其他非军事物资的供应(段落 11)。一个叛变的越共士兵说，他所在的部队位于柬埔寨的干丹(Kandal)省②，他们在柬埔寨获得弹药，柬埔寨的一个边界所向他所在的部队许诺若在针对南越的行动中需要支持，可以从柬埔寨获得迫击炮的火力支持(段落 12～15)。许多关于中国共产党对越共的武器供应是通过西哈努克省到达越共手里的很多报道并没有被证实(段落 16～19)。

二、政治发展：西哈努克亲王再次否认越共军队驻扎在柬埔寨(段落 20)。他重申了对美国在柬埔寨军事行动后果的警告，并再次表明他相信共产党会赢得在越南南部的战争(段落 21～22)。周恩来最近致力于提升中国与柬埔寨关系的努力看来已经从西哈努克处收到了很好的效果与反应。

一、军 事 发 展

共产党基地地区

1. ……③北越 B-3 先头部队的主体部分在 10 月期间显示已经向东北方向转移。越共 B-3 前线部队三个团中的两个，即第 32 和 66 团自 1966 年以来就一直驻扎在柬埔寨，已经

---

① 越南与柬埔寨的交界处。——译注
② 位于柬埔寨南部的省份，首府金边亦位于该省。——译注
③ 原文此处数个词未解密。——译注

在10月底移师至越南南部的达多。第88团在9月重新部署,从越柬边界高地移师至越南南部福隆(Phuoc Long)省。

2. B-3先头部队第一师的指挥部也向北转移,由他们之前活动的柬埔寨腊塔纳基里(Ratanakiri)省移至三国交界处。另外,至少B-3先头部队的33团的一部分已经向东转移,从柬埔寨移师至越南南部的达拉克省。在1967年的大部分时间里,此军团一直驻扎在南越。

3. 在遥远的南部,10月初,B-3先头部队司令部和越共第7师的先头部队驻扎在柬埔寨的磅湛省,而越共的第9轻步兵团沿着边界部署在柬埔寨的桔井省。然而,……①没有证据证明越共卷入了10月末发生在柬埔寨至禄宁的袭击行动,或者在战斗过程中为其提供庇护。

4. ……②柬埔寨的军方……③介绍了禄宁和……④战斗的情况,柬埔寨边界部队采取的是预防性的防卫措施。……⑤然而,事实上,共产党在禄宁至边界地区已经有了医疗设施,并获得了食品和其他物资。这非常清楚地表明,柬埔寨地区在敌人针对禄宁的行动中至少起了辅助作用。

5. 一个北越的陆军中尉——在其叛变之前,他是南越中央办公室人员,已经描述了驻扎在西宁(Tay Ninh)省西南地区共产党军队的装备情况。他指出了越共在柬埔寨一个300人规模的医院、一个制造手榴弹的工厂的具体位置,以及在边界地区越共的两个广播电台和一个联络站。他还说曾经看见过250人驻扎在联络站。

6. 这些设施分布在越共活动频繁的地区。缴获的敌人文件显示,共产党主要利用柬埔寨边界地区作为医疗设施的驻地。另外,解放阵线广播电台也在边界地带活动了较长时间。叛变人员的口供也强调了共产党基地经常是设立在柬埔寨和南越交界地带。

柬埔寨增加了边界军事力量

7. 与此同时,有一些迹象显示,金边正作出较大的努力来增加政府军在东北部边远地区的力量,……⑥最近,柬埔寨沿着与南越和老挝搭界的腊塔纳基里省和蒙多基里省新建立了一些边界哨所。……⑦柬埔寨的第23营中的一部分被部署在德浪河谷。北越军队自1965年底以来一直在此山谷活跃,期间曾与南越军队在边界区域发生过一场大战斗。其他小部分的柬埔寨军正往腊塔纳基里省19号公路以北人烟稀少、贫瘠的农村地区转移。

8. 尽管这些柬埔寨的新据点部署在已知或怀疑是共产党活动的区域,但没有证据证明……⑧建立这些新据点的直接目的是为了对付共产党。

---

① 原文此处数个词未解密。——译注
② 原文此处数个词未解密。——译注
③ 原文此处数个词未解密。——译注
④ 原文此处数个词未解密。——译注
⑤ 原文此处数行未解密。——译注
⑥ 原文此处近一行未解密。——译注
⑦ 原文此处近一行未解密。——译注
⑧ 原文此处数个词未解密。——译注

9. 这些部署或许清楚地反映出金边政府对其东北部地区控制的严重不足的担心。除了面对北越正规军在其领土上的活动，柬埔寨政府现在还面对着新的、潜在的爆发部落冲突的危险。尽管还没有关于冲突的报告，但这一地区的民众已经举行了数次大规模游行，有一次甚至包围并迫使一个警察哨所撤回。部落民众一直在抗议食品短缺和省政府在该地建立另外的安全点。尽管这几年有一些报告说一些山地土著部落曾处于共产党的影响之下，但最近的不满行动是否由共产党所煽动尚不清楚。不过，一些部落的持不同意见者也曾抗议肯尼迪夫人的访问，这与共产党在柬埔寨其他地区的手法相同。

10. 金边也对在东北部地区可能的联合情报行动表示出某种敏感。柬埔寨媒体机构在 11 月 7 日称，有新闻报道美军几支小分队正在腊塔纳基里省寻找越共军队，柬埔寨要为美国的入侵做好准备工作。……①柬埔寨的边防部队已经被命令提高警惕性以应对美国可能通过直升机越过边界的军事行动。还有一个未被证实的报道称，三名参加了此次行动的南越士兵已经被俘。金边对这些报道的低调处理符合其一贯的行动，然而，这也表明，它缺乏这些活动的确凿证据。

供应行动

11. 共产党正继续从柬埔寨获得大量的食品和其他非军事物资。……②9 月，许多满载食品和药品的船只正沿着公河③一路北下，而这些物资就是提供给驻扎在老挝的北越军队的。尽管有报道称，这些船只受到了一些阻挠，但今年的运输规模看起来与 1966 年大体相同。同时，尽管柬埔寨努力阻止这种违法的运输，但提供给越共的物资还是通过南越的边境送达越共手中。

12. 去年 5 月，一个叛变的越共士兵供出了他所在的部队在柬埔寨进行战斗和物资供应的一些情况。他所在的部队——新安④后勤服务部门驻扎在柬埔寨的干丹省。弹药储藏库位于柬埔寨境内 1 英里的湄公河边。他们首先将弹药运至柬埔寨内的一个中转站。另一支部队则将这些弹药运送到南越朱笃省的 7 座山脉地区的部队。这些弹药主要来自中国，是 60 毫米的手榴弹、B-40 火箭筒和其他一些小型武器。

13. 这一情报来源并没有解释弹药是如何到达湄公河处的储藏点的，但该士兵说，越共并没有将湄公河作为南北运输的线路。越共仅在夜间穿过湄公河，正像柬埔寨所要求的那样避免了"外交上的难题"。该士兵还说，柬埔寨人对越共的存在心生恐惧，因为冲突的危险正在这一地区滋生。然而，越共却与柬埔寨军方人员保持着融洽的关系。除了让越共仅在夜晚运输战争物资之外，柬埔寨几乎对越共没有什么限制。

14. 该士兵强调他所在的部队在去年 3 月袭击南越的联合哨所的行动中负担支援 267 营的任务。之后，267 营携带其伤亡人员穿过边界撤退到柬埔寨，而留下来的人员则为将来

---

① 原文此处数个词未解密。——译注
② 原文此处数个词未解密。——译注
③ 该河流经柬埔寨和老挝两国。——译注
④ 老挝地名。——译注

的行动做准备。他说,在袭击期间,一个柬埔寨的边界哨所为越共提供了少量的无后坐力的步枪弹药,柬埔寨人还向他们保证,若需要还可以提供迫击炮火力支援。

15. 柬埔寨干丹省的边界长期被越共用来做避难所和物资供应地。该叛变人员对战争情况的描述与我们缴获的越共资料有不一致的地方,尤其是在阻止越共穿过边境运输武器或者从柬埔寨实施袭击行动方面。……①该叛变士兵关于柬埔寨为越共提供少量弹药供应的情况可能是真实的,但柬埔寨许诺给越共以迫击炮火力支援和沿着边界给予越共弹药支持的说法则是令人怀疑的。但是,该士兵的说辞可以进一步说明,共产党对柬埔寨领土的使用在很大程度上取决于与柬埔寨地方官员关系友好的程度。

在西哈努克的行动

16. 另一份报告称,共产党中国正通过柬埔寨的西哈努克港口向北越运送武器弹药。

17. 一个未经证实的……②消息来源称,他听一个金边的船运公司的经理说,北京不再为柬埔寨军队供应武器,而是通过托运的方式转交给越共。该经理被认为与驻金边的北越代表团有紧密联系,但并不能证明该消息是建立在特定的消息来源基础之上,或者仅仅是反映了在金边流行的某种猜测。其他情报来源则否认将物资移交给了越共。

18. 根据同一个情报来源,即来自一个中国共产党的运输代理人,去年10月底,大多数援越货物是在西哈努克港口从中国商船"友谊号"卸货,然后移交给柬埔寨政府。该情报来源还称,柬埔寨人负责"友谊号"船的卸货,这些货物包括军事物资和600吨的一般商品。……③反映出"友谊号"货物的存在。

19. 在评阅被报道的中国"友谊号"运输军事物资时,我们有理由谨慎一些。其一,"友谊号"显然并没有像其他运输军事物资的船只一样很快地卸货。而且,也缺乏有关货物处置的情报。……④

二、政治发展

20. 9月初,西哈努克亲王利用在金边的大批西方新闻记者向媒体重申,柬埔寨没有越南军队。正如他过去所伪装出来的合理姿态一样,西哈努克承认,少量的越南共产党军队可能偶尔穿越了柬埔寨边境,这种情况是可能发生的。他声称,当越共军队遇到柬埔寨巡逻队时,他们通常被要求返回南越。他还说愿意向新闻记者提供交通工具赴柬埔寨东北部观察越共军队是否在柬埔寨或者西哈努克小道是否正在被使用。

21. 西哈努克比其过去的立场更进了一步,他警告美国在柬埔寨发动军事行动所带来的可能后果。他宣称,柬埔寨人民将抵抗美国任何占领柬埔寨边境领土的行为,即使这是为

---

① 原文此处数行未解密。——译注
② 原文此处数个词未解密。——译注
③ 原文此处数个词未解密。——译注
④ 原文此处数行未解密。——译注

了阻止越共以柬边境作为避难所。他警告说,美国这样的行动只能使柬埔寨落到越南共产党和中国共产党的手中。

22. 西哈努克表示,他仍然相信共产党将在南越取得胜利。他提到美国将在两年内撤退。然而,这与之前他宣称美国不会被赶出南越的说法相冲突。他还被迫承认共产党接管下的南越对柬埔寨的未来并不见得是一件好事。

東埔寨与共产党中国的关系

23. 西哈努克亲王对北京最近缓和与柬埔寨关系的努力作了积极的回应。11月1日,他宣布已经收到了周恩来总理呼吁重建真诚的中柬关系的信函。按照西哈努克的说法,周恩来承认了西哈努克对柬埔寨的领导地位,并重新确认了中国将遵守"万隆原则",不干涉柬埔寨的内部事务。西哈努克在过去的几个月中曾多次指责中国在柬埔寨的宣传行动违背了这些原则。

24. 中国总理在9月中旬传达的信息,看起来更像是周恩来的某种外交艺术的表达但这却促使西哈努克改变了要从北京撤回外交人员的决定。

25. 作为对周恩来最近发出的呼吁的反应,西哈努克宣称,他愿意终止反华宣传,接受一种"完全的和解"。随后,西哈努克取消了他之前计划明年初实行的全民投票。全民投票只是为了显示民众对西哈努克政府的信心。亲华的"左派"人士也要求西哈努克改变政策。

26. 然而,西哈努克也宣称,中柬关系的真正缓和将完全取决于共产党在柬埔寨行动的终止。因而,共产党在柬埔寨全国持久的宣传攻势,以及最近有情报说小规模的共产党的持不同政见者正积极展开活动,这些都影响着柬埔寨与中国的关系。最近西哈努克重新表达了他对中国支持柬埔寨亲共产党分子的疑虑,但他对周恩来信件的反应强调了他希望至少维持一种正面的真诚的双边关系。

DDRS, CK 3100019289 - CK 3100019300

王娟娟译,赵学功校

中情局关于中国对印度支那形势反应的评估报告

（1970 年 5 月 28 日）

SNIE 13－9－70

绝　密

中国对印度支那形势的反应

（1970 年 5 月 28 日）

说　　明

　　柬埔寨的卷入给印度支那战争带来了新的格局。本报告将分析中国和北越如何应对未来形势可能的发展，尤其是在军事领域，这将可能迫使其考虑在战略方面进行重大调整；同时，本报告还将估计，若这些假设成为现实，他们将如何反应。美国及其盟国一定范围内的军事卷入或者其他行动，可能正是共产党所预料的行动，而非美国的盟友所希望采取的行动。

评　　估

一、北京对印度支那战争的看法

　　1. 北京对越南战争期间东南亚事态的观察主要是从其对该地区的政治统治的愿望出发的。它的目标是长期的，并没有固定的时间表，而且是打着领导世界革命运动的旗号。更为直接的是，北京将印度支那战争视为长期解放战争的继续；之前针对法国人，现在是反对美国人。北京对印度支那共产党的建议一直是连续不间断的。中国建议他们坚持自力更生和持久战，直至他们能击溃敌人或者摧毁敌人战斗的意志，同时也提醒他们，当然偶尔也会遇到失利的情况，并遭受较大的损失。中国认为，只有通过此种长期的、代价高昂的斗争，印度支那共产党才能取得最终的胜利。他们必须自己坚持战斗，而不能依赖外来力量。

　　2. 一方面，中国人将此种战争视为对毛泽东"人民战争"理论的检验，确信印度支那战争的胜利将提升中国在亚洲的声望，并将支持他们在意识形态方面优越于苏联的主张。另一方面，北京也必须考虑到战争逆转的可能性，这将给中国南部边界地区造成安全威胁，并由此可能与美国发生直接的冲突。实际上,这意味着,中国在军事上宣传"人民战争"的同时,自身小心翼翼地置身于战火之外。

3. 在界定它在战争中的作用方面,北京一直是慎之又慎。迄今为止,中国一直奉行的政策是:避免直接动用地面部队,减少与美国发生偶然冲突的危险。有证据表明,在1965年期间,北京领导层经过长时间的激烈争论重新确定了这一基本原则。这种争论是在国防部长林彪和他的参谋长之间展开,主要是对美国当时正在进行的大规模干涉越南战争的评估,以及中国对此作出的可能反应。最终,林彪以赞成毛泽东的"人民战争"理论而结束了争论。他强调了防御的纵深化而非越过中国边界迎击威胁。

4. 这一不公开干涉越南战争的决定符合北京一贯的政策,至少是符合自朝鲜战争以来的政策,即不冒与美国或者苏联发生严重冲突的危险。目前还没有证据表明,在研制出核武器后,中国已经改变了其基本立场。的确,中国研制出核武器产生了使其头脑清醒的效果。面对1969年的中苏边界冲突可能引发的核战争,中国人将局势稳定了下来。我们判断,中国内部的混乱形势和它本身与苏联之间悬而未决的问题使中国领导人倾向于继续采取谨慎地考量面临的危险,这已经为最近几年他们的行动所证明。这意味着,中国在东南亚的目标应该是通过颠覆、革命行动和外交途径来实现,而非公开地使用其军事力量。

5. 最近的发展。印度支那最近发生的事件不可能改变中国的基本策略。即使美国/越南政府军进入柬埔寨,也不会根本影响河内继续战争的能力,北京可能会将我们的联合行动所带来的威胁最小化。此外,由于战争扩大到柬埔寨引起了美国国内的反对,北京或许预见到它能够从这一政治反应中获取直接的好处。如果美国不从柬埔寨撤军,北京就会认为,美国愈来愈深地陷入了一场扩大了的战争泥潭,这将激起美国国内和国际社会日益强烈的反对。至少在这一意义上,美国是否继续按照时间表撤军,或者是否继续卷入柬埔寨,对于北京来说并无实质性的区别。

6. 在北京看来,美国正在打一场失败的战争,河内为了最终战胜美国,它会更耐心、更持久地作战。为了维持河内的这种耐心,中国将继续向北越提供经济和军事援助。更为重要的是,北京现在或许要比"文化大革命"期间更能为北越提供稳定的、可以依赖的政治支持。自去年秋天以来,北京与河内的关系已经改善了很多,最近柬埔寨的事态使北京和河内更为接近。从近期黎笋的访华便可发现中国明显的变化,较少露面的毛泽东和林彪都出面了,这是中国牺牲莫斯科以加强与河内联系的证据。毛泽东本人在最近的一次讲话中强调了要谨慎地利用西哈努克,其目的也是为了减少苏联在印度支那的影响力。

7. 简言之,北京迅速地利用了柬埔寨形势的发展以达到自身目的。中国领导层抓住了出现的机会,降低了苏联对河内的影响力,并增强了它对河内的影响力。至少目前中国并没有为自己带来更大的威胁或者付出较高的代价。

8. 与此同时,北京可能有些担心,日益激烈和扩大的冲突将削弱河内继续战斗的意志和能力。针对此种可能性,北京可能准备扩大对河内的援助,加强威胁宣传,或许鼓动亚洲其他地区的叛乱或者局势的紧张,或者试图通过调动其南方的部队来扰乱美国。然而,通过对其过去行动的分析判断,北京可能会小心衡量这些行动所带来的危险,从而将会选择那些困扰而非挑衅美国的姿态或者行动。

9. 苏联因素。北京对印度支那形势的反应是由其激烈竞争对手苏联的反应所决定的。在战争进程的关键时刻,中国人大力突出其好战的"人民战争"的形象,至少部分是出于政治上战胜苏联的目的;由于地理因素,同时希望避免与美国关系复杂化,或者不想冒犯亚洲潜在友好的非共产党国家,苏联的行动受到了很大制约。北京预料到,在这些情况下,莫斯科的立场必定是相当"软弱的",这为中国不需要承担危险的承诺而作出表态提供了充足的空间。虽然如此,中国的姿态也带来了危险,苏联可能会发现中国人言行不一。

10. 此外,只要大量敌对的苏联军队威胁到中国北部和西部边境,中国就有理由避免直接军事干预东南亚。总之,苏联因素的存在使中国不得不谨慎行事,尽管会继续对谈判解决战争持消极态度,但仍希望尽量避免鲁莽的冒险行动。

二、北京对未来可能局势的反应

11. 以上对中国关于印度支那形势的基本立场做了概括。此时,中国人可能非常关注未来形势的发展,尤其是在军事领域,因为它可能迫使中国考虑更为直接的干涉。在此部分,我们预测了中国对几种可能性的反应。

在柬埔寨继续联合军事行动

12. 北京或许预料到美国及其盟国会继续充分利用金边的政治转向,包括越南共和国军在战略性边界地区的连续行动和偶尔的袭击,再加上美国对越南共和国军的空军和后勤支援,以及对暹罗湾的海上封锁。北京也可能预见到,美国军事顾问继续在柬埔寨的越南共和国军队中发挥作用,也毫不奇怪美国将在1970年6月30日之后再次增兵。在我们看来,这些进展将不会导致北京对印度支那战争承诺的根本性改变。柬埔寨对中国边界来说是相对遥远的。而且,尽管担心我们联合行动的直接影响,北京或许仍认为,印度支那解放战争的长远目标将不会受到重大影响,并最终取得胜利。

对朗诺政府的联合支持

13. 尽管一个月之前,中国明显地希望代表河内与朗诺政府进行谈判,而现在中国人却试图摧毁该政权。在他们的逻辑中,美国将毫无疑问地为朗诺政府提供支持。中国几乎可以肯定地估计到,美国和其他国家正持续不断地增加对金边的武器援助,而且或许会采用老挝模式派遣顾问人员到金边。即使如此,几乎可以确定,中国人对现在或未来柬埔寨军队的作战能力不会给予重视。中国人可能试图通过某种政治-军事顾问参与柬埔寨"解放政府"决策的模式来应对美国派遣顾问人员,即如向老挝北部的康开派遣顾问团的形式。中国人甚至可以从苏联在金边的外交存在中获取某种政治好处,以此作为苏联反对西哈努克重返柬埔寨的证据。

对柬埔寨的军事承诺

14. 泰国军队介入柬埔寨将进一步使共产党在此地的军事形势复杂化,但同样重要的是,在北京看来,这表明曼谷希望在印度支那地区扮演更为坚定、公开和积极的军事角色。中国人的反应预计将是明确地警告曼谷其行动的危险性:在北京的革命宣传中,泰国的"解放运动"将会提升到一个更为显著的位置,在泰国的颠覆力量将被要求向政府施加压力。但几乎可以肯定的是,中国没有必要使用自己的力量。

恢复对北越的轰炸

15. 如果美国对北越的潘汉德尔(Panhandle)地区——地对空导弹据点和其他军事目标——再次进行持续的轰炸,北京将不会对此感到惊讶,就如从前一样,中国会选择旁观,而河内将继续通过向南方派兵和输送物资的方式解决问题。如果美国恢复1965~1968年的模式对北越进行轰炸,中国人或许一如从前,派遣工程部队和防空炮兵以加强北越的防空能力。

在老挝南部的地面部队

16. 中国人可能认为,我们的联合行动将通过维持在老挝地区的地面行动来挑战河内对老挝南部的控制权。然而,小规模的联合部队已经在老挝活动多年,他们对战争的影响是相当小的,而且他们的人数也一直很少,小到他们的存在在很大程度上不被承认——对"中立"的老挝政府来说。在北京看来,越过这道政治门槛,表明美国期望考虑在印度支那奉行更为积极的政策以谋求军事解决。

17. 我们在老挝南部联合行动的目标大致是针对越共的避难所、后勤基地和渗透到南越的道路。中国人的反应主要取决于这些行动在阻止北越的人员和物资进入南方方面的成功与否,以及哪些国家介入了行动。

18. 中国人或许认为泰国进入老挝南部是美国将湄公河谷的防御交到泰国手中的长远计划的一部分。尽管中国(和北越)倾向于怀疑泰国是否有能力出动有效的、足够数量的军队,并对局势的发展产生决定性的影响,但是共产党人或许会将此行动视为美国地面部队最终进入该地区的前奏。美国地面部队进入老挝南部将增加北京的担心,因为这对河内的后勤体系将会产生军事影响,同时也扩大了此后美国在老挝的地面行动范围。

尽管如此,只要美国兵力的部署限制在老挝南部,中国人或许将感到没有必要派出自己的部队进入这一地区。他们或许将其地面部队移师至老挝边界。然而,为了表示他们对其边界安全的关切,中国人可能加强其目前在老挝西北部的力量。

在老挝北部的地面部队

19. 老挝西北部与中国接壤,中国对该地区的军事行动最为敏感。而且,为了帮助该地区的越共部队,中国正修建从其境内延伸至老挝的公路,大约1万~1.4万名工程兵、防空炮兵和安全部队正在老挝西北部进行此项工程。到目前为止,中国在老挝西北部的其他安全要求已经被满足,现在由越共控制着该地区。

20. 为迫使中国从老挝西北部撤出其地面部队,美国、泰国或者老挝对其实施轰炸,或者泰国/老挝对其地面袭扰，但是任何直接的军事努力都将遭到中国的抵制。中国人已经在此部署了防空部队，以应对空袭，同时这里还有越共部队，有足够的地面力量应付小规模的军事袭击。如有必要，中国人可能也会在有限的规模上加强其在该地区的地面部队，或者为了取得政治和心理上的效果，中国人将鼓励越共部队承担牵制行动，比如佯装攻击老挝的琅勃拉邦地区。

21. 这不是说中国人在任何情况下都将继续推进其公路建设。该公路本身至少是芒赛以南部分，对在该地的共产党来说并非至关重要。因而，如果越共的军事力量不能消除目前公路南部终点孟恒（Muong Houn）的泰国/老挝的拦截力量，中国人大概会选择停止道路建设，而不是将其地面部队派遣至该地区。现在，泰国军事力量在孟恒南部的出现——在北宾地区或者湄公的南部①——或许将不会招致中国人的军事进攻。

22. 在中国人眼中，老挝东北部和瓦罐平原并不像老挝西北部那样敏感。但派遣一定规模的泰国地面部队到该地区仍会被北京视为非常严重的挑衅行为。如果这种情况发生，中国或许将非常迅速地行动起来，加强他们靠近老挝西北部边界地区的军事力量。但是，最初应付这种局面的责任或许还是由河内来承担。在河内看来，这样一支泰国军事力量是强大的，足以威胁到它在该地区的根本利益，北越人可能感到被迫要求中国的直接援助。在此情形下，北京可能会答应河内的请求。

23. 因此，对于印度支那形势的发展，北京首先担心的将是这样一种可能，即战争形势的逆转可能导致威胁到中国南部边境的安全，或者会与美国发生直接的冲突。这使其对老挝地区的军事行动格外敏感。另外，北京主要担心来自其老挝西北部对其边界的直接威胁，中国人会将任何在老挝东北部的军事行动视为对北越安全的一大威胁。相对于在老挝北部的直接安全利益，我们在老挝南部和柬埔寨的行动，中国主要担心的是这可能会影响到河内的作战能力。对北京而言，在此意义上，老挝比柬埔寨扮演了更为重要的角色。

24. 总体上，正如过去一样，我们看到两种可能的形势。上面讨论的行动可能会招致中国人越过其自1965年以来一直坚持的行动界限。第一种形势，我们在老挝北部的军事力量使河内感到这是对其安全利益的威胁，或者北京认为这危及到了其边界。第二种形势则严重威胁到了河内在越南南部继续战斗的意志和能力。

25. 在第一种情况下，北京或许将其地面战斗部队投入到老挝西北部，以阻止在其边界地区出现一支强大的军事力量。如果能说服北越认识到其安全也受到了威胁，北京将会在老挝北部其他地区部署军队。如果大量非老挝军队活跃在瓦罐地区，并且继续向东推进，则此种情况就会成为可能。

26. 在第二种情况下，当北京感觉到河内在南方继续战斗的意志和能力正在减退时，中国人将试图鼓励河内坚持战斗，并将为其提供慷慨的物资援助。北京还将向泰国、柬埔寨、南越和美国发出威胁，加强在泰国的游击战。但是，如果河内认识到除了推延其武装斗争外

---

① 位于沙耶武里省。——原注

别无其他选择,中国人或许感到需要被迫接受北越的决定。我们认为,中国不希望因敦促河内继续战斗而导致与北越关系疏远。同时,我们还认为,只要与其安全相关的关键领土不遭受威胁或者北越也没有遭受威胁,北京将不会选择在印度支那战争中投入其军事力量。

Allen, John, Jr., John Carver, and Tom Elmore, editors. *Tracking the Dragon: National Intelligence Estimates on China during the Era of Mao*, 1948 – 1976. Washington, D. C. Executive Office of the President, Central Intelligence Agency, Office of the Director, National Intelligence Council, 2004, pp. 436 – 455

王娟娟译,赵学功校

中情局关于中国对老挝战事发展反应的评估报告

（1971 年 2 月 18 日）

SNIE 13-10-71

绝　密

中国对老挝战事发展的反应

（1971 年 2 月 18 日）

评　　估

迄今中国的反应

1. 继河内和莫斯科在老挝南部战事问题上作出反应之后,北京也作出了自己的反应。开始,中国人引用来自河内前几日媒体的评论,在 2 月 2 日则公开推测战争越过边界进入老挝的可能性问题。自此之后,北京发布了一些权威性的评论以及几份外交部的声明。首先,这些声明都集中于同一个主题:美国正扩大印度支那战争;印度支那人民定将战胜这一新的挑战;中国将继续为印度支那人民提供强有力的支持。最近,北京已经加强了它的语气,宣称联合进入老挝的行动是对中国的一种恐吓,显然对中国构成了严重威胁。北京最近的言辞显然要比对去年春天柬埔寨行动的反应强烈,表明北京更为关注印度支那的局势。

2. 中国在北京和上海举行了庞大的群众示威活动,以谴责我们在老挝的联合行动,无疑这种情况将扩展到全国。不仅如此,自本月开始,中国所有的对印度支那形势的官方声明都强调中国人民愿意为印度支那人民提供后方支持。

3. 有理由相信,北京和河内曾就目前局势进行过协商,但尚没有证据表明他们举行过高级会谈。关于中国重要人物如周恩来和参谋长黄永胜参加了河内 1 月底、2 月初举行的共产党战略会议的谣言似乎并没有被证实。然而,一个越南的谈判者最近出现在北京,并签署了一个补充性的军事和经济援助协定。

4. 据侦察,中国南部并没有特别的地面或者空中的军事行动。① ……② 然而,这也可能是中国人扩大道路建设的前兆。③ 最近发现其筑路区域布置了重型高射炮和火力控制雷

---

① 这一判断并没有摄像情报来证实。——原注
② 原文此处数行未解密。——译注
③ 中国的筑路行动在附录里讨论。——原注

达,但这与老挝南部的战事可能并没有联系。……①

中国的选择和可能采取的行动路线

5. 北京不仅视印度支那战争为对毛泽东"人民战争"理论的检验,而且一直建议印度支那共产党做好打一场持久的、自力更生战争的准备。北京无疑相信,通过此种努力可以取得胜利,这将强化其在意识形态方面超越苏联的意识,并增强它在亚洲的影响力;另一方面,北京必须考虑另一种可能性,即如果战争朝着不利的方向发展,这将给中国南部边界的安全带来一大威胁。

6. 虽然北京赞成印度支那展开一场"人民战争",但无意出兵援助,也不想冒与美国发生冲突的危险。迄今为止,中国军事力量的介入仅限于在轰炸期间帮助北越以及目前在老挝东北部拆装防空设施。中国已经修建了从它的边界到达老挝西北部的公路,在那里驻扎着工程兵、防空炮兵和安全部队,人数大约在 1.4 万～1.8 万之间。这一行动有多种意图。修建到东部的公路有利于北越支持巴特寮②而进入老挝西北部。此公路可以延伸至南部和北宾的西部,共产党在泰国边界的活动增加了对美军的威胁,这或许也将被利用来阻止泰国在老挝问题上的发言权。因而,这一公路系统为中国自身提供了直接进入老挝西北部的通道。

7. 过去北越可以凭借"胡志明小道"进入南部同南越战斗,现在"胡志明小道"被我们成功阻断后,北京自然关注它所产生的影响。对此后果,北京可能最乐观的估计是北越可能被迫撤退。尽管之前北越可以通过"胡志明小道"迎击南越,并给老挝和南越施加压力。而最悲观的估计是北越被压缩在老挝的车邦(Tchepone)地区。中国人已经考虑到河内的补给线被严重阻断的可能性,此可能若成为事实,则整个共产党在南越的地位都将岌岌可危。

8. 为努力防止最后一种情况的发生,北京可能采取一些行动,但不会直接派遣战斗部队卷入。当然,北京将试图劝说河内坚持战斗,并将许诺为河内提供额外的物资援助,可能还会重新提供后勤人员的支援。

9. 除了这些措施之外,中国人还会发动紧密配合河内军事努力和威胁的宣传攻势,他们可能认为这样做风险较小,但在某些方面获益很大。他们可以发出威胁,但避免卷入冲突。中国的目的是增加它将出兵干涉的威胁,使目前美国等国家在老挝南部的联合行动无果而终。无论如何,它要为美国特意制造一种困扰,阻止美国将来采取类似的行动。

10. 在这些措施之中,中国人可能认为自己正遭受威胁,他们将调兵到中国南部,或者试图展示他们正在建设一条通往湄公河的公路。这一工程的目的或许就是准备向前推进。除此之外,他们或许还派出了侦察巡逻队深入到泰国边界。后者的特殊目的在于促使曼谷

---

① 原文此处一行多未解密。——译注
② 第二次世界大战期间,老挝人民建立寮国自由民族统一战线即老挝伊沙拉。战后,法国殖民主义者重新入侵老挝,旧的伊沙拉开始分裂解体。1950年苏发努冯亲王为首的领导人成立了的新的伊沙拉,简称"巴特寮"。在越南战争期间,巴特寮与老挝人民党都是中国大力支持和援助的对象。——译注

从老挝的战事中脱身。

11. 中国人另一个公开的行动是派遣顾问团到战斗区域，并使他们的出现公开化。他们或许感觉到这些顾问的公开出现能够再现他们在朝鲜战争中的作用，而不用冒险真正卷入战争（中国观察员过去曾访问过南越中央办公室，但迄今关于中国顾问团出现在柬埔寨和老挝的说法并未得到证实）。

12. 最后，如果形势继续向前发展，中国可能会派部队进入瓦罐平原甚至老挝南部。但是，这种可能性并不大，除非美国军队或越南共和国军队在消灭了车邦地区的共产党力量之后，依靠美国空军的掩护继续向北推进，将战争扩大到北越或老挝北部。在此情况下，中国人将感到他们自身的安全利益受到了直接的威胁。

13. 如果缺少这些条件，中国政策看起来不太可能发生突然转向。在老挝北部，我们并没有明显地威胁到中国人或者北越的利益。甚至在今后几个月，即使王宝①将军的部队与美国空军一道给瓦罐平原地区的共产党力量以重创，老挝的军队也不会对中国或北越的重要利益构成威胁。因此，我们对中国人通过宣称自己将在老挝北部承担更大的责任而选择冒险干涉持怀疑态度。

14. 就老挝南部来说，中国在这里的有效军事力量存在一些实际的困难。中国部队在火力和机动性方面相对说来要比北越面临更多的不利之处，在后勤供应方面与北越一样面临着诸多困难。除了这些顾虑之外，中国人面对的更大威胁是可能需要冒与美国发生正面冲突的危险。

15. 当然，若南越军队入侵老挝南部会促使河内孤注一掷，可能会要求中国出兵援助。然而，我们所有的证据显示，北越人已经坚持了这么多年，它可能非常不情愿寻求中国人的帮助，除非其国家和政权的安全处于极度危险之中。若没有此种直接威胁，我们认为北越不会邀请中国人介入战争。

16. 总之，中国对近来老挝局势发展最为可能的反应是，公开和私下鼓励河内继续坚持持久战；在宣传中进一步发出威胁；提供更多的武器和装备以减轻北越人不愿继续战斗的情绪。在联合入侵老挝阶段，北京或许认为美国及其盟国仍将身陷战争泥潭而不能体面地撤退。如果河内继续坚持抵抗，中国人或许认为没有必要改变其既定政策。即使北越感觉被迫转向较为缓和的姿态或者寻求谈判解决，北京也没有多少实力可以阻止北越采取此类行动。北京对北越领导人施加的任何压力几乎都将遭遇到北越人的抵制。更为可能的是，北京将会让北越自行其是。如果召开一个有关印度支那的多边会议，中国人或许会坚持要求参加。

---

① 王宝(1931～   )，越战期间曾任老挝王国军队特种部队准将司令，其领导的苗族军事集团是美国中情局扶持和装备的老挝原"特种部队"。1975 年，此"特种部队"被老挝军队和越南人民军击溃，王宝等要员则移居美国，并在美国的支持下，继续策动老挝北部的苗、瑶等民族进行反政府活动。1986 年，王宝军事集团在美国的扶持下，又成立了"老挝王国中央委员会"，王宝任中央委员会主席，后改名为"老挝民族联合阵线"，总部设在美国加利福尼亚州，并在泰国成立了两个前指挥部，在美、法、泰、中等国大力发展和扩大组织机构，并对泰、中、老等国进行政治、宗教和文化活动，为建立所谓的"寮蒙王国"服务。进入 21 世纪，其分裂行为越来越受到国际社会尤其是亚洲国家的谴责，美国对其的支持亦日益减少。2007 年，他因阴谋发动政变推翻老挝政府在美国被逮捕。——译注。

附录

中国共产党在老挝的军事力量

中国共产党的出现

1. 中国共产党在老挝西北部的军事力量已经慢慢地由1968年末的一个机械团扩展到现在的大约1.4万～1.8万人的规模了。随着道路修建的不断推进,其他的建设人员和防空人员将进入这一地区,以维持和防卫公路系统。

2. 在1970年6月旱季末,中国部队的数量据估计在1万～1.4万人之间。雨季结束后,当北京开始修建新的公路时,这些军事力量会随之慢慢增加。更多的防空部队将部署在公路系统周边,另外一个工程兵团也被证实早已存在。因而,……①分析显示中国在老挝的工程兵团下面有五个战斗营而非平常的三个。结果,估计中国在老挝的军事力量已经上升到4 000人,……②,这种增加仍将继续。

3. 现存军队的规模是一个师级的工程兵部队,大约有1万～1.3万人,至少由5个团构成,大约4 000～5 000的防空人员承担着保卫工程部队的任务。在1968年末被部署在老挝至北越之间的工程兵部队随着工程兵、后勤支持部队、防空和安全部队的增加而不断扩大。它显然在道路建设方面起着特设指挥司令部的作用,并且通过一个下属指挥部与昆明军区司令部保持着联系。

4. 为老挝东北部的筑路工程部队提供后勤保障的是由昆明军区通过其在蒙自和思茅地区的后勤部队担任的。在1968年末中国将其筑路工程延伸至老挝之前,已经建设了一条从蒙自和思茅两个后勤基地至云南边界地区的全天候的公路,以此作为整个工程项目的一部分,这也显示出该工程项目的长远性。

5. 在老挝西北部的中国军队已经非常谨慎地避免与老挝政府军发生任何地面冲突。在道路工程启动之前,北越和巴特寮的军队已经将老挝政府从这一地区赶出去。但是,中国的防空和安全部队在防卫问题上一直表现得非常活跃。在老挝空军偶尔袭击公路或者有任何飞机碰巧飞越此公路时,中国的防空部队毫不犹豫地朝其开火。

6. 现在中国的防空炮兵装备主要包括150多门高射炮,口径是37毫米、57毫米,可能也有一些是85～100毫米的,以及同样数量的小型卡宾自动武器。这些武器装备被中国人部署在老挝西北部建设的公路网络周围,而大部分集中部署于芒赛、山罗和盂谷③。重型武器主要用来保护战略桥梁、较大的营房和仓储设施。较小型的武器则是分散部署,用来保护

---

① 原文此处数个词未解密。——译注
② 原文此处一行未解密。——译注
③ 三者皆为老挝地名。——译注

修筑道路的工程部队。而且，自1月10日以来，由于使用了先进的雷达追踪装置，中国在老挝的防空部队在防御区内可以更充分地发挥其作用。此前，这些力量估计是用来保护个别的工程部队。

公路建设项目

7. 自1968年末，中国人已开始在老挝西北部进行大的公路建设项目以来，他们已经铺设了160多英里公路，这些公路是双行道的砾石路，而且在较大河流经过处建设了坚固的桥梁。该公路体系从云南边界向南延伸至芒赛村，在此处它分出两支：一条转向东北延伸至19号路和北越边界，另一条向西南延伸至湄公河和泰国。

8. 通往北越的公路已经在1970年末竣工，但仍需要修建一座跨越古绩①南乌江的桥梁。但是，还没有证据表明中国人想很快建设此桥梁以横跨此水域，但从他们过去道路建设的行动来判断，此桥梁最终可能会建设起来。最近一个工程兵团已经移师至古绩地区。

9. 有一些迹象表明，中国在老挝北部的工程兵可能正准备恢复建设通往湄公河的46号公路。1月初的拍照显示在盂谷北部即公路目前的终点，建设队伍正在扩大，构筑了新的防空炮台，并安装了雷达系统。目前在此旱季，中国筑路部队已经集中精力完成45号公路。该路由芒赛向东北延伸至古绩，这将提高从芒赛至盂谷的46号公路的地面运输能力。这两大工程已接近完成。

10. 如果中国人将46号公路延至北宾，这将对泰国人的心理产生重要的影响。南版（Nam Beng）河谷过去被用来作为共产党渗透进泰国的通道，这条公路将有助于向泰国的叛乱者输送供应物资。

Allen, John, Jr., John Carver, and Tom Elmore, editors. *Tracking the Dragon: National Intelligence Estimates on China during the Era of Mao*, 1948 - 1976. Washington, D. C. Executive Office of the President, Central Intelligence Agency, Office of the Director, National Intelligence Council, 2004

王娟娟译，赵学功校

---

① 越南地名。——译注

中情局关于 1970～1974 年共产党对北越军事与经济援助情况的报告

（1975 年）

1970～1974 年共产党对北越的军事和经济援助情况①

（1975 年）

秘 密

要 点

在 1970～1974 年,共产党对北越的援助据估计大约在 56 亿美元。1974 年,共产党对北越军事和经济援助的总数高于前几年,可参阅下表。

共产党对北越军事和经济援助表*

（单位：百万美元）

年	1970	1971	1972	1973	1974	1970～1974
军 事	205	315	750	330	400	2 000
经 济	675～695	695～720	425～440	575～605	1 150～1 190	3 520～3 650
总 和	880～900	1 010～1 035	1 175～1 190	905～935	1 550～1 590	5 520～5 650

* 这份资料适当地采纳了美国分析家的情报评估。

——1972 年共产党输送到北越的较大规模的军事援助弥补了北越在当年战斗中的损失。

——1973 年初,由于美国对北越空袭的终止和南方战斗行动的减少,导致了共产党在空中防卫装备、弹药和地面武器装备方面减少了对北越的援助。

——1974 年,尽管共产党对北越的地面武器装备方面的援助相对较少,但对北越弹药的输送明显增加,并达到了 1972 年的水平。

——各种军事援助规模显示,北越在南方的军事能力已经获得加强,这表明越共的能力并不排除是由外来援助所装备起来的——尤其是考虑到最近一两年的援助的进入。

1970～1974 年,共产党国家对北越的经济援助大约在 36 亿美元,从 1970 年的 7 亿美元增加到 1974 年的 12 亿美元。

---

① 本备忘录由中央情报局和国防情报局联合完成,并得到了国务院情报研究处同意。——原注

——1972 年，由于北越港口的关闭，对越经济援助减少到近 4 亿美元，但在 1973 年和 1974 年由于港口的重新开放，援助又有所回升，增加主要集中在重建物资和消费品方面。

——1973 年，中国第一次成为北越经济援助的主要供应者。

对北越军事援助的估计并没有与美国对南越的援助相比较。

——在南越的共产党力量能够从防御性障碍物中发动袭击，而越南共和国军队被要求保持大约是其人数的两倍以保护南越所有的领土，因此必须拥有相当庞大的后勤支持。

——由于装备的机动性和火力的要求，我们供应给南越的装备类型比河内获取的军援更为先进和昂贵。

——关于共产党对北越军事援助总量的预测可能由于数据基数的缺乏，存在着较大的误差。

在经济援助方面，尽管也缺乏大量的信息和合适的价格数据，以及技术人员和学院新兵的数据，但更强有力的数据还是可以从……①处获取到的。

——将美国的薪水运用到共产党支援北越的技术人员身上是不合适的，因为不同的生产力水平和生活水准。备忘录中的预测是建立在一种分析基础之上……②，并考虑到产量和生活水准的不同。这导致……③

讨　　论

共产党对北越的军事援助

1. 关于共产党对北越军事援助的估计存在着较大误差，不应该用来作为分析越共军事能力或者苏联、中国政策结论的决定性因素。这些分析与预测是建立在广泛数据、方法论和从合理到不太合理的各种推测基础上的。而且，由于种种原因，本评估并没有与美国对南越的援助进行对比。

军事进口：1970～1974

2. 共产党对北越军事援助的价值的衡量可以用两种价格级数，一种是与美国作类比的价格，另一种是调整后的价格。这种调整主要是反映了在美国和共产党的消费指数上存在已知的较大的差异。这种纯粹的调整结果是很小的一部分，仅仅减少了总体估计的 5%。由于差别很小，在以下的讨论中仅涉及调整后的估计。表一（1）显示，共产党对北越军事援助的价值是出自情报机构根据调整后的估计而得出来的结论。表一（2）显示，军事援助的价值是使用未调整的、类似于美国的价格指数而得出的结论。

---

① 原文此处数个词未解密。——译注
② 原文此处数行未解密。——译注
③ 原文此处一行多未解密。——译注

表一(1) 苏联和中国对北越军事援助：最佳预测

（单位：百万美元）

年　　份	1970	1971	1972	1973	1974*	1970～1974**
总量	200	310	715	325	395	1 975
苏联						
战争物资***	60	145	360	140	90	795
相关军事支持物资	40	45	120	70	60	335
中国						
战争物资	75	90	200	85	180	630
相关军事支持物资	25	30	65	30	65	215

* 初步统计。

** 另外的2 500万美元军事援助和大约每年500万美元的援助据估计是来自其他共产党国家。

*** 战斗物资的价值不包括对军火的进口,尽管它之前曾经被计算入内。

表一(2) 苏联和中国对北越军事援助：与美国价格类比

（单位：百万美元）

年　　份	1970	1971	1972	1973	1974*	1970～1974**
总量	210	330	770	350	410	2 070
苏联						
战争物资***	60	145	360	140	90	795
相关军事支持物资	45	55	130	85	65	380
中国						
战争物资	75	90	200	85	180	630
相关军事支持物资	30	40	80	40	75	265

* 初步统计。

** 另外的2 500万美元军事援助和大约每年500万美元的援助据估计是来自其他共产党国家。

*** 战斗物资的价值不包括对军火的进口,尽管它之前曾经被计算入内。

3. 1970～1974年间,北越从其盟国处得到的军事援助大约是20亿美元,大约其中价值14亿美元的援助是由战斗物资构成,如大炮,坦克和军火;剩余的6亿美元主要是相关军事支持物资,包括包装和运输费、训练费、交通工具和燃油[①]。这些物资的运输是北越能够在1972年发动大规模进攻的一大重要因素,它弥补了由于进攻所带来的损失,扩大了他们军队的规模,并使其现代化。自停火以来,共产党对北越的军事援助已经低于1972年的水平,而且实际上也没有提供给北越新型武器。尽管如此,到1974年中期,北越已经建立起他们最强有力的军事力量,即使在南方亦是如此,而且,此种援助也足以使河内维持这一强大的

---

① 在此备忘录中对经济部分的估计包括的物资,既有军用用途也有民用用途,越共军队获取的军事援助比民用物资多。因此,燃料和卡车可以在恰当的图表中被分为民用和军用两部分。但因为只有相当于5%的食品供应给军队,此部分物资可以计算入经济部分。冒着可能重复的危险,对军事物资比例的预计应该包括在军事援助表1-B中。北越的建设装备和物资进口(如用于公路、管道等等项目)是由苏联和中国提供的,也包括在经济估计之中。在美国方面,最近几年,美国对南越军事建设的支援大约占总体军事援助的1%。——原注

军事力量。

4. 援助北越的战争物资和装备每年都有很大的差异,这反映了北越的军事需求。苏联和中国对北越军事硬件和军火的援助在 1970 年达 1.35 亿美元,在 1971 年达 2.35 亿美元。苏联对北越此方面的援助大约占总援助数量的五分之三,它主要包括防空设施、地面装备和军火(见表二)。中国在此期间的援助主要集中于地面装备和军火。这些年,苏联和中国对北越的相关军事支持装备的援助分别是 6 500 万美元和 7 500 万美元,大约占战争物资的40%。交通装备、零部件和运费大约占此时期总量的四分之一,见表三。

表二 苏联和中国输送到北越的战争物资和装备

(单位:百万美元)

	1970		1971		1972		1973		1974		1970~1974
	苏联	中国	苏联	中国	苏联	中国	苏联	中国	苏联	中国	苏联和中国
总量	60	75	145	90	360	200	140	85	90	190	1 425

表三 共产党国家对北越援助的相关军事支持装备

(单位:百万美元)

	1970		1971		1972		1973		1974	
	苏联	中国	苏联	中国	苏联	中国	苏联	中国	苏联	中国
总量	40	25	45	30	120	65	70	30	60	65

5. 1972 年的春季攻势导致对越军事援助达到最高水平,除 1967 年之外,其他年份的援助大致相当。苏联为北越提供的硬件援助价值达 3.6 亿美元。……①

6. 1972 年,苏联和中国对北越相关军事援助的消耗上升到 1.85 亿美元——因为战争的激烈和美国对整个印度支那的轰炸使得北越向中、苏提出了更多的额外要求。……②

7. 1973 年,美国停止了对印度支那的轰炸,并减少了在南越的战斗,苏联和中国对北越的军事支援也急剧下降到 2.25 亿美元,这也导致河内的武装力量减少了需求。除了 SA-3 导弹系统,并无新的重要武器系统运到北越。河内进口了一些地面装备和军火,这接近于1972 年水平的二分之一。与军事相关的援助也在 1973 年相应地下降到 1 亿美元,甚至……③

8. 在 1974 年期间——此时在南越的战斗升级,初步的估计显示,北越从共产党国家获得的军事援助预计大约是价值 2.7 亿美元的装备和物资,这要比 1973 年获取到的援助多20%。而且,在此时期,中国似乎已经成为主要的援助者。自 1970 年,中国的援助第一次超

---

① 原文此处数行未解密。——译注
② 原文此处数行未解密。——译注
③ 原文此处数行未解密。——译注

过苏联,其援助的总数大约为 1.8 亿美元,而苏联则是 9 000 万美元。这一转变主要根源于美国停止了轰炸,使得北越减少了对苏联昂贵的防空设施的需求。而中国对北越的军事援助明显地比前一年增加了 9 500 万美元。

9. 去年,与战争相关的物资援助的价值预计增加到 1.25 亿美元,交通设施和零部件重新成为此类援助项目中的两大主要内容,尽管燃料——由于高通货膨胀率——比 1973 年增加了 100%。

对北越和南越军事援助的比较

10. 对美国对南越的军事援助和共产党国家对北越的军事援助进行比较容易引起误导。在整个战争期间,南越军队在规模上大约是北越在南部军队的两倍之多,主要是由于南越的军事力量因为要保护平民和已控制的地区,要求为相对较大并且非常分散的军事机构提供更多的后勤支援。由于越共能够集中力量和火力于其选定的目标,为了弥补此缺憾,南越政府军一直要求大量的空军和能迅速部署地面和空中交通的能力。因此,美国对南越援助的装备类型与河内所获得的援助相比一直是比较先进、也更为昂贵的。

11. 进行此项比较涉及的另一个因素是,提供同样的支持或者物资给各自支持的国家所花费的费用可能因种种不相关的原因和数量而存在差异。例如,从中国运到北越的物资所花费的交通费就比美国运到南越的花费少许多,仅仅是由于距离不同。同样,支付给驻北越一个外国军事技术人员的费用基本上比驻南越的美国民用技术人员的费用要低很多,即使他们担负相同的任务。因为这些因素和其他因素,最近几年,美国对南越军事援助的费用占总军事援助的 50%～60%,而共产党对北越的军事援助费用大约是 30%。表四显示了美国和共产党国家分别向南越和北越军提供事援助的细目分类、主要构成等等。

表四　比较美国和苏、中分别对南越、北越的军事援助的主要项目
(单位:百万美元)

	共产党对北越的军事援助 CY1974	美国对南越的军事援助 FY1975
总　量	389(100%)*	700(100%)
空军装备	55(14%)	——(Negl.)
地面军队装备	45(12%)	——(Negl.)
军　火	167(43%)	268(38%)
燃　料	37(10%)	87(12%)
零部件	29(7%)	83(12%)
交通装备	27(7%)	——(Negl.)

续　表

	共产党对北越的军事援助 CY1974	美国对南越的军事援助 FY1975
运　费	19(5%)	74(41%)
技术支持和训练	2(Negl.)	60(9%)
其　他	8(2%)**	128(18%)***

　＊　由于凑整，数字没有加，总体数量也因此而可能少于表一(1)的数字。

　＊＊　包括通讯装备和医疗供应品。

　＊＊＊　此种不等是由于美国为在南越的 DAO 支付的 3 600 万美元行政费用，而此项费用共产党方面并没有相应的数据，例如维持海上武器装备的费用大约是 1 630 万美元，建设费用大约是 160 万美元。

方　法

12. 关于北越军事进口的估计来自各种情报来源和分析技术。这些来源，它包括①，并不允许及时的和完整的分析。分析技术因情况不同也有一些差异，有的基于直接的证据，有的是基于部分所作出的判断，有的则实际上没有任何证据。

13. 战争物资和装备。关于此类信息很有限，主要来自……②

14. 战争物资的主要项目的最后分析——步兵武器和所有类型的军火——来自……③。

15. 与军事相关的援助项目。运用分析技术来估计军事援助项目所花的费用反映了包含在此类别物资中诸项目的多样性。例如，就本报告而言，北越进口燃料的数量是通过分析其使用军用车和装备的比率得来的④。对石油、汽油和润滑油的估计在很大程度上依赖北越军事行动的水平和装备总量；还有其他一些因素，比如储藏能力和民用建设的耗费等。

16. 其他项目比如医疗供应品、通讯器材和零部件——其实不可能得到运送费或者使用率的信息——的进口的预测主要基于美国在越南的经验而得来。比如医疗供应品方面，过去两年中，美国运到南越的医疗供应品平均占全部军事援助的 1.5%。共产党方面的比例应大体与此相当。最后，北越外国技术人员的数量和北越军事人员在国外培训的数量也来源于有限的资料。

17. 定价。一旦数量的估计既定，单位耗费的战争物资⑤是假定基于美国的生产成本而计算的。这些价格的制定是基于这样的考虑，即所有运送的设备都是新生产的。

---

① 原文此处数行未解密。——译注

② 原文此处数行未解密。——译注

③ 原文此处数行未解密。——译注

④ 此数据尤其站不住脚，因为……(原文此处数行未解密。——译注)。——原注

⑤ 包括空军和地面部队装备和军火。——原注

18. 在战争物资援助项目①,除了运费和技术援助不能用与美国相同的价格或者国际价格来衡量之外,其他项目则都可以。在最近几年,用美国的类比价格计算包装、操作和运输到南越的物资,其已占海运物品总价值的11%。然而,考虑到苏联和中国距离北越较近,对此部分的价格应下调,这样才能更准确地反映出运输费用。运费的计算来源于对苏联一般的运费率和所知有限的中国运费率来衡量的,去掉了苏联大约有9%和中国大约有6%的物资是通过陆路运送到北越的情况。

19. 驻扎在南越的美国技术人员,用美国的类比价格来支付他们的费用(设定以美国陆军少校的薪水为准)将大约是……②,我们对驻扎在北越的外国军事人员的费用预估计是基于……③

20. 使用的物品价格代表了用美国的价格支付装备费用,而不能反映苏联或者中国的价格,或者河内为这些装备所支付的费用。此种援助或许是基于一个较大的基数价格。在过去,对北越的军事援助被苏联和中国的媒体描述为"无偿的"援助。

此种方法的优点和缺点

21. 对北越的军事援助的预测有严重的缺陷④,该缺陷是一直存在的,但自1973年签订停火协议以来,情报搜集的大幅下降使此缺陷更为突出。由于缺乏运送物资的直接数据,军事进口的物资经常第一次出现在南越的战场上,而无法在之前进行数据分析。这种时间上的滞后性使真正的运输数量……⑤。其他的推测也可能被用于提出或高或低的数字。

22. 另一大预测难题是诸多援助者对北越援助的具体数额问题。对于一些主要项目,如飞机,这是比较容易估计的,因为它只能是由一个国家生产或者出口。然而,其他项目,尤其是个人武器装备和相关的弹药,则既可能是由中国生产也可能是由苏联生产。在停火之前,相对较好的关于中国和苏联援助北越多少战争物资的资料是可以得到的,……⑥

23. 在涉及到相关军事援助项目问题时,由于我们不得不运用美国在越南的经验来评估共产党国家对北越的援助,比如零部件、医疗供应品等,使得问题更加突出。然而,我们已经对敌方部队的规模和双方面对的不同形势作出了一些调整,我们认为这种调整是合理的。

24. 简言之,我们在预测共产党国家对北越的军事援助方面做得还是比较好的,因为即使一种更为完全的数据库分析也可能产生出同样的相对数量结果。然而,这不是说,对相关军事援助项目的价值,由于缺乏确凿的数据就会使我们的估计变得存在很大误差。

----

① 可以参看经济部分中关于食品和燃料消费的资料。——原注
② 原文此处数个词未解密。——译注
③ 原文此处数行未解密。——译注
④ 然而,此预测代表了第一次试图将美元的价值用于衡量北越获得的总军事援助。之前的预测集中在每年输送给北越的军事硬件量,以及它对共产党军事能力的影响上。——原注
⑤ 原文此处数行未解密。——译注
⑥ 原文此处数行未解密。——译注

共产党对北越的经济援助

25. 从一个单一的、能被认可的价值级数分析共产党在 1970～1974 年对北越的经济援助是相当复杂的，尽管表面看起来并非如此……①。然而，选择合适的价值级数是主要的困难。仅仅运用美国对南越的援助来类比北越是不真实的，尤其是由于美国的薪水高出这些提供援助的共产党国家许多②。为了解决这一难题，我们……③

经济援助量

26. 1970～1974 年，共产党对北越经济援助的总量价值 36 亿美元左右……④。总的经济援助——技术和培训援助加上进口与出口的差异——总体上是增加的，除了在 1972 年有一次明显和临时性的下降。每年的援助水平从 1970 年的 7 亿美元上升到 1974 年的 12 亿美元。

27. 在此相对较短的时期，共产党对北越经济援助的结构和物资来源发生了一些重要的变化。1970～1971 年间，如前一年一样，北越进口品大多包括海上运输的——大部分工业产品、交通装备和食品——来自苏联和东欧。然而，这些进口品在 1972 年锐减，主要是由于美国在海防港口布雷和通过轰炸阻碍了其工业重建。河内从海上转移到陆路，主要从中国进口食品、石油和其他物资，有的是进行战争所必需，有些则是为了满足民众最低日常消费。结果，苏联和东欧的海上运输大幅下滑，中国的援助也下降了一些（见表六⑤）。

28. 在 1973～1974 年，随着重新开放海防港口，河内的进口又明显上升了，河内需要大规模的重建和持续不断的大量食品和其他基本消费品。在 1973 年，中国继续是河内陆路进口的供应国，并第一次成为自战前以来主要的供应国。中国增加的食品运输弥补了主要由台风引起的秋粮歉收所导致的食品短缺，进口吨数增大……⑥。

DDRS，CK 3100421504 - CK 3100421519

王娟娟译，赵学功校

---

① 原文此处数行未解密。——译注
② 在转换美国薪水到共产党援助时遇到的主要困难是它们反映的生产力问题。有理由相信，如果劳动者有相同的技术水平时，共产党可以要求更少的人做相同的工作，而这也将用美国的薪水来反映。这一结论是与世界上共产党国家援助欠发达国家的工程模式是一致的，不发达国家与其援助者相比劳动更为密集（即要求更多的技术人员）。——原注
③ 原文此处数行未解密。——译注
④ 原文此处数行未解密。——译注
⑤ 表五、六都未解密。——译注
⑥ 原文此处一行多未解密。——译注

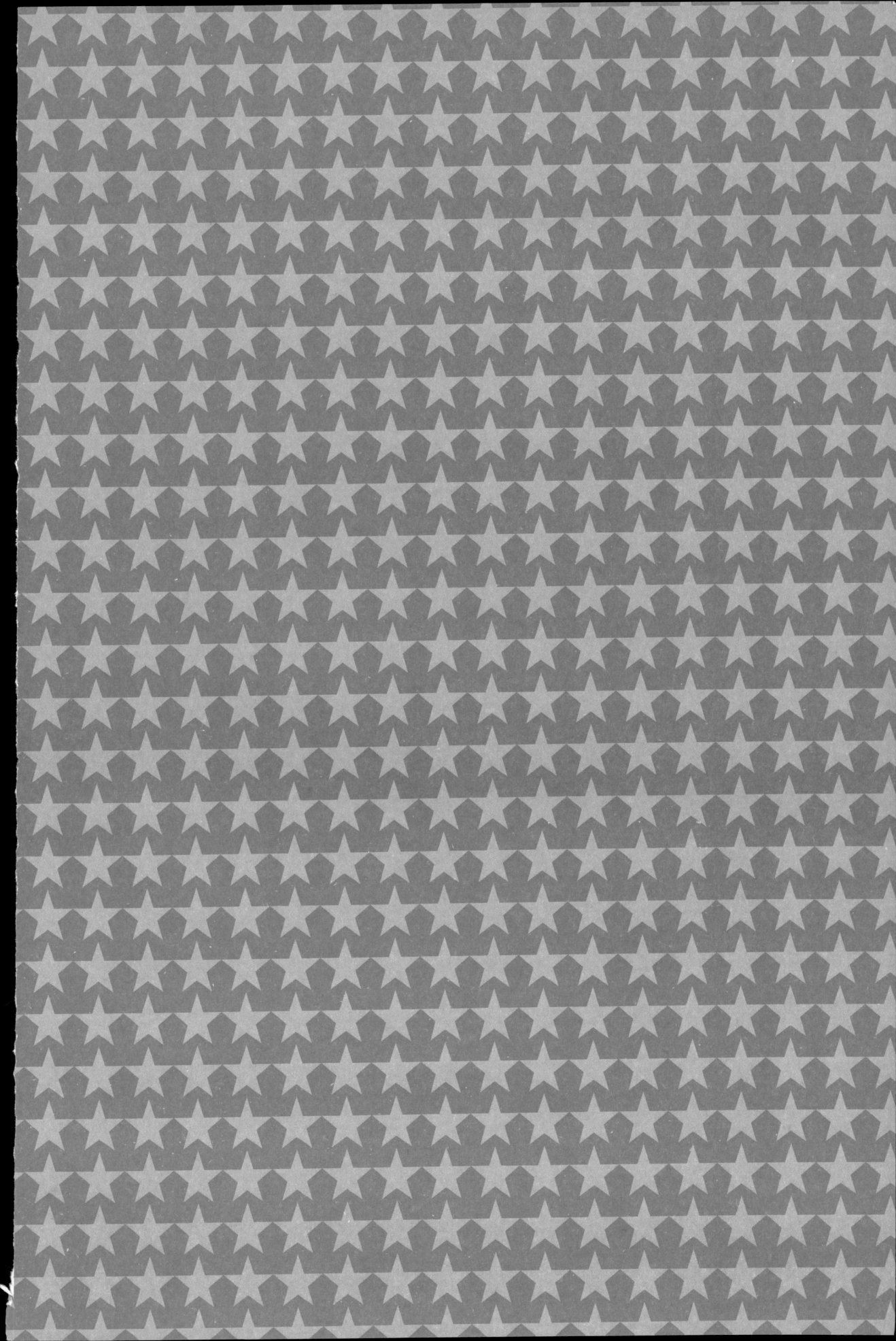